教育部高校思想政治工作创新发展中心（平安校园建设）项目

高等学校
安全教育与管理

邢 光 牛纪亮◎著

Safety Education and Management
in Universities

人民出版社

序

党的十八大以来,以习近平同志为核心的党中央高度重视国家安全工作,成立了中央国家安全委员会,提出了总体国家安全观,明确了国家安全战略方针和总体部署,国家安全工作取得了显著成效。习近平总书记站在新的历史方位,对维护国家安全的一系列重大理论和现实问题作出重要论述和指示、批示,为准确把握国家安全形势变化新特点新趋势,走出一条中国特色国家安全道路提供了根本遵循,更是我国高校安全教育和安全管理的重要指导思想。

高等学校是落实立德树人根本任务、培养社会主义建设者和接班人的重要阵地。做好高校安全稳定工作,既是推进高等教育高质量发展、建设教育强国的基础、前提和保障,更是建设更高水平的平安中国、切实维护国家安全的重要内容和任务。近年来,我国高等教育全面贯彻习近平新时代中国特色社会主义思想,认真落实习近平总书记关于高等教育高质量发展和国家安全工作的重要论述,保证了高校的持续稳定,取得了明显成绩,积累了丰富经验。随着国内外安全形势的迅速演化,特别是建设教育强国这一全面建成社会主义现代化强国战略先导任务的深入推进,维护高校安全稳定的使命更加重大、任务更加艰巨,需要大家在做好具体工作的同时,主动开展科学研究、不断深化思想认识、持续增强安全保障能力。

邢光同志长期工作在高校思想政治工作和安全管理工作的第一线,对如何促进高校安全教育与管理的理论研究与实践创新,有着切身的体会和感悟。《高等学校安全教育与管理》一书是他主持申报的教育部高校思想政治工作创新发展中心建设项目研究成果,也是其与牛纪亮同志多年工作实践和钻研思考的重要成就。全书理论与实际相结合,系统阐述了高校安全教育、安全管理和应急管理工作方面的基础知识、主要特点、职能任务、工作机制和方式方法等重要问题。据我了解,这是目前全国首部比较全面系统地研究高校安全教育与管理的著作,不仅对建设平安校园具有重要意义,而且对我国总体性国家安全工作和国家安全学理论研究及学科建设也是一个具体贡献。

《高等学校安全教育与管理》紧紧围绕为党育人、为国育才这一根本目标,突出强化了大学生的安全教育与思想引领,不仅从理论角度对安全教育、安全管理和应急管理进行了阐述,还从实践角度对安全教育、安全管理和应急管理的对策、途径和方法进行了梳理和分析,从新的视角、以新的思路深入探讨了许多涉及安全教育、安全管理和应急管理的重要问题,丰富了高校安全教育育人、应急管理能力建设等方面的实践策略。书中关于基于慕课安全教育教学模式建构、建立健全安全管理工作长效机制、发挥思想政治工作在应急管理中的作用等一些内容,体现了作者对高校安全教育与管理整体体系建构中一些重点难点问题的创新性探索,能够为加强和改进大学生安全教育、提升高校安全管理和应急管理的工作质效提供参考和借鉴。

党的二十大报告明确指出:"必须坚定不移贯彻总体国家安全观,把维护国家安全贯穿党和国家工作各方面全过程,确保国家安全和社会稳定。"随着国内外各种传统和非传统安全风险因素日益复杂多样,人民群众包括"安全"需要在内的美好生活需要的日益增长,高校安全稳定也面临许多新的挑战和课题。我们必须从促进高等教育改革发展和保障社会稳定国家安全的大局出发,进一步增强社会责任感和使命感,坚持守土有责、守土负责、守土尽责,把维护高校安全稳定工作做实做细做好。邢光、牛纪亮同志所著《高等学校安全教育与管理》一书的出版发行,对新时代高校安全教育、安全管理和应急管理工作的创新发展具有积极的推动作用,也会从这一特定角度助力高校的国家安全教育和国家安全学学科建设。希望全国高校都能在安全方面加强研究、提升能力、有效实践，确保高校师生安全、校园安全，并为维护国家安全和社会稳定、全面建设社会主义现代化国家、全面推进中华民族伟大复兴，作出我们应有的贡献！

国际关系学院二级教授
国家安全学领域知名专家
2023 年 11 月

目　录

应急管理篇

安全教育篇

第一章　把握安全教育的特点原则

习近平总书记在全国高校思想政治工作会议上指出："高校思想政治工作关系高校培养什么样的人、如何培养人以及为谁培养人这个根本问题。要坚持把立德树人作为中心环节，把思想政治工作贯穿教育教学全过程，实现全程育人、全方位育人，努力开创我国高等教育事业发展新局面。"[①]大学生安全教育是适应时代发展需要，结合大学生自身特点，对大学生进行国家安全和公共安全方面的教育，引导大学生树立生命至上、安全第一思想，自觉践行总体国家安全观，培养德智体美劳全面发展的社会主义建设者和接班人的教育活动。高校要把大学生的全面发展和综合实力的提高作为培养目标，将安全教育纳入公共必修课，不断推进安全教育的创新发展。

第一节　大学生安全教育的主要功能

大学生安全教育的功能是大学生安全教育的性质及其能动性的重要表现，是大学生安全教育发挥的效能和其具有的作用。大学生安全教育的主体、客体、中介、目标、内容等要素相互关系、彼此搭配，形成大学生安全教育的功能。大学生安全教育按照不同的结构运行，能够产生多种功能，主要表

---

① 《习近平谈治国理政》第二卷，外文出版社2017年版，第376页。

现为导向功能、育人功能、认知功能、保证功能、服务功能五个功能。

一、导向功能

大学生安全教育的导向功能,是指大学生安全教育教学能够在某种程度上把大学生的思想、言论、行为等引向正确的方向,并产生积极的教育效果。大学生安全教育的导向功能主要包括政治导向、目标导向和价值导向。

(一) 政治导向功能

大学生安全教育的政治导向主要体现在引导大学生确立坚定正确的政治方向,即确立坚定正确的政治立场、政治思想、政治信仰、政治理想、政治态度、政治品质。其中,最基本的是正确的政治立场、政治思想和政治信仰,集中体现在引导大学生确立建设中国特色社会主义政治方向上。大学生安全教育政治导向功能的实现主要包括:一是促进大学生提升政治认知,使大学生具备符合社会发展要求的政治素养;二是帮助大学生实现政治认同,把握正确的政治倾向,并具备政治敏锐性。高校安全教育课教师要高度重视引导大学生端正政治立场,发挥安全教育课在大学生思想、行为、目标上的政治导向功能;要把握住方向性原则,坚持用国家安全和公共安全理论引导大学生;要表现出开放性,使安全教育课与公共管理、安全管理、法律、心理等知识保持交流、借鉴;要表现出前瞻性,为大学生提供危机预警,并寻找发展机会。

(二) 目标导向功能

任何一种活动总会指向一定的目标,并按照一定的目标去行动。大学生安全教育教学也是按照一定的目标来进行,并希望教育教学活动趋向高校安全教育课教师预设的目标,并产生教师所期望的教育效果。大学生安全教育目标导向功能主要体现在以下三个方面:一是能够保证安全教育的社会性质。大学生安全教育通过目标来赋予其一定的社会性质,引导安全教育教学活动的进行,并更好地为社会服务。二是为培养什么样的人指明方向。大学生安全教育目标能够保证教育教学活动的开展、学生安全素质的培养以及教学方法的选择等,朝着既定的方向发展,向着预定的结果努力,促进安全教育教学效果的最大化。三是为安全教育教学活动指明方向。大学生安全教育目标规定了安全教育教学活动的方向,对具体的活动具有引导作用,安全教育内容的选择、方法的确立、活动的形式等都要以安全教育目标的实现为最高准则。

（三）价值导向功能

价值是指客观事物对主体的作用性和意义性。客观事物对主体人或社会的存在和发展有积极作用和意义,它就有价值,否则就没有价值。大学生安全教育的价值导向是指通过大学生安全教育教学,把教学内容向有作用和有意义的方向引导。大学生安全教育教学的价值导向内容主要包括:一是习近平新时代中国特色社会主义思想,这是价值导向的核心;二是新时期我国在国家安全和公共安全方面形成的新论述、新要求。大学生安全教育价值导向功能的具体表现:一是表达国家、社会、高校在国家安全和公共安全教育方面的要求和愿望;二是通过安全教育教学,说明一定的价值观念和价值目的,激发大学生的行为动机和行为倾向。

二、育人功能

大学生安全教育的育人功能,是指大学生安全教育教学能够促进大学生的思想政治素质不断提高、科学文化素质得到发展、身心素质日益完善、各方面能力不断增强。大学生安全教育的育人功能主要表现在以下方面。

（一）德育功能

德育就是育德,即个体品德的培养和教育。品德是社会的思想道德规范在个体思想和行为中的表现。大学生的品德素质,从内容结构上看是社会因素与心理因素的统一,社会因素表现为政治品质、思想品质、道德品质、法纪品质等内容,心理因素表现为品德认识、品德情感、品德意志、品德行为等内容。从心理结构上看是心理、思想和行为的统一,心理因素是基础,思想因素是核心,行为因素是表现,大学生的品德素质是以世界观为核心的心理、思想和行为的统一。大学生安全教育的育人功能,就在于它能够依据大学生品德素质内容结构和心理结构诸要素的辩证关系及其形成发展规律,联系大学生思想品德素质实际,通过国家安全和公共安全理论知识的讲授,使大学生形成社会主义思想品德,提高大学生的品德价值判断能力和选择能力。

（二）智育功能

智育就是育智,即人的知识与智能的培养与教育。大学生安全教育的育智功能在于培育大学生的科学文化素质,帮助大学生把握人与社会发展的基本规律,提高大学生适应社会、参与社会和建设社会的能力。虽然大学生安全教育并不直接传授科学文化知识,也不直接培养学生的相关专业能力,但通过国家安全和公共安全理论内容的传授,能使大学生智能得到较好的提高。一是使大学生获得综合性的社会科学知识。例如,哲学、政治、经济、军事、管理、法律、心理等方面的知识;二是帮助大学生更好地认识和掌握安全发展的特点和规律,为大学生在遇到安全风险时提供安全防范和应对处置的判断依据和价值标准;三是引导大学生改变传统思维方式,形成科学思维理念,锻炼相关能力,能够坚持用生命至上、安全第一思想分析和处理有关问题。

（三）心育功能

心育就是育心,即心理素质的保健、锻炼与教育。这里所指的心是指心理学意义上的心理素质,健康的心理素质在大学生思想品德结构从形式到内容各个层面的发展过程中,具有重要地位和作用。公共安全教育的心理安全教学内容,能够帮助大学生养成良好的心态,培养大学生坚强的意志和能力,使大学生形成正确的需要、动机和兴趣,提高大学生的心理素质,切实解决大学生存在的心理问题。公共安全教育的其他教学内容,通过倡导、建议、鼓励健康生活方式、积极生活态度,引导大学生健康饮食、积极锻炼,推动大学生健康身心素质的养成。大学生安全教育的心育功能,不仅培养大学生道德情感和意志,而且培养大学生健全心理能力。例如,心理耐挫能力和应变能力、情感的调控和表达能力、情感的决策能力等。

三、认知功能

大学生安全教育的认知功能,是指大学生安全教育教学能够促进大学生的认知能力不断增强,认识水平、思想水平、理论水平不断提高,并能以所掌握的安全理论知识指导自己的行动。大学生安全教育的认知功能主要表现在以下方面。

（一）深化安全理论认知

大学生安全教育通过课堂教学、实践教学等形式,有效帮助大学生全面深入地了解和掌握国家安全和公共安全理论知识,提高对国家安全和公共安全理论的认知水平,深化对国家安全和公共安全理论的把握程度,尤其是对党和国家近期国家安全和公共安全的目标、任务有更加明确的认识。作为大学生安全教育课的教学,所传授的不是一般的安全常识,培养的也不是一般的安全技能,而是新时期国家安全和公共安全方面的理论知识,以及运用这些理论知识发现问题、分析问题和解决问题的能力。高校安全教育课教师通过大学生安全教育教学,提高大学生的安全思想水平、安全认知能力和安全行为能力,扩大总体国家安全观在大学生中的影响,提高大学生对党和国家创新安全理论的认知水平。

（二）增强安全理论自信

大学生安全教育的认知功能,不仅体现在深化大学生的安全理论认知,提高大学生对相关安全理论的认识水平,而且要增强大学生对党和国家在国家安全和公共安全方面的理论、政策、法律、制度等的认同度。如果大学生安全教育只重视安全理论知识传授和能力培养,而不是从思想意识上认同安全理论知识,就不可能让大学生树立生命至上、安全第一思想,使大学生在社会实践活动中运用国家安全和公共安全理论知识。例如,国家安全教育的总体国家安全观教学内容,着重讲授总体国家安全观的内涵和发展,引导大学生从整体上理解把握总体国家安全观,自觉践行总体国家安全观;公共安全教育的预防犯罪教学内容,主要进行法治教育,引导大学生增强法治观念,提高法律素质,自觉遵纪守法。

（三）促进综合素质提升

大学生安全教育通过思想引导、价值引导、行为引导等,使大学生树立符合社会所倡导和要求的思想观念、价值判断、行为方式,提高大学生的综合素质。大学生安全教育不仅向大学生传播党和国家的相关安全理论,而且还引导大学生更好地认知自我,认知自我成长与发展中存在的优势与不足,认知自我在社会发展中具有的价值,认知自我的存在与发展对他人和社会的责任与义务,从而推动大学生加强学习、提升自我,更好地承担责任、奉献社会。高校安全教育课教师坚持以习近平新时代中国特色社会主义思想为指导,坚持社会主义方向,坚持科学的教学内容和教学方法,以科学的世界观、方法论武装大学生的头脑,提升大学生的综合素质,为建设中国特色社会主义培养"四有"新人。

四、保障功能

大学生安全教育的保障功能,是指大学生安全教育教学能够促进大学生避免或纠正错误能力不断增强,自我约束力不断提高,并自觉规范个人的思想和行为。大学生安全教育的保障功能主要表现在以下方面。

(一)规范大学生思想行为

大学生安全教育对大学生的思想和行为具有一定的规范性。这种规范性主要是对大学生的思想和行为作出正面规定,使大学生在行动时有章可循,其思想和行为符合大学生安全教育的方向和目标。从实际意义上说其有两个:一是预防;二是禁止。高校安全教育课教师在教学过程中,开展人身安全、财产安全、心理安全、交通安全、消防安全、预防犯罪等具有规范意义的教育,对大学生提出一系列的规范性要求,促进大学生思想与行为安全发展。大学生接受安全教育、参与实践教学,实际上就是认识、理解、接受思想和行为规范,使他们的日常行为合乎社会道德要求和法制纪律规范,能够自觉遵守各种社会规范,成为一个遵纪守法并具有较高道德素养的人。

(二)提高大学生约束能力

自我约束能力是在自我意识基础上,通过自我认识、自我分析、自我管理、自我激励、自我监督、自我评价,而形成自觉思想行为的能力。大学生的自我意识已经成熟,但是个体发展水平差异较大。有的大学生自我意识发展水平较高,善于通过自我意识的分化和统一反省自己、约束自己。有的大学生自我意识发展水平较低,不能通过自我意识的分化和统一反省自己、约束自己。自我约束能力是大学生健康成长的内在根本保证,很多公共安全教育教学内容明确大学生要怎么样、不要怎么样,应该干什么、不应该干什么,可以这样做、禁止这样做等,引导大学生完善自我意识,提高自我认识、自我分析、自我管理、自我激励、自我监督、自我评价能力,即提高自我约束能力。

（三）保证大学生健康成长

客观世界充满着矛盾,反映到大学生的思想上也必然存在矛盾。在大学生的思想中,有知与不知的矛盾,有正确与谬误的矛盾,有情感与理智的矛盾,有知与行的矛盾,有幼稚与成熟的矛盾,有功利和道义的矛盾等。矛盾斗争的结果,既有走向正确的可能,也有走向错误的可能。例如,面对手段不断翻新的电信网络诈骗,有的大学生感到束手无策,不能机智应对,导致个人财物被骗。大学生安全教育是具有针对性、可操作性的实践活动,能够促使大学生更全面地认知自己、完善自己、发展自己。保证大学生健康成长,不仅需要高校安全教育课教师进行课堂教学,而且需要在复杂多变的情况下,通过经常性的教育引导,帮助大学生及时避免或纠正错误。

五、服务功能

大学生安全教育的服务功能,是指大学生安全教育教学能够使大学生在成长与发展中的精神发展需求、道德完善需求、人格健全需求等得到有效满足。大学生安全教育的服务功能主要表现在以下方面。

（一）服务大学生精神发展

大学生的成长发展需要物质、制度和精神等推动力量,精神推动力量就是思想、理论、理想、信念、意志等精神因素对大学生从事活动及发展产生的精神推动力。大学生安全教育服务大学生的精神发展,就是通过教育实践活动,使大学生的理想信念更加坚定,思想品德有所提升,情感意志更为坚强,心理品质不断提高,安全意识得到强化,并通过激发精神动力,推动大学生全面发展。高校安全教育课教师在教学中充分利用各种手段,宣传真善美,推动大学生对美好精神生活的追求,培养大学生高尚的政治自觉性和道德观,形成坚定的信念和理想,并通过融入关心爱护大学生的真挚情感,教化感化大学生,对激发大学生的精神动力发挥着重要作用。

(二) 服务大学生道德完善

追求道德的完善是每一位具有正确价值取向大学生的需求,大学生实现从自然人向社会人的转向过程就是其实现道德社会化的过程。大学生安全教育正是满足大学生道德完善需求,实现大学生道德社会化的重要途径和方式。大学生安全教育服务大学生的道德完善,就是通过传播道德理论、宣扬道德榜样、引导道德思考、鼓励道德践行,促进大学生的道德社会化,使大学生在思想上认识社会道德观念、在情感上认同社会道德要求、在行为上遵循社会道德规范。高校安全教育课教师在教学中对大学生开展世界观、人生观、价值观、道德观和法纪观等方面的教育引导,帮助大学生提高是非、善恶、美丑的鉴别力和对错误思想的免疫力,自觉抵御各种错误思想的冲击,培养高尚的思想品德。

(三) 服务大学生人格健全

大学生健全人格是指大学生人格所包含的性格、气质、行为和能力等方面得到全面发展,符合人的本质发展需要和时代发展要求。大学生安全教育服务大学生的人格健全,主要就是以安全教育"内化—外化"的知行转化为机理,推动大学生把社会要求的思想政治品德规范内化为信念、外化为行为的反复实践,塑造大学生健全的人格。高校安全教育课教师通过理论教育、行为引导、榜样示范等方式,引导大学生在个人生理素质基础上明确人格发展的方向,把自己的个性与社会的发展相结合,培养理性的价值观,形成健康的人生态度、乐观的生活态度、健全的个性心理、稳定的个性特征,满足大学生对独立、健全人格的需求,促进大学生的全面发展。

第二节　大学生安全教育的主要特点

中共中央、国务院印发的《关于进一步加强和改进大学生思想政治教育的意见》明确了加强和改进大学生思想政治教育的主要任务之一是"以大学生全面发展为目标,深入进行素质教育"。新形势下大学生安全教育,就是把大学生的全面发展作为培养目标,针对当代大学生的特征,做到线上与线下、学校与社会、解决思想问题与解决实际问题、他律与自律、灌输与渗透等并重,提高大学生的安全意识、促进大学生的人际和谐、增强大学生的法治观念、培养大学生的健康人格、规范大学生的安全行为等,使大学生成为有理想、敢担当、能吃苦、肯奋斗的新时代好青年。大学生安全教育的特点是大学生安全教育性质和任务的体现,具体有以下六个特点。

一、时代性

大学生安全教育的时代性是指大学生安全教育的内容要把握时代主题,不断拓宽教育领域,从符合时代要求的思想和观念中提炼鲜活的教育资源,赋予教育以鲜明的时代特征、时代内容和时代风格。

（一）认清大学生安全教育的时代性地位

当前,高校对大学生进行的安全教育,既面临着严峻的考验,如意识形态领域尖锐复杂斗争的考验;又面临着难得的机遇,如实现中华民族伟大复兴的关键时期;还面临着客观的挑战,如大学生群体的思想观念呈现多样化。因此,为了增强教育的时代性,要让大学生安全教育与现代社会的发展新形势相结合,做到求真务实。

（二）提升大学生安全教育的时代性

高校根据大学生安全教育的目标任务、方针原则、内容要求和方法手段等对大学生进行安全教育,要顺应时代潮流,紧跟时代步伐,反映时代特点,把握时代脉搏,回应时代要求。高校安全教育课教师要牢牢把握大学生的思想动态,紧密联系当今社会的现实问题,不断自我完善和革新,拓宽安全教育教学的渠道,充实安全教育教学的内涵,最大限度地发挥安全教育的隐性作用。

（三）提高大学生安全教育内容的时代性

大学生安全教育紧跟社会发展要求,赋予鲜明的时代性特点,这一特点主要体现在大学生安全教育的内容上。大学生安全教育的内容包括当前党和国家关于国家安全和公共安全的路线、方针、政策、法规等现实教育内容,以及这些内容的理论来源和现实依据。时代性特征体现在大学生安全教育的内容中,就是要坚持理论联系实际,这就要求高校安全教育课教师有驾驭安全理论与解决实际问题的能力,解释好现实生活中的热点与难点,使安全教育更具有活力和说服力。

二、科学性

大学生安全教育的科学性是指大学生安全教育的开展要符合思想政治教育的规律,这是实现安全教育实效性的理论基础。根据思想政治教育的规律开展安全教育教学实践,是大学生安全教育科学性的基本要求。

（一）遵循教育规律

教育规律主要是指高校教书和育人之间的内在统一关系。教书和育人内在关系表现为:(1)教书是手段,育人是目的,教书的最终目的是育人;(2)育人通过教书实现,应该寓育人于教书之中;(3)教书和育人密不可分,是同一过程的两个方面。高校安全教育课教师在明确教书育人的职责与使命基础上,坚持教书和育人、言传和身教、潜心问道和关注社会相统一,把国家安全和公共安全的基本理论讲准、讲深、讲透,使大学生把国家安全和公共安全理论入脑入心,能够用国家安全和公共安全的基本理论和方法认识问题、分析问题和解决问题。

（二）遵循思想政治工作规律

高校思想政治工作规律是指在习近平新时代中国特色社会主义思想的

指导下,适应大学生全面发展的需要,通过自我修养、思想教育、实践活动和环境影响等,不断提高大学生思想政治素质的循环反复过程。大学生安全教育遵循高校思想政治工作规律的表现主要包括:一是把社会主义核心价值观贯穿于安全教育教学的全过程,引导大学生自觉践行社会主义核心价值观;二是坚持解决思想问题与解决实际问题相结合,紧贴大学生思想实际,提高安全教育教学的针对性;三是在服务大学生中教育引导大学生,在坚持知行合一中为人师表,提高安全教育教学的有效性。

(三)遵循大学生成长规律

大学生随着年龄的增长和知识经验的积累,有关未来发展的矛盾与困惑也在不断积累,这就要求大学生安全教育要以缓解大学生的心理压力为主要教学任务,以大学生的未来安全发展为着眼点,以尽可能帮助大学生解决各种实际问题为依托,使大学生获得充分的安全知识储备、安全认知能力。高校安全教育课教师遵循大学生思想政治品德形成的规律,在教学过程中坚持以情感人、以理服人,锻炼大学生的意志品质,使大学生形成良好的思想政治品德行为习惯。

三、思想性

大学生安全教育的思想性是指大学生安全教育根据其本质特点和大学生的思想品德形成发展规律,正确处理掌握知识、发展能力和提高思想觉悟的关系,把思想信念、价值观和思想方法教育放在突出地位,统筹知识、能力和觉悟的协调发展。

(一)认清安全教育的思想性

大学生安全教育关注大学生的思想特点和学习价值引导,以国家安全和公共安全的思想观点和思想方法统领其理论之学、知识之学、能力之学,引导大学生对国家安全和公共安全基本理论知识的内化、认同、信奉和运用,使大学生把国家安全和公共安全的思想观点和思想方法学深学透,逐步形成对国家安全和公共安全思想观点和思想方法的理解和认可。

（二）重视安全教育的思想性

大学生安全教育的性质和教学本质决定了其教学要以习近平新时代中国特色社会主义思想作为指导思想，以培育大学生的社会主义现代公民思想政治素质、道德法律素养、安全防范意识作为主要任务，把教学重点放在国家安全和公共安全的思想观点和思想方法上，促进大学生用这些学习的思想观点和思想方法去指导、规范生活和实践，并在学和用的过程中形成科学信仰，学出自己的思想观点和思想方法来，实现由学习者到思考者、再到信仰者和创造者的转变。

（三）落实安全教育的思想性

大学生安全教育引导大学生努力把国家安全和公共安全的思想观点和思想方法用好用活，尽可能地把所学到的国家安全和公共安全思想观点和思想方法运用到生活和实践中去，用这些思想观点和思想方法去观察、分析、解决生活实践中所遇到的现实问题，并在应用过程中深化国家安全和公共安全思想观点和思想方法的价值认同，并对大学生的思想和方法生成发挥启发、促进作用，使大学生在学习和应用中形成自己的安全思想和方法。

四、全面性

大学生安全教育的全面性体现在全员、全过程、全方位育人，即"三全育人"。"三全育人"是指在高校内部建立起上下联动、水平沟通、全员负责的育人管理系统，在育人主体、工作方式、育人环境、载体建设、教育模式等方面多管齐下、优势互补、协同作战，始终掌控大学生安全教育的主阵地、控制权和话语权。

（一）育人主体的全员性

全员性是指高校教职工都要参与安全教育工作。教师、管理者、后勤服务人员等高校育人主体在教室、图书馆、实验室、机关部门、食堂等场所与大学生互动交流，并对大学生的思想水平、政治觉悟、道德品质等方面产生影响，构成多方参与的全员育人格局。教师承担着教书育人的神圣使命，其育人作用不仅体现在课堂教学上,而且体现在时时刻刻育人上。管理者和后勤服务人员通过人性化、高素质的管理和服务,让大学生感受到学校对他们的尊重、关心和关爱,促进大学生身心和人格健康发展。

（二）育人过程的全程性

全程性是指大学生安全教育过程的持续性,包括大学生安全教育各个环节的健全和各个阶段教育的衔接,最终实现把安全教育贯穿到大学生的学习生活各个方面。高校党政机关、群团组织和师生员工在对大学生进行教育、管理、服务等过程中,要使大学生在学校的各个时间段、在参加的教学、办事、娱乐等事项中都能接受到教育,促使大学生将课堂上学到的安全理论知识转化为实践、内化到自身,进而落实到具体的实践活动中。

（三）育人环境的全方位性

高校的育人环境包括硬环境和软环境。硬环境主要是指教学和科研场所的硬件条件、文化活动场所的各类设施、日常生活的基础设施、课外实践与实习的基地水平等。软环境主要包括教育思想、办学理念、体制设置、管理服务水平等。以上影响并促使大学生思想政治品德形成和巩固发展的因素构成了高校育人环境,其物化在基础设施建设和校园环境形态等校园物质文化之中,内化在师生员工的思想行为、人际关系和生活方式等校园精神文化之中,这种物质文化和精神文化构成了高校育人环境的全方位性。

五、综合性

大学生安全教育的综合性体现在大学生安全教育是一门具有基础性、整体性、实践性和互动性等特性的教育教学活动。大学生安全教育是做人的工作,要综合运用多学科教育内容,协调各方面力量,利用各种教育途径和方法实施。

（一）打牢思想理论基础

大学生安全教育是根据大学生的思想和行为特点,指导大学生实践行动的思想理论基础。大学时期是大学生学习成长的关键时期,安全教育伴随大学生学习生活的整个过程。大学生树立生命至上、安全第一的思想,实现安全健康地成长成才,需要安全教育的指导和帮助。大学生将安全教育时时刻刻与自己的实际情况相结合,融入日常学习生活,保障学习生活的安全有序,从而以安全健康的状态发挥自身价值、实现学习目标。

(二) 形成安全教育合力

大学生安全教育通过发挥高校、家庭和社会的教育力量,形成教育合力,确保教育效果。一是高校方面,通过开展安全教育教学活动,帮助大学生理解掌握安全理论知识,提高安全防范技能;二是家庭方面,通过大学生家长的言传身教,引导大学生在日常生活中应该怎样保护自己,防止受到人身伤害和财产损失;三是社会方面,通过建立良好的社会秩序,影响大学生的思想政治品德和具体行为举止。

(三) 突出安全教育实践

大学生安全教育的基本目标任务是使大学生掌握知识、发展能力和提高思想觉悟。要将大学生获得的安全理论知识、能力和行为规范转化为他们的思想品德,必须突出大学生安全教育的实践性,使大学生获得生活的实践经验和情感体验。大学生安全教育通过加强与大学生现实生活和社会实践的联系,引导大学生自主参与丰富多样的实践活动,使大学生在认识、体验、反思与践行中,促进良好道德品质和正确安全观念的形成与发展。

(四) 重视教育教学互动

大学生安全教育是对大学生安全思想观念和安全行为规范的内化、认同过程,离不开学生与学生、教师与学生的互动。只有通过互动,才能达成认知与情感的一致和共鸣,达成对安全思想观念和安全行为规范的内化、认同。在安全教育教学互动中,大学生处于主体地位,教学过程更多地表现为大学生是课程的创造者、问题的发现者,从而使教学体现出互动性和灵活性。高校安全教育课教师通过不断变换教学方式,变换与大学生的主客体地位,建构互动式教学模式。

六、创新性

大学生安全教育的创新性是其具有时代性以及能够发挥重要作用的原因之一。创新大学生安全教育的教育理念、教育内容、教育方法和教育机制，既是时代的需要，又是广大学生的心声。高校安全教育课教师要积极创新安全教育的思维理念、内容要求、方法手段和运行模式，在创新中体现大学生安全教育的时代性。

（一）观念创新

当前，高校安全教育工作中还不同程度地存在着向学生单向灌输安全理论知识，不重视学生实践能力和个性培养的现象。大学生安全教育的创新首先要从观念创新开始，这就要求高校安全教育课教师树立灌输安全行为规范与培养能力、发展个性相统一的新任务观，教育者的主体性与受教育者的主体性相统一的新主体观等新观念，切实增强大学生安全教育的有效性，为大学生安全健康成长、高校平安校园建设尽职尽责。

（二）内容创新

当代大学生对新事物的接受主动性强、接受速度快、接受程度高，这对大学生安全教育适应社会的快速发展和变化提出了挑战。大学生安全教育只有不断丰富教学内容，才能获得创新发展。高校安全教育课教师要加强对党和国家在国家安全和公共安全的方针、政策、法律、法规等方面的关注和学习，及时收集相关教学资料，充实安全教育教学内容，赋予安全教育教学新的内涵，使安全教育教学的内容适应时代和社会发展的需要。

（三）方式创新

大学生安全教育的方式创新是指适应大学生的接受能力，运用现代化工具和灵活多样手段，开展安全教育的新方式和新方法。高校安全教育课教师要充分运用新媒体开展安全教育教学，主动占领网络教育阵地，使网络成为安全教育的重要平台。要广泛开展形式多样、健康向上、富有特色的校园文化活动，增强校园文化在安全教育中的作用。要积极开展各类教学实践活动,帮助大学生了解社会、了解国情、增长才干、锻炼能力。

（四）机制创新

大学生安全教育的机制创新是指高校要紧密联系大学生的学习、生活和思想实际,着眼于对安全教育实际问题的思考,着眼于安全教育新的实践和新的发展,解决安全教育新的问题,构建完善的组织领导、管理监督、考核评价、保障激励等运行机制,打造安全教育专兼结合、党政工团齐抓共管的工作局面,确保大学生安全教育工作相互配合、相互衔接、协调有序地运行,实现大学生安全教育工作的规范化和系统化。

第三节 大学生安全教育的主要原则

《关于进一步加强和改进大学生思想政治教育的意见》明确提出"坚持教书与育人相结合、坚持教育与自我教育相结合、坚持政治理论教育与社会实践相结合、坚持解决思想问题与解决实际问题相结合、坚持教育与管理相结合、坚持继承优良传统与改进创新相结合"的大学生思想政治教育原则。大学生思想政治教育原则是在思想政治教育过程中必须遵循的准则,是思想政治教育有序进行的基本规范。在大学生安全教育的过程中,高校安全教育者要认真贯彻大学生思想政治教育原则,并坚持以下六项原则。

一、坚持以人为本

坚持以人为本,就是紧紧围绕大学生成长成才这个中心,承认并尊重大学生的主体地位,把促进大学生的全面发展作为安全教育的出发点和归宿。落实到具体实践中,就是在安全教育教学活动中,坚持一切从大学生的合理需要、个性发展出发,调动大学生学习安全理论知识的积极性,促进大学生德智体美劳全面发展。

（一）以人为本是思想政治教育的本质要求

以人为本就是以人为中心,一切为了人和依靠人,坚持人的主体地位,尊重人的价值和尊严,坚持人的自然属性、精神属性和社会属性三者的辩证统一,体现社会主义的本质要求和新时期党的执政理念,继承和发展马克思主义以人为本思想。大学生思想政治教育的目标是将大学生培养成德智体美劳全面发展的社会主义建设者和接班人,要实现这样的目标,必须以学生为本,贴近学生思想、学习和生活的实际,做到尊重、理解和关心学生,充分调动和激发学生的积极性、主动性和创造性,增强教育的亲和力、说服力、吸引力和感染力。

（二）确立以学生为主体的教学理念

以人为本要求高校安全教育课教师确立以学生为主体的教学理念,使学生真正成为学习的主体,确立学生在安全教育教学中的价值主体地位。要了解学生的思想实际,从学生的安全需要出发,帮助学生形成正确的安全需要层次和安全需要结构。要关注学生、关爱学生、服务学生,实现安全教育教学"一切为了学生、为了学生的一切"。在教学目标上,不仅要考虑安全行为规范和要求,更要突出培养学生全面发展,培养学生主体性的要求。在教学方法上,实现由外部灌输向注重学生自我实践体验的转化等。

（三）增强大学生安全教育课的针对性

以人为本体现在大学生安全教育课的教学中,就是要紧紧围绕学生的实际需要组织丰富的教学内容,选择恰当的课堂教学方式。要从解决学生关心的实际问题入手,将教育内容、教育目标贯穿在解决实际问题的过程中,达到教师既传播安全理论知识,又能赢得学生尊重。要根据学生的需要,实行开放式教学和互动式教学,处理好以情感人与以理服人的关系,既要动之以情、以情感人,又要晓之以理、以理服人。要结合国家安全和公共安全的新形势,开展专题报告、热点问题讨论等活动,有效激发学生学习安全理论知识的兴趣。

二、坚持教书和育人相统一

习近平总书记在全国高校思想政治工作会议上的讲话中强调:"要加强

师德师风建设,坚持教书和育人相统一,坚持言传和身教相统一,坚持潜心问道和关注社会相统一,坚持学术自由和学术规范相统一,引导广大教师以德立身、以德立学、以德施教。"①坚持教书和育人相统一,这既是对在职在岗教师的要求,也明确了大学生思想政治教育的主要原则。

(一) 寓教育于教学之中

《关于进一步加强和改进大学生思想政治教育的意见》指出:"要把大学生思想政治教育摆在学校各项工作的首位,贯穿于教育教学的全过程。"高校在大学生培育过程中加强思想政治教育,不仅在高校思想政治理论课上开展思想政治教育,还要将思想政治教育融入其他课程中。高校安全教育课教师坚持德育工作的首要地位,贯穿于安全教育教学的全过程,从教学内容中挖掘与思想政治相关的内容,通过教学活动开展思想政治教育,使学生在学习安全理论知识的过程中,自觉加强思想政治修养,提高思想政治觉悟。

(二) 坚持身教与言教相结合

身教与言教相结合,就是高校安全教育课教师把教学与自身的言行结合起来,注重用自己的行为去影响和感染学生,促使学生思想政治品德水平不断提高。大学生安全教育课教学要真正达到教学目的,教学内容要合乎实际,反映事物的本质,经得起实践检验;教师要以身作则,带头认同和践行安全教育的教学内容。教师在教书育人的过程中,要不断加强职业道德修养,做到言行一致、表里如一,以科学的治学精神、严谨的治学态度进行安全教育教学。要率先垂范、言传身教,以良好的思想、道德、品质和人格给学生潜移默化的影响。

(三) 实现教师的教学相长

高校安全教育课教师要确立自己在教学过程中的主导地位,完成安全教育的教学任务,实现安全教育的教学目标,树立自己在学生中的威信,将施教于人的活动与自己的学习活动统一起来,实现教学相长。要在不同的安全教

---

① 《习近平谈治国理政》第二卷,外文出版社 2017 年版,第 379 页。

育教学环节中,明确自己对学生的全面责任,使教书育人成为自己的自觉行为和活动。要依据安全教育情境的要求,从学生的角度思考有关教学实施的具体内容建构、教学方式和教学手段问题,从学生的反馈信息中发现自身的不足,通过学习和反思,提高自身的理论素养和人格修养。

三、坚持教育与自我教育相结合

习近平总书记在学校思想政治理论课教师座谈会上的重要讲话中强调:"要坚持主导性和主体性相统一,思政课教学离不开教师的主导,同时要加大对学生的认知规律和接受特点的研究,发挥学生主体性作用。"[①]坚持教育与自我教育相结合原则,并在大学生安全教育中贯彻落实发挥教师主导性与学生主体性原则。

（一）教育是自我教育的前提条件

教育是高校安全教育课教师通过一定的教学内容影响学生,力图使学生接受教学内容承载的思想观念、道德观念、法治观念、安全观念等,并将学生塑造为社会所期望人才的过程。大学生面对社会上的各种诱惑和风险,不仅有好奇心,而且还可能盲从和仿效,缺乏防范和抵御的意识与能力。这就需要安全教育课教师通过课堂教学、实践教学等对学生进行积极、正确的教育引导,使学生增强抵制各种诱惑的自觉性,提高安全防范的能力。安全教育是提高大学生思想政治素质和安全防范能力的重要途径,安全教育课教师要充分认识自身的责任与使命,发挥教育者的主导作用,切实做好大学生的指导者和引路人。

（二）自我教育是衡量教育实效性的一个标志

自我教育是指大学生按照安全教育的目标和要求,通过自我学习、自我修养、自我反思等方式,主动接受安全理论、安全知识、安全行为规范,提高自身安全意识和安全防范能力的方法。自我教育是大学生安全教育中的一个

---

① 《习近平谈治国理政》第三卷,外文出版社 2020 年版,第 331 页。

重要环节,是实现教学目标的必然要求。大学生通过自我教育,把教学内容内化为自觉的意识、升华为自觉的行动。大学生进行自我教育,要充分发挥学生会、班级和社团等作用。学生会是学生进行自我教育的组织者,班级是学生进行自我教育、自我管理、自我服务的组织载体,丰富多彩的社团活动使学生的自我教育能力得到提升。要充分发挥网络的作用,打造学生自我教育的良好网络环境。

（三）坚持教育与自我教育相结合

教育是由两个相互交织的并行过程组成的,一个是教师的教书育人过程,另一个是学生的学习过程。大学生安全教育坚持教育与自我教育相结合,强调的是调动教师和学生两个积极性,既要充分发挥高校安全教育课教师的教育引导作用,又要充分调动大学生的自觉性和主动性。大学生具备自我教育的能力,要求安全教育课教师在教学实践中,通过多种途径帮助和激发大学生主体能力的构建。要善于发掘和引导学生的内在需求,帮助学生形成自我教育的需要与动机,产生自我教育的行为。要为学生的自我教育创造条件,使学生在实践教学活动中更好地进行自我教育,提高自我教育的能力。

四、坚持理论联系实际

坚持理论联系实际原则,就是高校安全教育课教师在教学过程中,引导学生既要联系实际掌握安全理论,又要运用安全理论去分析实际,使学生在理论与实际结合中掌握安全理论知识、学会安全基本技能,培养学生运用安全理论知识分析问题和解决问题的能力,达到学懂会用、学以致用。

（一）以基本安全理论知识教学为主导

在大学生安全教育的教学过程中,理论联系实际大致可以分为两个阶段:第一阶段,联系实际阐明理论。高校安全教育课教师通过实际材料的运用,使学生感知和理解教学内容。教师运用材料时,要尽可能采用学生比较熟悉或容易理解的现实材料,力求材料生动形象、符合学生的思维发展特点,使材料准确反映安全理论知识的实质、渗透相关安全概念或原理。第二阶段,运用理论分析和说明实际问题。教师提供时间和机会,让学生利用所学安全理论知识分析和说明问题,使安全理论知识回归现实生活。例如,在课堂教学中为学生创造条件,采用角色扮演、模拟法庭、专题讨论、辩论比赛等,丰富课堂教学形式。

（二）课堂教学要贯彻理论联系实际的原则

大学生安全教育的教学目标、教学内容和教学方法等要符合社会和学生的需要,符合学生的认知规律。一是课程目标要理论化。通过教学活动,使学生理解和掌握国家安全和公共安全的基本概念、观点和原理,并能运用所学的观点和原理分析和处理相关社会问题和自己的思想问题。二是课程内容要生活化。用教学内容解释现实生活,用生活实例丰富和说明教学内容。联系人们普遍关心的社会问题、学生普遍存在的心理和思想问题,帮助学生运用相关安全理论知识分析认识这些问题。三是教学方法要具体化。针对不同的教学内容,采取不同的教学方法。例如,消防安全的教学要采用理论讲解、模拟演示与实际操作相结合的方法。

（三）实践教学是理论联系实际的具体体现

大学生安全教育课教学贯彻理论联系实际的原则,既包括高校安全教育课教师在讲授安全理论知识时,运用国家安全和公共安全理论有针对性地对社会现实问题和学生思想问题进行分析与联系,也包括学生在教师指导下通过亲身参加校内外实践教学活动,深刻领会和准确把握国家安全和公共安全理论知识。尤其是在新的历史条件下,国家安全和公共安全面临着新问题新挑战,承担着新任务新要求,大学生安全教育课不能局限于课堂教学对国家安全和公共安全理论知识的讲授层面,还要注重通过形式多样的实践教学活动,引导学生深入社会实际,了解国情和民情,增强安全理论知识的感染力和说服力。

五、坚持教育与管理相结合

坚持教育与管理相结合是大学生思想政治教育的一个重要原则,也是大学生思想政治教育的经验和要求。教育是教师通过传授知识使学生形成一定的思想观念、道德观念、政治观念和法律观念等,而管理的目的在于规范学生的政治行为、道德行为和法律行为等。

（一）安全管理离不开安全教育

大学生正处于人生成长的关键时期,大学生安全教育能够提高学生的安全理论认知和安全防范能力,为学生执行学校的各项规章制度奠定思想基础,为学生完成安全管理任务提供精神动力和方向保证。因此,安全管理离不开安全教育,这也是由大学生安全教育的任务和特点决定的。高校安全教育课教师通过开展安全教育教学,发挥安全教育的优势,对学生的思想认识问题循循善诱、以理服人。通过树立"身教重于言教"的理念,为人师表,提高自身素质,发挥榜样作用。通过引导学生进行自我教育,使学生较高的思想道德水平和安全防范意识建立在个人高度自觉的基础之上。

（二）安全教育离不开安全管理

高校安全管理是大学生安全教育有效进行的制度保证,安全管理依据的各种行为规范和规章制度是高校对大学生相关要求的制度化和规范化。因此,安全教育离不开安全管理。大学生安全教育不是万能的,需要与安全管理有机结合起来,与加强安全管理、执行安全制度同时进行。高校要科学制定安全管理制度,把安全教育的目标要求渗透到安全管理制度中,使大学生在校学习期间的他律过程中,自觉把安全管理制度要求内化为个人的自觉安全意识和安全行为。要把安全教育融入日常安全管理,建立自律与他律、约束与激励相结合的长效机制,引导大学生的安全思想和安全行为。

（三）坚持安全教育与安全管理一体化

安全教育与安全管理一体化,是指安全教育将安全管理作为自己的主要载体,通过融合到安全管理的各个环节,实现与安全管理的有机结合。坚持安全教育与安全管理相结合,能够加强对学生思想和行为的引导和规范,有利于拓展安全教育的实践渠道,推动大学生安全教育的创新与发展。高校要在安全教育的基础上加强安全管理,在安全管理的规范下改进安全教育,促进大学生安全教育质量的提升。高校安全教育者在实践中,要寓教于乐、寓教于管、教管结合,使安全教育融入安全管理,将安全教育与安全制度建设结合起来。例如,以学生宿舍为单位开展安全教育,帮助学生创建宿舍安全文化等。

六、坚持科学性和思想性相统一

科学性是指大学生安全教育对其本质和规律的揭示,及其对学生发展的促进是客观真实的。思想性是指大学生安全教育不仅是传播安全理论知识,更是帮助学生修炼思想品德、改造主观世界。大学生安全教育既进行国家安全和公共安全理论知识教育,又进行思想政治品德教育,即坚持科学性和思想性相统一的原则。

(一)以正确的安全理论知识武装学生

这里所说的正确,是指高校安全教育课教师在讲解安全理论知识时,引用的事实材料要真实,阐述的概念、原理和观点要正确,逻辑推理要严密,语言表达要准确,结论要符合客观规律,能够经得起实践检验。要遵循教育教学规律开展教学活动,熟练掌握科学的教学方法和手段,并根据实际情况采用恰当的方法和手段施教。要在教学过程中培养学生掌握科学的学习方法,培养学生端正实事求是的科学态度,不要把那些似是而非的,或者尚未证实的东西当作定论教给学生,要使学生学习掌握的知识和方法都是科学的。

(二)恰当运用教学内容中的思想教育因素

大学生安全教育的科学性只有通过其思想性才能显示其价值,国家安全和公共安全相关概念、原理和观点有鲜明的思想性因素在其中。高校安全教育课教师引导学生学习掌握科学安全理论知识的同时,要有目的、有计划地对学生进行思想政治教育和道德品质教育,提高学生的思想政治觉悟和道德品德素质。在具体实施中,哪些教学内容可以对学生进行思想教育、可以进行哪些方面的思想教育,在教学的哪个环节进行,采用什么方法来进行,进行时掌握什么样的度等,这都需要安全教育课教师仔细研究和认真考虑。

（三）科学性与思想性相统一贯穿教学全过程

高校安全教育课教师在教学过程中，既要保证教学内容的真实性、客观性、先进性，用科学的安全理论知识教育学生，又要以习近平新时代中国特色社会主义思想为指导，培养学生正确的世界观、人生观和价值观。一是教学目标要体现知识、能力、品德相结合。知识、能力、品德的要求就是科学性与思想性的要求。二是教学内容要真实、准确、系统，以理服人。真实、准确、系统就是科学性，以理服人就是思想性。三是教学方法要符合学生的认知规律，以情感人。符合学生的认识规律就是科学性，以情感人就是思想性。

第二章 健全安全教育的内容体系

大学生安全教育内容是指高校根据一定的社会要求和大学生的思想实际,经大学生选择设计后,有目的的、有计划、有组织地施加给大学生的安全思想意识、安全价值观念、安全行为规范等内容。大学生安全教育内容是蕴含国家安全和公共安全教育目的的载体,是实现国家安全和公共安全教育目标任务的保证。高校确立大学生安全教育内容,国家对国家安全和公共安全的要求是核心依据,社会需要是根本依据,大学生安全教育的目标任务是直接依据,大学生思想实际是个体依据。

第一节 国家安全教育的教学内容

教育部印发的《大中小学国家安全教育指导纲要》提出:"系统推进国家安全教育进课程、进教材、进校园,全面增强大中小学生的国家安全意识,提升维护国家安全能力,为培养社会主义合格建设者和可靠接班人打下坚实基础。"高校确定国家安全教育的教学内容,要以总体国家安全观为根本遵循,以《大中小学国家安全教育指导纲要》为依据,全面贯彻总体国家安全观的科学内涵和思维方法,充分彰显其精神实质和价值要求,力争使国家安全教育达到总体国家安全观要求的高度、广度、深度和力度。

一、深刻领会总体国家安全观

国家安全是安邦定国的重要基石。一般来说,国家安全观是对国家安全及相关问题的历史、现状、发展、规律、本质等方面的认知、评价和预期。总体国家安全观为维护和塑造中国特色大国安全提供了根本遵循,是习近平新时代中国特色社会主义思想的重要组成部分。

(一)总体国家安全观的提出和内涵

2014年4月15日,习近平总书记在中央国家安全委员会第一次全体会议上首次提出总体国家安全观,强调走中国特色国家安全道路。总体国家安全观的提出,彰显了以习近平同志为核心的党中央对国家安全形势发展新特点新目标新任务的准确把握,体现了我们党奋力开拓国家安全工作新局面的战略智慧和使命担当。总体国家安全观的提出和内涵教学内容主要包括:(1)总体国家安全观的提出背景;(2)总体国家安全观的提出与发展;(3)总体国家安全观的核心要义。

(二)总体国家安全观的重大意义

总体国家安全观丰富了国家安全的内涵和外延,实现了我们党在国家安全理论上的历史性飞跃,是推进国家治理体系和治理能力现代化的重大理论成果,是指导新时期国家安全工作的纲领性思想。践行总体国家安全观,是实现中华民族伟大复兴的坚强保障。总体国家安全观重大意义的教学内容包括:(1)总体国家安全观是我国国家安全理论的最新成果;(2)总体国家安全观是开展国家安全工作的科学指南;(3)总体国家安全观是保障实现中华民族伟大复兴的新理念。

(三)坚持走中国特色国家安全道路

习近平总书记指出:"要准确把握国家安全形势,牢固树立和认真贯彻总体国家安全观,以人民安全为宗旨,走中国特色国家安全道路,努力开创国家安全工作新局面,为中华民族伟大复兴中国梦提供坚实安全保障。"①全面践行总体国家安全观,走出一条中国特色国家安全道路,要着力把握五个方面:(1)坚持党对国家安全工作的绝对领导;(2)始终坚持国家利益至上;(3)坚持以人民安全为根本宗旨;(4)坚持促进共同安全;(5)坚持促进中华民族伟大复兴。

二、积极维护政治安全和国土安全

政治安全包括政权安全、制度安全、意识形态安全等方面,对于不断提高全体国民的获得感、幸福感、实现国家长治久安,具有根本性、全局性的重大意义。国土安全是指领土完整、国家统一,以及边疆边境、领空、海洋权益等不受侵犯或免于威胁的状态。

(一) 维护政治安全和国土安全的重要性和主要任务

维护政治安全的重要性主要表现在政治安全是国家安全的根本,是维护人民安全和国家利益的保障,是坚持和发展中国特色社会主义的前提,是全面践行总体国家安全观的核心。维护政治安全的主要任务包括:(1)维护国家主权独立和领土完整;(2)维护政权安全和制度稳定;(3)维护国家政治秩序稳定。维护国土安全的重要性主要表现在:一方面,国土安全是国家生存和发展的基本条件;另一方面,国土安全与其他领域安全息息相关。维护国土安全的主要任务包括:(1)加强边防、海防和空防建设;(2)采取一切必要的防卫和管控措施;(3)保卫领陆、内水、领海和领空安全。

(二) 维护我国政治安全和国土安全面临的威胁与挑战

政治安全方面:(1)执政环境面临长期复杂考验。党风廉政建设和反腐败斗争形势依然严峻复杂,全面从严治党依然任重道远。(2)意识形态领域交锋复杂。马克思主义的指导思想地位面临多样化社会思潮的冲击,社会主义核心价值观面临市场逐利性的挑战。(3)敌对势力图谋对我国发动"颜色革命"。敌对势力对我国实施西化分化战略。国土安全方面:(1)国土边境安

---

① 《习近平谈治国理政》第二卷,外文出版社 2017 年版,第 381 页。

全面临挑战。中印边界问题长期未能解决,一些周边国家非法侵占我国南沙部分岛礁,钓鱼岛问题等。(2)"台独"分裂活动仍具现实威胁,"台独"势力破坏两岸关系发展。(3)反分裂斗争形势依然错综复杂,"东突"势力破坏国家统一和民族团结。

（三）维护政治安全和国土安全的途径与方法

政治安全方面:(1)坚持和完善中国特色社会主义制度。党中央提出全面深化改革总目标,规定了完善和发展中国特色社会主义制度的根本方向和鲜明指向。(2)强化意识形态工作。建设具有强大凝聚力和引领力的社会主义意识形态。(3)坚决抵御"颜色革命"。坚决抵御、依法打击敌对势力渗透颠覆破坏活动。国土安全方面:(1)提升维护国土安全能力。提高国防建设水平,有效遏制侵害我国国土安全的各种图谋和行为。(2)完善国土安全法律法规体系。从法律上明确维护国土安全的任务、原则、方式和手段。(3)加强国土安全体制机制建设。加强对国土安全的监测分析和国土安全工作队伍建设。(4)加强国土安全宣传教育。积极开展海防安全、边疆地区的国土安全宣传教育。

三、积极维护军事安全和经济安全

军事安全是指国家不受外部军事入侵和战争威胁的状态,以及保障这一持续安全状态的能力。维护经济安全,核心是要坚持社会主义基本经济制度不动摇,重点防控好各种重大风险挑战,保护国家根本利益不受伤害。

（一）维护军事安全和经济安全的重要性和主要任务

维护军事安全的重要性主要表现在:一方面,军事安全是其他领域安全的重要保障;另一方面,军事安全与其他领域安全不可分割。维护军事安全的主要任务包括:(1)加强国防力量建设;(2)做好军事斗争准备;(3)维护国家海外利益;(4)参与国际军事安全合作。维护经济安全的重要性主要表现在经济安全是国家安全体系的重要组成部分,是实现国家安全的基础,容易引发国际社会广泛关注。维护经济安全的主要任务包括:(1)维护基本经济制度安全;(2)维护经济秩序安全;(3)维护经济主权安全;(4)维护经济发展安全。

（二）　维护我国军事安全和经济安全面临的威胁与挑战

军事安全方面:(1)国家主权、统一和领土完整面临多重挑战。我国陆地边境部分地段尚未与相关国家正式划定,南海周边有关国家非法侵占南沙岛礁。(2)世界和周边地区依然面临潜在战争风险。(3)世界新军事革命深入发展带来新挑战。非对称非线性非接触作战成为主要作战样式,太空、网络等领域逐步成为军事斗争的新战场。经济安全方面:(1)国际经济金融动荡影响我国经济稳定运行;(2)国际经济秩序变革带来深层次挑战;(3)财政安全和社会保险可持续性面临风险;(4)金融风险积聚埋下隐患;(5)粮食安全风险将逐步上升;(6)产业安全面临内外部多种风险因素威胁。

（三）　维护军事安全和经济安全的途径与方法

军事安全方面:(1)不断创新军事战略指导和作战思想。把军事斗争准备基点放在打赢信息化局部战争上。(2)切实加强和平时期军事力量和手段运用。适时调整军事部署,确保有效管控危机并遏制战争。(3)坚持走军民融合式发展道路。依托国防工业体系发展武器装备,依托社会保障体系推进后勤社会化保障。(4)积极参与地区和国际安全合作。经济安全方面:(1)处理好发展与安全的关系。坚持以提高经济发展的质量和效益为中心。(2)处理好预防为主和底线思维的关系。加强外商投资经济安全管控、审查,强化粮食等重要物资的生产供应。(3)处理好维护经济安全和加强国际合作的关系。

四、积极维护文化安全和社会安全

文化安全是指一国文化相对处于没有危险和不受内外威胁的状态,以及保障持续安全状态的能力。社会安全涉及打击犯罪、维护稳定等方面,与人民群众切身利益息息相关。

（一）　维护文化安全和社会安全的重要性和主要任务

维护文化安全的重要性主要表现在文化安全是协调推进"四个全面"战

略布局的重要支撑,是建设社会主义文化强国的重要基础,是构建中国特色国家安全体系的重要内容。维护文化安全的主要任务包括:(1)维护国家文化主权;(2)培育和践行社会主义核心价值观;(3)维护中华优秀传统文化安全。维护社会安全的重要性主要表现在社会安全是国家安全的重要内容,是国家改革发展的重要保障,直接反映人民群众的幸福感和满意度。维护社会安全的主要任务包括:(1)维护社会治安秩序;(2)应对社会群体性事件;(3)应对暴力恐怖活动;(4)应对社会突发公共事件;(5)实施社会舆情监督。

(二) 维护我国文化安全和社会安全面临的威胁与挑战

文化安全方面:(1)经济社会转型期维护文化安全难度加大。一些腐朽落后的文化沉渣泛起。(2)文化发展建设中存在薄弱环节。一些地方基层宣传思想文化工作薄弱。(3)发展健康向上的网络文化任重道远。一些不法分子在网上传播淫秽色情和低俗信息。(4)开放环境下维护文化安全压力增加。某些外部势力加紧对我国进行思想文化渗透等。社会安全方面:(1)社会治安问题比较突出。电信诈骗犯罪等新型犯罪不断出现。(2)社会群体性事件偶尔发生。生产责任事故等社会风险因素容易引发群体性事件。(3)暴力恐怖事件时而发生。暴力恐怖分子作案方式多样,暴力程度增强。(4)网络公共安全问题凸显。网络"黄赌毒"、网络金融诈骗等违法犯罪增多。

(三) 维护文化安全和社会安全的途径与方法

文化安全方面:(1)积极开展理想信念教育。深入开展社会主义核心价值观主题实践活动。(2)传承弘扬中华优秀传统文化。加强文化遗产保护,发展民族民间文化。(3)大力推进文化繁荣发展。推动文化产业结构优化升级。(4)防范和抵御不良文化的影响。加强网上思想文化阵地建设。(5)营造维护文化安全的国际环境。推动中华文化走向世界。社会安全方面:(1)切实维护公共安全。完善社会治安防控运行机制,严厉打击严重刑事犯罪。(2)搞好群体性事件防控。建立诉求表达、心理干预、矛盾调处、权益保障机制。(3)深入开展反恐斗争。扎实做好重要节日、重大活动、重点场所反恐防范工作。(4)切实维护网络社会安全。积极开展网络诈骗等专项打击整治行动。

五、积极维护科技安全和网络安全

科技安全是指国家重点领域核心技术安全可控,国家科技体系完整有效,国家核心利益和安全不受外部科技优势危害,以及保障持续安全状态的能力。互联网让世界变成"地球村",网络安全问题也相伴而生,网络攻击、网络监听、网络恐怖主义活动等成为全球公害,世界范围内侵犯知识产权、侵害个人隐私、网络犯罪等时有发生。

（一）维护科技安全和网络安全的重要性和主要任务

维护科技安全的重要性主要表现在科技安全是支撑国家安全的物质技术基础,是实施创新驱动发展战略的保障,是实现其他领域安全的关键要素,是国家安全体系的重要组成部分。维护科技安全的主要任务包括:(1)加强基础研究和前沿技术研发;(2)加强知识产权保护;(3)加强科技情报保密工作;(4)加强科技人才队伍建设;(5)积极参与国际科技合作与交流。维护网络安全的重要性主要表现在网络安全事关国家的网络主权、国家安全和国家发展、经济社会的稳定运行、人民群众的工作生活。维护网络安全的主要任务包括:(1)维护网络基础设施安全;(2)维护网络运行与服务安全;(3)维护网络信息安全。

（二）维护我国科技安全和网络安全面临的威胁与挑战

科技安全方面:(1)世界新一轮科技革命给我国带来挑战。主要表现在前沿基础研究比较薄弱,科技创新能力不足。(2)重点领域关键核心技术受制于人。在芯片、操作系统等方面长期受制于人。(3)军民科技相互融合转化不顺畅。存在违反政策法规、运行机制滞后等问题。(4)科技安全管理相对薄弱。识别、防控和应对科技安全问题能力薄弱。网络安全方面:(1)外部势力通过互联网进行侵犯。网上渗透与反渗透、破坏与反破坏、颠覆与反颠覆的斗争尖锐复杂。(2)关键信息基础设施遭到攻击破坏。网络安全整体防护能力还不强。(3)网络信息鱼龙混杂。一些虚假信息和谣言通过网络迅速传播。(4)少数国家推行网络空间军事霸权。

（三）维护科技安全和网络安全的途径与方法

科技安全方面:(1)掌握战略领域发展主动权。加强科学基础设施建设,实施一批重大科研项目。(2)实现关键核心技术安全可控。提高核心基础零部件、先进基础工艺等基础能力,加快科技成果在重点领域的推广应用。(3)完善国家科技安全体制机制。加快科技和经济社会发展深度融合,完善科技安全制度。(4)加强科技安全基础设施和能力建设。网络安全方面:(1)推进国家网络空间法治化;(2)维护国家网络主权和政治安全;(3)保护国家关键信息基础设施;(4)开展网络安全宣传教育;(5)打击网络违法犯罪活动;(6)强化网络空间国际合作。

六、积极维护生态安全和资源安全

生态安全是指国家具有支撑国家生存发展的较为完整、不受威胁的生态系统,以及应对内外重大生态问题的能力。资源安全是指国家的土地资源、水资源、矿产资源、能源资源等重要资源能够充足、稳定供应,并保证协调和可持续供应的能力。

（一）维护生态安全和资源安全的重要性和主要任务

维护生态安全的重要性主要表现在生态安全是人类生存发展的基本条件,是政治安全的坚固基石、国土安全的重要屏障、经济安全的基本保障、资源安全的重要基础。维护生态安全的主要任务包括:(1)健全生态环境保护制度;(2)搞好生态风险的预警和防控;(3)加强生态建设和环境保护。维护资源安全的重要性主要表现在:一方面,资源安全是国家安全的重要支撑;另一方面,资源安全是其他领域安全的依托。维护资源安全的主要任务包括:(1)完善资源能源运输战略通道建设和安全保护措施;(2)有效管控战略资源能源的开发;(3)全面提升资源能源的应急保障能力;(4)加强国际资源能源合作。

（二）维护我国生态安全和资源安全面临的威胁与挑战

生态安全方面:(1)自然生态空间被过度挤压。草原超载被牧现象严重,湿地面积不断萎缩。(2)土地沙化、退化及水土流失不容忽视。沙化土地面积大,水土流失分布广、面积大。(3)水资源短缺。生产用水、生活用水、生态用水的压力加大。(4)生物多样性面临挑战。(5)气候变化可能造成重大影响。资源安全方面:(1)资源开采和利用过度。主要矿种开发强度远超过世界平均水平。(2)资源供给压力持续增长。淡水、石油、天然气、耕地等人均水平远低于世界平均水平。(3)土地红线保护形势严峻。(4)资源开发利用水平不高。(5)资源对外依存度过高。

(三)维护生态安全和资源安全的途径与方法

生态安全方面:(1)强化国土空间和资源开发管制。强化土地用途管制,严守水资源红线。(2)加强自然生态系统保护与修复。加强林草植被保护与建设,强化天然湿地、自然海岸线保护。(3)推进重点环境问题治理。推进荒漠化、石漠化、水土流失综合治理,实施大气污染综合防治。(4)加强生态安全监测与研判。(5)完善相关法律法规和财税制度。资源安全方面:(1)提高资源自给能力。加大矿产等资源的勘查力度,加强优势资源保护。(2)提高资源开发利用水平。加快转方式调结构,提高资源开发利用和深加工水平。(3)防范资源对外依赖风险。

七、积极维护核安全和海外利益安全

核安全是指对核设施、核材料及相关放射性废物采取预防、保护、缓解和监管等安全措施,防止造成核事故,最大限度地减轻核事故情况下的放射性后果。海外利益安全主要包括海外能源资源安全、海上战略通道以及海外公民、法人的安全。

(一)维护核安全和海外利益安全的重要性和主要任务

维护核安全的重要性主要表现在:一方面,核安全是国家安全体系的重要组成部分;另一方面,维护核安全事关责任大国形象。维护核安全的主要任务包括:(1)坚持和平利用核能和核技术;(2)加强核事故应急体系和应急能力建设;(3)加强对核设施、核材料、核活动和核废料处置的安全管理、监管和保护;(4)增强有效应对和防范核威胁、核攻击的能力。维护海外利益安全的重要性主要表现在维护海外利益安全是新一轮对外开放的必然要求,是中国特色国家安全道路的重要体现,是统筹国内国际、发展安全的时代召唤。维护海外利益安全的主要任务包括:一方面,保护国家的海外利益不受威胁和侵害;另一方面,保护海外中国公民、组织和机构的安全和正当权益。

(二) 维护核安全和海外利益安全面临的威胁与挑战

核安全方面:(1)周边国家核扩散形势严峻。朝鲜坚持发展核武器,朝韩、朝美存在导致冲突的危险。(2)核恐怖主义威胁日益凸显。核能与核技术的广泛应用导致核材料与核技术流失现象严重。(3)核电、核技术利用存在安全风险。核技术在能源、医疗等领域的应用伴随着核安全风险和挑战。海外利益安全方面:(1)部分地区局势和东道国政局动荡。近年来,西亚、北非地区局势持续动荡,东道国政局动荡或政权更迭导致政策调整、治安恶化等问题。(2)国际恐怖主义活动多发。(3)重大自然灾害和传染病疫情时有发生。(4)"一带一路"建设面临多重安全风险。

(三) 维护核安全和海外利益安全的途径与方法

核安全方面:(1)保持核设施始终处于较高安全水平。统筹规划核设施发展,强化核电厂运行安全管理。(2)夯实核安全的技术和管理基础。加强核安全基础研发,加强核安全保卫能力建设。(3)搞好事故缓解和应急能力建设。完善核事故应急体系和境外核事件应对机制。(4)积极维护国际核安全体系。海外利益安全方面:(1)完善维护海外利益安全工作机制。打造维护海外利益工作体系,指导境外机构和人员开展风险防范。(2)强化海外非战争军事行动。加强海外军事力量建设,打造现代海上军事力量。(3)重视"一带一路"建设安全。(4)加强维护海外利益安全国际合作。

八、积极维护新兴领域安全

新兴领域安全包括太空、深海、极地、生物等领域的安全。当今时代,国际经济、科技、军事竞争格局正在发生历史性变化,大国之间的战略博弈日趋复杂,尤其是在太空、深海、极地、生物等新兴领域的竞争明显加剧。

（一）维护新兴领域安全的重要性和主要任务

维护新兴领域安全的重要性主要表现:(1)太空安全是提升国家军事威慑力的制高点、国家经济新的增长点;(2)深海资源是打造海洋强国的重要开发内容,深海安全首先是开发经营安全问题;(3)极地安全攸关人类生存与发展,极地战略地位重要;(4)维护生物安全,防范生物安全领域事件,对于确保人民群众生命健康安全具有重要意义。维护新兴领域安全的主要任务包括:(1)合理开发和利用太空资源,加强太空科学考察与技术研究;(2)合理开发和利用深海资源,加强深海区域科学考察与技术研究;(3)合理开发和利用极地资源,加强极地区域科学考察与技术研究;(4)防控重大新发突发传染病、动植物疫情,保障实验室生物安全,防范生物恐怖袭击、防御生物武器威胁。

（二）维护我国新兴领域安全面临的威胁与挑战

太空安全方面:(1)国际太空权益博弈激烈;(2)开发太空面临安全威胁;(3)军事化发展威胁太空安全。深海安全方面:(1)探索深海面临诸多风险;(2)开发深海面临技术挑战;(3)军事竞赛威胁深海安全。极地安全方面:(1)极地的私域化形势严峻;(2)极地的非传统安全威胁严峻;(3)极地的军事化倾向加剧。生物安全方面:(1)生物物种的多样性面临挑战;(2)外来物种入侵造成威胁;(3)自然暴发的传染病造成威胁;(4)基因资源外流造成威胁。

（三）维护新兴领域安全的途径与方法

太空安全方面:(1)完善太空资源自我保护系统;(2)构筑中国特色太空攻防体系;(3)打造太空人类命运共同体。深海安全方面:(1)强化主权内外深海的开发权利。我国管辖海域内深海区域的资源是我国积极争取与捍卫的重大利益。(2)加强深海装备技术的研发。(3)提高我国海军的深海作战能力。围绕深海军事应用前沿技术领域,推动重大技术群的突破。极地安全方面:(1)倡导极地"人类命运共同体"理念;(2)在极地公域谋求共商共建共享;(3)加强极地装备制造和工程建设。生物安全方面:(1)加快推进生物安全战略;(2)着力发展生物安全技术;(3)积极构建生物安全防控体系。

第二节　公共安全教育的教学内容

习近平总书记在十八届中央政治局第二十三次集体学习时指出:"要把公共安全教育纳入国民教育和精神文明建设体系,推动安全教育进企业、进农村、进社区、进学校、进家庭,加强安全公益宣传,健全公共安全社会心理干预体系,积极引导社会舆论和公众情绪,动员全社会的力量来维护公共安全。"①高校是对大学生进行公共安全教育的主要场所,高校建立完善公共安全教育内容体系尤为必要。确定公共安全教育的教学内容,要从大学生的公共安全需求出发,以提高大学生的公共安全意识和素质为目的,确保大学生在面对公共安全问题时不盲目、无知或恐慌,最大限度地保证生命财产安全。

一、切实保障人身安全

大学生遇到的人身安全问题可能是多种多样的,具有不可预测性,在不可知的各种危险面前,能做的就是掌握各种危险的预防措施和应对技巧,并学会合理地加以运用,避免危险的发生或在危险面前能够减少损害。

(一) 学习生活安全事故的防范

大学生的人身安全若得不到有效保障,将会影响学业,危及身体健康乃至生命。学习和掌握必备的安全常识和防范技能,防止人身安全事故的发生,在事故发生时能够妥善处置,有助于大学生安全顺利地度过大学生活。学习生活安全事故防范的教学内容主要包括:(1)同学之间矛盾纠纷的处理;(2)社会交往人身伤害的防范;(3)恋爱纠纷事件的防范;(4)触电事故的防范;(5)燃气中毒的防范;(6)踩踏事故的防范;(7)群体活动人身伤害的防

---

① 中共中央党史和文献研究院编:《习近平关于总体国家安全观论述摘编》,中央文献出版社2018年版,第144页。

范;(8)外出游玩人身伤害的防范;(9)女大学生遭受性骚扰、性侵害时的防卫;(10)身陷非法传销组织的防范。

（二）实验和实习安全事故的防范

高校实验室、实训室会根据实验实训的需要放置仪器设备及实验物品,如果操作不当,就有可能发生电击、爆炸、火灾、中毒等安全事故。实验室、实训室发生安全事故,可能造成大学生生命的伤害和高校财产的损失,影响正常的教学和科研工作。实验、实习安全事故防范,就是防止人的不安全行为,消除物质环境的不安全状态,避免安全事故的发生。实验和实习安全事故防范的教学内容主要包括:(1)实验和实习安全事故的主要类型;(2)实验和实习安全事故的主要原因;(3)实验和实习的安全操作。

（三）交通安全事故的防范

当前,超速、超员、违反交通信号和不按规定让行等严重交通违法行为多发,酒驾问题突出,少数驾驶员的安全行车、文明礼让理念不强。车祸猛于虎,每一起交通事故都会给当事者个人和家庭带来无尽的痛苦和灾难。大学生要重视交通安全,遵守交通规章,掌握交通事故的预防方法和发生交通事故时的应对措施,避免或减少交通事故带来的伤害。交通安全事故防范的教学内容主要包括:(1)步行、骑非机动车安全;(2)乘电梯、扶梯和索道安全;(3)乘坐交通工具安全;(4)汽车驾驶安全;(5)在外打车安全。

二、积极维护公共卫生安全

公共卫生主要包括对重大疾病尤其是传染病的预防、监控和治疗,对食品、药品、公共环境卫生的监督管制,以及相关的卫生宣传、健康教育、免疫接种等。大学生要学习和掌握有关公共卫生安全方面的知识和技能,在遇到突发公共卫生安全事件时,能够及时、科学、有效防控。

（一）饮食健康的注意事项

大学生处于生长发育的高峰期,脑力活动和体力活动都很活跃,活泼好动、运动量大、代谢旺盛,同时学习任务繁重,是人的一生中各种营养素需求量较大的时期。大学生了解掌握饮食健康的基本常识,科学地安排饮食,养成良好的饮食习惯,对于保证身体健康、精力充沛、提高学习效率具有重要的意义。饮食健康注意事项的教学内容主要包括:(1)常见不良饮食习惯;(2)科学饮食的常识;(3)养成科学的饮食习惯;(4)猝死、酗酒、吸毒的防范。

(二) 食品安全事件的防控

食品安全是关乎国计民生的重大公共卫生问题。随着社会经济的发展,食品安全问题也日益突出。民以食为天,食以安为先。人体所需的营养与能量依靠食物来供给,而人们对食物的第一要求就是安全。食品安全事件防控的教学内容主要包括:(1)食品质量安全等级;(2)常见食品安全问题;(3)常见的食品添加剂;(4)食物中毒的种类;(5)食物中毒的预防;(6)食物中毒的应对处置。

(三) 传染病的防控

传染病是指由病原微生物,如病毒、衣原体、支原体、细菌、螺旋体和寄生虫、原虫、蠕虫、医学昆虫等感染人体后,产生的有传染性、在一定条件下可造成流行的疾病。高校人群聚集,流动性大,接触面广,是传染病的易发场所。因此,传染病的预防与控制必须引起大学生的高度重视。传染病防控的教学内容主要包括:(1)诺如病毒感染性腹泻的防控;(2)流行性感冒的防控;(3)狂犬病的防控;(4)艾滋病的防控;(5)新型冠状病毒的防控。

三、有效维护财产安全

近年来,犯罪分子将矛头指向了在校大学生,大学生被骗案件屡屡发生。校园外来人员频繁出入高校,为不法分子作案提供了便利。个别大学生安全意识淡薄、防范能力不强,给作案分子以可乘之机。大学生要针对网络诈骗高发的新形势,采取灵活机智的策略,防止个人财物被骗。要妥善保管好个人财物,掌握防范个人财物被盗的基本策略,避免个人财物被盗。

(一) 大学生被骗的主要情况

目前,社会上的诈骗手法主要有三类:(1)震撼型。谎称有紧急、危险的事情发生,让被害人陷于紧张和焦急之中,一步步陷入骗子设计好的骗局。(2)亲情型。利用亲情、爱情、友情行骗,当然这些"情"都是骗子虚构出来的。(3)诱惑型。以虚假的或少量的利益诱惑,让被害人觉得有利可图。诈骗者对大学生的诈骗是以适合大学生心态的手法为主,大学生被骗主要情况的教学内容包括:(1)参加校园贷款时被骗;(2)QQ 号被盗后被骗;(3)使用微信时被骗;(4)收到意外电话、短信时被骗;(5)收到中奖信息时被骗;(6)网上购物时被骗;(7)网上分期贷款购买手机时被骗;(8)网上兼职时被骗;(9)网上代刷信誉时被骗;(10)社会实践时被骗。

（二）诈骗案件的防范

近年来,全国电信诈骗案件的发案率快速增长,犯罪分子的诈骗手法花样百出,从打电话、发短信,发展到网络改号、盗取 QQ 号和微信号作案,再发展到针对不同群体量体裁衣、步步设套。很多大学生,特别是女大学生变成了不法分子眼中的"猎物"。大学生为自己的手机屏幕加一道密码锁的同时,也要为自己的心加上一把"锁",防止上当受骗事件的发生。诈骗案件防范的教学内容包括:(1)大学生被骗的主要原因;(2)电信诈骗的防范;(3)网上购物被骗的防范;(4)网上聊天交友被骗的防范;(5)网上个人信息泄露的防范措施;(6)社会实践被骗的防范;(7)旅途被骗的防范;(8)上当受骗的防范;(9)被骗后的应对处置。

（三）个人财物被盗的防范

学生宿舍、运动场、食堂等公共场所是大学生财物被盗的重点场所,学生宿舍是笔记本电脑被盗的高发区,食堂是手机被盗的重灾区,运动场是小偷拎包盗窃作案的多发区。许多大学生特别是女大学生喜欢上街购物,很容易成为小偷下手作案的目标。因此,大学生要掌握一定的防盗常识和技能,防止个人财产遭受损失。个人财物被盗防范的教学内容包括:(1)学生宿舍的防盗;(2)教室、图书馆、食堂的防盗;(3)体育运动场所的防盗;(4)外出购物时的防盗;(5)乘坐公交车时的防盗;(6)长途旅行中的防盗;(7)银行卡被盗刷的防范;(8)校内盗窃案发生后的处置;(9)抢夺抢劫的预防;(10)抢夺抢劫发生时的应对。

四、高度重视心理安全

大学生要提高心理健康意识,高度重视个人的心理安全,正确认识在大学生活中出现的各种心理问题,掌握应对心理问题的科学方法,积极做好挫折、抑郁、嫉妒和报复等常见心理问题的化解工作。

（一）大学生心理问题的主要类型

大学生心理健康主要表现为:(1)保持浓厚的学习兴趣和求知欲望;(2)保持完整的自我意识;(3)保持和谐的人际关系;(4)保持健全的人格品质;(5)保持良好的心境;(6)心理行为符合大学生的年龄特征。大学生不健康心理是指因受某种心理上的刺激或不良环境的影响,在心灵深处形成的一种思维变异,多表现为性格孤僻、多疑、自私、占有欲过强、钻"牛角尖"等。当前,大学生心理问题的类型主要包括:(1)追求享乐的享受心理;(2)爱慕虚荣的虚荣心理;(3)消极否定的逆反心理;(4)极端自私的嫉妒心理;(5)情绪低落的抑郁心理;(6)自我否定的自卑心理;(7)心胸狭窄的报复心理;(8)寻求刺激的猎奇心理;(9)消极悲观的厌世心理;(10)欲罢不能的手机依赖心理。

（二）常见心理问题的疏导化解

解决不良心理问题,要坚持科学辩证的方法,既不要把有心理障碍的大学生都看作是觉悟不高、有思想问题,也不要把一时发脾气、闹思想情绪的大学生都看作是有心理障碍。要具体情况具体分析,因人因事而异,从实际出发,一把钥匙开一把锁,以灵活多样的方法,解决各不相同的心理问题,帮助大学生走出迷惑。针对大学生中常见的心理问题,常见心理问题疏导化解的教学内容包括:(1)挫折心理的疏导化解方法;(2)抑郁心理的疏导化解方法;(3)嫉妒心理的疏导化解方法;(4)报复心理的疏导化解方法;(5)攀比心理的疏导化解方法。

（三）大学生心理安全事件的预防

个别大学生因为不能正确对待暂时遇到的困难挫折和矛盾问题,发生心理安全事件,给家庭和社会带来沉重打击。大学生应以对个人前途命运、家庭幸福生活、社会和谐建设负责的精神,直面人生中的困难挑战,树立乐观向上的人生态度,筑牢思想和心理防线,珍惜自己宝贵的生命,做生活中的强者。大学生心理安全事件预防的教学内容包括:(1)端正人生追求,确立积极的人生态度;(2)加强学习锻炼,努力培养健康人格;(3)搞好自我调节,增强心理承受能力;(4)及时求医问药,积极矫治心理疾患。

五、着力确保消防安全

高校是培养人才的重要场所,集人才、贵重设备器材、科研和高科技项目于一体。高校火灾事故的发生,不但给师生员工的生命财产造成损失,而且给学校的公共财产造成损失,影响教育教学的顺利进行。大学生要牢固树立消防安全意识,认真学习消防安全知识,掌握一定的灭火和逃生技能,并严格遵守消防安全制度,做好火灾事故预防工作。

(一) 高校火灾事故的主要情况

近年来,高校火灾事故主要有四种情况:(1)操作电器不当引起火灾。高校发生的电器火灾大多数是人为因素造成的。例如,在宿舍内使用电饭锅、电热杯、"热得快"等大功率电器。(2)使用明火不慎引起火灾。个别大学生夏天在宿舍将点燃的蚊香放在床边,不小心引燃周围的物品。(3)实验操作不当引起火灾。如果在实验中不按照操作规程实验,就极易导致火灾事故。(4)人为纵火引发火灾。纵火是指故意用放火焚烧公私财物的方法危害公共安全的犯罪行为。人为纵火都带有一定的目的性,一般多发生在夜深人静的时候,有较大的危害性。

(二) 火灾扑救与火场逃生

火灾的初期阶段燃烧面积小,火焰不高,燃烧速度不快,一般只是某一部位失火。扑救时,人员容易接近火点、准确扑救,只需几盆水或几具灭火器便可将火扑灭。《中华人民共和国消防法》第五条规定"任何单位和成年人都有参加有组织的灭火工作的义务"。因此,大学生掌握扑灭初起火灾的知识和技能十分重要,同时还要会逃生、能自救。火灾扑救与火场逃生的教学内容包括:(1)初起火灾的应急处置;(2)拨打119的注意事项;(3)常见火灾的扑灭技巧;(4)火场逃生自救的主要原则;(5)楼房火灾的自救逃生方法;(6)火灾逃生自救中的误区。

（三）火灾事故的预防

据应急管理部门统计,80%的火灾是由于消防安全意识淡薄、消防安全常识缺乏等人为因素引发的。造成火灾人员伤亡的主要原因是缺乏逃生自救互救知识和技能,不能及时有效地从火场逃生,被浓烟熏呛窒息死亡。预防火灾事故、减少火灾危害、维护公共安全是享有美好生活的基本前提。火灾的发生是不可预知的,但火灾是可以预防的,预防火灾事故是最直接、最经济、最有效的消防安全基础工作。火灾事故预防的教学内容包括:(1)认真学习消防法律法规和安全常识;(2)积极预防学生宿舍火灾事故;(3)掌握公共场所防火与逃生常识;(4)注意防范校区及周边山林火灾。

六、不断提高应急处置能力

现今,偶发的暴力恐怖和个人极端暴力犯罪案件造成了大量无辜群众伤亡,严重破坏了社会的和谐稳定。地震、洪涝、干旱、台风、滑坡、泥石流等灾害呈现出强度加强、破坏力增大的趋势。大学生必须提高反恐防暴意识和应对暴力袭击的能力,学习基本的防灾减灾知识,掌握一定的防灾减灾技能,减少或减轻灾害带来的损失。

（一）暴力袭击的防范与应对

近年来,我国的反恐防暴工作取得了很大成效,但各种可以预见和难以预见的风险因素依然很多。暴力袭击者为报复社会泄私愤或制造社会影响等,在公共交通工具、人群集聚的公共场所等,实施暴力恐怖活动或个人极端暴力行为。暴力袭击防范与应对的教学内容包括:(1)砍杀袭击的防范和应对;(2)爆炸袭击的防范和应对;(3)纵火袭击的防范和应对;(4)劫持袭击防范和应对;(5)枪击袭击的防范和应对;(6)驾车撞击的防范和应对;(7)恐怖信息袭击的防范和应对;(8)生物和化学物质袭击的防范和应对;(9)放射性物质袭击的防范和应对;(10)网络恐怖袭击的防范和应对。

（二）防灾减灾的主要技能

近年来,我国发生的汶川特大地震、舟曲特大山洪泥石流、超强台风"威马逊"等灾害,给人民群众生命财产安全造成了巨大伤害。虽然这些灾害是区域性的、局部性的,但对经济社会的持续稳定发展造成了重大威胁。大学生必须科学掌握并正确运用应急避险知识,确保在危险发生时能够科学应对、机智处置。防灾减灾主要技能的教学内容包括:(1)地震发生时的逃生技巧;(2)遭遇暴雨时的避险措施;(3)洪水来袭时的避险措施;(4)雷电的避险措施;(5)遭遇泥石流、滑坡时的避险措施;(6)台风来袭时的应对措施;(7)遭遇龙卷风时的避险措施;(8)发生山林火灾时的避险措施。

（三）自救急救的基本常识

当灾难发生的时候,熟练掌握自救急救小知识就会起到非常重要的作用。自救急救的基本常识主要包括:(1)呼救与自救。当自己突发重病或受重伤,以及发现家人、同学等突发重病或受重伤时,要及时电话呼救,积极进行自救,尽力实施救助,并判断伤患程度。(2)常用急救技术。当自己突发疾病或受伤,以及发现家人、同学等突发疾病或受伤时,采取的急救技术主要有人工呼吸、外伤止血、伤口包扎、冷敷和催吐等。(3)意外伤害的急救。意外伤害的急救措施主要有触电的急救、雷击的急救、休克的急救、晕厥的急救、燃气中毒的急救、溺水的急救、中暑的急救、骨折的急救等。

七、积极预防违法犯罪

近年来,大学生因触犯法律而身陷囹圄,断送了自己美好前程的现象时有发生,令人十分痛心。大学生违法犯罪案件严重影响了高校的稳定和社会的和谐,同时也反映了部分大学生法律意识淡薄。大学生要加强法律素质的培养,增强法治观念,提高法律知识水平,防止违法犯罪行为的发生,并积极地同违法犯罪行为作斗争。

（一）大学生违法犯罪的主要情况

大学生违法犯罪主要情况的教学内容包括：(1)个别大学生激情暴力犯故意杀人罪；(2)个别大学生不能自控犯故意伤害罪；(3)个别大学生思想堕落犯强奸罪；(4)个别大学生私欲膨胀犯盗窃罪；(5)个别大学生贪图享乐犯诈骗罪；(6)个别大学生法治观念淡薄犯寻衅滋事罪；(7)个别大学生以身试法犯代替考试罪；(8)个别大学生智力炫耀犯非法控制计算机信息系统罪；(9)个别大学生铤而走险犯走私、贩卖、运输、制造毒品罪。

（二）大学生违法犯罪的主要特点

当前，大学生在思想上、心理上都产生了前所未有的负担和压力。学习压力、就业挑战等，使许多大学生心理上不堪重负，出现了寻衅滋事、故意伤害、故意杀人等违法犯罪活动。综合近年来相关案例，大学生违法犯罪有七个主要特点：(1)观念淡薄，无意发生；(2)思想幼稚，感情用事；(3)铤而走险，以身试法；(4)心理迷乱，突发犯罪；(5)动机单一，不计后果；(6)手段智能，类型多样；(7)主体扩大，女生增多。

（三）大学生违法犯罪的预防

大学生在学习高校规定课程内容的同时，要加强法律知识学习，提高法律素质，增强遵纪守法意识，防止违法犯罪行为的发生。一要加强法律法规学习。要认真学习法规制度，自觉维护法律权威，依靠法律维护权益。二要加强思想品德修养。要树立健康向上的人生观，培养宽宏大度的胸怀，塑造健全的人格。三要提高网络安全素养。要提高网络道德素质，增强网络法治观念，遵守网络安全法规。四要严格自警自省自律。要具体做到慎独、慎初、慎微、慎欲。

八、严密防范邪教侵袭

大学生要积极参加反邪教宣传教育活动，认清邪教的本质和危害，增强反邪教意识，提高对邪教的警惕性、鉴别力和防范能力。

（一）邪教的基本特征与危害

邪教是指冒用宗教、气功或者其他名义建立的，神化首要分子，利用制造、散布迷信邪说等手段,蛊惑、蒙骗他人,发展、控制成员,危害社会的非法组织。大学生要充分认识邪教,积极防范邪教,有效防止被邪教组织诱导入教。邪教主要内容的教学内容包括:(1)邪教的基本特征;(2)邪教与宗教的区别;(3)邪教的主要危害;(4)形形色色的邪教。

（二）邪教对大学校园的侵袭

国内外邪教始终把向高校渗透作为其发展策略,把招募在校大学生作为优选目标。境内邪教将受教育程度较高人员作为重点发展对象,以现代高科技手段进行思想渗透,企图在大学生中传播。掌握了现代化信息和通信工具,且世界观、人生观、价值观正在形成之中的大学生群体,便成为邪教组织理想的发展对象,高校成为邪教组织渗透的重点目标。邪教对大学校园侵袭的教学内容包括:(1)邪教向高校渗透的主要途径;(2)邪教引诱大学生的常用伎俩。

（三）邪教渗透破坏的防范

大学生要严密防范和坚决打击邪教组织的渗透破坏活动,坚决捍卫中国特色社会主义制度,坚定维护以习近平同志为核心的党中央权威和集中统一领导。一要树立正确的理想信念,从思想根源上瓦解邪教的渗透策略。二要树立科学的世界观和方法论,从根本上提高抵御邪教的能力。三要提高科学文化知识素养,掌握科学方法,提高明辨是非的能力。四要抵御境外势力利用宗教渗透,提高认识,保持警惕,切实做好邪教渗透破坏的防范。

第三章 完善安全教育的课程建设

大学生安全教育课是实施大学生安全教育、提高大学生安全素质的主要手段。高校根据大学生的思想特点和发展需求,开设"大学生安全教育"公共必修课,组建与培养教学团队,规划教学内容,完善课堂教育方式方法,加强教学评估与督导,充分发挥课程教学对安全教育教学的作用。高校通过开展安全教育课程教学,对学生系统了解和掌握国家安全和公共安全理论知识与方法,培养学生良好安全素质、促进学生身心全面发展具有重要的教育意义。

第一节 大学生安全教育课的组织形式

教学的组织形式是教师为完成一定教学任务,组织学生进行教学活动所采取的方式。大学生安全教育课的组织形式主要有课堂教学和课外活动,课堂教学是教学的基本形式,课外活动是重要辅助形式。大学生安全教育课教学任务的完成、教学目标的实现,除了必须遵循一定的教学原则,确定教学内容,采用适当的教学方法外,还必须凭借和运用恰当的教学组织形式,解决教学活动如何组织、教学时间和空间怎样利用的问题。

一、大学生安全教育课的课堂教学

《关于进一步加强和改进大学生思想政治教育的意见》指出:"充分发挥

课堂教学在大学生思想政治教育中的主导作用。"课堂教学是指把一定数量的学生编成固定的教学班,教师根据统一规定的课程、教学时间、教学地点,对全班学生进行集体教学的一种教学组织形式。课堂教学的学生固定、教师固定、内容固定、时间固定、场所固定,是大学生安全教育课教学的基本组织形式。

（一）课堂教学的主要作用

1.完成安全教育课教学任务的基本途径

大学生安全教育课的基本任务是用总体国家安全观和新时代高校安全管理理论武装学生,通过传授安全理论基础知识,提高学生国家安全意识和安全防范技能,并内化为良好的行为习惯。高校安全教育课教师通过开展课堂教学,使学生系统全面地掌握国家安全和公共安全理论知识。通过在课堂上组织各种各样的教学活动,培养学生生命至上、安全第一的思想和发现问题、分析问题、解决问题的能力。通过在课堂上精心准备典型案例和相关情景,使学生在理论联系实践中增强安全防范知识、提高安全防范技能。

2.发挥教师主导作用和学生主体作用的基本形式

在大学生安全教育课的教学过程中,只有充分发挥教师的主导作用和学生的主体作用,才能获得最佳的教学效果。课堂教学是发挥教师主导作用和学生主体作用的基本形式,能够使教师与学生之间的教与学、主导与主体得到有机统一。教师根据大学生安全教育课的课程标准、教材及学生的实际情况,创设一定的教学情境,选择恰当的教学方法,激发学生的积极性,引导学生投入学习。学生要在教师的指导下学习,使教师的主导作用得到充分发挥,同时学生的主体作用也能够充分体现。

3.提高安全教育课教学质量的重要保证

教学工作通常包括备课、上课、布置课后作业、评价与课外辅导,其中上课是教学的中心环节,其他环节要么是为了上课做准备,要么是为了巩固课堂所学的知识。课堂教学的好坏直接关系着教学质量的高低。高校对大学生安全教育课有统一的教学要求、教学内容,教师、教学时间和地点有统一安排,有良好的教学秩序,教学工作有周密的安排,教学的计划性、目的性很强。高校安全教育课教师对学生的学习活动进行良好的组织、引导和调控。这些确保了大学生安全教育课教学的高质量。

4. 开展课外活动的前提条件和基础

大学生安全教育课的课堂教学和课外活动是相互配合、相互促进的。课堂教学的内容需要在课外活动中得到验证,以达到理论联系实际的效果。课外活动的开展需要课堂教学内容的指导,课外活动开展的效果如何取决于课堂教学指导作用的发挥程度和水平。如果课堂教学的质量不高,学生没有学懂安全理论知识、没有掌握安全防范技能,课外活动就无法达到预期的目的。因此,为了确保课外活动的顺利进行,能够取得实实在在的效果,高校安全教育课教师必须把好课堂教学这一关。

(二) 课堂教学的基本结构

一般地说,传统的课堂教学结构包括六个环节,即组织教学、复习旧课、导入新课、讲授新课、巩固新课和布置作业等环节,这也是大学生安全教育课最常用的结构。课堂教学的结构不是固定不变的,高校安全教育课教师要结合具体情况灵活应用。

1. 组织教学

组织教学是指教师进入教室走上讲台到开始讲课,进行的各种准备工作环节。这一环节包括学生起立、教师答礼、清点人数、检查课前准备等活动。虽然组织教学环节不占教学时间,但绝不可忽视,它可以创设一个良好的教学环境,使学生能够集中精力上课。高校安全教育课教师要重视组织教学环节,使课堂教学开始就能安定学生的情绪,吸引学生的注意力。要以严肃端庄的态度走上讲台,以专注而有精神的目光环视全班同学,不要急于开始,让学生聚精会神地期盼着你讲课。

2. 复习旧课

复习旧课指教师在讲授新课前,用口头或书面的方式,进行复习和检查旧知识的环节。复习旧课的目的在于对学生已学过的知识进行巩固和加深理解,加强新旧知识之间的联系与衔接。高校安全教育课教师在复习旧课时,提问要简明扼要,面向全体学生,调动广大学生复习旧课的积极性。对学生回答的问题要进行小结,使学生了解自己对问题的理解和掌握程度。叫一名学生回答问题时,要求其他学生注意听讲,给予补充和纠正,这样可以吸引学生,达到共同复习的目的。

3.导入新课

实践证明,一堂课成功与否与好的开头密切相关,导入新课环节是每堂课必不可少的,能够搭起从旧课到新课的桥梁,把学生的注意力从旧课转移到新课上来。教师以新颖别致、富有情趣的语言开讲,更有利于先声夺人,牢牢吸引学生,使学生顺利进入上课的情景。高校安全教育课教师要重视导入新课环节,精心设计导入语,使导入语简练明确、过渡自然,并且能够揭示新旧知识的内在联系,为整堂安全教育课的教学打下良好的基础。

4.讲授新课

讲授新课是课堂教学的中心环节,一堂课质量的高低主要取决于教师对讲授新课环节掌握的好坏。高校安全教育课教师要抓好讲授新课环节,把该堂课的重要问题特别是国家安全和公共安全的基本概念、基本原理、基本观点和基本问题等讲解清楚,并指导学生学会用这些原理、观点分析和解决实际问题。同时,要注意以下几点:(1)发挥主导作用,引导学生主动探索知识;(2)条理清楚,突出重点,抓住关键,破解难点;(3)语言形象生动,富有感染力;(4)使用教学方法得当;(5)教学时间安排合理。

5.巩固新课

巩固新课是教师帮助学生及时复习、巩固、消化和运用新知识,掌握知识的结构和脉络,检查课堂教学的效果和学生听课的质量的过程。大学生安全教育课巩固新课的方式多种多样,可由高校安全教育课教师或学生对新课做总结,也可运用各种类型的题目进行巩固练习。巩固新课一般不宜用时过长,方法可用启发式提问、总结性谈话以及口头、书面练习。如果教师发现学生在掌握和运用安全理论知识上有些不足,就要及时给予纠正。

6.布置作业

高校安全教育课教师讲授和巩固新课结束时,要针对讲授新课的重点和难点,精心设计一些口头或书面的课后练习题或思考题,让学生动脑、动口、动手练习。教师布置的作业不宜多而求精,对于难度较大的问题要给予必要的解释和提示。通过布置作业环节,使学生在课后对课堂上所学的安全理论知识进一步巩固和应用,培养和提高学生分析问题和解决问题的能力,养成学以致用的良好学风,并使安全教育课的课堂教学效果能够得到及时反馈。

二、大学生安全教育课的课外活动

课外活动是指在课堂教学之外,教师有目的、有计划地组织学生参加各种课外教育的教学活动。课外活动是课堂教学的继续和补充,与课堂教学相互作用、相辅相成。高校安全教育课教师在开展课堂教学的同时,要积极组织、指导学生开展课外活动,弥补课堂教学不足。

(一) 课外活动的主要作用

1.有利于发挥学生的主体作用

课堂教学关注的是学生在教师指导下以获得间接经验为主,通常采用的是"讲授—接受"的模式,学生比较多的是接受教师传授的现成知识。课堂教学在实际教学活动中强调了教师的主导地位,弱化了学生的主体地位。大学生安全教育课的课外活动以学生为主,学生是课外活动的组织者和参加者,使学生掌握了更多的学习和实践的主动权,学生的主动性和积极性能够得到充分发挥,组织能力和学习能力也能够在实践中得到锻炼和提高。

2.有利于巩固和深化课堂教学内容

课堂教学是教学活动的主渠道,但由于空间和时间的限制,使一些教学内容无法具体和深化。大学生安全教育课的课外活动具有教学内容的伸缩性、教学时间和空间的灵活性、学生个体能力培养的针对性和学生学习的自主性等。学生在课外活动中,通过阅读课外书籍、查找网上资料、参加兴趣小组、参与讨论或辩论等,广泛吸取国家安全和公共安全方面的新知识、新信息,加深对课堂所学安全理论知识的理解和掌握。

3. 有利于完善和改进课堂教学内容

在课堂教学中,尽管教师和学生是面对面的,但教师对学生的具体个性和能力等方面不太清楚,对课堂教学内容的针对性和有效性不好把握。在大学生安全教育课的课外活动中,教师有机会和学生个体产生更多的互动,不仅能够发现学生的爱好和特长,而且能够发现课堂教学内容在实践运用中的不足,收集学生对课堂教学内容的真实看法,对完善和改进安全教育的课堂教学内容、增强课堂教学的针对性有很大促进作用。

4. 有利于贯彻理论联系实际的教学原则

课堂教学主要是传授课本上的内容,使学生掌握课本上的基本知识、基本观点和方法要求,多数是比较抽象的间接经验。大学生安全教育课的课外活动能够使学生把课堂上学到的安全理论知识与日常学习生活实际联系起来,使教师开展课堂教学的效果在课外活动中得到体现。学生在课外活动中亲自实践、亲身感受,既可以加深对安全理论知识的理解和掌握,又能够获得安全防范的直接经验,增强运用安全理论知识的能力。

(二) 课外活动的基本形式

1. 开展专题讲座活动

高校安全教育课教师为了配合课堂教学内容的学习,扩大学生的知识面,组织国家安全和高校安全等方面的专题讲座,吸引学生对安全教育课的关注。专题讲座要根据教材的重点、难点,国内外的重大事件,学生思想上的兴奋点,现实生活中的热点等,灵活选择和创新设计内容,切实扩大学生视野、陶冶学生情操。报告人可以是高校领导和老师,也可以是校外人员。例如,国家安全和公安机关人员,心理健康教育咨询人员等,甚至学生也可以成为报告人。

2. 开展知识竞赛活动

知识竞赛是根据大学生安全教育课教学任务的需要,选择学生所关心的安全理论知识,通过组织竞赛来实施的课外组织形式。例如,国家安全知识竞赛、法律知识竞赛、防诈骗知识竞赛等。竞赛活动符合学生的竞争心理特点,有利于充分发挥学生群体成员的积极参与作用,有利于激发学生的学习兴趣和热情。高校安全教育课教师通过开展竞赛活动,丰富学生的安全理论知识,发展学生的安全防范思维,培养学生的临场表现能力,促进学生相互学习、合作进步、共同成长。

3.开展兴趣小组活动

在大学生安全教育课的教学过程中,学生个体对学习内容有着不同的兴趣。有些学生对防诈骗知识感兴趣,有些学生对社会安全有兴趣,有些学生对心理安全有兴趣。高校安全教育课教师通过建立兴趣小组,使这些学生在安全理论知识学习内容的某些方面得到更多发展。在组织指导兴趣小组活动时,对活动的内容和时间、方式等要做好计划,让兴趣小组成员心中有数。有的学生对某些社会现实事件的认识比较偏激,对此要积极引导,增强学生辨别是非的能力。

4.开展阅读和写作活动

课外阅读是学生在课外阅读教材以外的有关读物,扩大知识面,开阔视野的活动。高校安全教育课教师对学生的课外阅读和写作要给予指导,帮助学生选择阅读书目,指导学生掌握科学的阅读方法,指导学生选择课题、收集与整理资料、撰写论文等。教师指导学生创作有关安全方面的论文,不仅能使学生用所学的安全理论知识分析和说明现实问题,而且能够促使学生了解国家安全方面的方针、政策等,关注国内外和身边的安全问题,增强学生的安全意识和责任感。

三、大学生安全教育课的教学实施

高校安全教育课教师在教学实施的过程中,根据教学目的和教学内容,结合教学条件,针对学生的实际情况,树立新的教学理念,采取新的教学措施,坚持理论联系实际和情理互动,提高教学的趣味性、科学性、思想性,使学生相信其真理性,感到实用有趣。

（一）增强课堂教学和课外活动的趣味性

公共安全教育的内容主要来源于社会生活和实践,社会生活和实践里隐藏着一定的趣味性。高校安全教育课教师不仅要挖掘安全理论本身的趣味性,更要加强教学与生活的联系,围绕学生关心和关注的安全话题展开教学,多用贴近学生学习生活的事例形象地说明道理。国家安全理论大多比较抽象,教师对有些难懂的概念和原理尽量讲得生动形象、通俗易懂,做到观点与材料相结合,寓国家安全理论于引用的材料之中。课堂教学可以是集体教学,也可以是集体教学与小组教学、个别教学相结合;可以是讲授、讨论,也可以是小品表演、角色模拟活动或不同教学方法的结合。课外活动要根据教学需要和学生的水平、兴趣开展,形式要力求多样化,确保吸引更多的学生关注、参加。

（二）坚持课堂教学和课外活动内容的科学性

高校安全教育课教师对于国家安全相关概念和原理的表述和解析要准确,要引导学生罗列体现国家安全相关概念和原理的事例,引导学生尝试对概念和原理下定义,运用分析、综合、比较等方法解析该概念和原理,帮助学生掌握概念和原理的内涵和外延。要使学生在课堂教学和课外活动中认识到总体国家安全观理论和公共安全常识对自己的成才成长有用,要讲究提问的质量和问题的启发性,少问一些"是什么",多问一些"为什么""怎么样",尽量减少课堂的无效提问和无效讨论。例如,"这种社会现象可恶吗?""这个学生上当受骗可怜吗?"等假问题;在对一个安全理论或知识做了明确阐述后接一句"是不是""对不对"等无效提问。

（三）提高课堂教学和课外活动内容的思想性

大学生安全教育课的课堂教学不仅是安全知识与安全技能的传授,也是学生阅读、探索、思考的过程,是师生进行包括安全知识、安全态度、安全需要等方面及生活经验、行为规范在内的信息交流及形成的过程。高校安全教育课教师要把思想教育寓于知识教学之中,坚持用安全理论观点武装学生,帮助学生认识政治安全、军事安全、文化安全等方面,以及世界观、人生观、价值观等方面的思想认识问题。要在深入调查研究、摸准学生思想脉搏、挖掘教材思想教育因素的基础上,结合教材的基本原理和观点实施教学。要针对学生的思想问题和社会实际,对学生进行有的放矢的思想教育,确保课堂教学和课外活动的情理互动、以情感人,增强课堂教学和课外活动的感染力。

（四）抓住课堂教学内容的重点和难点

大学生安全教育课课堂教学内容的重点是教学内容中最重要、最关键、最有现实意义的部分。从知识体系上讲,它是掌握国家安全理论所涉及的最重要的概念和原理;从能力培养上讲,它是要培养学生安全意识和安全技能的最关键部分。课堂教学内容的难点是指教学内容中学生应掌握而又不易理解的或接受的部分。这类内容大致包括:(1)理论表述抽象,学生不易理解的概念和原理;(2)容易引起学生误解的观点;(3)学生在道理上容易懂,但思想上不易接受的观点。大学生已经具备了一定的安全知识基础和社会经验,高校安全教育课教师要善于把握教学的重点和难点,不要面面俱到、逐一讲解。教学实践证明,只有对非教学重点内容适当剪裁,突出教学的重点和难点,课堂教学才能真正"活"起来。

（五）强调课堂教学结构的合理和优美

大学生安全教育课课堂教学结构的逻辑顺序要符合教学内容的内在逻辑顺序和学生的认知规律,确保学生在学习新知识时其认知结构中有可以利用的、起固定作用的、同化新知识的旧知识或观念。高校安全教育课教师设计课堂教学结构时,要合理安排课堂教学结构各环节、各步骤的时间,并力求做到:(1)展与收的和谐统一。要有一个吸引人的开头、坚实的中部、令人回味的结尾,并把启疑导思贯穿于全过程。(2)断与续的和谐统一。要既能断得开又能续得上,既独立成篇又连成一线。(3)动与静的和谐统一。既要学生静静地自学和听讲,又要引导学生积极动脑、动口、动眼、动手。(4)张与弛的和谐统一。张而不弛容易使学生疲劳,弛而不张容易使学生拖沓、懒散。

（六）注重课堂教学形式的灵活运用

近年来,在高校思想政治课教学改革中,对课堂教学形式有了一些改进,"读、议、讲、练"课就是一种做法。高校安全教育课教师要善于用"读读、议议、讲讲、练练"组织课堂教学,并根据教学内容和教学实际灵活运用,既可以在一堂课内包括四个环节,也可以只包括其中几个环节。一是指导学生在预习的基础上进一步阅读教材,使学生了解掌握基本的安全理论知识。二是组织学生联系社会实际和思想实际开展讨论,使学生加深理解相关安全理论知识。三是根据学生读议情况,有的放矢进行串讲、释义、答疑。根据教学需要,可以对个别学生讲,也可以对整个班讲。四是组织学生把所学到的基本安全理论知识,结合学生关心的安全问题,通过分析、讨论和练习,达到当堂消化、当堂掌握。

（七）强化课外活动的实践性和开放性

新课程改革倡导开放互动的教学方式与合作探究的学习方法,要求在教学中强化实践性和开放性,把课外活动与课堂教学有机结合起来。高校安全教育课教师要把课外活动纳入教学计划,结合教学内容和学校条件,组织开展一定的课外活动。课外活动的组织要由学生自己筹划、自己设计、自己操作。课外活动的内容要突出安全教育课的特点,要对学生有一定的教育意义。课外活动的开展要根据实际情况,利用有利条件,因地制宜地进行。课外活动要体现理论联系实际,鼓励学生大胆质疑,使学生提高对安全理论知识的理解和掌握,既尊重科学又不满足于现有的结论;引导学生了解社会、了解生活,增强维护国家安全和公共安全的责任感。

第二节　大学生安全教育课的教学方法

中共中央宣传部、教育部印发的《关于进一步加强高等学校思想政治理论课教师队伍建设的意见》指出:"要紧密联系改革开放和社会主义现代化建设的伟大实践,了解和掌握大学生思想政治状况,探索符合教育教学规律和大学生特点的教学方法,提倡启发式、参与式、互动式、案例式、研究式教学。"①教学方法是教师和学生在教学过程中,为达到一定的教学目的,完成一定的教学任务,根据特定的教学内容,双方共同进行并相互作用的一系列活动方式、步骤、手段的总和。高校安全教育课教师不但要注重教学的组织形式,而且要注重教学的教学方法,这对帮助学生理解和掌握正确的安全理论知识,培养分析问题和解决问题能力,有着极为重要的意义。

一、实施讲授式教学

讲授是教师通过口头语言的方式,向学生系统传授科学文化知识的教学方式。高校安全教育课教师采取讲述、讲解、讲演等形式,对安全理论知识进行讲授,引导学生了解现象、感知事实、理解概念。高校安全教育课教师运用讲授法时,要注意做到以下几点。

(一) 讲授内容要引起学生浓厚学习兴趣

当前,大学生面临的思想困惑和现实问题复杂多样,大学生安全教育课的教学内容纷繁复杂。有的学生之所以对安全教育课不感兴趣,在很大程度上是因为有的教师毫无目的地灌输。为了引起学生对安全教育课的学习兴趣,教师要在教学内容上下功夫,使教学内容能够满足学生的现实需要,确保教学内容的新颖性和现实性。因此,高校安全教育课教师要深入研究学生,掌握学生的所思、所想、所惑、所需;要吃透安全教育教材的内容,抓住教材的核心问题,对教材的内容进行再组织;要对学生安全成长主题和教材内容主题进行整合;要坚持问题导向,培养学生的问题意识,激发学生对相关安全理论与现实安全问题的关注。

(二) 讲授过程要利于学生分析理解教学内容

高校安全教育课教师在讲授时,声音要清晰,音量要适当,音调要抑扬顿挫,并善于运用体态语。语速要适度,重要问题要稍做停顿,留给学生思考或

---

① 教育部思想政治工作司组编:《加强和改进大学生思想政治教育重要文献选编(1978—2014)》,知识产权出版社 2015 年版,第 374 页。

记笔记的时间。要提高讲授的趣味性,尽可能使讲授内容贴近学生生活实际,将抽象的、枯燥的安全防范理论寓于学习生活事例中。要增加讲授的启发性,有意识地设置一些与所讲教学内容相关的问题,引导学生分析和思考。要与其他教学方法组合使用,把理论讲授与问题讨论、质疑辩论等多种形式结合,引发学生分析和思考,鼓励学生发表不同见解。要能准确、系统地阐述总体国家安全观的基本理论,力求讲授富有说服力和感染力,把抽象的教学内容讲得生动、把深奥的国家安全理论知识说得通俗。

(三)讲授结果要助于学生选择吸收教学内容

学生对教学内容的选择吸收,会受到原有思想认识水平的影响。对符合原有思想认识结构特性的教学内容就容易选择吸收,对不符合原有思想认识结构特性的教学内容则可能会否定排斥。高校安全教育课教师要恰当处理安全教育课的讲授内容,确保讲授内容具有科学性、思想性、系统性,既能系统、全面又能突出重点、难点,使学生既能获得准确的安全理论知识又能在思想觉悟上有所提高。要针对学生的思想和心理活动特点,激发学生对讲授内容的学习兴趣,引起学生对讲授内容选择吸收的动机。例如,在国家安全的讲授过程中,选择的主题或问题要尽量符合学生的需要和期望,结合具体的章节提炼相应问题进行教学。

二、开展案例式教学

案例式教学是指教师根据教学目标和教学内容的要求,编写针对性强、有典型代表性和客观真实性的教学案例,组织学生进行阅读、观摩、分析、讨论,促进学生理解掌握教学内容的教学方法。高校安全教育课教师对社会和高校发生的案件事故进行筛选和提炼,实现安全教育课教学的寓教于乐。案例教学的操作步骤有如下环节。

(一)案例选编

为增强案例教学的效果,高校安全教育课教师在选编案例时注意做到:一是案例源于积累。要来源于现实生活,要贴近学生的学习生活实际,符合学生的认知特点。二是案例需要提升。要为教学内容、教学重点难点、教学目标服务,不只是让学生知道一件事情、一个事件。三是案例贵在出新。要注重案例的时效性,对于学生比较熟悉的材料,要从新的角度、新的思路等选编。四是设计实施过程。要设计好案例实施的具体环节,考虑案例出现的时机、案例讨论的重点。

（二）案例呈现

案例编写和选择的形式可以是文字叙述,也可以是视频形式。文字叙述案例时文字尽量控制在一张演示幻灯片中,幻灯片的页面要美观大方,既不能堆砌文字也不能过于花哨;视频形式案例时长尽量控制在5—10分钟,画面要清晰,重点要突出。无论使用哪种形式的案例,高校安全教育课教师要根据预先设计,开展相关活动。对于文字叙述的案例,要结合图文展示进行讲解,或穿插问题,或最后提出问题;对于视频形式的案例,在播放视频时,或停顿视频穿插问题,或播放完毕最后提出问题。

（三）分析讨论

分析讨论案例是案例教学的中心环节。在案例呈现过程中,高校安全教育课教师设计一些简单、能够吸引学生关注的题目,让学生思考和解答。案例呈现完毕,教师可设计一些有一定难度和深度的题目,以小组或班级为单位,组织学生分析和讨论,找到解决问题的方案,得出正确的结论。教师在小组讨论的过程中,要发挥组织和引导作用,创造轻松和谐的讨论氛围,可以加入某些小组旁听或者互动。小组讨论结束后,各小组通过分析讨论形成各自的观点。教师汇总各小组的观点,并分类表述出来。

（四）总结点评

案例教学以教学案例及其所蕴含的问题为媒介,变单向灌输为双向交流,变注入式教学为启发式教学,是提高学生安全防范能力的有效途径。案例活动结束后,高校安全教育课教师要对案例活动进行总结和点评。一是指出学生在讨论过程中的各种观点及其分歧,肯定学生参与讨论的积极态度和分析到的正确观点。二是对学生讨论过程中出现的问题加以引导,必要时进行提高性讲授。三是结合有关安全理论知识,对案例中蕴含的道理进行归纳。四是由该案例引申出学习安全理论知识的现实意义。

三、进行启发式教学

启发式教学是指在教学过程中,教师采用各种灵活有效的方法,激发学生学习的内在动机,引导学生积极思维,使学生主动获取知识、发展能力、提升素质的教学方法。高校安全教育课教师运用启发式教学,引导学生通过自己积极的学习活动,掌握安全知识,提高安全技能。启发式教学的方法主要有以下几种。

(一)提问启发

提问是启发式教学最常用的方法。高校安全教育课教师设计一些学生感兴趣的、与现实生活相关的问题,并适当提出来,促使学生开动脑筋、独立思考。教师所提问题要新颖、有趣且有一定难度,要遵循学生认识规律和现有知识结构。提问的方式多种多样,可以采用"是什么""为什么""怎么样"等来设计和表述问题。

(二)材料启发

高校安全教育课教师采用一些生动典型的材料,让学生通过材料触景生情、启发思维,实现从对材料的理解到对观点或原理的理解。例如,公共安全的教学内容与大学生的日常学习生活密切相关,大部分安全防范知识可以从现实生活中找到适合的材料。教师可通过提供相关材料,引导学生学习安全防范知识。

(三)比较启发

比较启发是一种通过将相互关系的事物或知识放在一起或先后讲述,让学生通过对照比较、得出结论的启发方式。将两种事物或知识进行比较,可以开阔学生的思路,使学生更深刻、更准确地认识事物本质、掌握安全知识。例如,国家安全的概念和原理很多,高校安全教育课教师通过比较启发,让学生更好地理解掌握相关理论知识。

（四）情境启发

情境启发是教师创设具体形象的情境,让学生联想和思维,使学生生动活泼地学习的启发方式。真实的情境是创造的源泉。高校安全教育课教师要针对具体安全教育的教学内容,精心创设相关情境,将抽象的安全理论知识具体化,充分调动学生学习的主动性,有效启迪学生的联想和思维。

（五）直观启发

直观启发是教师利用直观教具来启发学生积极思维,深刻领会教学内容的启发方式。高校安全教育课教师通过直观启发的教学方式,利用直观手段和演示操作,让学生边观察边思考,将学习的安全理论知识由感性认识上升为理性认识。例如,对灭火方法的教学,教师可针对不同的着火物质,向学生演示不同的灭火方法。

（六）提示启发

提示启发是教师针对学生在思考问题过程中发生的困惑而进行具体提示,引导学生全面理解问题的启发方式。提示启发是一种教学的点拨艺术,在课堂提问中的功能不可忽视。高校安全教育课教师的点拨就是给学生一把钥匙,让学生自己开门,要把握好度,关键在于给学生以启发。

四、开展互动式教学

互动式教学是指教师在课堂教学过程中,采用专题讨论、辩论演讲、小组学习、社会实践等师生共同参与的方式,强调发现学习、探究学习、互动学习的教学方法。结合教学主体关系、具体教学场所、具体活动形式等方面的不同,大学生安全教育课互动式教学可采用以下做法。

（一）师生之间的互动

师生之间互动是指在教学活动中,教师调动多种教学资源和手段,进行师生之间的交互往来,在师生之间发生直接的作用和影响。大学生安全教育课的师生之间互动,既可以是教师和单个学生之间的交流,如课堂提问;也可以是教师和群体学生之间的交流,如集体回答问题;还可以是教师和学生学习小组之间的交流,如分组讨论后的答辩环节等。高校安全教育课教师通过课堂提问等方式,促进学生思考并做出回应,针对学生的观点做出点评和引导,并及时对学生的正确观点给予肯定。

（二）学生之间的互动

学生之间互动是指在教学活动中,学生通过教师设计的特定场景,进行学生之间的探讨启发,在学生之间产生彼此影响。大学生安全教育课的互动教学,可以通过小组与小组之间的交流实现互动,小组之间的活动通过小组内部讨论、小组代表课堂发言、小组间辩论等多种形式实现;也可以通过学生个体与学生个体之间的交流实现互动,学生个体交流通过课堂问题回答、同学辩论或者演讲等多种形式实现。高校安全教育课教师要注意把学生群体效应运用到互动式教学中来,有助于教学效果的提高。

（三）师生与社会之间的互动

大学生安全教育课教学通过与社会互动,将安全理论与社会实践相结合,在社会实践中验证安全理论,促进学生对安全理论的理解和掌握。高校安全教育课教师利用大众传媒搜集信息,学习先进教育理念和多学科理论知识,收集社会生活中的典型案例,利用多媒体技术和信息资源制作课件,动态呈现教学重点、难点及主要内容。学生通过参加实践教学,利用媒体资源拓展安全理论知识面,优化安全理论知识体系,促进安全教育课学习效果的提高。

（四）课内互动

互动式教学的课堂教学强调互动环节,将互动渗透课堂教学的全过程。高校安全教育课教师针对课堂教学需要提出问题,采用个别回答、集中问答、讨论分析、主题辩论等方式,带领学生在课堂互动中学会分析问题、解决问题,通过课堂内的一系列互动操作方式,将抽象的安全理论具体化、生动化。大学生安全教育课课内互动的问题要有可辨性和可听性,互动双方在陈述观点的难度上要相当,互动要能够促进学生对国家安全和公共安全的关注和思考。

（五）课外互动

课外互动的一个重要做法是进行社会调研。高校安全教育课教师结合安全理论热点和学生关注的安全问题设计参考题目,由学生实践活动小组自行分析选题,再利用课余时间到相关的领域去实地考察,通过参观访问、社会调查、社会服务等多种形式展开活动,最后形成调研报告或者视频资料等成果,并进行集中展示交流。通过课外互动,使学生在社会实践中发现问题、分析问题、解决问题,增进对安全教育课教学内容的理解和认同,提高安全意识和安全防范能力。

（六）问答互动

问答互动是一种通过师生之间的提问与回答来共同解答疑问的互动形式。问答互动常见于课堂教学内,不是为了提问而提问,而是随机应变,适时掌控课堂。高校安全教育课教师可以在备课时设计好教学环节中的问题,并在教学过程中适时提出,也可以根据课堂具体情况随机提出问题,并针对学生回答问题中的观点进一步追问,或者根据具体教学情景进行适时提问。通过问答互动,鼓励学生参与回答问题,能够实现师生之间的交流与沟通,营造宽松的课堂教学氛围。

（七）网络互动

网络互动是指教师利用网络平台跟学生适时进行教学、答疑等活动,学生通过网络平台学习、提问、讨论等。网络互动有两种基本的形式:一是公开式网络互动。利用专门的网络平台进行师生之间和学生之间的交流互动。例如,高校的网络教育平台、教师的博客等公众账号。二是隐匿式网络互动。教师在某些隐匿的网络空间内引导和影响学生,学生之间通过良性互动传递正能量。高校安全教育课教师要充分利用网络开展交流互动,引导学生学习安全理论知识,树立正确的安全思想观念。

五、组织研究式教学

研究式教学是指在教学过程中,教师结合教学内容和教学目标,帮助学生学会独立思考和学习,通过个人研究或小组活动等形式探究知识的教学方法。大学生安全教育课的研究式教学以类似科学研究的方法,由学生在一定情境中发现问题、选择课题、设计方案,主动获取安全理论知识,不断提高分析问题和解决问题的能力。研究式教学可采用下列几种活动方式。

（一）时政热点透析

国际和国内时政热点具有强烈的时代性,很贴近大学生的思想实际,大学生愿意接受时政热点中的相关信息。关于政治安全、军事安全、经济安全等国家安全方面的时政热点包含了一定的新知识、新信息,将其引入大学生安全教育课教学,不仅能够弥补教材内容的不足,充实课堂教学内容,而且能够对教师、学生、课程等产生积极作用。时政热点透析的做法主要包括:(1)高校安全教育课教师发布相关时政热点,学生分组探讨,全班讨论发言;(2)高校安全教育课教师发布相关时政热点,学生结合教学内容思考,师生共同讨论时政热点;(3)学生搜集相关时政热点,并针对时政热点进行发言,师生共同讨论时政热点。

（二）小课题研究

课题研究是高校教育教学科研的一种形式,也可作为大学生安全教育课教学中学生学习探究的一种方法。学生结合安全教育教材中的知识点,确定小课题研究的题目,进行选题、收集资料、开题、研究、成果汇报等。学生既是小课题的设计者,又是小课题的实施者,通过小课题研究了解科研的一般流程和方法,掌握安全教育课的任务要求,探索最佳的学习方法。例如,国家安全的生态安全教学,可由学生围绕高校驻地生态安全面临的威胁与挑战,自主选择工业污染治理、汽车尾气治理等小课题进行探究。学生通过实地考察、社会调查、查找资料等方法,查找污染原因,提出治理方案,写出调查报告。

（三）学习体验

大学生安全教育课研究式教学不仅重视学生在学习研究中的理性认识,还十分重视学生的学习体验。高校安全教育课教师通过创设与安全教育教学相关的情境,让学生投入其中,使学生获得亲身体验和感悟,形成创造性的思想观念。例如,公共安全的交通安全教学,可组织学生到市区、街道、交通要道等参观、体验,让学生当一次交通秩序维护志愿者,亲身体验交通警察的感受,提高对遵守交通法规、维护交通安全重要性的认识;预防违法犯罪教学,可结合一些典型案例组织模拟法庭,组织学生旁听法院庭审、参观地方监狱、听服刑犯人做忏悔报告等,提高对遵守法律法规、预防违法犯罪重要性的认识。

（四）社会实践

大学生安全教育课的活力在于它的实践性,大学生安全教育课研究式教学要重视安全知识和安全技能的应用。学生通过参加社会实践活动,接触社会、接触生活,并用所学的安全理论知识解决实际问题,达到安全第一意识、安全理论知识、安全防范技能的有机统一。高校安全教育课教师要根据教学内容,选择切入点,把学生从课堂教学引向社会实践,从安全理论知识的学习引向安全防范技能的运用。例如,国家安全的资源安全教学,可设计中国与世界其他国家在土地、水、矿产等资源方面的对比调查表,让学生在社会调查、查找资料等基础上填写对比调查表。也可让学生自主确定题目,设计对比表,撰写有关维护资源安全方面的小论文。

第三节　大学生安全教育课的教学技能

教学技能是指教师在运用已有的教育教学理论知识的基础上,通过反复练习而形成的较为稳固的、复杂的教学行为系统。教学技能是教师完成教学任务的技能和技巧,也是教师的素质与能力的综合体现。教师在教学过程中表现出来的教学技能,既是课堂教学成功的基本保证,又是学生学习的有效支持。高校安全教育课教师要掌握课堂教学中的课堂导入、课堂提问、课堂板书、教学语言、课堂小结等基本技能,以保证大学生安全教育课教学的顺利进行。

一、课堂导入

课堂导入是指教师在讲授新的教学内容之前或者教学环节过渡时,通过一定的方式,引导和启发学生进入听课学习或思考、互动而进行的教学组织活动。从教学过程看,课堂导入是教学环节之间的相互协调、过渡的必要手段;从学生的认知规律讲,课堂导入是新旧知识的连接点;从学生学习的积极性讲,课堂导入可起到收心、激趣作用。大学生安全教育课的课堂导入主要有以下五种方法。

（一）知识衔接导入法

知识衔接导入法是指在教学过程中,教师根据知识之间的逻辑联系,找准新旧知识的联结点,通过对旧知识进行提问、练习等复习活动,为新知识的学习做好铺垫的一种导入方法。知识衔接导入法是一种最常用的导入方法,特点是通过检查学生对已学知识的掌握程度,巩固强化旧知识,并利用新旧知识之间相互衔接的特点,帮助学生铺设学习新知识的心理状态,使学生尽快进入新知识的学习。高校安全教育课教师在讲授新课时,要注意回顾相关的旧知识,所选择的旧知识要服从新课学习的需要,能够帮助学生把相关安全理论知识串联起来。

（二）时政热点导入法

大学生安全教育课教学具有时代性特征,运用新近的国内外时事和热点新闻来进行导入,能够使课堂教学贴近社会生活、贴近学生实际。大学生对一些重大时事和新闻热点总能引起关注和热议,时政热点导入就是针对大学生的这一特点,既可以引起学生的兴趣,又可以激发学生的思维。高校安全教育课教师将新近发生的国内外重大事件和热点问题巧妙地引入课堂,与相关安全教育教学内容联系起来,并结合事件和问题分析、说明安全理论知识。这样既有利于处理好安全教育教材中事例的滞后性问题,又能处理好安全理论知识的现实性问题。

（三）创设情境导入法

创设情景导入法是指在教学过程中,教师有目的地引入或创设以形象为主体的、具有一定情绪色彩的具体情景,在学生受到一定的情绪感染中顺势导入课堂教学的内容。高校安全教育课教师通过设计活动或展示视频片段等手段,创设一种符合教学需要的情境,让学生产生身临其境的感受,与教材内容产生共鸣,使学生进入学习或互动的最佳状态。例如,在讲授国家安全中的军事安全时,播放国庆大阅兵的视频录像,让学生在庄严的氛围中感受中国军事实力的强大,增强对中国军队强大的自豪感和维护军事安全的自信心。

（四）设置悬念导入法

设置悬念导入法是指在教学过程中,教师巧设带有启发性的悬念疑难问题,创设学生的认知冲突,给学生造成一种神秘感,唤起学生的好奇心和求知欲的导入方法。高校安全教育课教师根据安全教育的教学内容,在课堂教学过程中向学生设置疑问、制造悬念,使学生暂时处于困惑、矛盾状态,引导学生进入追求新知、求解答案的学习情境。提出问题或设置悬念时,要与安全教育课相关内容和环节的导入紧密联系,既可以利用一张图片或一组数据,也可以通过一个事实材料或一则新闻报道,不要故弄玄虚或喧宾夺主。

（五）典型案例导入法

典型案例导入法是指在教学过程中,教师精选发生在现实生活中、具有教育意义的典型事例,引导学生对新知识内容学习与思考的一种导入方法。高校安全教育课教师将鲜活直观的典型案例与枯燥抽象的安全理论知识有机地融合起来,使国家安全和公共安全教育教学贴近实际、贴近生活、贴近学生,增强安全教育课教学的吸引力和说服力。通过展示文字案例、图片案例、视频案例等形式,引导学生观察与分析,增加相关安全理论知识的说服力,帮助学生理解抽象的安全理论知识。

二、课堂提问

课堂提问是教师了解学生学习状态的一种教学行为,是教学过程不可或缺的重要组成部分。课堂提问既可用于传授新知,又可用于复习巩固,可以整合于导入、讲解、过渡、结课等各个教学环节。课堂提问技能是教师需要掌握的一项基本教学技能,教师富有艺术性的课堂提问对优化课堂教学具有重要意义。大学生安全教育课的课堂提问可分为以下六种类型。

（一）记忆型提问

记忆型提问是让学生回忆或再现学过的概念、原理、观点等安全理论知识。记忆型提问是重点考查学生记忆的准确性和熟悉程度,教师提问常用的动词主要有说出、复述、列举等。记忆型提问常常在课堂导入时使用,教师通过提问,让学生复习与本节课有密切联系的旧知识,引入新课的讲授;也可在新课的讲授过程中使用,教师通过提问,让学生回顾与所讲某一新知识相关联的旧知识,弄清新旧知识的关系;还可在课堂复习环节使用,教师通过提问,让学生回顾本节课讲授的主要内容,检查学生的学习情况。

（二）分析型提问

分析型提问是让学生在弄清安全理论知识之间的内在联系后,分析某现象的动因、理由或原因,分析所给材料的具体情况,得出结论,作出推论,发现规律。分析型提问对学生掌握安全理论知识和发展思维能力有重要的作用,教师提问常用的动词主要有分析、证明、论证等。例如,我国为什么要坚持走中国特色国家安全道路? 为什么要把培育和践行社会主义核心价值观作为文化安全的主要任务? 请分析说明科技的发展对维护科技安全能起到什么样的作用?

（三）理解型提问

理解型提问是让学生对已学过的知识进行内化处理后,用自己的语言对所学知识进行解释、比较、概括和说明等。教师提问常用的动词主要有解释、比较、归纳、概括、说明、举例、总结等。大学生安全教育课教学中的理解型提问,能够帮助学生在新知识和已有知识经验之间建立联系,使学生能够将记忆类的信息运用到新的教学环境中。例如,请谈谈你对总体国家安全观内涵的理解;请谈谈在当今国际复杂军事形势下加强我国军事安全的必要性等。

（四）应用型提问

应用型提问是让学生选择运用所学的国家安全和公共安全的基本概念、

基本原理、基本观点等分析某种社会现象，或解读社会发展和个人成长中的现实问题。教师提问常用的动词主要有应用、运用、解决等。例如，运用尊重客观规律和发挥主观能动性的原理，阐述如何维护生态安全；请用犯罪心理学和计算机专业的相关知识，谈谈你对个别大学生犯计算机罪的认识等。

（五）评价型提问

评价型提问是让学生运用准则与标准对某种现象、思想、行为、观念作出价值判断。学生对教师评价型提问的回答是一种高级的思维形式，没有单一的正确答案，但对自己的看法和选择要有充分的理由。教师提问常用的动词主要有"判断""评价""对……提出你的看法"等。例如，"个别大学生过度消费、超前消费是其侵财犯罪的主要原因之一，但在家庭经济允许的条件下一味限制消费也是不对的"，你同意上述观点吗？请说明理由。

（六）创新型提问

创新型提问是为培养学生的创新思维能力，通过学生发挥想象力，创造性地思考，得出独特的答案。教师提问常用的动词主要有探寻、探索、发展、制定、拟定、灵活运用等。创新型提问的难度要略高于学生原有的认知水平，能给学生造成一种求知的需求，把学生的注意、记忆、思维活动引入最佳状态。例如，针对近期发生的大学生被骗事件，制订一份班级防诈骗宣传活动计划；为维护你家乡的传统文化安全，请你出谋划策等。

三、课堂板书

课堂板书是教师为完成教学任务，根据教学需要在黑板上或屏幕上以文字或其他符号传递教学信息，展示知识内容和结构特征的一种教学行为方式。课堂板书的形式主要有观点式、线索式、结构式、表格式、图解式等，好的板书能够使教师讲起来方便、写起来顺手，使学生看起来美观、记起来深刻。高校安全教育课教师设计板书时，要遵循以下要求。

（一）内容精练，重点突出

高校安全教育课教师通过对安全教育教材内容的准确归纳，对教材内容进行由表及里、由浅入深的提炼加工,实现教材内容的深化拓展,呈现教学内容的逻辑体系,有助于学生内化知识,增强学习效果。教师的板书要反映安全教育课教学内容的主要线索,简明扼要,具有高度的概括性;要用凝练的文字、简洁明了的图形或符号反映教学的主要内容和教学的重点、难点;要紧扣教材内容,对重点知识做好标记,加深学生的印象。

（二）条理清晰,布局合理

教学板书要体现安全教育教材的主要内容,体现教师教学的思路,使安全教育教学的内容清晰地出现在黑板上。板书条理清晰,不但有利于教师的讲授,也有利于学生加深对教材内容的理解,强化对教学内容的记忆,巩固所学的安全理论知识。高校安全教育教师要根据教学内容分配好板面,选定好板书的格式,使板书能够层次分明地显示教学内容,使所讲授安全理论知识在课堂教学中条理化、系统化。

（三）表达直观,引发思考

高校安全教育课教师设计板书,要通过文字、符号、线条、图表及艺术化的排列处理、颜色差异等,使抽象的安全理论知识概念具体化、形象化。通过板书产生的视觉刺激与教师语言的听觉刺激相结合,引起学生注意,激发学生的学习兴趣。教师设计课堂教学板书时,要注重揭示安全理论知识之间的内在逻辑关系,构建安全理论知识的整体框架,确保板书内容的逻辑性和层次性,引发学生的积极思考,使学生能从板书上受到启发。

（四）书写规范,整体美观

高校安全教育课教师书写板书时,要正确规范,不写错别字、无病句,笔顺正确,不要任意简化字,不写繁体字,不生造词语,概念、原理、观点表达正确。板书的字体要工整,字迹结构匀称、大小适宜,板书排列整齐、疏密得当、行距合理、色彩搭配得当。板书要体现简洁美、和谐美、哲理美等内容美,体现文字美、结构美、图示美、条理美、色彩美等形式美。教师通过发挥自己的智慧和特长,力求板书完整、准确、简明、形象地体现安全教育的教学内容。

四、教学语言

教学语言是指教师在课堂上根据教育教学的目的和任务,通过一定的方式方法,将知识、技能传授给学生所使用的工作语言。教学语言在课堂教学中起着不可替代的作用。高校安全教育课教师在教学中运用教学语言时,要把握以下几点。

(一)课堂教学语言要科学准确

教师的教学语言只有富于科学性,才能使学生正确掌握学科的理论与概念,养成严谨的思维习惯。教学语言的科学性表现在语言内容要符合科学原理或客观事实,语言表达要用词规范、表意准确。高校安全教育课教师要用专业术语,准确、精练地表达国家安全和公共安全的原理、观点、立场和方法。在运用材料和数据时,无论是对事实的叙述和描绘,还是对概念、理论的阐释与论证,都必须正确、真实。教学语言要规范,没有语病,避免使用模棱两可、似是而非的词语,避免言不及义的废话,不说口头禅。

(二)课堂教学语言要通俗易懂

课堂教学语言作为教与学的主要媒介和桥梁,只有深入浅出、通俗易懂、旁征博引、声情并茂,才能引人入胜、亲切感人。国家安全的概念、原理具有抽象性和概括性,高校安全教育课教师要运用言简意赅、生动形象、通俗易懂、记忆深刻的语言教学,深入浅出引导学生领会、掌握和运用所学的安全理论概念和原理,做到"闲话不闲""笑语有意"。例如,在讲"大学生违法犯罪的预防"时,用安徽桐城"六尺巷"的故事说明大学生要培养宽宏大度的胸怀,相互谦让,宽以待人,严于律己,不为小事斤斤计较。

(三)课堂教学语言要富于教育性

大学生安全教育课是一门进行总体国家安全观重要思想和公共安全的基本观点教育,宣传新时代国家安全和公共安全方针和政策的课程。大学生安全教育课程的思想性和政治性决定了其课堂教学语言的教育性。高校安全教育课教师在讲授国家安全和公共安全知识的同时,对学生进行思想政治教育,使知识性与教育性相结合,把抽象的安全理论知识转化为学生的思想政治觉悟。教师的讲授要有哲理性、示范性,以理服人而不强词夺理,尊重学生而不以势压人,课堂教学语言切实体现鲜明的教育性。

（四）课堂教学语言要富于逻辑性

教师在课堂上无论是知识的传授、语言的表达,还是联系实际的发挥,都必须体现逻辑性,而逻辑性是以层层推进为载体得以实现的。高校安全教育课教师上课时,要思路清晰、层次分明,既突出重点、突破难点,又兼顾全面、敏锐把握问题的本质。要做到破题简洁明快、入题新颖独特、论题精辟深刻,表达上遵循从"是什么"到"为什么"再到"怎么样"的思路。教师的教学语言只有在推理、归纳上富于逻辑性,在分析、论述时具有系统性,才能使学生思路清晰、思维连贯,把所学的安全理论知识形成体系。

（五）课堂教学语言要富于启发性

教师的课堂讲授不仅是单纯地向学生传授科学的理论知识,还要注重培养和发展学生的思维能力和创新能力。教师通过启发引导,使学生学会思考问题,学会运用所学的理论知识分析和解决实际问题。这就要求教师的讲授语言具有启发性。高校安全教育课教师的教学语言要具有一定的张力和延展性,能够给学生留下想象的空间,激发学生的问题意识,使学生能由此及彼、由表及里、由因到果、由个别到一般地思考和分析问题。教师要把握启发的时机,做到"不愤不启、不悱不发",切实发挥教学语言的启发作用。

（六）课堂教学语言要富于感染力

生动形象是教师课堂教学语言的最基本要求之一。教师声情并茂的课堂教学语言可以将抽象的概念具体化、深奥的理论通俗化,让学生产生如见其人、如临其境、如闻其声的感觉。高校安全教育课教师的课堂教学语言要做到优美生动、声情并茂,激发学生学习的热情和兴趣,使学生始终保持积极、舒畅的学习心境。教师除了具备一定的知识素养、语言技巧外,还要对学生表达积极情绪、倾注真挚情感,其课堂教学语言才能打动学生,使学生受到强烈的氛围感染、产生强烈的思想共鸣。

（七）课堂教学语言要富于趣味性

大学生安全教育课教学的理论抽象、内容枯燥，尤其是国家安全理论具有一定的严肃性。高校安全教育课教师要想让学生想听、愿听、乐听，就要把抽象的安全理论知识用形象生动的语言表达出来。教师在教学中要善于发挥语言的直观功能，多用谚语、歇后语和习用语，运用比喻、典故和警句，唤起学生丰富的想象，使学生在快乐中学习。要结合社会热点、名言趣闻、典型案例，激发学生听课的热情，增强课堂教学的效果。教师的教学语言要将趣味性与科学性、教育性结合起来。

五、课堂小结

一个巧妙合理的课堂教学结束方式，能使学生对教学内容获得明晰的印象，收到画龙点睛、巩固知识、启迪智慧的效果，使学生保持旺盛的求知欲望和浓厚的学习兴趣。高校安全教育课教师不仅要重视课堂导入的设计，而且要注重课堂小结的艺术，切忌虎头蛇尾。

（一）归纳总结式

归纳总结式是指在课堂教学活动结束时，教师本人或教师引导学生以准确精练的语言，对课堂教学内容进行归纳总结，形成较系统的知识体系的结束方式。高校安全教育课教师运用归纳总结式结课，要用准确简洁的语言，提纲挈领地把整堂课的知识结构和主要内容加以概括归纳、梳理总结，帮助学生厘清知识脉络、区分易混点、突出重难点，加深学生对所学知识的理解和记忆。归纳总结可从内容和形式两方面入手，力求多维度、多形式、有深度，不能只是本节课教学内容的机械再现、简单重复。

（二）首尾呼应式

首尾呼应式是指教师在结课时，解答新课导入时提出的问题，使课堂达到首尾相顾、前后照应、完整统一的一种课堂小结方式。这种结课方式具有呼应性、点题性、完整性和统一性等特点。学生带着疑问听课，当结束新课进行小结时，释疑工作就迎刃而解了。高校安全教育课教师结课时，要针对课堂导入提出的问题,对问题进行具体解答,给学生一个完整的感觉,使课堂教学做到首尾呼应,既可巩固本次课所学的安全理论知识,又可启发学生思前想后,体验学习成效。

（三）练习检测式

练习检测法是在课堂教学结束时,教师抓住教材中的关键性问题和本节课的主要教学任务,精心设计并引导学生做一些口头或书面练习,帮助学生巩固知识、形成技能的结束方式。练习检测法是一种传统的巩固应用型结尾方式。高校安全教育课教师结课时,要精心设计问题,可以是填空题、选择题、问答思考题或材料解析题等。通过学生动脑、动口、动手以及师生的共同活动,使学生对本次课所学知识和技能得到及时巩固和消化,提高课堂教学的实效。

（四）行为评价式

行为评价式是一种通过对学生课堂学习行为的评价来进行课堂小结的方法。在多数情况下,教师评价学生的课堂学习行为,不是通过书面测量,而是直接从课堂上获得反馈信息来进行的。行为评价的形式既可以是教师评价,又可以是学生互评。行为评价的内容不是看教师讲授了什么,而是看学生学会了什么;不是看教师的自我感觉,而是看学生的课堂反应。高校安全教育课教师对学生的学习行为做出准确、公正的评价,无疑是给学生一种奋发向上的催化剂和推动力。

（五）设置悬念式

设置悬念式是指在课堂教学结束时,教师结合教学内容巧设疑问,提出后面即将要教学内容的问题,从而引起学生新的思考和求知欲望的结束方式。高校安全教育课教师在结课时,提出一个既富有启发性又扣人心弦的问题,但不作答,以造成悬念,暗示新课,使这次课的"尾"成为下次课的"头",让旧课和新课的内容连贯起来,成为一个整体。这种结束方式可给学生造成"欲知后事如何,且听下回分解"的期待,为上好下一次课作铺垫。

第四节　大学生安全教育课的教学评价

大学生安全教育课教学评价是指评价主体运用一定的方法和手段,系统地收集、整理和分析安全教育课教学相关的信息和资料,根据安全教育教学目标和课程标准的相关要求,对安全教育课程的教与学进行价值判断的活动。安全教育教学活动之中的教学目标、教学过程、教学方法、教学内容、教学活动安排等都属于教学评价的对象。若以主要评价对象论之,可以概括为:(1)教学的结果。可以使评价主体从整体上了解教学质量。(2)学生学的行为。可以使评价主体科学评价学生的学习情况。(3)教师教的行为。可以使评价主体恰当地评价教的行为。

一、大学生安全教育课教学评价的作用

教学评价既是大学生安全教育课的有机构成,也是大学生安全教育教学的客观要求,还是推进大学生安全教育工作的现实需要。通过教学评价,高校安全教育课教师和教学管理人员可以大致了解教学过程,对教师的教学效率和学生的学习效果作出判断。

（一）保证安全教育教学的正确方向

大学生安全教育课的教学目标是否明确、教学过程是否得当、教学效果是否优良等,这都需要借助教学评价来检验。教学评价通过设定具有目的性的评价内容、指标及其权重,形成导向机制,为安全教育教学指明方向。教师和学生要获得理想的评价结果,就要了解评价的标准和目标,并依据标准和目标来调整教和学,以期获得好的效果。大学生安全教育课教学评价的目标指向要体现党和国家的教育方针,反映作为社会主义大学本质特征的课程性质,以及帮助大学生树立总体国家安全观和生命至上、安全第一思想的教学目的和任务。

（二）反馈安全教育教学的具体情况

大学生安全教育课教学评价是对安全教育教学实践活动及其目标实现

程度进行全面考察、分析,目的是以评促教、以评促学、以评促管。教学评价根据评价指标体系,运用实地考察、访问座谈等评价方法,对评价客体进行实效性判定。一方面,了解课程设置、教学管理、教学保障、教学过程、教学质量等是否达到安全教育课教学的目标要求,查找教学环节及相关要素存在的问题和不足;另一方面,为教师和学生提供反馈信息,帮助教师和学生发现教与学中的优点与缺点,弄清教学活动与教学目标之间的差距。

（三）调控安全教育课程的教与学

通过教学评价反馈,为教师调节教学过程、学生调节学习行为和教学管理者改进管理提供信息。一是教师获得反馈信息后,了解教学目标的实现程度、教学方法是否运用得当、学生目前的学习状况等,为修订教学计划、改进教学方法等提供依据。二是学生获得反馈信息后,加深对学习情况的了解,确定适合自己的学习目标,调整学习计划,改进学习方法。三是教学管理者通过统计分析,评价教学目标的实现程度。如果评价结果与教学目标差距太大,要考虑教学目标是否符合实际;如果教学目标已经实现,要考虑是否提出更高的教学目标。

（四）促进安全教育教学的有效落实

大学生安全教育教学评价本身也是一种教学活动。教学评价有利于激发和调动教师教学和学生学习的积极性,促使他们的行为符合相应的安全教育教学目标。教学评价对安全教育教学过程起着监督、调控、促进和强化作用。当教学评价较高时,可以使教师和学生在心理上和精神上得到鼓舞;当教学评价较低时,可以使教师和学生反思自己。在教学评价活动中,教师获得提高教学效率的信息,以便调整教学过程,建立更有效率的课堂教学方式。安全理论知识学习内容以测评的形式呈现,能让学生获得新的学习体会和经验。

（五）推进安全教育教学的科学研究

大学生安全教育课教学评价不仅是对教学活动的价值判断,也是一项教育科学研究活动。教学评价所形成的评价体系和取得的评价结论,能够促进高校安全教育课教师反思、分析自己的教学理念及教学行为,增强教学的针对性和实效性。师生之间在教学过程中建立教学相长的教学周期,教学评价在教学周期中有着不可忽视的外部推动力。高校安全教育课教师通过研究教学评价的结论,改进教学方法,提高教学质量。另外,教学评价的数据和事实材料能为有关教育行政部门和高校的科学决策、有效管理提供第一手资料。

二、大学生安全教育课教学评价的方法

教学评价既是对学生学习态度和学习效果最具导向性的激励措施,又是提高教师教学质量的重要手段。安全教育的教学目标是否达到、达到何种程度,学生的安全意识、安全行为养成的状况如何,高校安全教育课教师教学的效果如何等,这些问题都有赖于教学评价来解决。

(一) 开展实地考察

实地考察是指评价主体根据大学生安全教育课教学评价的指标体系及相关要求,深入教学一线,对教学过程和效果的各个要素、环节进行实地察看和调查研究,从而获得关于评价对象的第一手材料和评价信息。实地考察的方法主要包括:(1)查阅资料法。通过查阅被评价对象的相关资料,掌握安全教育制度是否完善,以及教师的授课教案、课堂教学、试卷评阅、教学效果等情况,从而对被评价对象开展安全教育教学情况作出判断。(2)听取汇报法。通过听取被评价对象的汇报,全面了解对安全教育教学工作的重视程度,以及安全教育教学工作的全貌、特色和存在的问题,从而对被评价对象安全教育教学情况作出客观的评价。

(二) 进行口头问答

口头问答的考评方式具有直接性,考评人员把相关知识指标转换成问题的形式,然后通过直接向测评对象提问的方式,可以把握测评对象对相关知识理解指标观测点的理解掌握情况。考评人员在考评大学生安全教育课教学效果中的知识理解掌握指标时,可以针对相关知识理解掌握指标的观测点,采取直接的口头问答方式,考评学生对相关安全理论知识的理解掌握情

况。考评人员也可以将知识理解掌握指标的观测点转换为客观问题的答案形式,客观地设定问题,客观地记录问题的回答过程,客观地判定知识的理解掌握情况。考评人员采用口头问答法考评知识理解掌握指标时,要注意设计问题的针对性,客观地评判回答情况。

（三）组织文字考试

虽然口头问答的考评方法直接迅速,但要受现场的问答气氛、问答心理和问答技巧等因素的影响。文字考试的考评方法通过测评对象的文字呈现与标准答案对照的方式,全面测评学生对知识理解掌握的实际效果。考评人员通过组织考试,测定学生对安全理论知识的掌握情况,以及运用安全理论知识分析问题、解决问题的能力。考试一般以笔试的方式进行,其优点是能在同一时间内用统一的试卷测验众多的评价对象,收集大量可供比较的数据资料。考评人员采用考试方式考评学生对安全理论知识的理解掌握,要在试题设计、答案裁定、考试程序等方面下功夫,要注意考试方式的有效性,可采取记名或匿名的形式进行。

（四）开展访问座谈

访问座谈是评价人员根据教学评价目的和评价指标,通过与评价对象或有关人员直接交谈的方式获取评价数据、信息的方法。评价人员通过召开被评价单位安全教育工作人员、安全教育课教师等的座谈会,掌握安全教育工作的相关情况。安全教育工作情况主要包括单位安全教育工作的具体安排、安全教育教学的实施情况和安全教育教师队伍的建设情况等。评价人员可以直接与安全教育课教师代表或教学管理部门领导交流,也可以与学生进行个别座谈或集体座谈。评价人员以询问、谈心等形式,了解掌握被访谈人员对大学生安全教育课教学的想法和看法,并注意设计和规划好谈话内容,创造良好的谈话条件与氛围。

（五）组织问卷调查

问卷调查是评价人员根据大学生安全教育课的教学评价目的和要求,向被调查对象发放问卷并回收,通过问卷内容了解情况、获取评价数据和信息的方法。例如,设计包括教师的教学态度、教学内容、教学方法、教学互动、教学效果等问题的问卷,分别由学生、教师本人、其他人员作答,从不同角度获取教师的课堂教学情况。问卷调查一般是抽样调查,多采用匿名问卷的方式,能让调查对象真实地表达自己的想法和看法,能够收集到安全教育教学的真实信息。评价人员要精心设计调查问卷,抽取的样本要有足够的数量且具有代表性。问卷调查结束后,要采用科学的统计方法处理调查结果,以获取客观、可靠的数据和信息。

三、大学生安全教育课教学评价的程序

在教学评价实施过程中,评价人员要考虑到被评价对象的个体差异,真正使教学评价能够促进教师和学生的发展;被评价对象不但要明确评价目标,而且要主动参与评价信息的收集和评价结果的交流,真正成为评价过程的参与者。

（一） 确定评价的目的

确定评价目的是教学评价实施的首要环节。评价人员往往会带着一定的主观意识进行评价,这就需要确定评价目的,减少评价结果在主观上的影响。评价目的决定着评价人员设计怎样的评价指标体系、收集和获取哪些评价信息、采用何种评价方法等。因此,在评价活动实施之前,必须确定评价目的。一般来说,大学生安全教育课教学评价目的主要是促进发展。通过教学评价,对评价对象与评价指标的适应程度作出认定,为安全教育课的教与学提供有效的诊断和反馈,引导高校安全教育课教师不断改进教学,促进教师的专业成长;引导学生不断优化学习方法,促进学生思想政治素质、安全发展能力等更好地发展。

（二） 设计评价指标体系

评价指标体系的构建是教学评价实施的关键环节,一般包括提出评价项目、分解项目指标、明确指标要求、确定指标权重、设计指标等级以及指标体系的编写、测试和验证等环节。教学评价指标可划分为若干评价项目,每一

评价项目可分解为一级指标、二级指标、三级指标。例如,可设计教学态度、教学内容、教学水平、教学过程、教学效果、教学文件、教研活动、教学成果等若干评价项目,组成对教师个体教学评价的指标体系。指标体系的设计要求主要包括:(1)科学性。评价指标与评价目标要一致,各项指标具有一定的操作性、可比性,评价指标的权重设置合理。(2)系统性。指标体系的构建要有层次,从宏观到微观层层深入。(3)简明性。指标内涵的描述直接、清晰,指标数据容易获取且计算方法简明易懂。

（三）收集和获取评价信息

信息收集和获取是指在设定的时间内,采用合适的测量工具和评价策略,收集和记录相关信息,并对这些信息进行分类、整理。评价人员收集教学评价信息时,要把握以下方面:一要以教学评价标准为依据,收集和获取信息资料。二要把握信息资料收集的内容,对学生的学习进行评价,要收集学生的安全小论文、安全探究活动记录等,以及教师给学生的评语、学生自评等;对教师的教学进行评价,要收集能够体现教师的教学态度、教学方法和教学效果等的相关资料,以及教师自评、学生评价等信息。三要恰当运用信息资料收集的方法,如座谈法、问卷法、考试法等。四要拓宽资料收集渠道,评价信息资料来源要尽可能广泛。

（四）汇集和整理评价信息

在汇集和整理评价信息环节,评价人员要对前一个阶段获得的定量和定性教学评价信息,按照不同的评价指标进行整理。例如,对教师评价信息的整理,可按照教师的职业道德、知识结构、能力结构等方面进行归类;对学生评价信息的整理,可按照安全教育课程目标的分类目标进行归类。评价人员对评价信息整理完毕后,要对定性评价资料进行评议,对定量测评资料进行评分。对定性评价资料进行评议时,要注意厘清资料的时间顺序,尽量再现当时的情景,并能使评议全面、客观地反映被评对象目前的状态和水平;对定量测评资料进行评分时,要严格按照评价指标中已设定的量表进行,评分要客观和准确。

（五）分析和处理评价信息

分析和处理评价信息阶段的工作主要包括：一是得出评价结果。评价人员根据对定性评价资料进行评议、对定量测评资料进行评分的情况，从总体上对安全教育课教学情况作出质性描述与量化表述相结合的评价结果。二是分析评价结果。在形成评价结果的基础上，要对评价过程得到的信息进行分析，对教师的教学和学生的学习进行评论，帮助教师和学生认清存在的问题和问题的症结所在。三是反馈评价结果。评价人员要及时把教学评价结果反馈给被评价单位，让参加教学评价的教师和学生知晓自己教学和学习的优势和问题。反馈的内容除了评价结果外，还应包括对评价结果的分析和总结。

四、大学生安全教育考试试卷的设计与编制

考试是对学生某一阶段学业成绩的评价。高校安全教育课教师组织良好的考试，能有效指导学生以后的学习，为改进和调整大学生安全教育课教学提供依据。

（一）试卷的主要内容

大学生安全教育课考试试题通常分为客观性试题与主观性试题两类。

1.客观性试题

客观性试题是答案唯一的试题，主要有选择题、填空题、判断题等。(1)填空题。填空题是指在一个完整的陈述中，命题者故意弄丢关键性的短语、词组、时间或重要性的概念、地名、人名等，让考生来补充完整。填空题主要是用来测量学生对知识的回忆与再现等，特别适用于测量一些零碎的知识点。(2)是非题。是非题是由一句完整的陈述句构成，适合考查学生对基本概念、原理、性质等的认知和判断能力。是非题的每一道题只包括一个重要概念，并且措辞准确、答案唯一，是与非的题数要有适当比例，要采用随机方法排列。(3)选择题。选择题是指从多项选择中挑选一项或几个正确选项的试题类型，是客观性试题的主要形式，也是大学生安全教育课考试中最常用的一种题型。选择题主要分为单项选择题、多项选择题、不定项选择题，选项

一般不少于 4 个,并且正确选项的位置要随机排列。

2. 主观性试题

主观性试题是答案表述不唯一,评分易受主观影响的试题。主观性试题能够测量学生识记、理解和综合运用安全理论知识的能力和语言文字表达能力,常用的题型有简答题、论述题和材料分析题。(1)简答题。简答题要求学生对一个提问或者一段提示做出回答。一个较小的问题,学生一般只需要用几句话回答即可。简答题的突出特点是注重能力的考查,源于教材,高于教材,活用教材。从命题设问角度来看,简答题的设问形式灵活多样,强调安全理论知识之间的内在联系,突出对学生掌握国家安全和公共安全基本理论和基本知识的考查。(2)论述题。论述题是要求学生对一个提问或者一段提示做出回答的典型的主观题型。论述题不仅需要回忆有关的安全理论知识,而且要对这些理论知识进行加工和组织,然后用一种逻辑严密、前后一致的方式论证自己的观点,表达自己的想法。论述题可以有效测量学生的转述、组织、应用、理解、比较、判断、表达和分析综合等多方面的认知能力。(3)材料分析题。材料分析题是对试题所提供的材料,有辨有析,发现问题、提出问题,并运用有关安全理论知识分析问题、解决问题,创造性提出解决问题的方案、策略等的主观题型。材料分析题与简答题相比,学生解题时要多角度、多层次地思考,克服思维的单一性和表面性,要综合调用安全理论知识辨别是非和分析问题、解决问题。

(二) 试卷设计与编制的有关要求

1. 命题计划要周密

试卷是由试题组成的,试卷的编制过程主要是试题的编制过程,而试题的编制必须先有命题计划。命题计划是根据考试的指导性文件或计划要求,对整套试卷中全部试题所涉及的内容范围、重点、难点、测试的目标以及试题的类型与题量等问题通盘考虑与安排。命题者制订命题计划时,要将考试内容与考试目标的各项比例做出明确规定。考试内容的覆盖面要广,但要突出重点。考试目标要全面,尽可能体现识记、理解、运用等认知和能力目标要求。在设计多种题型的同时,倡导综合的、开放的题型,题型要尽可能多一点,题量要适度。

2. 试卷内容要科学

试题要与安全理论知识相符合,要避免偏题、怪题、冷题。试题选用的材料要新颖有趣,设问方式要巧妙、灵活。试题要联系社会生活和学生生活实际,化抽象为具体。试题要有一定的阶梯跨度,一般是基础题占50%、易和难的题各占10%、有一定难度的题占30%。试题的选编和布置要根据安全教育教材知识的内在联系和学生的认知规律,形成一个从易到难的恰当梯度。例如,编制选择题时要做到文字叙述准确、规范;各选项在次序上要合理安排,在形式上要协调一致;错误选项不要出现提示正确选项的情况。

3. 试题表述要简洁

试题要对源于社会生活的情境进行有针对性的建构,保留关键性的事实与特征,剔除无关紧要的细枝末节,试题创设的情境是大一新生能够理解的。试题的行文、材料要简明扼要,整张试卷的字数要控制在一定的范围内。选择题的文字要简明,选项不能含糊。试题中的插图要通俗易懂、简洁明了,情景材料中不能出现答案。试题之间、同一试题内部要避免互相交叉、重叠、暗示。试题的排列要注意把同类知识归纳在一起。例如,政治安全、国土安全、军事安全、文化安全、经济安全和科技安全的知识应各自排列在一起,同时要从易到难、从简到繁。

4. 试卷编排要规范

出题者出好试题后,要对试题进行排列和组合,组成试卷。试题排列的一般顺序是填空题、是非题、选择题、简答题、材料分析题、论述题,试题的序号要保持同类序号的连续性,每类试题要有解题说明和答题要求。编排试卷时还要注意审查题型、题量、分值等是否符合命题计划的要求,试题是否有超出教学内容的现象,测试的知识点分布是否合理、全面,试题的原创程度如何、严谨程度怎样,基础题和能力题的比例和分布是否合理,试题的答案是否完整、准确,试题的评分标准是否合理等。

第四章 构建安全教育的实现路径

习近平总书记在全国高校思想政治工作会议上强调："要运用新媒体新技术使工作活起来，推动思想政治工作传统优势同信息技术高度融合，增强时代感和吸引力。"①网络作为一种新的传播方式，为大学生安全教育提供了一个新的教学模式、新的教学手段、新的教学载体。中共中央、国务院印发的《关于加强和改进新形势下高校思想政治工作的意见》强调："要强化社会实践育人。提高实践教学比重，加强实践教学基地建设。"实践教学是课堂教学的延伸，能够弥补课堂教学的空缺和不足。高校安全教育课教师要树立新的教学理念，创新教学模式，更新教学手段，积极探索开展大学生安全教育的新途径。

第一节 新媒体在大学生安全教育中的运用

新媒体高度整合包含文字、图片、声音、视频等形式的各类信息，其多样化、组合化的传播方式能够为人们提供更加丰富的信息资源。新媒体灵活多变的表现形式、丰富多彩的元素，使其影响力不断扩大、普及率不断提高。新媒体的普及进一步畅通了大学生的思想表达渠道，使大学生逐渐养成了在网

---

① 《习近平谈治国理政》第二卷，外文出版社 2017 年版，第 378 页。

络空间表达思想动向、学习相关知识的习惯,这有利于高校安全教育者及时掌握大学生的思想动态,开辟安全教育的新渠道,开展有针对性的安全教育活动。

一、新媒体对大学生安全教育的作用

随着互联网技术和信息技术的发展,各类新媒体如雨后春笋般兴起。新媒体时代为大学生安全教育带来了诸多新的机遇,不仅能促进安全教育教学手段、方式的现代化,而且能促进安全教育教学在理念、内容、渠道等方面的拓展,为高校提升大学生安全教育工作、创建安全文明校园奠定基础。

（一）丰富大学生安全教育的内容

网络能够突破时间和空间的限制,使大学生获取信息的途径和范围得到拓展,特别是微信、微博、QQ 等微媒体使信息媒体资源的流通全方位地覆盖了大学生群体的学习与生活。网络使大学生安全教育的内容更加丰富多彩,主要表现在以下方面:一是教育内容的信息量增大。新媒体的广泛应用,使全球可以共享资源,这样改善了传统安全教育信息量小、覆盖面窄的问题。二是教育内容的选择性增大。新媒体超大信息量的特点,使高校安全教育者在实施教育时更加具有选择性。三是教育内容的更新速度加快。不断更新的新媒体信息,使高校安全教育者能在短时间内收集符合安全教育要求的信息。

（二）提高大学生安全教育的时效

新媒体形式在信息传播方面十分迅速,为提高大学生安全教育的时效提供了机遇。大学生可以在任何时间、任何地点浏览和查看任何关于安全教育的有益信息。高校安全教育者可以以此方式,向学生开展单向、多向等多种形式的安全教育活动,及时把安全教育内容传送到学生手中,实现教育内容的传播形式、传播时间、反馈渠道等方面效率的大幅提高,保证安全教育工作在大学生群体中高效开展。例如,高校安全教育者可以把安全教育课的课件、案例分析、讨论题等发布到校园网、班级 QQ 群、校园 BBS 等,与学生展开讨论。

（三）延伸大学生安全教育的平台

新媒体不仅为高校安全教育者了解学生思想状况、开展安全教育工作提供了更多的途径，还为大学生提供了更广阔的交流平台和更方便的知识获取途径，从而使安全教育的思想、内容等从课堂上延伸到网络上、从课堂内延伸到课堂外。网络技术的多样化为安全教育提供了更多种可能的载体组合，可以将教育内容转变为图片、视频、音频等更容易让学生接受的形式。网络为高校安全教育者和学生提供了更为平等、自由的对话平台，安全教育者可以通过网络关注学生真实的思想动态，学生可以通过网络平台发表观点。例如，高校安全教育者利用国家安全教育主题网站开展系统的国家安全教育，利用微博、微信公众号对安全教育内容进行细化、分解等。

（四）拓展大学生安全教育的手段

新媒体时代，更多的先进理念、先进设备等应用于高校教育教学工作中，大学生通过网络不仅能学习本校教师传授的相关知识，也能了解其他学校优秀教师的相关课程，这对大学生安全教育是有帮助的。高校安全教育者利用新媒体时代科技带来的便利，不断拓展大学生安全教育手段。可以利用学校的官方微博或微信公众号，报道涉及国家安全和公共安全主流价值观和思想体系的热点新闻和社会事件，并附上自己的正确观点和看法。可以克服课堂教学的时间限制，打破传统意义上的班级概念，借助网络论坛与学生传递信息、交流思想、聊天谈心，及时掌握学生的思想状况和安全情况。

（五）促进大学生安全教育的互动

新媒体在大学生安全教育活动中的应用，将高校安全教育者与学生之间的交流从传统的面对面延伸到网络媒体的交流互动平台中，激发了学生主动与老师交流的积极性，有助于实现安全教育过程中的双向互动。在网络上，学生既可以是受教育者，也可以是教育者。学生在浏览网页、选择和吸收各种安全教育信息时是受教育者，在参与网上各种信息的制作、发布等网络实践活动，将自己的思想、观点以及信息传播出去时是教育者。此外，通过师生之间网上的互动,使高校安全教育者能够及时收到教育效果的反馈,有利于教育内容的调整和教育方法的改进。

二、高校微信公众平台在安全教育中的运用

高校微信公众平台又称高校官方微信公众平台,是继高校官方微博后大学校园里最重要的校园新媒体。高校微信公众平台多渠道、多层次、多样式的传播形态能够满足当代大学生的多元化需求,成为大学生阅读信息、获取知识、关注动态的主要渠道。高校安全教育者通过微信公众平台,对大学生进行安全教育推文、微课、微活动等形式的浸润,给大学生带来安全教育新体验。

(一) 安全教育推文

高校安全教育者撰写国家安全教育、公共安全教育等主题的推文,运用生动有趣的语言显化题目,通过微信公众平台的日常推送对大学生进行思想引导和价值引领。微信公众平台中视频、音频、图片、艺术字等多媒体元素能够很好地帮助高校安全教育者创新安全教育推文的形式,让大学生接收新颖活泼、生动形象的安全教育信息。

1.推文的写作类型

一是信息式。信息式推文既可以系统阐述某个安全理论,也可以详细解说某个安全主题。二是问题式。问题式推文针对大学生学习和生活中遇到的安全问题,提出解决方法,容易吸引大学生的关注。三是指导式。指导式推文通常是向大学生提供建议和意见,比较受大学生的欢迎。四是列表式。列表是编写推文的一种简单方法,如《总体国家安全观的五大要素和五对关系》《防范电信诈骗 10 种攻略》等。五是引用式。高校安全教育者在某个平台上看到不错的文章时,便在微信公众平台上发布一个指向该文章的链接,并在其中添加一段说明或对内容的看法。六是评论式。对社会、高校发生的案件事故,高校安全教育者给出公平客观的评论,并与大学生展开互动,这类推文常常拥有比较高的活跃度。

2. 推文的表达形式

一是文字式。文字式是指整篇文章的内容用文字描述。文字式推文的信息量集中、信息准确度高,但字数较多、篇幅较长。二是图片式。图片式是指整篇文章的内容以图片形式表达。图片式推文的形式新颖、直观性强,但图片中如果包含较多文字,则会降低文章的可读性。三是图文式。图文式是指整篇文章中既有图片又有文字。图文式推文能够提高大学生的阅读体验感,但过多的图片会使文章篇幅过长。四是语音式。语音式是把需要向大学生传递的内容,通过语音发送到微信公众平台上。语音式推文拉近了老师与学生的距离,使学生感觉更亲切。五是视频式。视频式是把需要向大学生表达的信息拍摄成视频,然后发送到微信公众平台上。视频式推文能快速抓住大学生的眼球,但精美的视频制作成本通常比较高,难度比较大。六是混搭式。混搭式是将文字、图片、语音以及视频等应用到一篇文章里。混搭式推文能够给大学生最佳的阅读体验,但阅读时会耗费更多流量。

3. 推文的写作技巧

一是注重语言风格。高校安全教育者在编写推文时,要根据高校教育教学和当代大学生的特点选择合适的语言风格,确保推文能给大学生带来优质的阅读体验。二是创建优美封面。要选择一个精美和充满吸引力的封面,注意封面图片的尺寸,避免过大或者过小。三是摘要体现价值。推文编辑页面下方有一个撰写摘要部分,要尽量将摘要写得简洁明了。四是设置要点吸引读者。推文要吸引大学生的眼球,就需要有一定的内容要点,并与大学生的切身利益相关。五是开启原创声明。当发送原创文章时,应设置"原创声明"功能,在保护自己权益的同时,用原创文章吸引更多的大学生读者。六是学会主动求赞。实际生活中,很多读者阅读完网上的文章后,不会有意识地点赞。要主动提醒大学生点赞,也就是主动求赞,这样往往能够提高文章阅读量,扩大文章的传播范围,收到意想不到的效果。

(二) 安全教育微课

微课植入高校微信公众平台的"微信+微课"双微创新方式,使安全教育以微课的形式展开。高校安全教育者通过微课课程发布、微课课程推送,大学生通过微课课程检索方式,满足大学生通过平台进行碎片化、移动化、自主化学习的要求。

1. 微课课程发布

微课课程发布是指高校安全教育者将制作好的安全教育微课短视频,以每日微信公众平台文章的形式进行发布,收入微信公众平台后台,或者上传至微信公众平台的自定义菜单,成为微信公众平台的自有资源,让微课在高校微信公众平台上展示。微课课程以列表的形式在微信公众平台上发布,方便大学生点击查看发布的微课资源。例如,在自定义菜单栏中对大学生安全教育课程进行分类,设置"国家安全教育""公共安全教育"两个部分,在"国家安全教育"栏目下发布"维护政治安全""维护国土安全""维护军事安全"等微课课程。

2. 微课课程推送

微课课程推送是指高校安全教育者通过微信公众平台的"每日推送"功能,对微课课程的学习内容、学习安排、学习进度等进行推送,大学生按照平台推送的资源逐一完成微课课程的学习。高校微信公众平台按照微课课程设置引导预习、知识点讲解、学习方法建议或者某个疑难知识点讲解、课外阅读书籍等,定期推送微课课程资源,并对已经发布的安全教育微课课程进行有效拓展,为大学生提供便捷的微课课程学习,将平台发布的微课课程转化为逐个学习目标,便于掌握微课课程学习进度,从而实现有计划的自主学习。

3. 微课课程检索

微课课程检索是指大学生通过高校微信公众平台"自动回复"功能,自主查找微课课程资源。微课课程检索能够提高大学生获取学习资源的便利性,增加大学生学习安全理论知识的时效性。高校安全教育者可以将微课课程进行分类,按照知识点内容设定关键词或者数字。大学生在对话框内输入对应关键词或数字,平台便可自动回复微课课程资源,缩短查找课程资源的时间。高校安全教育者也可以针对微课课程设计课后作业,提前将答案内容编辑好,设置自动回复功能。大学生观看微课视频后,只要输入作业内容,就可以自行获取作业答案。

（三）安全教育微活动

以微信公众平台为载体开展的安全教育微活动是高校加大安全教育力度的重要抓手。高校微信公众平台开展的对话、抽奖、竞赛等微活动,有利于提升学生的活跃度,提高安全教育平台的校园影响力。

1.对话活动

高校安全教育者对重要安全理论、安全会议精神、安全法律法规等进行收集、整理、加工,在对话活动中对大学生进行导读、解读,让大学生对安全教育的文本内容进行精读、细读,深刻理解重要论述、讲话的内涵与高度。针对平台涉及的不解、难懂的内容进行梳理、汇总,在对话活动中进行阐释与解答,并进行释疑与互动,让大学生对安全教育产生全新体验。大学生将对话活动中的学习收获,以及对于部分难懂内容的心得加以记录、整理,进行图文、音频、视频等制作后,将作品上传至后台。高校安全教育者对上传作品进行择优展示,并开通后台留言。

2.抽奖活动

抽奖活动是结合微信公众平台的技术资源,用趣味体验的方式,激发大学生学习安全理论知识的热情。一是随机抽奖。高校安全教育者通过微信公众平台发布微活动,大学生经过线上报名、线上参与、线上选拔之后就有机会参与抽奖。例如,在消防日通过微信公众平台推出抽奖活动,大学生通过简单互动便有概率获得物质奖励。二是现场抽奖。抽奖之前,大学生上传活动参与内容,微信公众平台自动读取微信号码导入微门户大厅,并在抽奖池中展现。现场抽奖时,大学生即可通过手机端采用"摇一摇"等方式参与抽奖。该种方式容易引爆"微活动"的现场气氛,增加大学生的参与性与体验感。

3.竞赛活动

通过高校微信公众平台线上报名、线上参与、线上选拔、线上线下互动的方式自主举办微活动,通过微信公众平台推送活动宣传、竞赛报名信息,大学生通过点赞、转发、评论等方式对参赛作品进行选拔。线下张贴海报、设置展板,通过微信二维码、小程序继续在全校范围内吸引更广泛的关注。例如,在全民国家安全教育日,以"贯彻总体国家安全观,增强全民国家安全意识和素养,夯实以新安全格局保障新发展格局的社会基础"为主题,面向全校学生开展国家安全线上答题活动。

三、新媒体环境下大学生安全教育的创新发展

尽管新媒体给大学生安全教育带来了新的机遇,但也带来了新的挑战。因此,加强和改进新媒体环境下的大学生安全教育意义重大,这既是完善大学生安全教育内容的重要举措,也是增强大学生安全教育时效的有力保障。高校安全教育者要主动应对新媒体环境下安全教育面临的挑战,充分利用新媒体拓展安全教育途径,发挥新媒体为大学生安全教育服务的作用。

(一) 树立新媒体环境下的安全教育理念

高校安全教育者要树立新媒体环境下的安全教育理念,多层次、全方位地开展安全教育工作。要建立校园安全教育工作网络系统,建设安全教育网站,旗帜鲜明地宣传总体国家安全观,引导学生树立生命至上、安全第一思想。要利用好学生喜爱的抖音、快手、微信视频号等新媒体资源,逐步构成多层次、多维度的立体安全教育信息传播途径。要将安全教育与微传播的内容、形式等结合起来,并应用到学生的日常学习生活中去。例如,利用微传播组织班级"安全之星"评选活动,利用微传播开展网络信息安全、防诈骗宣传教育活动等,促进学生安全防范素质的提高。要积极开展融思想性、知识性、趣味性于一体的网上校园安全文化活动,营造积极向上、安全文明的新媒体校园安全文化氛围。

(二) 建立安全教育的线上线下共育模式

面对网络生活与现实生活日益融为一体的大学生,高校安全教育者要以高校现有的校园专题网站为依托,以新媒体为平台,通过建立统一的线上线

下一体化服务与教育体系,逐步形成全校线上线下安全教育模式。要通过网络获取更多高质量的安全教育素材,使用微媒介录制高质量安全教育课程视频,利用"智慧树""超星"等在线教育平台,将要学习的安全教育课内容以更加生动有趣的方式录成视频放到平台上。学生在课后可以通过网络平台学习,课上可以进行学习成果的分享及答疑,从而实现大学生安全教育课线上教学和线下教学的有机融合。同时,有条件的高校还可以组织教师拍摄安全教育课堂教学视频,放到学校的教学网站上供学生公选,学生完成网络学习后取得学分。

（三）提高安全教育者运用新媒体的能力

高校安全教育者要积极适应新媒体时代的发展变化,转变教育观念。要了解掌握抖音、快手、微信视频号等新媒体的基本原理和运营模式,发挥微媒体在信息传播方面的功能,挖掘网络信息资源,丰富安全教育内容的表现形式,达到用教育内容激发学生兴趣的目的。要提高"微技术"的利用能力、"微信息"的传播处理能力和网络教育能力,能够在新媒体环境下与学生进行平等的交流沟通,及时把握学生的思想动态,并通过新媒体快速地对学生进行思想教育引导。要熟练使用新媒体工具和网络语言,灵活运用舆情分析和引导的方法技巧,掌握与学生网上交流的主动权和话语权。要积极借助新媒体平台,开展生动活泼、喜闻乐见的网络安全教育活动,配合安全教育课堂教学活动的开展。

（四）提高大学生使用新媒体学习的素养

新媒体环境下,微博、微信等社交平台中信息量很大,并且信息的传播限制也较少。如果大学生在运用微媒体时没有较高的素养,就很容易在杂乱的微信息中丧失判断能力。高校安全教育者要引导学生科学使用新媒体,理性对待新媒体信息,搞好对新媒体信息的鉴别。要借助微媒体开设微课堂,对学生实施新媒体知识教育。例如,运用微媒体,设计提高媒介素养的相应话题讨论,引导学生在参与过程中审视自己的媒体行为,从而强化媒介意识、提高媒介素养。同时,微课堂参与面广的特点使身处其中的学生能成为教育者,学生申请授课,并在授课过程中自觉规范自己的媒介行为。要强化学生的网络道德和法治观念,使学生树立网络安全意识,遵守新媒体安全行为规范,提高网络安全防范技能。

（五）加强对新媒体在安全教育运用中的监督

新媒体的虚拟性、开放性等特点,导致其在运行过程中不可避免地出现违反道德和法律底线的信息,对大学生安全教育会产生负面影响。高校安全教育者要对新媒体传播信息的行为进行严格规范,对网民学生的言行进行指正。在鼓励学生积极使用新媒体的同时,高校要建立合理的监督管理制度,使学生实现个人的安全发展,让新媒体切实成为安全教育的有效载体。在具体的监督管理过程中,高校要建立信息审核制度,从源头上对大学生安全教育内容进行规范,对学生的思想行为进行约束,引导学生自觉遵守法律与道德规范,打造有利学生安全发展的微环境。

第二节　基于慕课安全教育教学模式建构

慕课(Massive Open Online Courses, MOOC)是大规模开放性在线课程的意思。教育部印发的《关于加强高等学校在线开放课程建设应用与管理的意见》提出了七大重点任务,其中包括建设一批以大规模在线开放课程为代表、课程应用与教学服务相融通的优质在线开放课程,推进在线开放课程学分认定和学分管理制度创新。高校安全教育课教师采用慕课教学模式,既能适应互联网时代大学生学习方式变革的需要,满足当代大学生碎片化时空学习的诉求,又能够激发大学生安全教育课的活力,提升大学生安全教育课的教学效果。

一、慕课在大学生安全教育教学中的作用

慕课是大规模性、开放性、低成本、易获取的全新知识传播方式,优势资源共享、个性化知识点与整体性内容相结合的组织形式。学术性、生动性、互动性相统一和碎片化时空高度整合性等特征,都彰显着其强大的生命力。高

校安全教育课教师充分发挥慕课的作用,是推进大学生安全教育课教学的必然选择。

(一) 拓宽了安全教育的覆盖范围

大规模性教育和学习是大学生安全教育课同其他专业课和选修课在教学形态上的最大区别,高校通常采取报告会、讲座和大班授课的形式进行安全教育教学,这种形式形成单一的"满堂灌"现象,讨论式、启发式教学以及实践教学难以组织,不利于学生探究能力和实践能力的培养。采用慕课的形式,把课程搬到互联网上来进行,高校安全教育课教师可以通过虚拟视频的方式进行实践教学;学生可以根据自己的接受程度控制学习进度,可以采用翻转课堂的形式进行小班讨论。慕课没有课堂规模的限制,注册学习的人数越多越能发挥其功能,学生在网上注册后就可以随时随地学习,少了实体课堂的门槛和时空限制。慕课通过运用互联网技术、云计算、无线通信等现代信息技术,使安全教育教学内容的覆盖面不断扩展,学生可以快捷地获取需要的安全理论知识。

(二) 提供了安全教育的优质资源

慕课具有开放性和资源共享性特征,慕课的开放性主要体现在慕课平台建设、课程学习和学习资源的开放性等方面;慕课的资源共享性是指慕课所提供的学习资源是免费的,并且不设条件地向所有参与者开放。慕课的开放性与资源共享性具有一定的联系,开放是一种状态,代表一种接纳参与的态度;共享是开放的前提和体现,代表一种价值追求或一种理念;开放并不等于共享,尤其不等于免费共享;免费共享更多代表一种平等享受慕课教育的权利。随着慕课平台的建立、免费和资源共享理念的构建,大学生安全教育慕课的开放性特性得到了逐步发展。安全教育慕课授课教师的水平高,课程制作精良,为学生提供了优质教育资源。慕课的翻转课堂教学形式,除了强调学生在线学习外,还能关联和收集网上的安全教育教学资源,使教师和学生进行共享。

(三) 促进了安全教育的教学一体化

慕课吸收了传统课堂教学模式的优点,具备远程网络教学对象针对性、内容系统性、过程完整性和评价有序性等特点,吸收了视频公开课免费性、公开性和共享性等优点,把网络教学和课堂教学融为一体,建构了一种新型教学模式。高校安全教育课教师积极运用慕课教学模式,有力推动大学生安全教育课网络教学、课堂教学以及实践教学的有机统一和优势互补,促进网络教学、课堂教学、实践教学的一体化。慕课通过新媒体技术,使很多实践教学场景以虚拟的教学环境、逼真的画面以及生动的动画形式展现给学生,能够收到如同实体实践教学一样的效果。安全教育慕课的翻转课堂教学由注重学生学习的成果转变为重视学生学习的过程,给学生提供了一种实验、实操的学习环境。

（四）提高了安全教育的教学效率

大学生安全教育慕课把系统的安全理论知识进行碎片化分割,即把完整的安全教材内容分成若干个学习模块,一个模块对应一个相对完整提炼的内容,这样既有利于学生突破课堂学习时空的局限性,又能够保证学习的连贯性。学生使用手机或电脑,通过网络就可以实现在线学习,实现与教师和其他学生的讨论交流。利用信息技术和视频手段的安全教育慕课,使学生学习起来方便、轻松、高效。例如,国家安全的新兴领域安全,对学生是非常抽象的安全理论,慕课可以利用动画、图片等给予形象化表示;公共安全的灭火器和消火栓操作,教师在课堂上的演示只有前几排的学生看得清楚,慕课可以完整地演示操作步骤和方法,再配上恰当的讲解,有利于学生高效地学习掌握。

（五）实现了安全教育的交流互动

课堂教学在时间的限制下,往往变成纯理论知识的讲授,学生和师生之间的讨论交流难以开展。慕课使每个学生都可以通过网络平台,根据自己的学习兴趣和学习进度提出问题,不受时空限制地同教师以及其他学生在线交流。慕课的翻转课堂教学形式,也让学生在课堂上能够有更多的时间和机会同教师与其他学生交流互动。在翻转课堂教学过程中,教师是引导者、协调者及学习资源的提供者,通过深入学生开展交流互动,调动学生的学习兴趣和积极性,随时解答学生提出的疑难问题,辅助学生探求安全理论知识,对学生进行个性化辅导。学生在课堂上表现积极活跃,或展示自己的所学,或解答他人的问题,或提出新的问题,学生、师生之间的交流互动更多,也更为深入和广泛。

（六） 弥补了传统教学的不足之处

传统的教学模式是以教师为主导,学生处于被动学习状态。慕课模式下,学生通过自主学习、与其他学生和教师交流互动而获得知识,教师在教学过程中主要是发挥引导作用。慕课学习的进度完全由学生自主把控,学生可以选择暂停、快退、重复播放,遇到已经理解的知识点可以选择快进。慕课的考核方式可以让学生随时了解自己对安全理论知识的掌握程度,并视情况调整学习进度和难度。慕课的翻转课堂教学是对传统教学的又一次重新构建,需要学生课前自学,独立思考问题,努力理解知识内容。学生课前观看微视频,不但要吸收知识,而且要能发现问题,并在课堂上提出自己的问题。学生在课堂上单独或者以小组合作的形式,交流学习成果,参与问题讨论。教师不断巡视学生的学习情况,提出疑问,解答难题,并对学生的学习情况进行总体评价。

二、大学生安全教育微视频的制作

微视频使用文字、动画、图片等展示安全教育教学内容,将抽象的安全理论概念形象化,将安全器材的操作方法清晰展示,能够帮助学生理解相关安全理论概念、掌握相关安全操作技能。微视频制作是慕课中最基础、最关键的环节,高校安全教育课教师要制作好安全教育微视频,促进安全教育课第二环节教学效果的提高。

（一） 安全教育教学微视频的构成、形式和制作途径

1.微视频的一般构成

微视频从构成上看,一般由视频部分、习题部分和互动部分组成。一是视频部分。主要以展现基础安全理论知识为主,每个视频围绕一个知识点展

开,对知识进行分解讲述。慕课微视频使用的教学视频可以随时暂停,还能反复播放等。二是习题部分。有一些慕课的微视频,每过一段时间就会自动弹出相应的习题,视频则随即暂停,学生只有答对习题后才能继续观看视频,这种方式能够让学生保持高度的学习注意力,有效检测学生学习的实际效果。在微视频中嵌入测验和练习题,能够使学生牢固掌握知识点。三是互动部分。通过慕课平台,学生有疑难问题时可以随时提问,通过论坛投票对问题进行排序,教师重点回答学生普遍关心的问题,学生通过互动交流形式解决其他问题。

2.微视频的主要形式

从存在形式上看,慕课微视频主要有三种类型:(1)PPT式微视频。制作由文字、音乐、图片等构成的PPT,使用PPT自动播放功能,将PPT转换成5—8分钟的微视频。(2)讲课式微视频。按照课程要求,以模块化形式进行授课拍摄,经过后期视频剪辑后,形成6—10分钟的微视频。(3)情景剧式微视频。对教学内容进行情景剧设计策划,撰写脚本,选择演员、场地进行拍摄,经过后期视频剪辑后,形成6—10分钟的微视频。以上三种微视频形式各有特点,高校安全教育课教师可以灵活运用。例如,国家安全的总体国家安全观知识逻辑性比较强,可以采用PPT式微视频,穿插文字、图片说明和演示。对于其中比较难理解的原理可以采用讲课式微视频,让学生在教师的推理中掌握知识。公共安全的防诈骗教育可以采用情景剧式微视频,对案例进行场景模拟,让学生在模拟情景中掌握防骗知识。

3.微视频的制作途径

安全教育教学微视频的制作主要有三种途径:一是高校安全教育课教师组成制作小组。制作小组根据慕课微视频的任务和要求,进行知识体系的设计和相关视频的录制工作,然后再请专门技术人员进行后期制作。在制作过程中,可以分为理论组、主讲教师、习题组等,这样制作的优点是微视频具有很强的针对性。二是教师与多媒体技术人员合作。担负教学任务的教师根据教学需要分割知识点,设计单元要点和练习题,提供给主讲教师授课,由专门技术人员或公司录制,并设计慕课微视频的形式,嵌入练习题,剪辑和加工微视频,这样制作的微视频质量较好。三是借助慕课平台已有视频。超星、智慧树等在线教育平台免费提供了一些大学生安全教育微视频,主讲教师都是安全教育与管理方面的专家和老师,由专业技术人员制作,视频形式统一规范,这种形式的优点是借助优势资源共享模式,节省了人力和物力。

(二) 安全教育教学微视频制作的步骤和方法

从目前已有的制作实践来看,一个品质精良的微视频制作大体要经过以下三个阶段。

1. 准备阶段

在准备阶段,高校安全教育课教师要制作一份微视频脚本。微视频脚本的设计要注意以下几个方面:首先,明确微视频要实现的教学目标。教学目标是衡量学生学习了该微视频后掌握了哪些知识与技能的依据。微视频容量小,其教学目标通常比较单一,教学目标的表述不需要出现在微视频中。其次,把握微视频中讲解的主要内容。微视频要与课堂教学内容达到互补,把需要思维探究或情感交流的活动放在课堂上。要设计少而精的进阶作业,以检验学生是否理解掌握微视频的内容。再次,寻求最优的微视频表现形式。要善于从大学生安全教育教学的特点出发,找到恰当的表现手段。例如,有些国家安全理论概念过于抽象,学生不易理解,微视频的设计要从提供一些生动、直观的画面入手;一些人身安全、财产安全等内容,微视频可以提供适当的案例,让学生从案例中受到启发。

2. 录制阶段

微视频录制方式主要有以下几种。一是拍摄式。对于需要展示操作技巧和方法的课,使用摄像机、手机等拍摄工具拍摄教师的讲解和演示。例如,公共安全"实验和实习的安全操作""灭火器和消火栓的操作"教学微视频的录制。二是录屏式。对于国家安全和公共安全理论性比较强的内容,使用录屏式录制教学内容,不出现教师形象。用录屏软件录制教师对 PPT 的讲解和书写,或者用录屏软件录制教师在手写板上的书写和讲解。所需工具主要有

PPT课件、录屏软件、耳麦、手写板等。三是"大片"式。对于国家安全的军事安全、科技安全等教学，以及公共安全的预防违法犯罪、防范邪教侵袭等教学，从网上截取一些相关的新闻报道、专题录制片等，把这些视频组成教学所需的视频。四是混合合成式。根据教学需要，灵活使用拍摄式、录屏式、大片式录制方式，合成制作教学微视频。例如，公共安全的消防安全教学，用录屏式制作知识点讲解，用拍摄式制作消防器材操作。

3. 后期加工阶段

微视频录制好后，高校安全教育课教师要对其进行加工和修改，确保其内容的准确化、技术的精致化、语言表述的规范化等。要组织学生试看，根据学生的意见与建议对微视频做出适当的修改与调整。要给学生提供如用颜色线标识、屏幕侧边列出关键词、用符号图形标注等提示性信息；要在适当位置设置暂停或者后续活动的提示；要用字幕等方式补充微视频不容易说清楚的部分，字幕只需呈现关键词语，不用呈现所有的台词；要使用基本问题、单元问题和核心问题等多样化的提问促进学生思考；要有一个简短的总结，帮助学生梳理思路，强调重点和难点；要注意制作技术细节，字体和背景的颜色要搭配好，鼠标在屏幕上的速度不要太快，与教学内容无关的图标、背景等要删除，声音大小要合适，对噪声较大的地方要去除噪声等。

三、基于慕课的翻转课堂在安全教育教学中的运用

翻转课堂是在线教育和课堂教育的结合，是一种新型的教学模式。翻转后的课堂是将教师的知识讲解以微课的形式放到课前，先让学生学习，再回到课堂上，由教师与学生、学生与学生共同完成作业，解决学生自己解决不了的疑难和困惑。借助微课带动课堂翻转，实现了从依教而学向先学后教的转变。高校安全教育课教师要积极采用翻转课堂的模式进行安全教育教学。

（一）做好翻转课堂教学准备

高校安全教育课教师在开展翻转课堂教学前，要做好一些准备工作。一是参加理论与技能培训。通过参加相关培训或访学交流，学习翻转课堂教学

模式的理论知识和操作方法,熟悉网络教学云平台,掌握录制微视频的工具和主流文件格式转换方法等。构建相适应的翻转课堂教学模型,制定具体的实施方案。二是进行网络课程建设。在初次开展翻转课堂教学之前,要在网络教学平台进行课程建设,完成课程门户建设、课程目录确定、网课功能模块设置等工作。三是进行微视频制作。根据安全教育课教学大纲及知识体系拆分知识结构,以单个知识点为单位设计视频脚本,构建知识点之间的网络体系,利用教学云平台实现微视频的系统化、网络化。四是进行在线资源库建设。主要包括:(1)网络课程资料库建设。从内容上把控、从质量上甄别、从数量上精选网络视频资源,形成翻转课堂教学的视频资料库。(2)题库。构建网络课程题库,按题型、难易程度、章节等分类,整合安全教育试题资源,保障测试、考试、作业等任务的开展。(3)购买课程资源及服务。向专业公司购买制作教学动画、录制教学视频等服务,向相关公司购买题库资源、视频资源、参考文献等课程资源。

(二) 做好翻转课堂课前工作

在翻转课堂教学模式下,课前教学环节是最重要的环节。一是进行学情分析。分析大学生安全教育课教学大纲,了解本课程对学生学习的知识、技能所达到要求。根据课程标准、教学对象等拟定教学进度,将教学任务合理安排到所在学期的对应学时中。选择合适的主讲教材和参考教材、辅导资料等。二是制定教学目标。在学情分析的基础上,制定每节课的知识目标、能力目标和情感目标。三是下达学习任务及答疑。课堂教学前一周,在网络教学平台开放本次课程的视频、阅读、测试等学习任务,与学生进行网上交流,跟踪学生的学习情况。四是进行课前测验及分析。通过对学生课前学习测试的批改和分析,了解学生课前学习的难点。五是制定教学策略。运用课程导入、知识点回顾、疑难点讨论、课堂巩固等多种教学方法设计课堂教学环节,高效利用课堂时间帮助学生解决课前学习所遇到的难点。六是选择教学环境。可以将课堂安排在多功能教室,以便更好地利用电教技术、网络技术;也可以安排在宿舍楼、食堂、实验室等,使消防安全教育实战化;还可以安排在安全体验馆、地震科普馆、防灾主题公园等,让学生在开放的环境中畅所欲言。

(三) 开展翻转课堂课上活动

高校安全教育课教师在翻转课堂的课堂教学过程中起着引导方向、指点迷津、解答疑难等作用。一是进行讲解和答疑。针对学生课前观看慕课微视频、网络互动交流的反馈情况,讲解相关知识点,并对一些浅层次问题进行疑问解答。引导学生对课前学习内容进行回顾,对重点和难点内容进行梳理和归纳。二是进行研讨和探索。引导学生深入思考。例如,所学安全防范知识在现实生活中的表现有哪些? 如何理解这些表现? 你认为哪些行为与这些安全防范知识相背离? 怎样改进和解决问题? 等等。对重点问题和有争议的问题,组织学生分组进行讨论,或选学生代表进行剖析。教师要督促学生全员参与,引导学生讨论问题的走向。三是进行练习或测验。通过设置课堂练习或课堂测验,检验学生课堂学习的效果,帮助学生完成重点和难点内容的理解。设计一些富有挑战性、创造性的练习题,让学生根据自己的兴趣爱好选择相应的练习题,并在模拟情景中解答练习题。四是进行归纳和总结。了解学生在课堂教学各个环节的表现、学生的学习态度和学习效果,并进行归纳、评价和总结。对存留和需要深化的问题,建议通过网络平台进行反馈、互动和答疑。对下一单元的知识点进行导入介绍。

(四) 注意翻转课堂课后事宜

翻转课堂的课后环节是课前和课中环节的延伸和升华。一是进行课后拓展。针对不同层次学生,提供不同的延伸学习材料,实现不同学生达到相应的教学效果。二是进行课后练习和实践。为学生布置课后练习题,使学生巩固安全理论知识的学习效果。设置课后实践环节,布置课后操作任务,并进行实地或远程指导,帮助学生达到安全防范知识与实践的融合。例如,财产安全中的贵重物品保管与防盗等。三是进行答疑辅导。在线上和线下指导学生进行网课学习、答疑解惑和批改作业等。四是进行阶段和终结评价。及时掌握学生的学习情况,根据学生各个环节的教学反馈和效果进行总结,完成对学生的阶段性评价。课程结束后,通过试卷考试、上机测试、模拟实践等方式进行期末测试,再与学生的阶段评价进行权重配比的综合,即学生的最终评价。五是进行问卷调查。针对某次或某章课程的授课内容、重难点和授课方法等,或针对本课程的教学内容、教学模式、教学效果、学生学习兴趣和网络教学平台等,设计和发放调查问卷,收集学生对本课程实施的意见和建议,并对调查问卷结果进行统计分析,促进后期教学实施方案和课程设计的优化。

第三节 多媒体教学在安全教育课中的使用

多媒体教学是根据教学目标和教学对象的特点,通过教学设计,合理选择和运用电脑多媒体技术,并与传统教学手段有机结合,共同参与教学过程,将多媒体信息作用于学生,形成合理的教学过程结构,以达到最优化教学效果的教学活动。以多媒体技术为核心的现代教育技术与课堂教学的有机结合,既是现代教育改革的需要,也是教育现代化的主要标志。高校安全教育课教师要认识多媒体技术,了解多媒体技术的应用和发展情况,切实掌握多媒体教学的技能,充分发挥多媒体教学在大学生安全教育课中的作用。

一、大学生安全教育课多媒体教学的优势

教学实践证明,把多媒体技术应用于大学生安全教育课的课堂教学中,不仅有利于打破传统教学模式,变学生被动接受为主动学习,而且能有效地实现教学目标、完成教学任务。

(一)激发学生的学习兴趣

传统的课堂板书教学只是在黑板上写字,而多媒体教学以各种多媒体元素刺激学生的感官,使教学活动变得丰富多彩、富于趣味性。大学生安全教育课多媒体教学采用现代化技术手段再现或创设教学情境,用视频、音乐等艺术手段,把现实生活中的人物、事件、场景再现在学生眼前,以独特的形、

声、景扣动学生的心弦,化无声为有声,化静为动,图文声像并茂,多角度调动学生的情绪和注意力,使学生从中受到感染,产生各种主观的感受,能够更好地激发学生的学习兴趣,把被动接受变成主动思考,从而增强学习的自主性。

（二）增加课堂的教学容量

大学生安全教育课的多媒体教学能够提供包括图、文、声、像的全方位教学信息,能够把大量的课程资源呈现在学生面前,既节省了教师的板书时间,又可以调动学生多种感官参与学习活动,在一定程度上增加了课堂的教学容量,提高了学生的学习效率。多媒体教学将丰富的课外知识引进课堂,在拓展安全教育教学内容的同时,扩大了学生的知识面,开阔了学生的视野,为学生提供了更为广阔的学习空间和时间。当然,信息量的扩大会带来一个选择性难题,如何在海量信息中选择最适合教学需要的内容,是高校安全教育课教师需要解决的问题。

（三）突出教学的重点难点

多媒体教学的直观性能有效突破视觉的限制,多角度地观察对象,有利于突出教学重点;多媒体教学的动态性能反映事物的发展变化过程,可以变抽象为形象、变复杂为简单、变困难为容易,易于突破教学难点。大学生安全教育课多媒体教学以图形、图表、动画、视频等手段,使教学重点和难点变得具体、生动、形象,能够帮助学生理解掌握重点和难点教学内容。另外,国家安全的教学难点除了解释某些比较抽象的理论观点外,主要是总体国家安全观的确立,需要在多媒体课件中综合运用各种手段,而不是仅凭多媒体动画的演示就能阐释清楚的。

（四）体现教学的美育功能

美育在教学中具有重要作用,通过美育触动学生的心灵、陶冶学生的情操、完善学生的人格,使教学在美的氛围中潜移默化地发挥作用。美育能够在大学生安全教育多媒体教学的布局、素材和表达等方面得以体现。多媒体教学布局做到教学课件赏心悦目,教学过程行云流水,教学气氛和谐,使学生感到如沐春风、和煦温暖;多媒体教学素材恰如其分地烘托教学气氛、表达教学激情,使学生在对安全理论的参悟中搭建理论架构,在对现实的观照中净化心灵;多媒体教学表达结构的审美性,教学语言的艺术性,使教学表达更有魅力。

（五）营造良好的教学氛围

在传统教学中,教师是以声情并茂的口头叙述来营造课堂教学气氛。在多媒体教学中,教师通过多媒体元素的组合运用,创设教学情境,传递情感信息,能够让多媒体课件真正动起来,让多媒体教学真正活起来,使学生的关注在图、文、声、像之间有节奏地跳跃和切换,使教学气氛沉浸到情深意切的境界中。例如,高校安全教育课教师在讲心理安全的"增强心理承受能力"时,配合画面和音乐进行讲授,当学生遇到挫折沉浸其中不能自拔时,听一首轻快舒缓的音乐,使学生获得情绪上的稳定,心理压力得到释放,心理承受能力得到增强。

二、大学生安全教育课的多媒体教学设计

多媒体教学设计主要包括多媒体教学目标、素材设计、教学策略、教学表达等内容。高校安全教育课教师进行多媒体教学设计,要在遵循一般性教学设计流程的基础上,认真分析大学生安全教育课的教学内容,重点把握多媒体课堂讲授式教学策略,关键是处理好课堂教学与多媒体手段的融合。

（一）认真分析安全教育课的教学内容

在大学生安全教育课的教学应用中,既要应用到针对国家安全理论和原理所进行的解析式教学,也涉及着眼于树立生命至上、安全第一思想的宣讲式教学;既要通过缜密的逻辑推演,也包含大量的典型案例。高校安全教育课教师不仅是在讲课,更是在宣讲,要以情理交融的教学触动学生的思想,在教书的同时更加注重育人。教师在对教学内容进行分析时,要搞清楚哪些教学内容适合应用解析式的方法、紧贴教材本身来设计教学,哪些内容应该在教材的基础上适当扩展知识视野,哪些内容可以在一定程度上脱离教材的框架进行专题式教学,哪些内容适宜于以学生讨论为主的启发式教学等。例如,国家安全的"深刻领会总体国家安全观"一课,讲了总体国家安全观的丰

富内涵,在教学中要涉及相关概念,教学设计就要从解释概念入手,并围绕基本概念的拓展而层层展开,要求逻辑严谨、语言精辟,各部分内容环环相扣、联系紧密。

(二)把握多媒体课堂讲授式教学策略

大学生安全教育课的多媒体教学策略可以从教学类型、教学目标、教学环节、教学重难点、教学组织、教学时间,多媒体的运用、教学表达等方面来体现。在诸多教学类型中,对于多媒体运用来说最有发挥余地的当属新授课的课堂教学,安全教育课的课堂讲授式教学是紧贴教材而设计的,可以采用多种多媒体手段来丰富教学形式。安全教育多媒体课堂讲授式教学的教学目标要明确清晰,教学环节包括复习旧课、导入新课、讲授新课、课堂小结等,教学重点和难点要处理得当,教学组织要有条不紊,教学时间要分配合理。多媒体素材的运用要契合安全教育课教学内容的展示和教学信息的传达,多媒体手段的实施要根据安全教育课的教学需要和高校安全教育课教师的个性风格灵活掌握。教学表达要与多媒体教学语境完美契合,可以随着安全教育课教学内容的变化交替运用叙事、议论、抒情等多种表达方式。

(三)做好安全教育课多媒体课件设计

精心设计多媒体课件是高校安全教育课教师开展多媒体教学的重要工作。多媒体课件设计既要满足教学内容的要求,又要具有一定的技术含量。一是课件文本内容设计。安全教育教材内容体现在课件的文本上,要精心雕琢、反复推敲,做到既简练概括又全面深刻。二是课件风格设计。主要是从背景图案、主体色调、行文风格、板式结构、展示方式等方面体现课件风格。例如,国家安全教育具有政治思想性的内涵,多媒体课件要有红色主题的特征;公共安全教育具有安全警示性的特征,多媒体课件要有蓝色主题的特征。三是内容展示设计。主要是从课件的交互结构上满足知识体系的逻辑构成,页与页之间既有知识点的连续性,又有知识点的切换。四是多媒体素材设计。主要是图片、动画、视频和音频等多媒体素材的设计。教师既可以从网站上下载素材,也可以自己制作素材,要使素材恰如其分地融入安全教育的教学内容。

三、大学生安全教育课的多媒体教案设计

多媒体教案是多媒体教学设计的具体实施方案,多媒体教学设计的基本思想要体现在多媒体教案中,并通过教案的运用贯彻到教学活动中。大学生安全教育课的多媒体教案不仅要体现学情分析、教学内容分析、学习目标的确定、教学策略的制定、多媒体运用策略等内容,还要体现多媒体教学流程的设计。

（一）多媒体教案是多媒体教学设计的具体实施方案

大学生安全教育课的多媒体教学设计主要是通过多媒体教案反映出来,并加以具体实施的。多媒体教案的内容主要包括:一是教学目的。大学生安全教育课的教学目的主要包括对本章知识体系的掌握、本章基本理论观点对学生能力培养的意义、本章教学内容对学生安全意识的培育和思想道德的升华。二是教学策略。教学策略包括教学组织形式和教学方法,也包括对教学重点和教学难点的设计等,这些教学策略的运用要和多媒体因素紧密地结合在一起。三是教学流程。根据教学设计的总体思想安排好教学顺序,分配好教学时间,设计好教学环节,处理好课程导入、课程讲授、课堂小结等步骤,使教学过程井然有序、节奏鲜明,既能传递安全思想和安全信息,又能调动学生的情绪和情感。四是多媒体素材的设计和运用。在多媒体教案设计中,要有多媒体素材的运用,运用多媒体素材要有因由、有技巧、有水平。

（二）多媒体教案要体现对安全教育教材的再创造

大学生安全教育课的多媒体教案要通过对安全教育教材的再创造来完成。一是解读教材内容。高校安全教育课教师通过解读教材的内容,弄清教材各章节的写作意图,明确教学主题,建立教材的知识框架,搜集典型案例和多媒体素材用于教案编写和多媒体制作。二是编制学习体系。教师把安全教育教材内容解析成有利于学生接受的知识点,重新编制形成有利于学生学

习和接受、具有教师个性特点的教学体系。三是编写教学提纲。教学提纲要依照安全教育教材中的目录编写,但三级标题以下的大段内容需要教师设置分论点和小标题,进行更加详细的阐述。四是加入教学案例。教学案例的运用要合理、适度,用得过多反而会干扰教学。对于教学重点和教学难点来说,要选择最精彩和最贴切的典型案例进行分析说明。五是适配多媒体素材。教师要把多媒体素材的运用策略写进教案,整合多媒体教学的各种教学要素,使多媒体素材成为多媒体教案的组成部分。

（三）多媒体教案要体现多媒体教学的一般性要求

大学生安全教育课的多媒体教案要有相对规范的内容,体现多媒体手段在安全教育课教学中的运用。高校安全教育课教师要规划好教学流程,参考多媒体教案,在每一步教学流程中体现多媒体手段的运用。多媒体教案并不是多媒体教学的讲稿,正常情况下要先有多媒体教案,而后根据多媒体教案制作多媒体课件、撰写多媒体教学讲稿。一个完整的多媒体教案可以作为多媒体课件的脚本,其中的教学内容可以作为制作多媒体课件的提纲,还可以添加教学互动、课堂讨论设计等内容。多媒体教案的书写格式没有严格规定,可由教师根据安全教育课的教学需要自行合理安排。对于第一次担任安全教育课教学任务的教师来讲,在多媒体教学课件外,还要有一个多媒体教案,以便随时参看。

（四）多媒体教案要有主题、有灵魂、有生命力

虽然多媒体教案是多媒体教学活动的基本依据,但不能将其理解成机械的教学提示,要包含丰富内容,要有主题、有灵魂、有生命力。一要有主题。多媒体教案要围绕安全教育课的教学主题展开,每一个小标题都是上一级标题的分论点,教学流程的纲要和内容可以独立组合成一篇文章。多媒体教案要做到有主题,必须从整体上把握教学内容,从细节上斟酌教学语言,整篇教案内容连贯、一气呵成。二要有灵魂。多媒体教案提供的不仅是教学纲要和一些多媒体教学素材,而且要体现深刻的思想性。多媒体教案要做到有灵魂,必须对教学内容有深刻的理解和感受,充分调动想象力和创造力创设教

学情境。三要有生命力。多媒体教案要以最简短的语言提炼和概括教学内容，形成大、中、小各级标题。要运用精彩的语言编织教案的教学流程，字字句句能引申出深刻的启示和丰富的联想，呈现给学生的是浸润着生命活力的文体表达。

四、大学生安全教育课的多媒体课件制作

多媒体课件是多媒体教学的基本依托，也是多媒体教学的平台。多媒体课件要体现多媒体教学风格、多媒体素材设计、多媒体运用策略等诸多教学设计的内容，不同教师在制作多媒体课件上有自己的独特做法，在创作方法上也多种多样。但大学生安全教育课多媒体课件制作还是有章可循的，有很多可以相互交流借鉴的制作经验。

（一）教学内容决定多媒体课件的风格结构

1. 安全教育教学需要是多媒体课件的基本要求

高校安全教育课教师选择多媒体课件功能时，要考虑多媒体展示方式是否有利于教学表达和学生之间的互动、能否方便地运用各种多媒体素材、多媒体交互方式能否满足教学应用等。课堂讲授式教学对教学规范性要求相对较高，要求课件功能完备齐全，能够方便地翻页和跳转，顺利地播放多媒体影片素材，具有良好的交互性，满足课程导入、课程讲授、课堂提问、课堂练习等教学需要。国家安全教育教学需要阐释的抽象理论比较多，要求多媒体课件的文本简明清晰，文字量不能太大，层级布置合理，组织安排得当，能够通过链接和跳转显示知识的逻辑关系。

2. 反映安全教育课特色是多媒体课件的外观要求

良好的观感是多媒体课件打动人的关键因素之一，多媒体课件的外观要与教学内容相贴切，并且能给人以舒适美观的印象。大学生安全教育课的多媒体课件外观从总体上应该体现红色主题的特征，要体现出国家安全教育和公共安全教育的庄重性和严肃性。但具体到每一章节的教学内容，要进行具体的分析和理解，在总体反映安全教育课教学美学特征的基础上，不同的教

学内容要从主题色调、背景设置、页面安排等方面体现不同的外观特色。对多媒体课件外观的审美和艺术要求，不同的人往往有不同的理解，但美观大方、贴切得体是优质多媒体课件的必然要求。

3.多媒体课件要体现安全教育课教师的教学风格

多媒体课件作为课堂教学的基本依托，从内容和形式上要具有统一性，同时要体现高校安全教育课教师的教学风格，使安全教育课教学入心入脑。多媒体课件的教学风格体现在课件结构、页面风格、过渡安排、特效运用、文体风格、文字排列等外观和表现形式方面。另外，有的多媒体课件追求内容详细、面面俱到；有的多媒体课件内容简练，只有各级标题和某些重点内容的概括文字说明；有的多媒体课件注重情感和情绪的表达；有的多媒体课件叙事感较强，教师可以随着课件内容的展开而娓娓道来。教师要想使自己制作的多媒体课件打动学生，首先必须打动自己，凭借自己的审美感受制作课件，使课件充分体现其教学风格、表达风格和审美风格等。

（二）多媒体素材的运用决定多媒体课件的成败

1.多媒体素材在多媒体教学中具有重要作用

多媒体素材是指用来传达多媒体教学信息的文本、图形、图像、音频、视频、动画等多媒体资料。多媒体素材是由多媒体元素构成的，只有按照一定规律编辑在一起、能够传达完整多媒体信息的多媒体元素，才可以称为多媒体素材。大学生安全教育课多媒体素材在多媒体教学中发挥着重要作用，从一定意义上讲，多媒体课件艺术就是运用多媒体素材的艺术。多媒体素材可以传达多种教学信息、传递各种情绪和情感、营造艺术与审美的教学气氛等，可以被广泛地运用在课堂教学中导入教学内容、突出教学重点、解释教学难点、调节教学气氛、发起课堂讨论、概括教学结论等各个环节。多媒体素材既可以单独使用，也可以组合使用，甚至可以与其他教学手段联合运用。

2.多媒体素材是经过教师艺术加工的教学素材

大学生安全教育课多媒体素材运用最多的是图片和视频。图片素材要包含教学内容所要求的全部视觉信息，不用进行额外的解释和说明，而且应该是诸多图片资料中最能体现、说明安全教育的教学内容,且具有一定审美性和艺术性的图片。视频资料要有始有终、内容完整,能够反映一个完整事件,或者是一段逻辑完整的论述。有些视频资料比较长,需要从中截取某些内容的片段。此时,教师要对多媒体素材进行加工,甚至根据原有的素材资料重新制作,而不是原封不动地拿来就用。多媒体素材要完整表达一个教学内容,必须是一件完整的作品,即便是对于原始资料存在残缺的素材资料,也要通过艺术手段加以装饰,必要时教师要自己进行多媒体素材的创作。

3. 安全教育课多媒体素材要具有政治思想性

大学生安全教育课的部分教学多媒体素材所承载的是政治思想教育功能,必须是具备政治思想性的教学艺术作品,要有正确的政治方向、坚定的政治立场和专业的政治理论素质,要以习近平新时代中国特色社会主义思想规范多媒体素材的政治思想内容。同时,作为教学艺术所需的素材资料,艺术性是对多媒体素材的基本要求。大学生安全教育课的每一件多媒体教学素材都应该是一件教学艺术品,要包含形象性、情感性、审美性等艺术要素,要运用生动具体而鲜明的艺术形象打动、感染和警示学生,使学生的精神境界得到提高、思想品德得到升华、安全意识得到强化。

（三）多媒体课件艺术是动与静的艺术

1. 多媒体课件的显动与隐动

显动是指多媒体课件中那些看得见、听得到的动态展示和动感信息等动态呈现效果。动态展示包括多媒体课件的动态切换过渡、多媒体声效及动画特效;动感信息包括音频、视频、动画等动态信息以及多媒体页面跳转所构成的交互性动态信息等。隐动是指隐含在教学过程中的心灵触动和情感流动,是多媒体课件艺术所追求的真正动态,是多媒体教学艺术的本质与精华。大学生安全教育课多媒体课件的显动,使多媒体教学的信息传递具有趣味性和审美性,能够缓解学生听课中的心理疲劳。大学生安全教育多媒体课件的隐动,使多媒体课件能够给学生带来各种情绪和情感的表现,使学生在情感体验中深刻领会总体国家安全观,树立生命至上、安全第一的思想。

2. 多媒体课件的物静与心静

物静是指多媒体课件从本质上说是静态的,呈现的主要是静态信息和静态的美。物静对于多媒体教学来说是基本的教学要求,学生对教学内容的领会和掌握需要足够的时间,每一个多媒体页面要有一定的停留时间,让学生思考和记笔记。心静是指从多媒体课件的播放和多媒体素材的运用等方面加以设计,使课件带给人一种心绪的宁静。心静并不意味着多媒体课件没有任何动态效果,它所呈现的只是出神与凝思的心理状态,在教学节奏控制中担任重要角色。高校安全教育课教师做好课件静态设计是制作课件的基本要求,要根据教学需要精心提炼教学提纲与核心内容,并以艺术和审美的原则进行页面布置。要在多媒体课件制作和运用中注意控制节奏,调节教学节奏和烘托教学气氛。

3. 灵活把握多媒体课件的动与静

动与静是多媒体课件所固有的表现方式,但动并不意味着大量视频、动画和特效的堆砌,不是只有动起来的课件才是好课件。静是多媒体课件的基本状态,和谐大方、清丽脱俗的页面效果往往更容易打动观看者,即使没有太多的动态效果,也不失为一款优秀的课件。在大学生安全教育课多媒体教学中,对动与静的运用是多媒体教学艺术的精华所在,对营造教学气氛、掌握教学节奏、避免心理疲劳、拓展审美空间等具有重要意义。高校安全教育课教师在深刻理解教学内容的基础上,通过对多媒体课件动与静的把握,能够赋予多媒体课件生命力,使自己制作的多媒体课件成为一件人性化的教学艺术品,使自己开展的多媒体教学达到整体效果的和谐统一。

第四节　大学生安全教育课的实践教学

《关于进一步加强和改进大学生思想政治教育的意见》指出:"社会实践是大学生思想政治教育的重要环节,对于促进大学生了解社会、了解国情,增长才干、奉献社会,锻炼毅力、培养品格,增强社会责任感具有不可替代的作用。"实践教学是学生获取、掌握知识的重要途径,是深化课堂教学的重要环节。高校安全教育课教师要以形式多样的实践活动为载体,围绕大学生安全教育课的教学内容,有目的、有计划地组织大学生参与社会实践活动。

一、大学生安全教育实践教学的主要作用

实践教学是多种教学方式、教学环节的综合运用,能够充分调动学生学习的主动性与积极性,锻炼学生的组织能力、协调能力、交流能力和创新能力,特别是对于提高学生运用理论解决问题的能力有着重要意义。大学生安全教育课实践教学作为课堂教学必要的补充,其作用主要体现在以下方面。

(一) 加深学生对安全理论的理解

实践教学强调学生的知识获得,应从现实中学、从实践中学、从研究中学。高校安全教育课教师引导学生走出课堂、走向社会,使学生亲自观察社会现象、体验社会生活,有助于学生加深对所学安全理论知识的理解和把握,使安全理论知识得到巩固和提高,做到真学真懂真用。学生通过参加社会调查、志愿服务等实践教学活动,将教材内容与社会生活紧密联系起来,丰富了安全理论知识内容,扩展了安全理论知识范围。学生通过主题设计、寻找资料等亲身实践,进一步加深对安全理论知识的认识和理解,并把课堂上学到的间接经验运用到实际操作中,达到学与做、知与行的统一。

(二) 提高学生社会实践能力

大学生的社会实践能力是其在社会实践活动中解决问题的能力。大学生安全教育课实践教学的过程,正是要求学生将安全理论知识应用于社会实践活动,并在实践活动中检验的过程。学生积极参与各种实践教学活动,以社会实践为师,在直观、形象、生动的亲身体验中理解运用安全理论知识,有针对性地强化安全理论知识的应用与安全防范技能的训练。实践教学通常围绕一个专门的课题或存在的实际问题,在高校安全教育课教师的引导下,学生自己进行实践和研究探索,获得直观的感性认识和书本上没有的知识,促进学生将抽象的安全理论知识转化为分析问题和解决问题的能力。

(三) 增强学生社会适应能力

大学生安全教育课实践教学既是理论知识的传授过程,又是实践活动的践行过程。一方面,学生在实践教学过程中,获得关于现实生活的直接经验和真切体验,将课堂上所学的安全理论知识用于社会实践,逐步转化为处理各种社会问题的立场、观点和方法,并在不断的实践中提高自己的认知水平、解决遇到的实际问题。另一方面,学生在实践教学活动中,直接和社会各层次、各类型、各部门的人员打交道,有利于学生学习如何恰当地处理人际关系,树立团结、友好、合作的意识,检验自己的行为模式、价值观念中与社会不相适应的方面,内化社会认同的行为规范和价值准则,提高自己的生存和适应能力。

(四) 拓宽安全教育教学途径

大学生安全教育课实践教学通过校内外活动的开展,为安全教育提供了很好的素材、内容和方式,并能潜移默化地把安全理论知识以渗透的方式传授给学生,把安全教育的教学体系转化为学生的认知体系。学生通过参与实践教学活动,实现安全教育由被动接受教育向主动自我教育的转变。实践教学活动承载并传递安全教育的相关信息和内容,是安全教育的活动载体。安全教育内容寓于实践教学活动之中,使学生在实践中接受教育、运用知识,实践教学活动又是安全教育的实现途径,通过借助各种社会教育力量,对学生进行全方位的教育,实现社会教育资源与学校教育资源的整合,延伸安全教育课的教学空间。

(五) 提高安全教育教学实效

高校安全教育课教师把课堂放到校园内外,不仅有助于自身教学能力的提升,而且有利于安全教育课教学效果的提高。通过实践教学,将抽象的安全理论与具体的社会实践相结合、理论教学与实践教学相补充,使安全教育课能够真正地贴近社会、贴近现实、融入学生的实际生活。通过实践教学,检验学生对安全理论知识的接受程度,检验学生的思想道德素质、安全思想意识、安全防范能力、安全教育教学活动的有效性。经过实践教学环节,高校安全教育课教师寻找课堂教学存在的不足与差距,收集课堂教学真实的反馈信息,及时调整课堂教学的内容和方法,以适应社会实际的需要,发挥实践教学服务课堂教学的作用。

二、大学生安全教育实践教学的主要形式

实践教学是以特定类型的实践活动而展开的,不同类型的实践教学具有不同的特点和功能。高校安全教育课教师开展实践教学,要从具体的安全教育教学内容和教学要求出发,采取与之相适应的实践教学形式,确保取得良好的实践教学效果。

（一）开展主题教育

主题教育是围绕特定的教育主题,有目的、有计划地组织实施的,旨在使受教育者的理想信念、爱国情操、道德素养得到全面提升的教育实践活动。例如,在全民国家安全教育日开展关于国家安全的宣传教育活动;在国家网络安全宣传周开展"网络安全为人民、网络安全靠人民"宣传教育活动;在全国交通安全日联合公安交警部门开展交通安全宣传教育活动等。每一个主题教育都能促进学生某个方面思想政治素质和安全行为能力的有效提升,形式多样、密切关联的主题教育能从整体上提升学生的思想政治素质和安全行为能力。高校安全教育课教师组织主题教育,要制定主题教育的实施方案,要明确主题教育的内容,要为活动做好舆论宣传,要依托学生会、学生社团等组织优势,充分调动学生参与活动的积极性。

（二）参加校园社团活动

校园社团活动主要有自我培训、主题讨论会、经验交流会、内部竞赛、总结报告交流、文化娱乐等活动,是大学生自主参与最为广泛的校园社会实践活动,是开展思想政治教育的重要渠道。高校安全教育课教师要充分利用大学生社团这个平台和渠道开展大学生安全教育课实践教学,使课堂教学活动在学生主动参与的校园社团活动中得到拓展,使安全教育教材内容在丰富的校园社团活动中得到充实。要选择能够实现大学生安全教育课教学目的的

社团及其活动,发展安全教育类的学生社团。例如,成立总体国家安全观研究会、军事爱好者协会、科技爱好者协会、环保协会、心理健康协会、公共卫生协会等。要积极参与安全教育类学生社团建设,引导和帮助学生社团开展融思想性、教育性和娱乐性于一体的活动,将安全教育内容融入校园社团活动中。

（三）组织参观考察活动

参观考察是指教师结合教学内容,利用社会教育资源拓展教学途径,有针对性地带领大学生进行实地观看、探究和学习,达到启发思考、强化教育的实践教学方式。参观考察一般在完成一个安全教育专题后进行,内容主要包括:(1)国防教育基地、安全教育基地、爱国主义基地、科技馆和安全体验馆等场所;(2)社会治安综合治理先进单位、消防救援机构、交警指挥中心、安全文明社区等单位。高校安全教育课教师围绕教学目标和内容安排参观考察项目,一般应由校外有关人员进行讲解或由教师进行现场教学。参观考察前,按照课程内容选择、联系好实践教学单位,制订计划方案,必要时召开会议布置任务、提出要求;参观考察中,维持好活动秩序,做好参观考察记录,保证活动全程安全;参观考察后,组织学生进行认真总结,让每个学生写一篇体会或心得,考评学生在活动中的表现。

（四）开展社会调查活动

社会调查是运用特定的方法和手段,从社会现实中收集有关信息和资料,并对其做出描述和解释的活动。社会调查的方式主要有全面调查、个案调查和典型调查等,收集资料的方法主要有访谈法、问卷法、观察法、文献法等。高校安全教育课教师根据课程内容要求,人们普遍关注的社会治安、生态环境、交通安全、防灾减灾等社会热点和难点问题,以及防电信诈骗、大学生心理、宿舍消防安全等校园安全问题,拟定出若干选题,要求学生利用课余时间,围绕自己感兴趣的问题进行校外或校内调查,获得丰富的第一手材料,并运用所学安全教育课的基本原理进行思考、分析,在收集相关资料、借鉴相关研究成果的基础上写出调查报告。教师通过阅读学生的调查报告,了解学生关注的社会问题以及由此产生的思想问题,从而把握调整安全教育教学的重点和难点。

（五）参加志愿服务活动

大学生志愿服务活动是我国社会志愿服务活动的重要组成部分,也是目前我国高校开展思想政治工作的重要内容。对于大学生安全教育课实践教学来讲,校内志愿服务活动主要有防诈骗知识宣讲、大型活动安全志愿服务、消防志愿服务、迎新安全志愿服务等,校外志愿服务活动主要有共建和谐社区志愿服务、大型赛事安全志愿服务、法律援助、交通秩序协管、保护环境志愿服务等。志愿服务实践教学形式符合大学生实现社会价值与自我价值相结合的特点,让大学生在实践中提高安全防范技能,增强社会责任感,具有十分重要的促进作用。高校安全教育课教师要引导学生增强对志愿服务的认识,讲清活动中可能遇到的困难、问题以及解决的办法;制定活动策划方案,对参加活动的学生进行具体分工;对参加活动的学生进行岗前培训,并要求学生进行规范化的服务。

三、大学生安全教育课实践教学的实施步骤

大学生安全教育课实践教学是纳入教学计划,具有明确目的性和操作规范的教学活动。高校安全教育课教师要在把握实践教学活动特点的基础上,对整个实践过程进行统筹安排和组织指导。

（一）实践教学活动的准备阶段

1.确定实践教学选题

确定选题是进行实践教学的第一步。高校安全教育课教师要联系教学内容,针对学生思想实际,从国家安全和公共安全理论教育实践中设计具有实用价值的题目。学生在选择实践主题时,要根据自己的主客观条件,选择难易适度、大小适中、能发挥自己优势特长、预期可以成功的题目。

2.确定实践教学地点

选择实践教学的地点要坚持就近和安全第一的原则,在此基础上还要围

绕已确定的实践教学题目选择实践教学的地点。教师根据实践教学的内容、规模和形式,多途径搜索感兴趣的实践教学地点,主动与当地有关机构联系。学生通过亲友、同学等在当地联系实践教学单位,可以少走弯路、节省时间。

3.确定实践教学形式

实践教学一般采取两种形式:(1)个人分散进行。学生在教师的指导和没有同伴的情况下单独进行社会调查或志愿服务,要保持与老师和家长的联系,及时报告行程及活动内容。(2)组建团队进行。学生自愿结成团队,共同完成所选实践题目。教师可让学生以学习小组、宿舍等为单位自由组合,并指定负责人。

4.制订实践教学计划

无论是个人分散还是组建团队进行社会调查或志愿服务,教师都要制订活动实施计划,内容主要包括活动背景、意义、时间、地点、对象、内容以及预期效果、经费预算等。根据不同实践教学题目的需要,活动计划设计可以有所不同,但要体现实践课题正确的导向性、鲜明的时代特色、较强的可操作性。

5.开展实践教学培训

实践教学培训主要包括:(1)指导教师培训。学习实践教学的管理职责以及上级有关文件精神和规定,提前排查风险,提高突发事件应急处置能力。(2)参与学生培训。使学生了解实践教学的目的意义、活动流程和相关要求,对学生进行调查方法的指导,开展安全防范技能教育和训练。

(二) 实践教学活动的实施阶段

1.搞好资料搜集

在实践教学实施阶段,实践个人或团队要通过各种途径搜集与实践教学课题密切相关的资料,常用的搜集方法主要包括:(1)访谈法。访谈通常是在面对面的场合进行,不仅能搜集到声音资料,而且能收集到语言之外的资料。(2)观察法。观察法是对调查对象的外部表现进行直接观察,可获得较详尽的第一手资料。(3)问卷法。问卷法一般适用于较大规模的社会调查,由于采用不记名的形式,被调查者能真实地反映自己的观点和态度。(4)文献法。

文献法受外界制约较少,能用较少的人力和时间获得比其他方法更多的信息资料。如果搜集的文献是真实的,则能获得比口头调查更准确、更可靠的信息。

2. 加强实践指导

在实践教学实施阶段,教师要发挥活动参与者、组织者、指导者的作用,对学生的实践活动进行全程指导。一要指导学生搜集资料、形成结论。指导学生通过多种途径搜集信息,根据课题需求整理、筛选、分析、归纳可用的素材,为撰写调研报告奠定基础。二要指导学生记录活动中的感受和体验。实践活动中的点点滴滴对学生来说很有价值,要引导学生及时记录活动中的感受和体验,为以后的总结提供依据。三要掌握学生实践表现和活动开展情况。了解掌握实践教学课题的进展情况和存在问题,学生随时提出的建议和要求等。了解掌握学生在社会调查和志愿服务过程中的安全保障情况等。

3. 搞好实践宣传

实践教学宣传的内容主要包括实践动态、感人事迹、实践感悟、实践风采等,宣传的渠道主要包括:通过学校官网、本学院(系)网站发布活动动态、新闻稿和活动照片等;利用微博、微信公众号等传播媒介及时、准确地发布活动信息;与当地媒体联系并提供新闻线索,向报纸、网络、电视、广播等媒体投稿。每个实践团队至少指定一名学生为信息员,专门负责本团队的宣传报道和信息报送工作。实践个人和团队要注意保存活动的相关照片和录像。条件允许的话,教师可为学生订制印有"××大学社会实践"字样的 T 恤衫、"××大学交通协管志愿者"字样的绶带或者印有"××大学"字样的帽子等。

(三) 实践教学活动的总结阶段

1. 撰写实践报告

学生对实践教学活动过程中收集的资料进行整理和分析,最后形成书面实践报告。调查报告是大学生安全教育课实践教学的一个考核内容,调查报告要观点正确、内容新颖、文笔流畅,有一定理论参考价值和现实指导意义。实践报告的内容主要包括标题、摘要、关键词、导言、正文、结论、注释、参考文献、附录等。

2.收集实践材料

社会调查、志愿服务等实践教学活动结束后,由学习委员收集本班个人和团队的实践报告和相关材料,并将电子文档打包,按要求上交给高校安全教育课教师。需要上交的材料主要包括:个人或团队完成的调查报告、论文等实践成果;介绍实践活动概况、活动亮点、主要收获等的个人总结;具有代表性的电子版活动照片,并配有少量文字描述;PPT展示文稿;当地媒体对实践活动的报道等反映实践成果的相关材料。

3.评定实践成绩

高校安全教育课教师要制定较为详尽的评分标准,对个人或团队上交的调查报告进行评阅。调查报告的成绩以百分制评定,90—100分的优秀比例应控制在10%以内。凡有严重抄袭行为的,一经查出,以零分计算,需要重新参加实践教学。

4.展示实践成果

在高校安全教育课教师的组织下,举办实践教学成果展示交流活动。例如,实践报告会、实践团队经验交流会、实践活动视频展播、实践活动摄影大赛、实践风采网络展示,以及学生收集的资料集、学生体验日记的展示等。教师要对学生的实践教学成果进行点评,并进行优秀实践教学成果的评比和表彰。要及时撰写实践教学成果展示交流活动材料,确保材料能生动反映展示交流活动的亮点,并将实践教学成果和经验向校内外宣传推广。

四、大学生安全教育实践教学的长效机制

保证大学生安全教育课实践教学科学、持续和有效开展,必须建立和完善实践教学的长效机制,努力实现实践教学参与的广泛性、运行的规范性、形式的多样性、过程的指导性、考评的科学性、开展的连续性。

(一) 加强实践教学领导

高校要建立健全学校、院(系)两级实践教学领导机构,学校成立由分管

教学校领导、教学部门负责人和安全教育课教学单位负责人组成的实践教学领导小组,搞好实践教学的组织协调;院(系)要在安全教育课实践教学的策划部署、人员配备、考核评定、实践教学基地选择和联系等方面发挥重要作用。学生管理部门、校团委要抓好属于第二课堂的志愿服务类社会实践活动。高校安全教育课教师、院(系)辅导员和学生干部相互配合,对实践教学活动进行具体管理。通过加强组织领导,使实践教学形成由安全教育课教学单位具体组织实施,学校、院(系)及相关部门共同关心和支持的合力机制与联动效应。

(二) 严格实践教学实施

《中共中央宣传部　教育部关于进一步加强和改进高等学校思想政治理论课的意见》指出:"高等学校思想政治理论课所有课程都要加强实践环节……围绕教学目标,制定大纲,规定学时,提供必要经费。"①大学生安全教育课承担部门和教师要根据安全教育课的教学要求及课程内容,精心设计实践教学的内容和形式、周密安排实践教学活动的组织与实施,制定《安全教育课实践教学大纲》《安全教育课实践教学管理办法》等。要完善实践教学活动管理制度,明确参与各方主体的责任和义务,制订实践教学活动实施计划,并严格按照活动计划和教学大纲的要求组织实施实践教学活动。

(三) 创新实践教学模式

随着越来越多的大学生以网络为获取和交流信息的主要途径,网络成为大学生安全教育课实践教学的新平台。一是利用校园网建设安全教育网页。在安全教育网页设置实践教学模块,实现实践教学的信息发布、网络学习、成果展示和交流互动。二是利用网络开展实践教学互动。开设教师博客,创建安全教育课程聊天室,通过 QQ、微信、微博等微媒体进行实践教学交流互动,便于教师及时掌握实践教学活动进展情况。三是利用网络扩大实践教学的影响。开展如"实践教学活动感人语录"评选、"实践教学活动达人"卡通形象

---

① 教育部思想政治工作司组编:《加强和改进大学生思想政治教育重要文献选编(1978—2014)》,知识产权出版社 2015 年版,第 293 页。

设计比赛、实践教学活动博客大赛等网络评选活动,扩大实践教学的渗透力和影响面。

(四) 整合实践教学资源

一是利用好校内资源。条件允许的高校要推动校内安全教育基地、消防体验馆等建设。教师和学生要充分发挥校内资源的作用。例如,图书馆、网络中心等提供的文本、影像资源,文艺演出、专题讲座、社团活动等校园文化活动。二是利用好校外资源。高校可采用与校外单位共建的模式,共同使用安全体验馆、应急救援基地等。学生可结合学校与政府部门、社区、街道、企业开展的共建服务活动,积极利用校外实践教学资源,与实践对象建立长期合作关系。三是整合好校内外资源。部分高校每年暑假组织大学生支教活动,支教过程中的交通安全、教学安全以及支教地点的社会治安、环境保护等都可以作为实践教学的对象。

(五) 搞好实践教学考评

一方面,教师在实践教学活动前,要向学生明确实践教学活动的主题、内容及相关纪律要求,对学生进行实践教学活动过程的指导。要结合学生在实践教学活动中的表现、实践报告或总结的完成质量,通过学生自我评价、实践小组评价、实践接收单位评价和教师评价等,对学生参加实践教学活动进行综合评定,对本次实践教学活动进行总结。另一方面,学生参加实践教学活动结束,要如实填写大学生安全教育课实践教学活动登记表,并经实践教学活动接受单位签署意见并加盖公章。要撰写一份有质量的实践报告或心得体会文章。教师对学生的实践报告或体会文章进行评阅,优秀实践报告向校报推荐发表。

第五章　提高安全教育的质量效益

习近平总书记指出："教育是国之大计、党之大计。培养什么人、怎样培养人、为谁培养人是教育的根本问题。"①大学生安全教育承担着时代赋予的历史使命，以提高大学生生命至上、安全第一思想为抓手，这为安全教育的创新发展注入了生机和活力。提高安全教育的质量效益，要全面贯彻党的教育方针，落实立德树人根本任务，不断推进大学生安全教育创新发展。通过提升安全教育育人质量，促进学生安全成长、全面发展。通过加强安全教育队伍建设，提高安全教育队伍的政治专业素质。通过建立安全教育保障机制，以机制构建、规范管理等形成新时代安全教育的支点。

第一节　着力提升安全教育育人质量

习近平总书记在全国高校思想政治工作会议上指出："要坚持把立德树人作为中心环节，把思想政治工作贯穿教育教学全过程，实现全程育人、全方位育人，努力开创我国高等教育事业发展新局面。"②立德树人是高校思想政治教育的必然要求，也是大学生安全教育的必然要求，指明了新形势下大学

---

① 习近平：《高举中国特色社会主义伟大旗帜　为全面建设社会主义现代化国家而团结奋斗——在中国共产党第二十次全国代表大会上的报告》，人民出版社 2022 年版，第 34 页。

② 《习近平谈治国理政》第二卷，外文出版社 2017 年版，第 376 页。

生安全教育的正确方向,明确了大学生安全教育的对象、目标和任务。高校安全教育者要以社会主义核心价值观为导向,将中国梦融入大学生安全教育,发挥校园文化的育人功能,提升大学生安全教育的育人质量。

一、以社会主义核心价值观为导向

中共中央办公厅、国务院办公厅印发的《关于深化新时代学校思想政治理论课改革创新的若干意见》指出:"全面推动习近平新时代中国特色社会主义思想进教材进课堂进学生头脑,把社会主义核心价值观贯穿国民教育全过程。"社会主义核心价值观需要有效的思想政治教育倡导、传播,大学生对社会主义核心价值观的认知和践行程度是衡量大学生安全教育实效性的尺度。

(一) 社会主义核心价值观对大学生安全教育提出新任务新要求

习近平总书记指出:"深入开展社会主义核心价值观宣传教育,深化爱国主义、集体主义、社会主义教育,着力培养担当民族复兴大任的时代新人。"[①]大学生是社会文明的重要体现者和传承者,社会主义核心价值观对大学生安全教育提出了新任务、新要求。

1.明确了大学生安全教育的历史方位

社会主义核心价值观是党的十八大提出来的,是党中央根据现代化建设的实际,根据社会政治、经济、文化、生态发展的需要适时倡导的,反映了全体当代中国人的精神风貌和价值理念,具有重要的现实意义和深远的历史意义。大学生安全教育是一种实践性活动,服务于党的路线方针政策,为党的路线方针政策落实发挥积极的宣传教育作用。社会主义核心价值观为大学生安全教育提供了方向性指导,大学生安全教育要以社会主义核心价值观为主旨,立足大学生的思想道德状况实际,着眼大学生发展成才的现实问题,激励他们践行社会主义核心价值观,使他们自觉符合新时期大学生精神风貌和思想道德素质的要求。

---

① 习近平:《高举中国特色社会主义伟大旗帜 为全面建设社会主义现代化国家而团结奋斗——在中国共产党第二十次全国代表大会上的报告》,人民出版社 2022 年版,第 44 页。

2.丰富了大学生安全教育的目标、内容和方法

社会主义核心价值体系宏观规定了大学生思想政治教育在社会主义核心价值体系建设中的根本目标、主要内容和方法原则。大学生安全教育要在准确把握社会主义核心价值体系的本质内涵、建设任务和基本原则的前提下，认清其在社会主义核心价值体系建设中的时代使命，完成自身目标的调整、内容的整合以及方法的转换。通过强化教育引导、创新方式方法，把社会主义核心价值体系的本质内涵转化为大学生的思想共识和行为准则，增强社会主义意识形态对大学生的吸引力和凝聚力。

3.指明了大学生安全教育的发展方向

大学生安全教育的发展方向问题不仅是实践问题，也是理论问题。大学生安全教育的发展，既要重视在实践工作中关注和突破制约大学生安全成长的现实问题，探索有利于提升大学生安全意识和安全素质、实现大学生全面发展的有效途径，又要及时进行安全理念的更新、安全理论的创新和实践体系的拓展，探索和回答一些影响大学生安全发展的矛盾和问题。社会主义核心价值体系在理论层面上解决了指导思想和理想信念问题，在实践层面上解决了精神动力和行为规范问题，是理论与实践紧密结合的价值观念系统，能够有效指导大学生安全教育理论和实践的双向推进。

（二）推动社会主义核心价值观融入大学生安全教育

中共教育部党组、共青团中央印发的《关于在各级各类学校推动培育和践行社会主义核心价值观长效机制建设的意见》指出："推动社会主义核心价值观融入教育教学。"社会主义核心价值观是社会主义制度的内在精神和思想灵魂，将社会主义核心价值观融入大学生安全教育事关大学生健全人格的培养。

1.确保大学生安全教育方向的需要

大学生安全教育具有鲜明针对性和目的性，旨在对大学生群体进行培养教育。对"培养什么人""如何培养人""为谁培养人"这一系列问题的回答，直接体现了大学生安全教育的性质与方向。高校安全教育者开展大学生安全教育工作时，要把坚持正确的政治方向放在首位，在整个过程中要始终贯彻以习近平新时代中国特色社会主义思想为指导。高校是建设社会主义核心价值体系的重要阵地，创新大学生安全教育工作，在价值观的选择上必须坚持马克思主义的指导地位，把握正确的政治方向和价值导向，使先进文化、主流意识形态在包容中实现引领、在共存中巩固主导，为马克思主义的中国化、时代化和大众化作出贡献。

2. 提高大学生安全教育有效性的需要

社会主义核心价值体系既是构建社会主义和谐社会的精神支柱，也是形成全社会思想共识的基础，不仅关系大学生的人生观、价值观和道德观的塑造，而且影响大学生的政治观、文化观和社会观的培育。大学生的发展既包括他们的才能发展，也包括他们的思想道德等多方面发展，大学生在提高科学文化素质的同时，也要提高思想政治素质和安全发展素质。高校安全教育者开展大学生安全教育工作，要在社会主义核心价值体系的指导下，发掘教育内容，完善教育机制，创新教育方式，提升教育效果，提高大学生的思想政治素质和安全发展素质，增强大学生安全教育工作的整体有效性。

3. 大学生核心价值观形成的客观要求

青年大学生正处于生理和心理逐步走向成熟的阶段，正是其世界观、人生观和价值观形成的关键时期。当今社会思潮和价值观日趋变化，呈现多元化的特征。大学生因其人生阅历简单、缺乏生活经验，在纷繁复杂的多元化思潮面前容易受到冲击和侵蚀，在确定自己的人生之路与价值信仰时常常感到困惑。高校安全教育者要采用多种形式加大对大学生安全教育的力度，提高大学生对多元化思想文化的辨识能力。通过安全宣传教育活动，灌输国家安全和公共安全理论知识，使大学生思想道德高尚、安全意识牢固。

4. 高校培养高素质人才的必然要求

2014 年 5 月 4 日，习近平总书记在北京大学师生座谈会上发表了《青年要自觉践行社会主义核心价值观》的讲话，为青年大学生的成长成才指明了方向。高校安全教育者要将社会主义核心价值观渗透到大学生安全教育的各个方面，引导大学生进一步深化对国家安全和公共安全的认识，自觉增强政治修养和政治鉴别力,抵制各种错误思潮的影响,弘扬爱国主义精神以及中华民族优良传统,形成维护公共安全的精神力量。社会主义核心价值观既是一种意识、一种观念,也是一种行为准则。高校安全教育者通过开展扎实有效的安全教育,使社会主义核心价值观内化为大学生的精神追求、外化为大学生的实际行动。

二、将中国梦融入大学生安全教育

党的二十大提出了"从二〇二〇年到二〇三五年基本实现社会主义现代化""从二〇三五年到本世纪中叶把我国建成富强民主文明和谐美丽的社会主义现代化强国"的战略目标。中华民族伟大复兴是中国梦的核心内容,中国梦是中华民族伟大复兴的形象表达。要将中国梦融入大学生安全教育,推动大学生安全教育工作。

（一）中国梦融入大学生安全教育的意义

1. 创新大学生安全教育内容

习近平总书记强调:"立足新时代新征程,中国青年的奋斗目标和前行方向归结到一点,就是坚定不移听党话、跟党走,努力成长为堪当民族复兴重任的时代新人。"[1]在大学生安全教育中融入中国梦,是社会主义意识形态建设和大学生安全教育发展的双重需求,极大地丰富了大学生安全教育的内涵,体现了思想政治教育服务社会发展的基本规律。围绕中国梦,在大学生安全教育课中设计和组织各种形式的活动,引导学生学习和领悟中国梦的精神实质;组织形式多样的实践教学活动,让中国梦所蕴含的时代追求贯穿于大学生探索和追寻人生理想的过程中。

2. 深化对国家安全教育的认识

将中国梦融入大学生安全教育,有力推进大学生安全教育,培养大学生关注国家安全、民族复兴、国家振兴的伟大事业,并为之贡献力量。中国梦是

---

① 《坚持党的领导传承红色基因扎根中国大地 走出一条建设中国特色世界一流大学新路》,《人民日报》2022 年 4 月 26 日。

民族梦,要求全社会加强理想信念教育,而国家安全教育的主要内容之一是加强理想信念教育、切实维护政治安全。高校安全教育者要将中国梦作为国家安全教育的时代主题,不断加强理想信念教育,将中国梦与大学生的个人信念紧密联系在一起。要用中国梦指导大学生安全教育课堂教学,在梦想的境界中激发大学生对未来的追求和探索,解决大学生对安全理论知识学习缺乏兴趣的问题,使大学生能够身临其境、心在其中。

3.激发大学生维护国家安全的热情

中国梦是国家梦、民族梦,也是每个中国人的梦,归根结底是人民的梦。实现中华民族伟大复兴的中国梦,体现了中华儿女的共同意志,赋予了爱国主义新的时代特征和历史使命。高校安全教育者将中国梦融入大学生安全教育,引导大学生理解和接受中国梦丰富的价值意蕴与深刻的时代内涵,对于激发和凝聚大学生践行总体国家安全观,维护政治安全、国土安全、文化安全和军事安全等相关国家安全的精神动力具有重要价值,能够激励大学生把爱国热情化作维护国家安全、圆梦中华的实际行动。

4.坚定大学生社会主义理想信念

习近平总书记指出,"新时代中国青年要勇做走在时代前列的奋进者、开拓者、奉献者"①。当前,社会思潮、价值观念日趋多元化,较为富足安适的生活条件、发达开放的科技信息沟通环境在为大学生成长提供便捷与便利的同时,也给大学生带来了多元、多样、多变思想的持续性冲击。将中国梦融入大学生安全教育,有利于大学生树立科学的人生观、价值观和政治观,帮助大学生在瞬息万变的环境中建构一种心灵支撑,防止大学生发生心理安全问题和违法犯罪现象。高校安全教育者借力中国梦的丰富内涵,用中国特色社会主义理想信念来教育大学生,筑牢大学生的生命至上、安全第一思想基础。

(二)培养大学生实现中国梦的高度自觉

大学生坚定中国梦理想信念,首先要练就扎实的中国梦理论功底。大学

---

① 《习近平谈治国理政》第三卷,外文出版社2020年版,第336页。

生只有具备丰富的中国梦理论知识,才能激发实现中国梦的精神动力。高校安全教育课教师通过向大学生宣传中国梦的理论知识,强化大学生的中国梦理论武装,培养大学生实现中国梦的高度自觉。

1. 使大学生把握中国梦的科学内涵

习近平总书记指出,"实现中华民族伟大复兴,是近代以来中国人民最伟大的梦想,我们称之为'中国梦',基本内涵是实现国家富强、民族振兴、人民幸福"①,"中国梦归根到底是人民的梦,必须紧紧依靠人民来实现,必须不断为人民造福"②。这都揭示中国梦的科学内涵和价值追求。中国梦记录着中华民族的历史,承载着中国的现在,展现着民族的未来。高校安全教育课教师要用习近平总书记关于中国梦的论述武装自己,把安全教育教材与党报党刊相结合,密切关注国际国内重大时事,引导大学生从历史中思考感悟中国梦的必然性,使大学生深刻把握中国梦的科学内涵,深化对中国梦的认识与理解,增强对中国梦的情感认同。

2. 使大学生理解中国梦的基本要求

习近平总书记指出:"实现中国梦必须凝聚中国力量。这就是中国各族人民大团结的力量。"③高校安全教育课教师要以习近平总书记经典论述为指导,使学生明白什么是中国道路,怎样走中国道路;什么是中国力量,怎样凝聚中国力量。要引导大学生充分利用安全教育课实践教学环节,积极参加社会调查活动,进一步了解国情、社情、民情,培养他们用中国梦的思想、观点和方法发现问题、思考问题和解决问题,使他们认清实现中国梦必须走中国特色社会主义道路。要有针对性地开展志愿服务,弘扬志愿精神,使志愿服务成为大学生的生活方式和日常化行为,凝聚他们实现中国梦的力量,做中国梦的参与者、书写者和实践者。

3. 激发大学生实现中国梦的责任意识

习近平总书记指出:"中华民族伟大复兴终将在广大青年的接力奋斗中

---

① 《习近平谈治国理政》第一卷,外文出版社 2018 年版,第 274 页。
② 《习近平谈治国理政》第一卷,外文出版社 2018 年版,第 40 页。
③ 《习近平谈治国理政》第一卷,外文出版社 2018 年版,第 404 页。

变为现实。"①高校安全教育课教师在使大学生深刻理解中国梦的理论内涵后,要充分激发其实现中国梦的责任意识。要加强大学生对中国梦的正确理解和认识,用自身的品行操守去影响学生、感染学生。要在大学生安全教育教学中找到契合点,把维护我国国家安全、公共安全面临的挑战与中国社会现实密切结合,将中国梦理论作为大学生安全教育的生动课题,激励大学生承担起以民族复兴为己任的历史使命和时代责任。

4. 培养大学生实现中国梦的能力素质

习近平总书记指出:"行百里者半九十。距离实现中华民族伟大复兴的目标越近,我们越不能懈怠,越要加倍努力,越要动员广大青年为之奋斗。"②高校安全教育课教师要教育引导学生保持清醒头脑,认识到实现中国梦不是一帆风顺的,会遇到各种风险和挑战。要坚持课堂教学和实践教学相结合,在实践活动中引导学生热爱所学专业,培养创新精神和实践能力,增强投身实现中国梦的信心和动力。要引导学生抓住学习的黄金时期,不断更新知识,提高能力素质,勇于开拓创新,在创新中发展自己,用自己勤劳的双手收获成功,为实现中国梦发挥生力军作用,用青年梦托起中国梦。

三、发挥高校校园文化的育人功能

《关于进一步加强和改进大学生思想政治教育的意见》指出:"校园文化具有重要的育人功能。"高校校园文化是高校所具有的特定精神环境和文化气氛,蕴藏着潜移默化、点滴渗透的育人功能,是促进大学生安全和谐发展的重要载体和途径。近年来,积极、健康、向上的校园文化已经成为各高校一道绚丽的校园风景线,建设安全和谐的高校校园文化也成为创新大学生安全教育的一个重要努力方向。

---

① 《习近平谈治国理政》第一卷,外文出版社 2018 年版,第 49 页。
② 中共中央文献研究室编:《习近平关于青少年和共青团工作论述摘编》,中央文献出版社 2017 年版,第 14 页。

（一）校园文化对大学生安全教育的影响

校园文化是由高校师生员工、校园景观等众多要素构成的开放系统,良好的校园文化氛围不仅有利于培养大学生的思想道德修养与意志品格,还能够引导大学生提高思想政治素质和安全防范意识。

1.校园文化是大学生安全教育的重要途径

优良的高校校园文化能够体现以人为本的人文精神、求真务实的科学精神、着眼未来的超越精神、自强不息的奋斗精神,能够把师生员工的智慧和力量凝结到创建和谐稳定校园工作中来。为人师表、教书育人、与时俱进等优良教风,诚实守信、勤奋好学、奋发向上等优良学风,以及崇尚科学、严谨求实、敢于创新等优良校风,能够促进师生员工自觉和谐相处。校园文化对大学生安全教育具有效果显著的影响力,在良好校园文化的帮助和促进下,大学生可以得到精神上的教育和熏陶,形成乐观自信、心理健康、勤奋好学等优秀的人格品质。

2.校园文化是大学生安全教育的催化剂

校园文化是一种积极向上、充满正能量的文化,是社会主义先进文化的有机组成部分,能够积极应对和正确解决大学生学习生活中出现的新情况和新问题。例如,大学生产生的心理问题,需要一定形式的校园文化来指引其应对和解决,由此促进心理安全教育的影响和渗透。高校校园是人才培养的重要聚集地,是一个思想活跃且极富创造力的地方。校园文化中的社团活动、文艺演出、演讲比赛等活动,能够碰撞出更多的文化内容,凝结成丰富多元的安全教育元素,提高大学生安全教育的创造力。

3.校园文化有利于促进大学生健康成长

校园文化坚持正确的价值取向,用先进文化培养人,用科学知识教育人,用健康价值观引导人,弘扬校园文化的主旋律,使大学生树立科学的、健康的人生观与价值观。校园文化坚持用文化所特有的功能去引导、激励大学生的全面发展,不仅使大学生的行为规范符合学校的标准,而且最大限度地发挥其育人功能,适应大学生身心发展的特征,寓教于文化环境的渗透之中。校园文化具有警示性和预警性功能,能够引领大学生朝着正确的方向发展前进,使大学生理解并遵守相关法律法规,自觉地加强自我管理,不断完善和发展自我。

(二) 加强校园文化建设的主要路径

校园文化以积极向上、正能量文化为主旋律,使大学生能够获得知识、陶冶情操、健康成长。重视校园文化建设是新时代大学生思想道德素质和科学文化素质培养的必然要求,是促进大学生安全教育的重要途径。

1. 坚持校园文化主旋律建设

大学是人类文化传承、创新与发展的重要基地,应营造一个文化层次较高、文化氛围浓郁的环境。校园文化展示一所学校独特的风格和精神,是学校的形象和灵魂,对校园的整体发展、教师的职业发展、学生的人生发展具有重要引导作用。校园文化建设必须有坚实的精神基础、高端的思想起点、聚力的发展导向,必须坚定校园文化建设的风向标,坚持校园文化的主旋律建设。校园文化主旋律建设要切实坚持用科学的理论武装人,以促进校园文化主体思想观念的提高;用正确的舆论引导人,以营造弘扬时代主旋律的校园氛围;用高尚的精神塑造人,以提高校园文化整体水准;以优秀的作品鼓舞人,以充实校园文化的内涵。

2. 加强校园文化环境建设

校园文化环境建设主要是指自然环境建设与人文环境建设。一要重视校园自然环境建设。校园自然环境具体表现为学校建筑物的建筑风格、校内绿植的美化程度、自然风景特色、环境整洁水平、设备的现代化层次等。高校要通过良好的校容校貌,激励学生快乐学习、主动学习,培养学生的审美情趣,增强学生的辨别美丑的能力。二要注重校园人文环境建设。高校要通过校园网、校报、宣传窗、电子标语等方面建设,以及校园内与本校相关的大家名师雕像和主题文化广场、学校的文明标识牌、校训标志等,向学生传播正面文化,规范学生日常行为,构筑抵御社会不良现象和精神污染的教育宣传阵地。

3.加强校园精神文化建设

校园精神文化能够潜移默化地影响学生的思想品德、价值取向和生活方式的选择,是大学生安全教育课教学活动的软环境,以校训为灵魂与核心的校园精神对大学生安全教育有着一定的促进作用。要以育人为根本目标,提炼和概括学校的校风校训、办学理念、教风学风、学术氛围等精神文化的内涵与品质,形成和确立师生员工共同的价值观和良好行为习惯。要把优化和建设校园精神文化与激发大学生的主体意识结合起来,抵制不良环境因素对大学生的诱惑和影响。要对大学生特别是新生进行校训、校情、校史教育,围绕校训核心、价值观念组建价值观念群落,以点促面提高大学生的思想政治素质和安全防范意识。

4.积极开展校园文化活动

校园文化活动内容丰富、形式灵活,是大学生安全教育课课堂教学的有益补充。高校安全教育课教师组织学生开展校园文化活动,要始终坚持从安全理论认知层面改善学生的精神文化面貌,扩大校园安全文化的吸引力、感染力和影响力。要坚持从情感认同层面渗透,开展以维护国家安全和公共安全为主题的书法比赛、征文比赛、演讲比赛、微视频大赛等文化活动,致力于将总体国家安全观和生命至上、安全第一的精神内涵融入校园文体活动中。要坚持以社会公德、职业道德、家庭美德、个人品德培养为导向,通过开展安全志愿者服务、法律和心理咨询服务、防电信诈骗宣传等活动,引导学生遵纪守法、明礼诚信、团结友爱。

第二节 切实加强安全教育队伍建设

《关于进一步加强和改进大学生思想政治教育的意见》明确指出:"大学生思想政治教育工作队伍主体是学校党政干部和共青团干部,思想政治理论课和哲学社会科学课教师,辅导员和班主任。"高校安全教育队伍主要包括大学生安全教育课教师队伍、高校辅导员队伍、抓学生工作和安全工作的行政人员和其他专业老师,主体是大学生安全教育课教师和辅导员队伍。高校要重视和加强安全教育队伍建设,推动大学生安全教育整体工作质量和水平的提高。

一、安全教育队伍的基本素质要求

《关于进一步加强和改进大学生思想政治教育的意见》指出:"教师要提高师德和业务水平,爱岗敬业,教书育人,为人师表,以良好的思想政治素质和道德风范影响和教育学生。"作为大学生思想政治教育工作队伍的一支重要力量,高校安全教育者必须具有正确的思想政治方向、良好的职业道德素养、深厚的业务理论功底、较强的网络媒介素质和健康的身体心理素质等。

(一) 正确的思想政治方向

高校安全教育者作为大学生安全教育的具体实施者,坚定正确的思想政治方向是其首要的、基本的素质要求,具体表现在以下几方面:一是坚定的理想信念。习近平总书记在十八届中共中央政治局第四十三次集体学习中强调:"我们党是用马克思主义武装起来的政党,马克思主义是我们共产党人理想信念的灵魂。"①高校安全教育者必须坚定马克思主义的理想信念,既要坚定共产主义的远大理想,又要努力实现中华民族伟大复兴的中国梦。二是坚定的政治立场。政治立场直接反映对待问题和处理问题的态度,高校安全教育者要坚决拥护党和国家的路线、方针、政策,在大是大非问题上立场坚定、旗帜鲜明。三是正确的政治方向。要深入贯彻习近平新时代中国特色社会主义思想,在政治上自觉与以习近平同志为核心的党中央保持高度一致。四是严格的政治纪律。要树立良好的纪律意识,严格规范自己的言行,并使言行与自己的政治信仰和政治方向相契合。五是鲜明的政治观点。鲜明的政治观点反映坚持什么、放弃什么以及赞成什么、反对什么,高校安全教育者要

① 《习近平谈治国理政》第二卷,外文出版社 2017 年版,第 65 页。

树立正确马克思主义观、全心全意为人民服务以及群众路线的基本观点。

（二）良好的职业道德素养

高校安全教育者在开展安全教育的过程中，不仅要搞好言传，更要注重身教，以良好的道德素质潜移默化地影响大学生的心灵。良好的职业道德素养是一种无声胜有声的教育力量，对增强安全教育的亲和力、吸引力和感染力具有十分重要的作用。职业道德素养最终是以职业责任感、事业心和积极性的外化程度表现出来的，主要体现在以下三个方面：一是正确的职业理想。要对所从事的大学生安全教育具有正确的职业认知和强烈的社会责任感，以对大学生进行系统的国家安全教育和公共安全教育，培养中国特色社会主义事业合格建设者和接班人，作为自己的神圣职责。二是良好的职业态度。要确立以人为本的教育理念，尊重学生，诲人不倦，认真负责地要求学生。要倡导实事求是的科学态度和严谨自律的工作作风，把安全教育教学与大学生的安全发展紧密联系在一起，力戒浮躁和急功近利。三是强烈的事业追求。要全面贯彻党的教育方针，模范遵守教师职业道德规范。要以提高教育教学质量为己任，以出色的教育能力教育和培养学生，以良好的思想道德感染和影响学生。

（三）深厚的业务理论功底

高校安全教育者应掌握的业务理论知识主要包括以下三个方面：一是总体国家安全观基本理论。大学生安全教育的首要任务是进行系统的总体国家安全观理论教育。总体国家安全观理论是一个内容极其丰富而又不断发展、与时俱进的理论体系，这就要求高校安全教育者不仅具有国家安全的系统知识，而且必须全面、深刻地把握总体国家安全观理论。二是公共安全理论知识。大学生安全教育是一项政治性、思想性、知识性、操作性很强的工作，高校安全教育者需要掌握丰富、扎实的公共安全管理学科专业知识。公共安全理论知识主要包括公共安全政策法规、公共安全教育与管理、公共安全及风险应对、公共安全危机管理、公共安全治理等专门知识。三是相关学科专业知识。大学生安全教育既突出强调国家安全和公共安全教育，又具有很强的综合性。高校安全教育者要在不断夯实国家安全和公共安全理论知识的基础上，广泛涉猎政治学、教育学、社会学、管理学、法学、心理学等学科知识。要积极学习新理论、新知识和新观点，不断拓展安全教育教学内容的广度和深度，切实提高安全教育教学的针对性和艺术性。

（四）较强的网络媒介素质

高校安全教育者的网络媒介素质是指利用网络媒介增强大学生安全教育效果的能力。一是运用网络媒介能力。要在掌握网络基础知识、熟练运用网络设备的基础上，能够准确使用网络工具，对网络信息进行检索、存储和制作。要具备使用各种教学媒介的能力，掌握各类网络常用媒介的操作。例如，掌握应用软件、浏览工具、搜索引擎、网络下载工具、电子邮件的收发工具等，以及 QQ、博客、校内网络等互动交流工具等。二是分析、制作网络信息能力。要具有网络信息整合能力，能够通过网络媒介获取安全教育方面的信息资料，综合运用文、图、声、像等多种表现手法对所收集的信息资料进行汇编整合、加工提高。要具有创新大学生安全教育的能力，能够利用网络媒介资源，创作出积极向上、喜闻乐见的大学生安全教育网络作品。三是培养大学生网络素养能力。不仅要掌握基本的网络媒介生存策略，而且要将这种思维和策略传授给学生。要将大学生安全教育融入网络素养教育的内容，提高学生对网络信息的辨别能力，使学生能够合理有效使用媒介，并在培养学生网络素养的同时提高自身的网络素养。

（五）健康的身体心理素质

高校安全教育者的身体心理素质主要包括强健的体魄、健康的生活、正确的认知、愉快的情绪、坚忍的意志、执着的信念、合理的需要、广泛的兴趣、谦和的气质、开朗的性格、完整的人格和高尚的品质等。一是身体素质。大学生安全教育是一项长期的、经常性工作，需要高校安全教育者付出大量的时间和精力。大学生安全教育又是一项实践性很强的工作，高校安全教育者不仅要组织实践活动，而且要亲身参与实践活动，这都需要他们具备良好的身体素质。二是形象素质。高校安全教育者的形象素质首先表现在外在衣着打扮上,其穿着打扮不仅要符合高校教育者的身份,而且要符合个人气质。高校安全教育者的言行是构成其形象素质的重要内容,要做到用词得当、行为得体,能够符合大学生对其形象的期许。三是心理素质。要具备良好的心理素质,能够把握和控制自己的情绪,提高自己抵抗压力和挫折的能力。心理安全教育是大学生安全教育的重要内容,高校安全教育者要掌握一定的心理知识,并以健康的心理对大学生进行心理安全和其他安全教育,帮助大学生构建健康的心理素质,克服心理问题和心理障碍。

二、安全教育教师的教学能力要求

教学能力是教师为实现教学目标而开展一切教学活动的外在表现,是引导学生接受教育的关键。提高大学生安全教育课的教学质量,必须全面推进安全教育进课堂、进教材、进学生头脑,紧紧抓住教师教学能力提升这个关键,以教师教学能力提升增强安全教育课教学的吸引力与亲和力。高校安全教育课教师的能力要求主要有以下五个方面。

（一）了解学生的基本情况

高校安全教育课教师主要通过课堂活动完成教学任务,要让大学生接受其所讲授的安全知识、安全理念和安全价值等内容,在备课时要以学生为主,尽可能地了解学生的现实思想情况,进而"因材施教"。一要把握学生的心理需求。要知道学生在学习、生活、交友、心理等各方面的安全需要和矛盾困惑,对什么教学内容比较感兴趣,想要了解掌握什么安全理论知识等。二要把握学生的行为特点。教师把握学生的行为特点,就能对学生的行为有所预测,便于在总体上进行引导。三要了解学生有哪些疑问。疑问是各种元素的综合反映,教师抓住疑问,既可以更好地了解学生,又能通过解决这些疑问使学生的心灵释然解放。四要掌握学生对教学内容的态度。大学生安全教育课讲授国家安全和公共安全的基本原理、基本知识,学生对教学内容的态度如何,直接影响着课堂教学的效果。教师了解掌握学生对教学内容的态度,可使其课堂教学更具针对性和实效性。

（二）熟悉教材的主要内容

高校安全教育课教师讲好大学生安全教育课,最重要的环节是能够把安全教育教材的内容通过恰当的方式传递给学生,真正把教材内容内化为学生的情感认同和实践遵循。教师必须读懂教材,研究教材内容,进而进行课程规划,确保课堂教学的顺利开展。一要读懂教材的核心理念。安全教育教材由系统的章节构成,每个章节有自己的核心理念。教师只有把握教材的核心理念,才能从总体上把握教材的具体内容。二要读懂教材的基本结构。安全教育教材的每个章节都有不同的主题,每个主题下有不同的构成部分。教师只有把握了每个章节的主题,才能把握构成主题的结构层次和基本元素。三要把握教材内容的基本观点。教师把握了教材内容的基本观点,既可以使教材内容凝练集中,又可以使核心理念更加明晰。四要用自己的话语表述教材。教师既能把握安全教育教材的基本内容、观点和结构,又能用自己的话语体系和组织方式把它们贯穿起来。

（三）具备专业的教学能力

对高校安全教育课教师来说,要把课上好、上活,就必须有坚实的教学功底和较强的教学能力作保证。一是教学认知能力。要认识和把握大学生安全教育课的性质和任务,研究和理解大学生安全教育课的内容体系和教学要求,认知和判断大学生安全教育课教学面临的新问题和新形势。二是教学操作能力。要能制定大学生安全教育课的教学方案,能驾驭大学生安全教育课的教学内容,能选择运用大学生安全教育课的教学方法和手段,能设计和调控大学生安全教育课的教学情境。三是教学监控能力。要能及时有效地通过教学方法或手段的变化,调控大学生安全教育课的课堂教学,并对学生的学习行为做出评价和反馈,从而促进师生互动、改善教学效果。四是教学研究能力。要树立新的安全教育教学观念,开拓新的安全教育教学思路,设计新的安全教育教学方案,探索新的安全教育教学方法和手段,发现新的安全教育教学规律等。

（四）具有先进的教学理念

大学生安全教育课主要解决大学生的安全思想、安全观念、安全行为等问题,这就要求高校安全教育课教师在具备良好的思想政治素质和职业道德修养的前提下,了解大学生的思想实际和安全需要,并能够用思想政治教育的方法解决学生的实际问题。要注重营造宽松的教学氛围,建立互动的师生关系,激发并尊重大学生的学习兴趣和主体意识。要联系大学生的思想实际,针对大学生遇到的如大学生活的适应、人际关系的协调、恋爱中矛盾的解决、兼职过程中的安全指导等实际问题,讲授安全理论知识,帮助指导大学生解决实际问题。不仅要对大学生群体性问题进行系统讲解,也要与个别大学生进行交流互动。不仅要帮助大学生掌握国家安全和公共安全的基本理论知识,而且要指导大学生学会运用国家安全和公共安全理论认识和分析现实问题,使大学生面对复杂的国家安全和公共安全形势时,有正确的分析判断和防范化解能力。

（五）提高教学的亲和力

一要提高教学内容的亲和力。要关注教学内容深度,提高教学内容的温度。在课程教学设计中要注重针对性和实效性,突出教学的重点和难点,不强求面面俱到。在课堂教学中要用通俗易懂、活泼生动的话语把安全理论知识说清楚、讲透彻,要联系学生个体特征和现实生活,调整教学内容与学生的关联状态,突破安全理论与现实生活之间的隔阂。二要提高教学方法的亲和力。高校安全教育课教师的课堂讲授要娓娓道来,案例教学要触手可及,疏导说理要润物无声,不仅要考虑学生的思想认知水平,而且要考虑学生的心理承受能力,让学生对教学内容乐于接受、易于理解、便于掌握。三要提高教师个体的亲和力。要在教学中准确把握学生的思想、心理和生活实际,尊重学生的人格、个性和自尊,与学生开展平等对话、双向交流和有效沟通。要以积极的态度和真诚的感情面对学生,不轻慢学生的幼稚想法,不回避学生的敏感话题,不拒绝学生的尖锐问题。

三、加强安全教育队伍建设的对策

高校安全教育队伍是国家安全和公共安全理论知识的宣讲者,是大学生安全成长的指导者和引路人。教育部印发的《新时代高等学校思想政治理论课教师队伍建设规定》从职责与要求、配备与选聘、培养与培训、考核与评价、保障与管理等方面提出了对高校思想政治理论课教师队伍建设的具体要求。依据《新时代高等学校思想政治理论课教师队伍建设规定》要求,高校加强安全教育队伍建设的对策和措施应注意以下五个方面。

（一）加强安全教育队伍建设领导

高校要站在"培养什么人""如何培养人"的战略高度,充分认识加强安全教育队伍建设的重要性和紧迫性,切实加强对安全教育队伍建设的组织领导。一要摆正大学生安全教育工作的地位。正确认识和对待大学生安全教育和队伍建设,既要在思想观念上重视,也要在实际工作中加强,切实加强大学生安全教育课程建设和安全教育队伍建设。二要建立学校安全教育领导小组。《中共中央宣传部　教育部关于进一步加强和改进高等学校思想政治理论课的意见》指出:"高等学校党委要切实负起政治责任,加强对思想政治理论课的领导。学校要有一名副书记和一名副校长主管思想政治理论课教学。学校宣传、教务、思想政治理论课教学单位等部门要各负其责,相互配合,共同做好思想政治理论课教育教学工作。"高校要成立由分管学生工作或安全工作校领导为组长的安全教育领导小组,组织、协调和统筹安排安全教育教学工作。三要设置安全教育教研室。安全教育教研室是大学生安全教育课的教学管理部门,其职责主要包括:（1）统一管理安全教育课教师;（2）负责安全教育课的教学、科研和相关管理工作;（3）负责安全教育课教师队伍建设等工作。

（二）建立安全教育教师选拔机制

《新时代高等学校思想政治理论课教师队伍建设规定》明确:"高等学校应当严把思政课教师政治关、师德关、业务关。"大学生安全教育课的性质和特点,要求高校安全教育课教师必须坚持正确的政治方向,热爱安全教育事业,有扎实的国家安全和公共安全理论基础和相应的教学水平。高校安全教育课教师的素质对高校安全教育队伍建设有着直接影响,要把好教师的"入口"关,建立严格、全面的选拔标准,最基本的就是要满足"德才兼备、以德为先"。高校安全教育课教师所具备的"德"相较于其他课程教师应该更为突出,不仅要求他们具备良好的职业道德素质,还要求他们在日常工作生活中有品行,这样才能对学生以身示范。高校安全教育课教师所具备的"才"主要是指从事大学生安全教育课教学所拥有的专业技能,应当具有思想政治、安全管理、危机管理、法律以及心理学等方面的才能。高校在选拔安全教育课教师的过程中,要关注教师的讲课水平,尤其是社会安全、科技安全、网络安全、心理安全和预防犯罪等内容的教学,只有教师教学经验丰富、理论联系实际、联系热点问题,才能对学生进行更好的教育引导。

(三)开展安全教育队伍培养培训

《〈中共中央宣传部 教育部关于进一步加强和改进高等学校思想政治理论课的意见〉实施方案》指出:"新课程开设前,要抓紧组织好对所有任课教师的培训。以掌握教学大纲的基本要求,熟悉教材,了解教学方法、手段为重点,着力提高教师的思想政治素质、专业水平和教学能力。"《关于进一步加强高等学校思想政治理论课教师队伍建设的意见》强调:"各地各高等学校要制定教师培训规划,建立和完善有重点、分层次、多形式的培训体系,努力使培训工作经常化、制度化。重点深化岗前培训、课程轮训、骨干教师研修和在职培训。"高校要建立经常性、系统性、分层次的培训体系,将岗前培训与在职培训、专题培训与日常培训结合起来,组织安全教育者开展社会实践、学习考察和学术交流等活动。高校安全教育者素质全方位提升要求培训内容具有全面性,培训的内容主要包括:(1)教育理念培训。使他们确立和外部环境相适应的教育理念。(2)相关知识培训。知识能够在安全教育实践中为他们提供指引,是他们要不断学习的内容。(3)教学能力培训。包括对安全教育教学任务的理解和内容的掌握、课堂管理能力、语言和文字表达能力等。

(四)搞好安全教育队伍建设考核

《关于进一步加强高等学校思想政治理论课教师队伍建设的意见》指出:"完善教师队伍建设的考核评价体系和教师职务评聘体系。"高校安全教育队伍需要考核机制来促进队伍整体素质的提升,公开公正的考核机制对队伍建设具有一定的积极意义。一是从考核主体来看,考核主要包括自我考核、管理者考核和学生考核。通过三方考核,能够全面反映被考核者的安全教育工作情况。在考核中引入学生考核,体现高校教书育人的功能。作为安全教育队伍的教育对象,学生考核更能反映队伍建设的实际效果。二是从考核对象来看,考核分为实际工作量考核和对学生表现情况的考核。在实际工作量考核方面,尽量采取可量化的指标使考核更科学、易操作。对学生表现情况进行考核时,要关注学生在安全理论知识学习方面取得的成绩和学生在校期间的行为表现,特别是有无重大安全事故发生。三是从考核形式来看,存在主观考核和客观考核。客观考核是用一系列指标来衡量高校安全教育者的工作情况。在考核过程中,要根据具体情况调整考核的内容和方式,使考核结果更能符合高校安全教育者的实际工作情况。

(五) 实施安全教育工作奖惩机制

《关于进一步加强高等学校思想政治理论课教师队伍建设的意见》提出:"完善教师表彰奖励机制。"对高校安全教育者进行考核后,能够发现队伍中存在的如工作态度不端正、教育内容滞后、工作能力欠缺等问题。同时,也能发现一些先进典型和优秀人才。高校要建立和完善表彰奖励机制,在对教职工的评比表彰中,对安全教育者的评比确定相应比例,进行统一表彰,以增强他们的荣誉感和责任感,激发安全教育队伍的活力。在表彰奖励的过程中,要注重物质与精神的结合,逐步形成以荣誉奖励为主的激励形式。对于大学生安全教育工作成绩突出的单位和个人都可以予以精神和物质的奖励,提高其成就感和获得感,增强其继续努力工作的信心。对安全教育工作落后、学生发生了安全事故的单位以及相关责任人,要进行必要的惩罚。高校在制定惩罚规则时,要注意适度原则、教育原则和公平公正原则。适度原则要求惩罚要适度,不能给安全教育者带来太大的压力;教育原则是指惩罚要有教育意义,要让安全教育者反思问题、改正错误;公平公正原则要求惩罚机制合理公正,能够让人信服。

第三节　建立健全安全教育保障机制

大学生安全教育保障机制的建构,重在保证大学生安全教育活动及其过程的有效性。大学生安全教育整体保障机制体现在组织领导、制度建设、环境建设、物质保障等方面,这些保障机制是保证安全教育活动得以正常、有序进行的必要内外部条件。大学生安全教育系统的有效运行必须以一定的保障条件作为基础,高校要不断创新和完善安全教育保障机制,通过加强组织领导、完善相关制度、改善环境设施、增加经费投入等,推进安全教育活动的持续、纵深发展,更好地发挥安全教育的服务保障功能。

一、加强安全教育的组织领导

《关于进一步加强和改进大学生思想政治教育的意见》规定:"要把大学生思想政治教育摆在学校各项工作的首位,贯穿于教育教学的全过程。要建立和完善党委统一领导、党政齐抓共管、专兼职队伍相结合、全校紧密配合、学生自我教育的领导体制和工作机制。"组织领导直接关系到大学生安全教育目标和任务的实现,对大学生安全教育的开展、实施和改进起着统帅作用。因此,高校要建立健全大学生安全教育组织领导体制,切实加强大学生安全教育的组织领导。

（一）坚持党组织统一领导

《中共中央宣传部　教育部关于进一步加强和改进高等学校思想政治理论课的意见》指出:"高等学校要切实加强对思想政治理论课的领导,学校要有一名副书记和一名副校长主管思想政治理论课教学。"大学生安全教育是高校思想政治工作中的重要组成部分,高校党组织要根据其职责的具体要求发挥自身在大学生安全教育中的作用。要认真做好调查研究,及时掌握大学生最新的思想动态,以此为基础对大学生进行安全教育。要把大学生安全教育纳入教育的总体规划中,把握大学生安全教育的总体方向,领导安全教育目标的制定、计划的安排,负责安全教育方面的重大决策、机构设置,统筹协调学校的安全教育工作。通过联席会议、听取报告、学生反馈、相关评估等渠道掌握学校安全教育工作情况。发挥基层党组织的战斗堡垒作用和广大党员的先锋模范作用,使基层党组织成为开展安全教育工作的坚强堡垒,使广大党员在安全教育工作中作表率。

(二) 形成齐抓共管的合力

《中共中央宣传部 教育部关于进一步加强和改进高等学校思想政治理论课的意见》指出:"学校宣传、教务、思想政治理论课教学单位等部门要各负其责、相互配合,共同做好思想政治理论课教育教学工作。"大学生安全教育工作在高校党委的统一部署下,党政齐抓共管,努力形成高校党、政、团、学、院(系)等部门(单位)安全教育工作的合力。高校党委主要是制定安全教育的目标、计划,对安全教育重大问题进行决策。行政部门既参与学校安全教育部分重大问题的决策、讨论,又通过行政管理具体落实各项安全教育计划和决策。行政部门负责人要把安全教育工作同行政业务工作结合起来,落实在教学、科研、管理、后勤服务等各个环节,做到同时部署、同时检查、同时评估,在领导中育人、管理中育人、服务中育人,切实担负起大学生安全教育工作的责任,打造各部门、各单位齐抓共管的安全教育工作格局。

(三) 营造互相协同的氛围

《关于进一步加强和改进大学生思想政治教育的意见》提出:"高等学校各门课程都具有育人功能,所有教师都负有育人职责""广大教职员工都负有对大学生进行思想政治教育的重要责任。"高校党政干部、共青团干部、思想政治理论课教师、安全教育课教师、班主任、辅导员等各教育主体,因部门性质和分工不同,有各自的职责与分工。要纠正部分教职工认为大学生安全教育是专职安全教育队伍职责的思想,调动全体教师参与,形成全员育人氛围。安全教育课教学队伍与安全管理工作队伍作为高校安全教育的两支主要力量,虽然工作内容有所不同,但最终目的是相同的。要搞好协同联动,共同引导大学生树立生命至上、安全第一思想,帮助大学生提高安全防范能力。要从学校的实际出发,建立军事理论教育、时事政策教育、心理健康教育与安全教育的协同关系,通过相互之间的沟通和渗透,提高安全教育工作的针对性和实效性。

二、搞好安全教育的制度建设

法规制度能够避免大学生安全教育中的局限性、片面性和随意性,构建大学生安全教育保障机制,法规制度保障是重点。大学生安全教育制度保障是通过建立健全一整套行之有效的组织领导、监督管理体制和法律法规等,保证安全教育的有效实施,促进安全教育持久开展、健康运行。

（一） 加强安全教育法律法规建设

长期以来,党和国家高度重视大学生思想政治教育,颁布了一系列法规文件。虽然《中华人民共和国教育法》《中华人民共和国高等教育法》《中华人民共和国教师法》等法律不是专门针对大学生思想政治教育作出的,但作为教育领域的基本法律,其涉及的思想政治教育内容规定具有较高的法律效力。《关于进一步加强和改进大学生思想政治教育的意见》《中共中央宣传部教育部关于进一步加强和改进高等学校思想政治理论课的意见》等规范性文件,对大学生思想政治教育的地位、作用、任务、方针、原则等都做了具体规定。大学生安全教育是大学生思想政治教育的重要组成部分,可以依据大学生思想政治教育的相关法律法规开展。但为适应大学生安全教育的创新发展,必须建立相应的法律法规机制,用法治来保证大学生安全教育工作的稳妥进行。国家有关部门制定和颁布大学生安全教育方面的法律法规,针对全国高校作出大学生安全教育的一般规定。各省教育主管部门结合本省实际制定相应的实施细则并督促实施,确保大学生安全教育的规定落到实处。在制定大学生安全教育法律法规时要注意:(1)适时性。即当某种事实发生或社会关系的出现、需要法律规范去调整时,依据客观环境和现实要求,制定和颁布实施相关的法律法规。(2)协调性。与原有的大学生思想政治教育法律法规相协调、相补充,健全高校思想政治工作的法律法规体系。(3)针对性。

国家安全和公共安全体现了安全领域的发展水平,具有很强的针对性,大学生安全教育立法要有安全领域相关专家介入。

(二) 搞好安全教育各项制度建设

大学生安全教育的制度规范是指用来约束安全教育主客体的行为,明确安全教育实施方法、规定安全教育程序的各种章程、条例、守则、标准等的总称。完善制度建设能将大学生安全教育的各项要求落到实处,使安全教育科学规范、有章可循,是保证和增强安全教育实效性的必要措施。高校是大学生安全教育的主要阵地,安全教育法律法规和教育主管部门有关安全教育的文件需要高校具体贯彻落实。高校在实施安全教育中要涉及计划、决策、实施、评估等,需要建立健全安全教育的各项制度,实现制度化管理。根据大学生安全教育实际,高校要建立健全的安全教育制度主要包括:(1)安全教育制度。主要是指大学生安全教育的安全教育课教学、日常安全教育、实践教学、第二课堂活动等内容和形式方面的规定。(2)安全教育责任制。主要是指安全教育机构和专职人员的工作任务、工作要求、工作方式等安全教育责任。(3)安全教育管理制度。既包括安全教育领导和组织管理,也包括安全教育队伍管理,还包括学生管理。(4)安全教育考评制度。主要包括考评的范围、指标体系的确立、考评程序的设计、考评结果的运用等。制定大学生安全教育制度要遵循的原则主要包括:a.合法原则。既要与法律法规一致,又要遵循上级下发的有关安全教育文件精神。b.合理原则。要体现以人为本,既要有利于大学生安全素质的提高,又要有利于高校安全教育者的发展。c.及时、全面和可执行原则。安全教育中存在的矛盾和问题影响安全教育的实效性,大学生安全教育制度的制定要及时、全面,且具有可执行性。

三、重视安全教育的环境建设

教育环境是指影响教育实施的一切外部因素的总和。教育环境是重要的教育力量,良好的教育环境有利于教育的顺利实施。影响教育实施的环境因素一般有学校、家庭和社会。有力的环境保障,就是通过对学校、家庭、社会三种不同影响力的协调,建立三者和谐互动运行的教育环境机制。随着科学技术的发展和社会的进步,以网络为代表的大众新传媒对教育实施的影响日益明显。因此,大学生安全教育的环境保障是构建学校、家庭、社会和网络四位一体的育人环境。

（一）学校育人环境建设

大学生安全教育课的教学环境是以校园环境为依托,构建良好的校园物质环境、科学文化环境、人际交流环境等,为安全教育教学奠定良好的基础。高校校园是大学生安全教育的主要场所,从校园景观、第二课堂活动到课堂教学活动,都影响或正面引导着大学生。绿化、美化的校园景观,完备、先进的教学设施,宽敞、整洁的教室、宿舍,丰富、充足的图书资料,功能齐全的活动场所等,都有利于大学生安全教育课运用多种方法进行教学,营造良好的教学情景。高校建立良好的校内环境,对于提高学生的主体参与度、优化安全教育课教学的外部环境至关重要。课堂教学要注重安全理论知识教育,课外活动要注重安全素质培养,管理活动要注重安全行为规范。校园环境以整体的风貌辐射出学校倡导的思想、风范和准则,为大学生安全教育课教学提供物质载体和保障条件。高校通过校内育人环境建设,发挥各种校内资源的功能,让学生在潜移默化中接受安全教育。

（二）家庭育人环境建设

大学生安全教育的家庭环境主要是指大学生家长的思想素质和行为规范对大学生思想品德、安全素质形成和发展的影响氛围。家庭教育担负着培养道德品质、传授文化知识、指导行为规范等责任,大学生的家庭教育直接影响安全教育,大学生安全教育质量的提升离不开家庭教育环境的优化。大学生要想形成正确的价值观、安全观,需要家庭教育和学校教育的配合,帮助其直面在学习生活中需要独自解决的问题,应对在学习生活中遇到的挫折和障碍等,并使其行为习惯得到规范。高校安全教育者要注重发挥亲情、家风等家庭育人资源在大学生安全教育中的作用,最大限度地发挥其积极因素的作用,鼓励学生加强与父母的沟通和交流,实现学校教育与家庭教育的良性互动,实现家校联动和顺畅沟通,用父母的人格魅力、健康向上的家庭环境,引导和教育大学生形成生命至上、安全第一思想和完整健全的人格。

（三）社会育人环境建设

社会是一个相互联系的复杂系统,大学生安全教育不能脱离现实社会背景闭门造车。大学生安全教育实践性很强,但目前对大学生安全教育效果的评价总体上存在着知识性评价多且相对容易、实践性评价少且相对较难的问题,一定程度上影响了大学生安全教育的效果。大学生通过参加社会实践活动,接触社会教育资源,在实践中感知、感悟社会生活,强化安全理论认知,提高实践能力和综合素质。一个积极健康的社会环境有利于开展充满正能量的社会实践活动,这就要求加强社会环境的建设和发展,为大学生安全教育课实践教学提供良好的社会教育资源。高校安全教育者要充分发挥社会环境在大学生安全教育中的重要作用,把社会教育资源变成自己的教学资料和学生的学习资料,利用社会良性运行、社会各方面呈现有序状态、社会风气良好等社会环境好的时机,积极开展大学生安全教育课堂教学和实践活动。

（四）网络育人环境建设

互联网以其信息量大、便利快捷、交流互动等特点,成为对大学生思想有着广泛、深刻、持久影响的重要载体。网络在帮助大学生获取知识、增强本领的同时,日益严重的信息异化现象对大学生安全教育工作提出了新的课题。信息异化问题如不加以有效解决,提升大学生安全教育质量就会难以落实。高校安全教育者要充分认识互联网对大学生安全教育工作的影响,牢牢把握安全教育工作的主动权,积极应对信息网络技术的挑战,为大学生营造健康、良好的校园网络环境。一是在校园网上设置大学生安全教育板块,推进大学生安全教育进网络。二是加强大学生网络思想道德教育,约束大学生的网络信息活动。三是用积极、健康的思想文化信息引领校园安全教育网络阵地,增强网络宣传的有效性和影响力。四是将蕴含科学理论、高尚精神和正确舆论的作品引入校园安全教育网络,培养大学生的高尚人格和健康心理。

四、抓好安全教育的物质保障

高校要重视大学生安全教育的硬件建设,加大经费投入,不断改善条件,优化教育手段,为大学生安全教育价值实现提供场所、平台和技术等物质支撑。

(一) 场所保障

大学生安全教育价值实现的场所能够为安全教育提供空间,主要包括教室、图书馆、安全教育基地等。教室是安全教育价值实现的主要场所,教室内配置先进的多媒体设备能为安全教育课提供良好的教学条件。图书馆是安全教育价值实现的资源库,安全管理类图书、主流报纸杂志、时事和理论读本等资料丰富及时,为学生的课外学习提供场地和资源。安全教育基地、安全体验馆、科技馆、生态馆等是安全教育价值实现的重要场所,这些场所对大学生免费开放,为安全教育课的实践教学提供资源。安全教育价值实现除了场所以外,还需要教材、网课、媒介等物质载体提供教学资源。安全教育教材为高校安全教育课教师的课堂教学、学生的课上听课和课下自学提供参考。安全教育网课为开展安全教育线上教学提供教育资源,目前主要有超星、智慧树等在线教育平台的大学生安全教育类网课。手机和互联网对大学生安全教育的影响最大,广播、报纸、电视等传统媒介能够帮助大学生厘清基本安全理论问题,理性分析社会现实问题。

(二) 技术保障

提高大学生安全教育的效果,在不断完善教育内容的基础上,要加强教育方法的研究和创新,丰富课堂教学手段,搞好教学的有形和无形技术保障。在有形技术保障方面,高校安全教育课教师要结合与时代发展相适应的安全教育教学内容,创新教学手段,开发各种多媒体课件,丰富学生的课堂和课后学习资料,提高安全教育的说服力和感染力,改变课堂教学直观性不强、生动性不足、说服力不够等问题,不断提高课堂教学的效果。在无形技术保障方面,高校要制定与之配套的政策和措施,鼓励和支持安全教育课教师研究和创新教学方法,增强课堂教学的实效性,真正发挥课堂教学在大学生安全教育中的主渠道作用。例如,高校安全教育课教师创新参与式课堂教学法,在其充分准备和安排下,让学生走上讲台当老师。教师将课堂教学内容中的某一问题或者学生关注的安全问题作为专题,通过学生的课下研究和学习,让学生站上讲台自己讲课,教师在学生的讲课过程中对学生进行指导。

(三) 经费保障

为了提高大学生安全教育的成效,高校必须在经费方面提供有力保障,建立大学生安全教育专项经费,在每年的年度预算中单列,并随着学校经费的增长逐年增加。高校安全教育经费投入的范围主要包括:一是安全教育基础设施设备经费。设施设备是开展大学生安全教育必不可少的物质条件,如安全教育教研室的活动场所、开展消防安全技能培训的场所和器材等;开展安全教育课是课堂教学必需的物质保障,如教学资料、计算机等;教师提高教学效果的现代化教学手段,如软件开发、教学网站建立、信息发布等。二是安全教育各项实践活动经费。高校要落实经费,确保安全教育各项实践活动有序开展。例如,支持大学生开展社会调查、志愿服务等形式为主的实践教学活动。三是安全教育队伍建设经费。开展大学生安全教育的关键是建设一支精干、高效的安全教育工作队伍,必要的专项经费则是建设这支队伍的物质基础。例如,高校安全教育课教师进行理论研究和实践调研,以及参加培训学习、聘请专家学者指导、社会考察等经费。

五、发挥好大学生的主体作用

习近平总书记在学校思想政治理论课教师座谈会上明确指出:"要坚持主导性和主体性相统一,思政课教学离不开教师的主导,同时要加大对学生的认知规律和接受特点的研究,发挥学生主体性作用。"[1]提高大学生安全教

---

[1] 《习近平谈治国理政》第三卷,外文出版社 2020 年版,第 331 页。

育课的教学效果,发挥学生的主体性作用是高校安全教育课教师值得关注的问题。高校安全教育课教师要让学生意识到自己是教学过程中的主体,使学生能够自发地、能动地参与安全教育课学习。

（一）确立学生教育主体地位

大学生安全教育课的教学活动由教师和学生共同承担,教师和学生共同对教学活动施加影响,他们都是教学活动的主体,学生的主体性主要表现为自觉参与并接受安全教育的主动性。确立学生在大学生安全教育中的主体地位,高校安全教育课教师要转变教育观念,树立服务意识,为学生的安全发展服务,把学生看作是处于主体地位的独立个体,使学生在接受安全教育过程中发挥的自主性和能动性。要从一个新的角度来认识和看待大学生安全教育课程,从学生的主体需要出发,设计大学生安全教育课的教学目标、教学内容和教学方法等。要积极引导学生将外界的安全影响内化为他们的安全素养,促进他们的自我教育、自我反省和自我提高。要发挥学生自我教育的主动性、积极性和创造性,使学生真正成为国家安全和公共安全理论知识学习的主人。

（二）提高学生自我教育能力

大学生安全教育是高校安全教育课教师有目的、有组织、有计划地对大学生安全素质进行培养的教育教学活动。高校安全教育课教师在教学活动中尊重学生的主体地位,让学生感到安全教育是可亲、可学、可信、可用的,有利于增强学生的自主意识,提高学生的自我选择能力和自我掌控能力,激发学生积极主动地接受教师传递的安全思想引领和安全理论知识,并在思想上进行自我认识和自我反思,在一定程度上也有利于学生自信心的增强,使学生成为内化和践行的主体。大学生通过自我教育和日常实践,能够自觉接受安全教育,不断提高安全素质,有效促进个人的全面发展。高校安全教育课教师发挥学生的主体作用,提高学生的自我教育能力,不仅有利于增强学生在教学过程中的自我认同感,发挥学生的学习自主性,而且对学生的日常学习生活以及走向社会都有积极意义。

（三）增强高校安全教育实效

学生的主体性说明在大学生安全教育课的整个教学活动中,高校安全教育课教师是课堂教学的主导,学生是课堂教学活动中必不可少的参与者和能动接受者。高校安全教育课教师要尊重学生的主体地位,发挥学生的主体性作用,提高安全教育教学的针对性,增强安全教育教学的实效性,使安全教育教学活动更适合学生安全发展的需求,更好地达到大学生安全教育课的教学目标。大学生充分发挥其主观能动性,将教师在课堂上讲授的安全理论知识内化为自己的知识和能力,对增强安全教育效果起到一定的促进作用。大学生在安全教育课的教学过程中,逐渐认识到自身现有的安全理论素养与国家安全教育和公共安全教育的要求存在一定差距,要想提高自身的安全理论素养,就要积极投入到大学生安全教育课的学习中去,为安全教育教学活动注入更多的活力。

安全管理篇

第六章　明确安全管理的总体要求

习近平总书记在十八届中央政治局第二十三次集体学习时指出："公共安全连着千家万户,确保公共安全事关人民群众生命财产安全,事关改革发展稳定大局。"①公共安全是社会安定、社会秩序良好的重要体现,是人民安居乐业的重要保障。高校公共安全是高校师生员工的人身、财产安全以及高校依法进行教学、科研和管理等,所必需的良好内部秩序和外部环境。高校安全管理是指高校为保证师生员工的生命和财产安全,预防和控制案件事故,减少危害和经济损失,根据国家法律法规及高校安全管理制度,对高校公共安全秩序进行计划、组织、指挥、协调和控制的管理活动。

第一节　高校安全管理工作的目标任务

高校安全管理工作的目标任务是指高校安全管理在高校教学、科研和其他工作过程中承担的特定责任,既要完成安全管理的任务,也要完成安全管理育人的任务。高校运用现代安全管理学原理,根据安全管理新形势和新任务,建立健全安全管理制度,调动一切可以调动的积极因素,形成安全管理工作合力,有效完成安全管理活动和实现安全管理目标。新时期,高校安全管

---

① 《习近平在中共中央政治局第二十三次集体学习时强调　牢固树立切实落实安全发展理念　确保广大人民群众生命财产安全》,《人民日报》2015年5月31日。

理工作的目标任务主要包括落实立德树人根本任务、维护高校稳定和保障和谐校园建设。

一、落实立德树人根本任务

习近平总书记在全国高校思想政治工作会议上指出:"要坚持把立德树人作为中心环节,把思想政治工作贯穿教育教学全过程,实现全程育人、全方位育人,努力开创我国高等教育事业发展新局面。"①立德树人是高等教育的根本任务,是教育教学的中心环节,是高等学校的立身之本。高校要坚持把立德树人融入安全管理工作的全过程,不断提高大学生的综合素质,培养德智体美劳全面发展的社会主义事业建设者和接班人。

(一) 高校安全管理工作坚持以人为本

1.高校安全管理必须坚持以人为本

坚持以人为本,实现好、维护好、发展好最广大人民的根本利益,是党和国家一切工作的出发点和落脚点,也是高校安全管理工作的第一要义。以人为本就是要重视人的价值,肯定人的作用,充分调动和激发人们的积极性和创造性,以达到人的全面发展的目的。高校安全管理工作的对象是一个有较高的文化素养,有一定的理论和政策水平,有较强的观察、分析和解决问题能力,有强烈的参与意识和民主管理意识的群体,高校安全管理工作要在尊重师生员工的基础上展开。高校安全管理工作的主要对象是大学生。以人为本在高校就是以大学生为本,以大学生为中心,促进大学生的安全发展。高校安全管理工作者要始终把"以人民安全为宗旨"贯彻到全部安全管理活动之中,坚持一切为了师生员工、一切依靠师生员工,把师生员工安全放在最高位置,不断提高师生员工的归属感、安全感、获得感和幸福感。要认真研究新时代高校安全管理工作的新情况和新特点,修订不符合教育教学规律、不利于大学生成长的安全管理制度。

---

① 《习近平谈治国理政》第二卷,外文出版社 2017 年版,第 376 页。

2. 高校安全管理落实以人为本的措施

一要把维护师生员工合法权益作为检验安全管理工作成效的最高标准。高校安全管理工作者要站在构建和谐社会、建设和谐校园的高度,充分认识维护师生员工合法权益的重要性,增强使命意识、忧患意识和服务意识,保持高度的政治敏锐性和工作责任感,贯彻"安全第一、预防为主、综合治理"的方针,确保安全管理的领导到位、责任到位、制度到位和措施到位。二要在安全管理工作中倾听师生员工的呼声。高校安全管理工作者要认真倾听师生员工的呼声,把师生员工的呼声当作"第一信号",把师生员工的需要当作"第一选择",把师生员工的利益当作"第一考虑",把师生员工的满意当作"第一标准",积极帮助师生员工解决实际问题,不断打牢安全管理工作的群众基础。三要在安全管理工作中充分调动师生员工的积极性。师生员工是高校安全管理工作的主体,高校安全管理工作者要尊重师生员工的主体地位,尊重师生员工的安全需要,尊重师生员工的首创精神,善于集中师生员工的智慧和力量,最大限度地调动师生员工的积极性,发挥师生员工的创造性,形成安全管理工作的巨大力量。

（二）高校安全管理工作注重人文关怀

1. 引导大学生树立正确价值取向

2014 年五四青年节,习近平总书记在北京大学考察时指出:"青年的价值取向决定了未来整个社会的价值取向,而青年又处在价值观形成和确立的时期,抓好这一时期的价值观养成十分重要。"[①]当前,个别大学生受西方文化、价值观念的影响,导致价值观错位、价值取向扭曲,出现了不同程度的理想信念模糊、政治信仰迷茫、社会责任感缺乏、诚信意识淡薄等问题,滋生了一定的享乐主义、拜金主义、利己主义和功利主义等思想。以"富强、民主、文明、和谐、自由、平等、公正、法治、爱国、敬业、诚信、友善"为基本内容的社会主义核心价值观的提出,不仅为大学生的价值取向指明了方向,也为高校安全管

---

① 《习近平谈治国理政》,外文出版社 2014 年版,第 172 页。

理工作提供了重要依据。高校思想政治工作者和安全管理工作者要善于总结经验,化消极因素为积极因素,挖掘教育资源,对大学生开展教育引导,实现社会主义核心价值观对大学生价值观的内化与升华。通过案例教育、警示教育等方式引导大学生的价值取向,使大学生努力践行社会主义核心价值观。

2. 帮助大学生塑造健康人格

大学生的全面发展离不开健康的人格和良好心理素质的培养。健康的人格能平衡、协调情绪,能自我克制、自我激励。不健康的人格往往孕育着不健康的心理和行为。当前,社会环境复杂多变、学习就业竞争激烈,社会理想与社会现实的激烈冲突、理想自我与现实自我的巨大差距,容易导致个别大学生在学习成才、人际交往、自我管理、交友恋爱和求职择业等方面遇到一系列不适应问题,如果大学生不能妥善处理这些不适应问题,就容易引发或轻或重的心理问题。高校思想政治工作者和安全管理工作者要引导大学生自觉抵制享乐主义、拜金主义、利己主义和功利主义,正确面对学习压力、生活压力、人际交往压力和个人发展压力,增强自我调适能力和社会生活适应能力。要帮助大学生塑造健全人格,改善心理机能,培养良好的心理品质,减少和避免各种心理问题、心理疾病的发生。要引导大学生保持乐观向上的人生态度,锤炼勇敢顽强的意志和品格,历练应对困难和挫折的心理素质。要多做暖人心、得人心、稳人心的工作,在关心帮助大学生中教育引导大学生,把解决大学生的思想问题与解决大学生的实际问题结合起来。

二、维护高校稳定

高校稳定是指高校内部系统的规范性、秩序性和可控性,以及高校与外部社会环境的协调性,是高校办学秩序、校园环境和师生情绪的总体反映。维护高校稳定,关系到高校的发展和建设,关系到国家的政治稳定、社会的长治久安和经济的持续快速发展。高校安全管理工作要落实中央关于维护稳定的工作部署和要求,探讨新时期维护稳定的工作体系及机制,确保高校的稳定。

（一）维护高校稳定的意义

1.高校稳定是社会稳定的重要组成部分

高校是社会的重要有机组成部分。高校青年教师和大学生具有强烈的爱国热忱、特殊的政治敏锐性,国内外时事政治的重大变化和重大事件的发生,往往较早地在高校师生中引起自发性的回应。做好高校师生的思想工作,满足师生的合理诉求,是促进社会稳定的重要保障。高校稳定还能降低高校发生突发事件及违法违规事件的概率,从而减少对社会稳定的不利影响。经验表明,高校稳定是影响社会稳定特别是政治稳定的最直接、最重要的因素之一,是反映国家政治和社会生活运行状况的"晴雨表"。

2.维护高校稳定是构建和谐社会的必然要求

稳定是和谐的前提和基础,没有社会的稳定,构建和谐社会就无从谈起。构建和谐社会离不开以培养人和塑造人为根本宗旨而存在的高等教育。作为科学研究和社会服务的重要机构,作为培养社会主义事业合格建设者和可靠接班人的摇篮,高校在构建和谐社会进程中发挥着极为重要的作用。构建和谐社会把提高人的综合素质和促进人的全面发展作为根本目标之一,而要提高人的综合素质和促进人的全面发展,教育是最重要的。因此,维护高校稳定是构建社会主义和谐社会的应有之义和必然要求。

3.维护高校稳定是高校改革与发展的客观需要

高校稳定的特性是政策的延续性、行为的规范性、局面的可控性和工作的有序性。高校稳定的标志是保持高校良好的教学、科研秩序,以及正常的工作和生活秩序。高校稳定有利于增强高校的凝聚力和向心力,能够为高校改革和发展提供良好的秩序和环境氛围。高校维护稳定工作坚持"稳定压倒一切"原则,无论出现何种情况,都必须从维护大局稳定的原则出发,千方百计防止事态的扩大,即使不能立刻制止或解决,也要努力控制事态的恶性发展,决不能任其蔓延,努力把损失降到最低程度。

4.维护高校稳定是高校发展特殊性的重要体现

高校具有的教育教学、科学研究和社会服务三大基本功能,以其学科综合、人才荟萃、教学科研结合和信息灵便等独特的优势,具有重要的示范性、导向性和引领作用。高校是知识创新的重要基地和促进高新科技成果转化的重要力量,社会经济的发展离不开高校的贡献和巨大推动力。因此,高校稳定显得尤为重要,不仅是高校本身,更重要的是影响到社会生活的各个方面。

(二) 维护高校稳定的内容

1.政治上安定团结

稳定首先是针对社会政治不安定因素提出来的,这就要求高校始终要将政治稳定作为头等大事来抓。高校政治稳定,就是通过开展马克思主义理论学习和教育,使师生员工自觉抵制和消除不良思想的侵蚀,树立正确的世界观、人生观和价值观;通过贯彻落实党的路线、方针和政策,使师生员工有崇高的理想和坚定的信念,忠诚和忠实于党的事业,在政治上与党中央保持高度的一致;通过坚持正确的办学理念,坚持社会主义办学方向和党的教育方针不动摇,使高校培养出来的人才始终为社会主义政治文化建设和经济建设服务。

2.师生员工思想上稳定

高校师生员工思想稳定是政治稳定的基石,也是高校稳定的核心。高校要深入开展社会主义核心价值体系学习教育活动,努力用社会主义核心价值体系引领思潮、凝聚共识。着力培育生动活泼、健康向上、形式多样和富有特色的先进校园文化,不断满足师生员工日益增长的文化生活需要。要通过课堂教学、学术讲座、党团活动、第二课堂和各种宣传媒介等,牢牢地占领思想阵地,保持正确的思想影响,增强师生员工的内聚力,提升学校的核心竞争力,确保师生员工思想上的稳定。

3.教学和科研秩序稳定

高校承担着人才培养的重要职能,是教书育人的主要场所,通过科学合理的教育教学活动达到教书育人的目的。高校只有在教学和科研秩序井然的条件下,才能保证师生心态和情绪的稳定,提高教学质量,形成良好的学习氛围。高校教学和科研秩序稳定是高校稳定的主要标志,良好的教学和科研秩序不仅是高校稳定的外在表现形式,而且是维护高校稳定的有力保证。

4.校园环境安全稳定

高校校园环境稳定不仅包括校园内部环境的安全稳定,而且包括校园周边环境的安全稳定,是高校稳定的关键和基本要求。如果高校校园或校园周边的案件事故频发,伤害、盗窃等现象突出,师生员工的生命和财产面临威胁,正常的工作、学习和生活秩序得不到保障,势必会影响高校的稳定。维护高校校园环境安全稳定,不仅要抓好校园内部的治安管理工作,严密防范各类案件事故的发生,而且要重视和抓好校园周边的社会治安综合治理工作,全方位、全时空、全过程确保高校校园安全稳定。

三、保障和谐校园建设

党的十六届六中全会提出构建"民主法治、公平正义、诚信友爱、充满活力、安定有序、人与自然和谐相处"的社会主义和谐社会。高校是社会的重要组成部分,构建和谐校园是构建社会主义和谐社会的重要内容。高校要加强和谐安全管理的构建,为高校和谐校园建设提供有力保障。

(一)构建和谐校园的意义

1.构建和谐校园是建设和谐社会的必然要求

和谐社会是由众多单元组成的,只有各单元和谐了,社会才能和谐。学校作为社会的单元之一,是社会的细胞。高校汇集了大量高素质的人才,是传播知识、培育人才和服务社会的重要阵地。和谐校园是和谐社会的重要组成部分,高校的和谐对社会的和谐具有强大的辐射作用。和谐校园建设以公平作为主题,以安定有序作为前提,以充满活力作为标志,以诚信友爱作为氛围,真切体现了党中央关于建设和谐社会的本质要求。

2.构建和谐校园是落实以人为本的科学发展观的需要

以人为本是科学发展观的核心。在高校,以人为本指建设和谐校园,为大学生的全面发展创造环境、营造氛围、搭建平台。通过和谐校园的构建,建立师生员工身心愉悦的物质环境和精神环境,推行个性化教学,促进大学生或大学生群体个性的自我和谐。实施人性化管理,促进教育者与受教育者之间的人际关系和谐。用科学发展观解决高校发展中遇到的各种问题,努力实现教育教学环境的和谐、教育主体诸要素间的和谐、师生员工和学校制度的和谐,学科之间的和谐、学术氛围的和谐、学生身心发展的和谐等。

3.构建和谐校园是教育教学质量的重要保证

高校教育教学活动主要是在教师和学生中进行的。教师与学生教育教学活动的开展并非孤立进行的,学校环境是否安全有序对教育教学活动影响极大。学校环境安全有序,可以保障教师的教学条件和秩序,提高学生的学习兴趣,激发学生的学习热情,保证教育教学的效果。高校通过构建和谐校园来保障教育教学的条件,维护教育教学的秩序,解决教育教学活动中的矛盾和问题,提高教师和学生的积极性,从而提高教育教学的质量。

4.构建和谐校园是高校育人功能实现的重要途径

和谐校园主要包括个体自身的和谐、人与人的和谐、人与教育资源的和谐、人与自然环境的和谐,其中人与人的和谐是构建和谐校园的关键。高校通过和谐校园建设,营造一个安定、和谐和宽松的育人环境,为学生提供良好的学习条件,培养学生良好的学习习惯,使学生掌握与人沟通的技巧,具备健全的人格,养成良好的行为习惯。和谐校园建设不仅有利于培养学生的合作意识和诚信精神,而且从根本上满足学生成长成才的需求,使学生安全、自由和健康地发展,保障学校育人功能的实现。

(二) 构建和谐安全管理的内容

1.和谐安全管理的目标

高校和谐安全管理目标是安全管理工作的优质化、法治化、民主化、高效化。一是优质化。安全管理是否和谐要靠安全管理的对象满意度进行评价,即由师生员工以及学校、社会相关人员进行评价。二是法治化。安全管理不是"随意化"管理,不是一团和气,要维护国家法律法规及学校规章制度的严肃性和权威性,要依法管理、违规必究。三是民主化。安全管理强调人在管理中的主导地位,要把尊重人、爱护人、理解人和关心人贯穿到工作中。四是高效化。安全管理追求效率、简化程序、减少环节和雷厉风行,高质量、高效率地把工作做好。

2.和谐安全管理的层次

高校和谐安全管理根据不同的岗位和任务划分成局部和谐、岗位和谐和人员和谐。第一,局部和谐。局部和谐是指高校安全管理工作的相关性。相关性是指高校各部门、各单位开展安全管理工作,既要相互关系,又要相互作用。第二,岗位和谐。岗位和谐是指岗位安全责任与工作任务之间、岗位与岗位之间具有较高的相关性。高校要明确各岗位应履行的安全职责,实行目标管理,同时处理好岗位与岗位之间、岗位人员之间的责权利。第三,人员和谐。人员和谐是指高校安全管理工作中师生员工之间的合作程度,是和谐安全管理的关键。

3.和谐安全管理的决策

高校和谐安全管理决策是指高校为了保证安全管理目的的实现、安全制度的落实,在调查研究和信息收集的基础上,对安全管理工作方案做出选择的活动。安全管理的决策一般分为整体规划、年度计划和临时计划的研究制订。决策关系到安全管理的全过程,决策质量决定安全管理的质量。高校要重点做好安全管理工作的整体规划和年度计划,并遵照一定的决策程序,提高决策的科学化、民主化。临时计划通常是日常安全管理工作中具有随机性的工作决策,一般由安全管理部门负责人研究决定。

4.和谐安全管理的控制

高校和谐安全管理控制是指高校安全管理工作者对安全管理的实际运行是否符合预定目标进行测定,并采取措施确保安全管理目标实现的过程。通过对安全管理工作的控制,既可以检验安全管理是否按预定计划进行,检验安全管理计划的正确性和合理性,又可以调整安全管理计划,保证安全管理目标的实现。高校要建立多层次、多渠道的信息沟通机制,把安全管理计划实施中出现的偏差信息及时传递到学校领导和安全管理部门,并借助网络技术建立公平、公正和公开的舆论监督机制,使师生员工能够畅所欲言。

5.和谐管理队伍的构建

高校安全管理队伍是指高校从事教学科研、人力资源、学生工作、安全管理、后勤管理、实验室与设备管理等除学生以外的所有参与学校安全管理工作的人员,这支队伍是保证高校和谐稳定、安全发展的中坚力量。构建和谐安全管理队伍是高校安全管理、安全管理创新、为师生员工提供优质安全服务的需要。构建和谐安全管理队伍,要求管理队伍成员要具有良好的政治思想和职业道德素质,具有良好的业务素质,具有较强的组织协调能力,具有很高的责任意识、服务意识、形象意识、合作意识和创新意识等。

第二节　高校安全管理工作的一般原则

高校安全管理工作原则是指高校安全管理工作者在安全管理原理和规律的指导下,为了对安全管理客体进行有效的安全管理,实现安全管理的目的必须遵循的准则。高校安全管理工作原则主要包括综合治理、依法管理和管理育人。安全管理工作原则对于约束高校安全管理工作者,遵守安全管理规律,避免主观性和片面性,正确实施安全管理措施,具有十分重要的作用。做好新时代高校安全管理工作,只有科学掌握和辩证应用安全管理工作原则,才能使安全管理工作卓有成效,发挥其应有的功能与作用。

一、综合治理

综合治理也称社会治安综合治理,是指在各级党委、政府的统一领导下,各部门协调一致,齐抓共管,依靠广大人民,运用政治、经济、行政、法律、文化、教育等多种手段,整治社会治安秩序,预防和打击违法犯罪,维护社会稳定,促进社会和谐的一项系统工程。高校是社会的一个组成部分,高校治安综合治理是社会治安综合治理系统工程的一个子系统。

（一）高校治安综合治理的作用

高校治安综合治理是在社会治安综合治理的系统工程中,紧密结合高校特点和治安状况,在高校党政主要领导的领导下,运用多种手段,预防、控制违法犯罪活动,对校园治安实施科学、有序和高效的管理,创造良好的教书育人环境。

1.保障高校稳定

中共中央、国务院印发的《关于加强社会治安综合治理的决定》中把"保障社会稳定"作为社会治安综合治理的基本任务。高校领导要进一步强化稳定意识,把维护高校稳定作为不可忽视的政治责任。高校治安综合治理要把保障高校稳定摆在首位,切实抓好落实。要完善人防、物防和技防措施,加强安全教育与管理,提高预防灾害、应急避险和防范违法犯罪活动的能力,为师生员工创造安定有序、和谐融洽、充满活力的工作、学习和生活环境。

2.消除各种侵害因素

《中共中央 国务院关于进一步加强社会治安综合治理的意见》指出:"要坚持打击与防范并举,治标和治本兼顾,重在防范,重在治本。"防范是治安综合治理的有效手段,与打击是一个问题的两个方面。消除侵害因素、预防犯罪,实质上就是避免或减少那些可能发生的犯罪给高校所造成的直接或间接物质和精神损失。通过治安综合治理,能够及时消除犯罪的侵害因素和可能的犯罪,增加师生员工的满意度和安全感,最大限度地调动师生员工参与治安综合治理的积极性,形成同违法犯罪行为作斗争的氛围。

3.推进平安校园建设

高校平安校园建设是平安中国建设的重要组成部分。对高校而言,安全稳定的校园、和谐文明的环境是学校改革发展的前提条件,是学校各项事业顺利进行的重要基础。确保师生员工的人身和财产安全、学校的公共财产安全,创建平安校园,高校综合治理承担着源头性、根本性和基础性工作,发挥着十分重要的作用。高校综合治理要着眼于构建平安校园,把握校园安全的各个关键环节,通过教育宣传、思想工作的等多种形式,通过预防、打击等多种手段,为正常的教学、科研以及其他工作创造安全稳定的治安环境。

4.为社会治安综合治理作出示范

高校是为国家培养高素质人才的地方。高校治安综合治理主要是教育人、引导人和塑造人,通过法制宣传教育、思想政治工作等,不断强化师生员工的法律意识和道德观念,规范师生员工的行为,尽量减少或杜绝违法犯罪。在社会治安综合治理中,高校贯彻执行中央和地方政府关于社会治安综合治理的方针、政策,通过治安综合治理,创造出一个少犯罪或不犯罪、既文明又安全的治安环境。一方面,保障高校教学、科研和其他工作的顺利进行;另一方面,以自己良好的形象向社会作出示范,为高校驻地的社会治安综合治理作出贡献。

(二) 高校治安综合治理的内容

高校治安综合治理工作要结合自身实际,充分认识并发挥治安综合治理各方面的作用,形成治安综合治理的合力与网络,解决校园治安中的突出问题,实现治安综合治理的目标。

1.建立健全长效机制

成立由高校党政主要领导及党办、校办、宣传、学生工作、安全管理、后勤管理等部门和工会、共青团等群众组织负责人参加的治安综合治理委员会,设立相应的办事机构。根据国家及地方有关法律法规,结合学校实际,制定和完善治安综合治理规章制度。明确高校党政主要领导对学校治安综合治理工作负总责,分管校领导具体负责,其他校领导一岗双责,实现一级抓一级、一级对一级负责。严格实行治安综合治理工作责任追究制,对工作不力或不负责任而造成严重后果的,严肃追究有关领导和工作人员的责任。

2.认真落实主体责任

《中共中央 国务院关于进一步加强社会治安综合治理的意见》要求:"切实做到'管好自己的人,看好自己的门,办好自己的事',将'谁主管谁负责'的原则真正落到实处。"一要做好所属人员的思想教育和法制教育,使他们自觉遵纪守法,确保自己的人不违法、不犯罪、不违纪。二要贯彻落实治安综合治理各项措施,坚持领导干部值班制度,加强重点部位的安全防范,确保在自己的门里不发生安全问题。三要根据学校综合治理委员会的要求,层层落实责任,完成本部门、本单位的教学、科研和管理等工作,确保自己的事尽职尽责做好。

3.开展专项治理活动

校园治安问题是师生员工关注的一个热点问题,不仅直接关系到高校改革发展的大局,而且直接关系到高校的稳定。针对校园存在的治安矛盾,加强校园治安秩序管理,是保证高校稳定的前提。高校要针对不同时期、不同季节出现的校园治安矛盾,开展专项治理活动,整治校园治安秩序。例如,针对学生食堂手机被盗问题,开展手机失窃专项治理;针对学生宿舍违规使用大功率电器问题,开展大功率电器专项治理;针对大学生在校园骑电动车超速问题,开展电动车专项治理;针对大学生网上兼职被骗问题,开展网上兼职被骗专项治理等。

4.发挥群防群治作用

高校治安综合治理涉及学校方方面面,参与的部门单位多,与师生员工有密切关系。要由学校党政集中统一领导,结合各部门、各单位的职能,明确各岗位治安综合治理目标管理的责任、义务和奖罚标准。要把各部门、各单位和全校师生员工的力量组织和协调起来,形成工作合力,构建人人有责、人人尽责的安全共同体。要以维护校园政治稳定为核心,以预防各种案件事故为重点,以构建平安校园为载体,动员各方面力量齐抓共管。要将治安综合治理工作作为对师生员工考核的重要内容,调动全员参与、人人管理的积极性。

5.积极配合政府部门

高校治安综合治理是社会治安综合治理的一部分,高校校园治理效果如何,很大程度上依托于社会环境的整体治理。高校治安综合治理工作很重要的一个职责,就是配合政府部门搞好校园周边地区的整治。针对校园周边饭店、KTV 和影视厅等场所多,外来务工人员多,对学校及大学生安全构成潜在隐患等情况,高校安全管理部门要提高预测、发现、控制和处置能力,积极配合公安机关、综合执法等部门尽力消除各种安全隐患。通过对校园周边环境的整治,为校园内部的治安综合治理创造更为有利的社会氛围。

二、依法管理

《教育部关于加强依法治校工作的若干意见》指出:"加强制度建设,依法加强管理。"《普通高等学校学生管理规定》第三条规定:"要坚持依法治校,科学管理,健全和完善管理制度,规范管理行为,将管理与育人相结合,不断提高管理和服务水平。"高校要在国家相关法律法规的基础上,建立完善的安全管理规章制度,明确学校、师生员工等各方的安全权利和安全义务,推进安全管理工作的制度化、规范化和合法化,依照安全相关法律法规和学校安全规章制度开展安全管理工作。

(一) 依法管理的作用

1.落实依法治国基本方略要求

依法治校是依法治国基本方略的重要组成部分,依法治校要求高校管理工作法治化。安全管理工作是高校管理工作的主要内容之一,高校根据国家的法律法规调整安全管理各方面的关系,并在国家法律框架的范围内制定安全管理的各项规章制度,明确规定安全管理工作的实施办法和程序,确保安全管理工作有章可循。高校通过依法实施安全管理行为,营造民主法治的校园环境,在法治的氛围下培养师生员工的法律意识,使他们形成学法、守法和用法的习惯。

2.强化制度规范的遵守和执行

高校安全管理实现法治化,通过制度规范设定安全管理行为的依据、内容、行使程序及行为后果,使高校安全管理行为具备合法性基础,防止高校安全管理活动的随意性,一定程度上减少了高校安全管理工作者滥用权利或不尽职责的行为。同时,通过制度规范的约束和指引,明确师生员工的行为界限,让师生员工充分了解哪些行为是制度规范倡导鼓励的行为、哪些行为是制度规范限制或禁止的行为,使师生员工的安全权益得到实现和保障、关注的安全事项得到认可和反馈,增加师生员工对安全管理工作的满意度和认同感。

3.加强高校治安综合治理工作

高校治安综合治理工作既有行政管理的属性,又有依法治理的功能。高校党政领导和安全管理部门依法推进学校的治安综合治理工作,包括运用法律手段等多种手段,查处发生在高校的各类治安案件,并依法处理违法犯罪人员。积极配合地方政府有关部门开展校园及周边环境的治理工作,预防和减少大学生违法犯罪,依法保护学校的合法权益,为学校教育教学活动创造良好的环境。建立面向社会的举报制度,及时发现和纠正学校、师生员工的违法行为,特别是学校、教职工侵犯学生合法权益的违法行为。

4.落实高校与学生的关系要求

高校与学生是教育服务的提供者与接受者的关系,双方的权利义务对等,在双方出现矛盾时要用法律手段来协调解决。要用平等的眼光看待高校和学生的关系,要尊重学生的权利,尊重学生对合法权利的追求,确保学生的利益得到保护。高校依法开展安全管理工作,通过安全管理制度规范明确学生的安全权利与义务,建立学生安全发展的各种权利实现空间和权利保障机制,回应学生在民主安全管理参与、接受安全保护等方面的期待。

(二)依法管理的思路

1.强化安全管理法治理念

知法懂法是实现依法治校的基本要求。高校安全管理者要增强法律意识、树立法治观念,并将法治观念贯穿于安全管理工作的全过程。依法安全管理的关键在于高校安全管理工作者以良好的法律意识和法治观念开展安全管理工作,这就要求高校安全管理工作者从消除错误观念、树立正确理念入手,不要单凭自己的经验、习惯和本校传统,在依法进行安全管理的同时,要尽力维护师生员工的合法权益不受侵害。特别是对于一些把握不准的事,要多用法律审视,避免超越法律规定的范围而造成违法。

2.依法建立安全管理制度

高校内部安全管理制度是落实安全管理工作法治化的主要手段,高校必须依法严格建立校内安全管理制度。作为只对本校学生适用、没有法律效力的高校内部安全管理制度,不能与国家的宪法、法律和行政法规以及教育行政主管部门的规章相抵触。高校安全管理工作存在一定的自由裁量空间,这种自由裁量权的使用要受到合理原则的制约,高校内部各项安全管理制度的制定、实施都要体现公正合理这一法理精神。

3.依法保护师生员工利益

高校要认真贯彻落实有关校园安全的法律法规及规定,建立健全依法管理体制,把依法管理落到实处。要实现安全教育培训的系统化、规范化和制度化,搞好对师生员工的安全教育,预防和减少安全责任事故,保障师生员工的人身和财产安全。要落实各项安全防范措施,加强对学校教学、生活和活动等设施的安全检查,积极维护校园的安全与秩序。要建立应对各类突发事件的应急预案,增强预防预测和妥善处置突发事件的能力。要建立安全事故和伤害事故的调查处理机制和责任追究制度。

4.依法处理高校意外事件

高校师生员工的意外伤害、意外死亡事件的处理,有时会扰乱高校正常的教育教学和工作秩序,甚至会造成一定的社会影响。在处理高校意外事件时,要坚持以维护师生员工的正当权益、维护高校和谐稳定为出发点,在弄清事件缘由的基础上,严格按照国家法律法规和政策,综合运用政策、法规和经济等手段,配合使用协商、调解等方法,引导当事人或家属以正确、合理和合法的方式表达利益要求,解决利益矛盾,防止矛盾激化。对事件的直接责任人,要根据相关法律和政策追究其责任。

三、管理育人

《关于加强和改进新形势下高校思想政治工作的意见》指出:"坚持全员全过程全方位育人。"把思想价值引领贯穿教育教学全过程和各环节,形成教书育人、科研育人、实践育人、管理育人、服务育人、文化育人、组织育人长效机制。高校安全管理工作能够解决校园安全问题、减少安全事故的发生以及由此带来的人身和财产损失,并在管理工作中落实"以生为本、育人为先"的管理理念,实现提高安全管理水平与提升育人质量的高度统一。

（一）强化安全管理育人的思维

1. 坚持安全教育与安全管理相结合

高校管理育人是教育与管理的辩证统一体,二者既互为目的,又互为手段。互为目的体现在二者的目的具有同一性,即立德树人的育人目的。互为手段体现在:一方面,安全管理作为安全教育的手段,主要通过安全制度规范和行为约束,促进大学生对安全教育要求的接受和遵守;另一方面,安全教育作为安全管理的手段,主要通过对安全管理要求的宣传等,促进大学生对安全管理要求的接受和遵守。高校安全管理工作坚持管理育人,既有助于在加强安全管理中发挥安全教育的作用,也有助于在加强安全教育中发挥安全管理的作用,从而实现安全教育与安全管理的统一。

2. 坚持规范化管理与人性化管理相结合

规范化管理和人性化管理是现代科学管理的两项重要原则,二者之间是相互补充的关系。规范化管理以严格制定和执行各项管理规章制度为特征,强调管理者与管理对象权利与义务的对等、管理对象之间的公平、管理过程的公开、结果的公正等。人性化管理以人性尊重和人文关怀为特征,强调对管理对象的情感关怀、个性化需求满足和潜能激发等。高校安全管理工作既要加强对各项管理制度的宣传,严格各项管理制度的执行,又要加强对违反管理制度学生的查处和帮扶,并根据学生的实际需求对一些内容相对滞后的管理制度进行及时修订,增强规范管理的制度救济能力。

3. 坚持学校管理与自我管理相结合

大学生既是高校安全管理的客体,又是自我管理的主体。高校要在以安全管理工作者为管理主体的安全管理活动中,充分尊重和保护大学生的客体能动性;在以大学生为管理主体的自我管理活动中,充分发挥学生的主体作用。高校安全管理工作坚持管理育人,一方面强调安全管理部门或安全管理工作者对大学生的教育引导作用,主要通过规范管理和思想引导对大学生进行教育;另一方面强调大学生的自我管理,通过大学生制定和遵守各种自律公约、学生自我管理与自我教育等,形成大学生自觉遵守、接受和内化的自我管理模式。

(二) 提高安全管理育人的实效

1. 创新安全管理的育人方法

一是管理制度育人。高校安全管理制度在全校范围内具有普遍约束力,并对大学生产生教育引导作用。运用安全管理制度的约束与教育功能,加大安全管理制度的宣传教育力度,对大学生违反安全管理制度的行为进行查处,创造公平、公开、公正的安全管理秩序,促进大学生安全价值认同和安全行为自觉。二是管理过程育人。高校安全管理工作者深入学生日常学习和生活,准确把握学生的心理变化规律、思想脉搏和行为走向,精准对接学生的思想问题与现实问题,将解决实际问题与解决思想问题相结合。三是安全服务育人。高校安全管理部门通过减少层级、流程再造、程序优化等方式,切实提高办事效率,同时通过信息化、社会化等手段整合管理资源、增强服务内容、拓展育人平台等,使安全管理向安全服务转变,不断增强管理育人的吸引力和扩大学生的参与面、满意度。

2. 拓展安全管理的育人形式

高校安全管理育人是在管理者与管理对象互动过程中实现的,安全管理工作者把握好管理的互动过程,可以将每一种管理形式转化为育人形式。一是依托管理理念育人。高校安全管理工作离不开科学理念的指导和支撑,高校安全管理工作者通过对科学管理理念的凝练、宣传和贯彻执行,可以对大学生进行先进思想观念的渗透教育。二是依托管理者育人。高校安全管理工作者带头培育和践行社会主义核心价值观,其言行举止既体现着安全管理的要求,也传递着管理育人的要求。三是依托管理岗位育人。高校每一个安全管理岗位都负有育人职责,既要完成其承担的具体安全管理任务,又要完成贯穿于岗位管理之中的思想政治工作。四是依托管理活动育人。高校根据安全管理工作的需要,组织开展各类安全主题活动,既加大对安全管理政策措施的宣传力度,也促进育人活动的开展。

3.挖掘安全管理的育人元素

高校安全管理中蕴含着一定的育人资源,挖掘和利用好这些育人资源是强化安全管理育人的目标所在。一是通过科学化管理育人。高校科学化安全管理渗透着科学的管理理论、管理方法、管理知识等,在安全管理过程中要注意培养大学生的科学思想观念和专业知识。二是通过制度化管理育人。大学生对高校各项安全管理制度的遵守,必然会增强他们的法律意识、法治观念和纪律意识等。三是通过信息化管理育人。高校安全技术防范离不开对信息技术的应用,大学生通过参与安全管理活动,增强自身的信息素质和技术体验。四是通过民主化管理育人。大学生通过参与高校民主化安全管理,增强自身的民主意识与沟通能力。五是通过人性化管理育人。高校贯彻以人为本理念和实行人性化安全管理,必然使受到个性化关怀关照的大学生增强主体意识、责任意识和人文情怀。

第三节　高校安全管理工作的主要方法

高校安全管理工作方法是指在高校安全管理工作中,为达到一定目的所采取的与之相适应的工作方式和手段的总称。高校安全管理工作要真正取得实效,必须通过有效的途径,运用可行的方法。高校思想政治工作者和安全管理工作者要注意把握师生员工思想、行为活动规律以及安全管理工作规律,搞好对安全管理工作方法的研究和运用,提高安全管理工作的效果。高校安全管理工作方法随着实践的发展而不断丰富新的内容,目前常用的方法主要有说服教育与转化、审时度势、心理咨询与心理危机干预、大学生自我管理等。

一、说服教育与转化

高校思想政治工作者和安全管理工作者在平时工作中,要注意掌握师生员工的心理、思想和行为动向,把思想工作做在前头,把思想问题解决在萌芽状态,把消极因素转化为积极因素,注意做好后进师生员工的转化工作,重点做好个别人的管控工作。

(一) 把思想工作做在前

通过仔细观察师生员工的表情和行为变化,了解其心理和思想变化,推断其行为活动趋向,把思想工作做在前,增强安全管理工作的预见性。一要深入师生员工调查研究。通过个别谈心、开座谈会和民意测验等方法,搞清不同时期各类人员的心理变化和思想动向。调查研究要让师生员工感到调研者是在为他们着想,为他们办事,要听取正反两方面的意见。只有这样,才能切准其思想脉搏,摸准其心理状态,掌握其真实情况。二要注意受客观外界变化的影响。密切关注师生员工在国内外发生重大事件、个人工作学习受挫或利益得不到满足等时的心理和思想变化,注意观察师生员工由爱说爱笑、干劲十足、待人热情、严格要求、成绩优异变得沉默寡言、萎靡不振、板起面孔、不守纪律、成绩下降等情绪和行为变化。三要经常进行思想和心理分析。在搞好调查的基础上,以第一手材料为依据,分析研究师生员工的思想和心理。在分析研究时,既要看到事物的正面,又要看到事物的反面;既要看到事物的外部,又要看到事物的内部;既要看到事物的现象,又要看到事物的本质。

(二) 做好后进转化

后进转化是指通过思想政治工作和安全管理工作,帮助个别师生员工把不正确或不完全正确的思想、心理和行为,转变到正确的思想、心理和行为轨道上来的活动。一要采取疏通引导方法。后进问题是属于高校内部的思想认识问题,只能采取启发、引导和说服教育等方式。个别后进师生员工的不良行为是在不良思想的支配下进行的,疏通引导有利于调动他们的积极性,排除思想障碍,把他们的思想行为引导到正确方向上来。二要帮助解决实际困难。对待后进师生员工要从工作、学习和生活上关心他们,主动热情地帮助他们解决实际问题。三要因人而异做转化工作。切实把握每名后进师生员工的思想变化、心理个性特点和后进形成的原因,坚持对症下药,一把钥匙开一把锁。针对后进师生员工的个性特点和后进形成的主客观原因,采取不同的教育转化方法,提高转化工作的针对性和有效性。

(三) 关注重点人群

(1)思想基础不牢的人。这些人容易因思想认识不到位、社会交往不了解和自我要求不严格等而出问题。(2)遭受突发变故打击的人。如婚恋失败、考试挂科、师生矛盾等人,容易引发过激行为。(3)性格过于内向的人。这类人有问题闷在心里,心理承受能力较弱。(4)发生过问题的人。这类人,虽经教育有所改变,但还可能出问题。一要进行个别谈心。要采取个别谈心的方式,进行一人一事的思想教育工作。对于问题较为严重的人,要辅助以批评教育,指出其问题的严重性和引起的不良后果。二要采用不同方法。要根据当事人的个性特点,对症下药。对思维灵活的人要摆事实、讲道理;对思维死板的人要有耐心,等待其觉悟;对外露的人要直截了当指出其问题所在;对含蓄的人要启发、诱导,促使其对问题的认识。三要注意分寸,掌握时机。不要急于触及问题的实质,先在与问题有关的枝节方面做工作,使当事人逐步认识到问题的实质。特别是对问题严重的人,不要直接点明问题的严重性,防止其产生思想压力和对抗心理。

二、审时度势

审时度势的方法是指要把握高校安全管理工作的势、度、时。势就是国家总的安全形势和高校具体安全情况;度就是根据实际情况,注意掌握分寸,力争做到恰如其分;时就是在开展安全管理工作时,选择时机,掌握火候。投入同样的工作量,势、度、时把握得好与不好,其工作效果大不一样。高校思想政治工作者和安全管理工作者要注意把握好势、度、时,有的放矢地开展安全管理工作。

（一）把握安全管理工作中的势

一是把握全局。高校思想政治工作者和安全管理工作者要考虑全国安全生产的总体形势、高校安全管理的形势任务以及本校安全管理的具体情况，对校园消防安全、交通安全以及其他方面的安全，特别是对师生员工的思想问题、心理问题和矛盾问题要做到心中有数，这样才能结合高校形势和本校实际，运用安全管理的科学方法解决好各类安全问题。二是善于审势。高校思想政治工作者和安全管理工作者要考虑形势的变化、师生员工思想心理的变化、本校各阶段性工作的不同，采取最佳工作方案，有针对性地解决好师生员工的思想问题、心理问题和矛盾问题。三是善于因势利导。高校思想政治工作者和安全管理工作者要善于从政治上思考、判断和处理问题，工作方法要因人、因事、因时、因地而异，把师生员工思想上可能出现的消极因素引导到正确思想轨道上来。

（二）把握安全管理工作中的度

一是分析学校的自然情况。学校自然情况主要包括人员构成、老中青的比重、文化程度构成比例等。做好学校自然情况的分析，对做好安全管理工作有着重要意义。例如，高校教师趋于年轻化、高学历化，年轻教师思想活跃、参与意识强，安全管理工作的方法和形式就要随之转变。二是分析师生员工思想状况。对师生员工一定时期思想动向、心理态势的分析，不要把个别思想苗头说成是倾向性问题，不要把认识问题看成立场问题。特别是不要把个别的心理问题说成是普遍的心理问题，也不能把逆反心理、矛盾心理和不平衡心理等简单说成心理问题。三是把握好工作的度。对师生员工的思想问题、心理问题和矛盾问题要做好量的和质的分析，对问题的性质和程度做到心中有数。例如，个别师生员工比较复杂的思想问题、心理问题和矛盾问题，投入工作量小了，工作做不到位，问题得不到解决；一般的思想问题、心理问题和矛盾问题，兴师动众，多人去做工作，效果不一定好。

（三）把握安全管理工作中的时

安全管理工作时机的重要性不亚于安全管理工作的内容和形式。选择最佳时机适时开展安全管理工作,可以收到事半功倍的效果;反之,时机不当,或不善于捕捉时机,就有可能贻误工作,事倍功半。一是根据季节变化,适时预见容易发生的安全问题,调整安全管理重点。夏季,要将安全管理重点放在防溺水、防中暑、防雷击和防食物中毒上;秋冬季,则要严防火灾事故的发生。二是根据任务转换,适时制定相应的安全管理措施,明确安全管理重点。针对开学报到、外出实习、毕业季以及运动会、招聘会、文艺演出等情况,根据不同情况的特点确定安全管理重点。三是根据管理对象,适时调整针对不同对象的安全管理要求,把握安全管理重点。要针对校园内后勤服务保障人员、物业人员、经商人员、施工人员以及外来培训人员等人员特点,办公楼、教学楼、实验楼、宿舍楼、图书馆、食堂等场地特点,实行分类管理。

三、心理咨询与心理危机干预

《关于加强和改进新形势下高校思想政治工作的意见》指出:"加强人文关怀和心理疏导,促进大学生身心和人格健康发展。"《关于加强心理健康服务的指导意见》指出:"重视提升大学生的心理调适能力,保持良好的适应能力,重视自杀预防,开展心理危机干预。"高校心理咨询老师要开展心理咨询与心理危机干预,高校思想政治工作者和安全管理工作者要给予协助,为有心理问题与心理危机的大学生提供心理辅导和危机干预。

（一）心理咨询

心理咨询是指心理咨询专业人员针对来访者就有关心理方面的问题进行判断,给予疏导和调适,提高心理素质,增强适应能力的方法。高校心理咨询老师对来访大学生的学习、生活、交往、恋爱和择业等问题,给予直接或间接的指导和帮助,并对有关心理障碍或轻微精神疾患进行诊断和矫治。

1.心理咨询的对象

一是精神正常,但遇到了与心理有关的现实问题并请求帮助的大学生。大学生在学习生活中会面对如恋爱、学业、就业、社会交往等问题,大学生面对上述问题时需要做出正确的选择,以便顺利地度过大学生活的各个阶段。

高校心理咨询老师从心理学的角度,向大学生提供心理学帮助,这类咨询被称为发展性咨询。二是精神正常,但心理健康出现问题并请求帮助的大学生。长期处在困惑、内心冲突之中,或者遭到比较严重的心理创伤而失去心理平衡,尽管大学生的精神仍然是正常的,但心理健康水平却下降许多,出现了严重程度不同的心理问题。此时,大学生需要的是高校心理咨询老师向其提供心理健康咨询。三是特殊对象,即临床治愈的精神病患者。心理咨询的对象不包括精神病人。如果精神病人经过临床治愈后,心理活动已经基本恢复正常,就不再视为精神病人。这时的心理咨询和治疗具备介入和干预的条件,帮助他们康复社会功能,防止疾病的复发,这类咨询被称为精神康复咨询。

2.心理咨询的实施

心理咨询的实施一般包括以下五个步骤:一是建立咨询关系。心理咨询开始时,高校心理咨询老师要耐心倾听咨询大学生的问题介绍,并启发其提出问题,细心观察其表情变化。二是收集相关信息。了解咨询大学生的个人情况、家庭情况、班级情况和心理问题等。其中,心理问题是收集信息的核心内容,主要包括:情绪困扰问题,学习和适应问题,人际交往和冲突问题,性心理健康和恋爱指导问题,考研究生、考公务员或职业选择问题等。三是心理问题检查评估。进一步验证和分析咨询大学生的问题范围和可能性质,对其反映的问题做出正常或异常的科学结论。心理、行为符合环境,为常人理解,即为正常,反之则为异常;知、情、意、行心理活动完整协调,即为正常,反之则为异常;心理特征经常保持稳定,即为正常,反之则为异常等。四是指导帮助或治疗。选择解决咨询大学生心理问题的方案。例如,对于考试焦虑问题,可采用自信心训练方法进行自我调整、通过放松方法加以调控等。在实施方案过程中,可以给予其指导性建议,也可以对其进行认识上的疏导,还可以对其采取治疗措施。五是反馈与跟踪。咨询大学生觉得自己的心理问题已经解决,心理咨询结束。在结束后几周内,进行一次跟踪反馈,了解其心理问题的解决情况。对重要的、复杂的心理咨询问题,必须进行跟踪观察。

（二）心理危机干预

大学生心理危机是大学生个体或群体面对客观存在的危险、困境或转折点，自身无法克服时表现出来的无力应对和心理失衡的状态。当个别大学生产生心理危机时，高校思想政治工作者和安全管理工作者要协助心理咨询老师及时进行积极干预。

1.心理危机干预的对象

一是遭遇突发事件而出现心理或行为异常的大学生。例如，家庭发生重大变故、失恋、受到自然或社会意外刺激等。二是既往有自杀未遂史或家族中有自杀者的大学生。三是患有严重心理疾病的大学生。例如，抑郁症、恐惧症、强迫症、精神分裂症等。四是身体患有严重疾病、个人很痛苦、治疗周期长的大学生。五是适应环境不良，导致心理或行为异常的大学生。六是学习压力过大、学习困难，出现心理异常的大学生。七是家庭经济困难、经济负担重、深感自卑的大学生。八是性格过于内向、孤僻，缺乏社会支持的大学生。九是人际关系失调后出现心理或行为异常的大学生。十是因身边同学出现个体危机状况而受到影响，产生恐慌、担心、焦虑和困扰的大学生。十一是毕业生中就业困难、考研失败，以及种种原因无法正常毕业的大学生。十二是第一次考试不及格或多门功课不及格的大学生。十三是过度迷恋网络，患有网络成瘾综合征的大学生。十四是其他有情绪困扰、行为异常的大学生。

2.心理危机干预的实施

一是心理危机评估。对当事大学生心理危机进行评估的内容主要包括：(1)心理危机的直接诱因和间接诱因；(2)当事大学生的应对能力、求助需求、现实感受和支持资源等；(3)当事大学生自伤或自杀的危险性；(4)用什么干预方式能够起到作用；(5)是否需要院(系)领导、辅导员和家长的参与等。二是心理危机干预方案制定。干预方案的内容主要包括干预目标、干预手段、干预程序等。干预目标是使当事大学生恢复到心理危机前的心理状态；干预手段视具体情况而定，提倡多种方法与技术综合运用；干预程序是指干预的实施顺序与时间控制，由干预人员与其共同商定。三是心理危机干预方案实施。根据干预方案,引导有自杀企图的大学生认识和理解心理危机的发生发展过程,帮助其认清自杀不是消除心理障碍和解决矛盾问题的真正方式,教会其调适心理障碍的方法和解决矛盾问题的途径,最终达到避免其实施自杀行为、帮助其建立新的社会交往关系的目的。四是心理危机干预成果巩固。当事大学生的心理状态恢复到危机干预前的心理状态时,心理危机干预结束,将其转入一般性的心理咨询程序,并定期对其跟踪走访,追踪其后来表现,了解其新的心理状态,巩固心理危机干预的成效。

四、大学生自我管理

高校要建立大学生自我管理组织,构建大学生自我管理体系,营造大学生自我管理氛围,给大学生全面发展提供良好的空间。高校思想政治工作者和安全管理工作者要重视发挥班级和安全类社团的作用,鼓励大学生依托班级和安全类社团开展安全教育与管理活动,引导大学生全面提高综合素质。

(一) 发挥班级的作用

班级是高校工作最基层的组织单位,是大学生自我教育、自我管理和自我服务的主要组织载体,在教育、团结和联系学生方面具有一定的优势。

1.进行自我安全教育

大学生自我安全教育是大学生自我安全管理和自我安全服务的开始,使大学生由受教育者、被管理者和受保护者的身份,转化为教育者与受教育者的统一体。大学生以班级为单位,开展有针对性的安全知识竞赛、安全文艺演出、安全知识讨论会、安全信息交流会和典型案例交流会等安全教育活动,达到自我安全教育的目的。高校安全教育者要从大学生个体和大学生群体的安全需求出发思考安全教育问题,使大学生的自我安全教育更贴近大学生实际生活,更有说服力和感召力,更能取得实实在在的效果。

2.进行自我安全管理

大学生自我安全管理是在大学生自我安全教育基础上的一种管理活动。高校安全管理工作者通过组织开展大学生群体内部以及群体之间的管理活动,帮助和引导大学生群体开展以班级为单位的自我安全管理活动,以达到巩固安全教育成果、实现自我安全教育的目标。除了加强对班级活动的引导和管理外,还要开展大学生自我安全管理培训学习,使大学生知道如何管理、怎样高效管理,提高自我安全管理的能力素质。例如,开展安全检查和矛盾纠纷化解方面的培训,提高学生干部、学生宿舍舍长等开展安全检查和化解同学之间矛盾纠纷的能力。

3. 进行自我安全服务

在大学生自我安全教育和自我安全管理的基础上,引导大学生进行自我安全服务,有助于培养大学生群体互助意识和团队精神,使大学生及时发现身边的安全问题和隐患,进行互帮互助、互相交流,真正实现由被动的"要我安全"向积极主动的"我要安全"转化。大学生通过自我安全服务,能够加深对安全管理工作的认同,形成人人参与服务、人人共创服务的局面。在大学生安全管理工作中,高校安全管理工作者要积极引导和支持大学生开展自我安全服务活动,充分调动班级开展服务学校、服务院系、服务同学的安全服务活动。

(二) 成立安全类学生社团

《普通高等学校学生管理规定》第四十条规定:"学校应当建立和完善学生参与管理的组织形式,支持和保障学生依法、依章程参与学校管理。"高校要成立安全类学生社团,并鼓励学生社团积极开展活动,使安全管理工作贴近学校实际、贴近校园生活、贴近大学生。

1. 充实安全管理力量

在高校安全管理部门和高校团委的指导下,成立安全类学生社团,为安全管理队伍注入新鲜血液,其成员主要是由自愿从事校园治安、秩序维护的大学生党员、入党积极分子和热心校园安全管理的大学生组成。安全类学生社团配合高校安全管理部门,通过参与校园日常巡逻值勤、新生入学报到和毕业生双选会值勤、防诈骗宣传教育、全国消防日宣传等活动,不仅增长安全知识、锻炼安全能力,而且为高校安全管理工作贡献来自大学生的力量。

2. 进行大学生安全自治

组建大学生安全志愿者服务队等社团组织,使其成为大学生安全管理工作的重要力量,开展防人身伤害、防盗防骗、防违法犯罪等安全教育活动,提高安全防范意识,掌握安全防范技能,实现大学生的自我教育。建立大学生安全自治类协会,并为其创造良好的活动空间,引导协会成员参与高校安全管理工作。例如,成立"消防志愿队"参与日常消防巡查等。

3. 开展校园安全服务

安全类学生社团成员人数众多、成分丰富,他们对校园环境、校园文化以及大学生安全需求等方面的了解程度更深更细,年轻人的朝气、活力以及创新思维让他们能有更多更新颖的想法保障校园安全。社团成员来自不同的专业,他们对校园安全问题的思考角度多元化,能提供更加丰富的校园安全服务。例如,法律专业的社团成员可以为校园安全管理提供法律咨询服务;心理学专业的社团成员可以在心理健康方面为大学生提供服务;化学专业的社团成员则可以从专业角度发现实验室存在的安全隐患等。

4. 促进安全文化建设

安全类学生社团引导社团成员积极参与校园安全文化建设,接受和传承校园安全文化,实现大学生安全素质的内化。通过举办对校园安全有益的文化活动,激发社团成员关注安全、关爱生命的自觉意识,使社团成员感受校园安全文化气氛,接受校园安全文化熏陶。在安全类学生社团中成立安全文化兴趣小组,采用线上线下相结合的模式开展安全文化活动,使其成为校园安全文化系统的有益补充。

第七章　掌握安全管理的主要内容

高校安全管理工作的内容是高校安全管理目标任务的具体化，直接关系着高校安全管理目标的实现和任务的完成。根据新时期高校安全管理出现的新情况、新问题以及面临的新形势、新任务，高校安全管理工作主要包括维护政治安全、消防安全、交通安全、网络信息安全和治安秩序安全等方面。高校领导、安全管理部门以及专职安全管理干部、其他安全管理人员要把握安全管理的主要内容，积极开展安全管理工作，切实保护师生员工的人身、财产安全和学校的公共财产安全，有力维护学校的教学、科研、工作和生活秩序。

第一节　维护高校政治安全

习近平总书记在党的二十大报告中指出："国家安全是民族复兴的根基，社会稳定是国家强盛的前提。必须坚定不移贯彻总体国家安全观，把维护国家安全贯穿党和国家工作各方面全过程，确保国家安全和社会稳定。"[①]高校安全是国家安全的内在的、基础性的有机组成部分，维护高校政治安全是维护国家安全的重要内容之一。高校要贯彻落实总体国家安全观，结合当前国际国内局势，切实做好维护政治安全工作。

---

① 习近平：《高举中国特色社会主义伟大旗帜　为全面建设社会主义现代化国家而团结奋斗——在中国共产党第二十次全国代表大会上的报告》，人民出版社 2022 年版，第 52 页。

一、高校维护政治安全面临的挑战

(一) 个别高校教师发生政治性案(事)件

个别高校教师政治立场不够坚定,传播西方思想文化和意识形态,诋毁我国主流意识形态,发表、散布与党中央相反的意见和言论,违反了党的政治纪律。还有个别高校教师理想信念动摇,政治上丧志变节,传播分裂国家思想,攻击国家的民族、宗教、经济等政策措施,触犯了国家安全法律法规。个别高校聘请的外籍教师或外籍人员宣扬西方"自由""民主""人权",散布极端个人主义和无政府主义思潮,宣传西方物质文明及拜金主义等。

(二) 个别高校教师发生失密泄密案(事)件

高校是科研重地,不少高校承担着国家重大科研项目的研究工作,有的师生直接参与项目工作,有机会接触到涉密内容。个别师生经常活跃在网络和社交平台,因缺少对网上复杂斗争形势的认识,警惕性不高,防范意识不强,言谈之间容易暴露自己的身份,成为境外敌对势力锁定的目标,无意间可能沦为境外敌对势力利用的工具,导致失密泄密案(事)件的发生。个别师生虽然不掌握秘密,但被境外敌对势力雇佣,搜集他们需要的经济、军事等情报资料。

(三) 敌对势力对高校进行渗透

敌对势力通过互联网侵入高校涉密计算机、涉密信息存储载体窃取情报。通过职介网、婚介网和联谊网等网站,运用网上交友、同学联谊等方式,广泛搜集高校重要部门工作人员、离退休人员和网上科技爱好者的个人资料,从中遴选对象,伺机进行策反,获取文化科技情报。近年来,随着高校对外交流合作项目不断增加,高校师生出国交流学习,境外人员来高校参观、访问、学术报告等,给敌对势力以可乘之机,他们针对高校师生员工的拉拢策反活动也愈趋活跃。

二、筑牢维护政治安全的思想防线

加强对师生员工的政治方向引导,增强政治敏锐性和政治鉴别力,筑牢维护政治安全的思想防线,是维护高校政治安全的重要途径。高校要积极开展国家安全宣传教育,切实增强师生员工的国家安全意识,提高师生员工的拒腐防变能力,有效预防各类政治性案(事)件的发生。

（一）加强对师生员工的政治思想引领

2014年12月29日,习近平总书记在第二十三次全国高等学校党的建设工作会议上指出,"强化思想引领,牢牢把握高校意识形态工作领导权"①。高校意识形态工作的核心就是坚持中国共产党的领导、坚持中国特色社会主义道路、坚持马克思主义的指导地位不动摇。

1.坚持政治思想对师生员工的引领

高校要把对师生员工政治思想的正确引领放到首位,通过师生员工理论上的清醒与成熟,保障其政治上的敏感和坚定。要加强师生员工的马克思主义哲学学习,提高其灵活运用马克思主义立场观点方法的能力。要引导师生员工用社会主义核心价值观引领思想和行为,经常查找自己在理想信念、价值追求、思想道德和行为方式等方面存在的问题,不断强化精神支柱、提高政治免疫力。

2.扩大主流思想对师生员工的影响

高校要把马克思主义的立场、观点、方法落实和体现在教育教学的各个方面,旗帜鲜明地反对各种与马克思主义相抵触相脱节的现象。要把贯彻党的教育方针与自身发展目标紧密结合起来,反对各种与党的教育方针相违背、相对立的言行。通过扩大正面思想和主流思想在全校师生员工的覆盖面和影响力,不断提高师生员工的政治意识,增强师生员工的政治敏锐性和政治鉴别力。

3.抵御错误思想对师生员工的侵害

高校要加强对思想政治理论课教师的共产主义理想信念教育,确保教师对马克思列宁主义真信真学真用真教,使教师能够用马克思主义的立场、观

---

① 《习近平就高校党建工作作出重要指示》,《人民日报》2014年12月30日。

点和方法,旗帜鲜明地批判各种反马克思主义的思想理论和观点。要严防任何教师和所谓的学术权威在课堂、讲堂上散布反马克思主义的错误言论,防止个别教师的错误思想和言论误导大学生的政治认知和政治认同。

(二) 加强对大学生的意识形态教育

意识形态教育是大学生思想政治教育的主要内容,也是新时代高校思想政治工作的重点内容。大学生是中国特色社会主义事业的接班人,也是未来中国社会发展的主力军,其意识形态的观念和认识尤其重要。高校要切实把握大学生的现实思想变化和主要思想潮流,结合互联网思维和信息化平台,搭建意识形态教育平台,丰富意识形态教育内容,切实将意识形态教育贯穿到大学生思想政治教育的始终。

1. 坚定大学生的政治信仰

大学生的信仰问题,尤其是政治信仰问题,关乎国家命运、民族未来,关乎社会主义事业的前途和命运。当代大学生要树立以马克思主义思想为主导的政治信仰,这是我国意识形态的主导旋律。高校通过开展社会主义意识形态教育,使大学生坚定对马克思主义的信仰,坚定对共产主义的信念,坚定对中国特色社会主义事业的信心,坚定对共产党领导的信任,树立正确的世界观、人生观和价值观。

2. 提高大学生的国家安全意识

2018 年 8 月 21 日,习近平总书记在全国宣传思想工作会议上指出:"建设具有强大凝聚力和引领力的社会主义意识形态,是全党特别是宣传思想战线必须担负起的一个战略任务。"[①]高校是我国宣传思想工作的主要阵地,通过开展意识形态教育,使大学生深入了解我国国家意识形态、全面认识国家主权和领土安全,培养大学生的民族认同感和国家荣誉感,确保大学生不被敌对势力腐蚀拉拢。

3. 增强大学生的防渗透能力

高校是各种社会思潮的集散地,高校大学生容易受各种不良思想的影响

---

① 《习近平谈治国理政》第三卷,外文出版社 2020 年版,第 312 页。

和腐蚀。高校通过开展意识形态教育,使大学生对社会主义核心价值观形成共识,对中国特色社会主义理想共同向往,坚决抵制危害国家安全、荣誉和利益,煽动颠覆国家政权、推翻社会主义制度,煽动分裂国家、破坏国家统一,宣扬恐怖主义、极端主义和民族仇恨、民族歧视等思想言论。

（三）开展保密工作宣传教育

保密是指国家、公民、法人或社会组织对关系自身安全和利益,公开后会对自身利益造成损害的秘密信息,控制其知悉范围,对其采取保护措施,保障其安全的一种保护行为。为提高师生员工的保密意识,防止失密泄密问题的发生,高校要结合学校保密工作实际,对师生员工开展保密宣传教育,并把保密教育纳入大学生安全教育课的教学内容。

1.开展保密工作方针政策教育

高校要积极开展保密工作方针政策的宣传教育,对保密工作的指导思想、基本原则和方针政策进行全面、完整、准确地阐释,教育涉密人员、师生员工遵守国家保密工作的方针和政策,掌握国家保密工作积极防范、突出重点和依法管理的方针内涵,引导涉密人员正确认识和处理好保密工作中遇到的各种实际情况和问题,积极营造人人保密、时时保密和处处保密的良好氛围。

2.开展保密工作形势教育

高校要把保密形势教育同爱国主义教育、国防教育和时事政策教育等结合起来,做到常讲常新、警钟长鸣。要积极开展保密宣传教育活动,将保密知识纳入教职工理论学习,时刻提醒教职工注意各项工作的保密性。要以"保密宣传月"为载体,开展保密知识学习、保密宣传图片展览、观看保密警示录像和保密知识答题等活动,强化师生员工的保密意识,克服保密工作可有可无的错误认识。

3.开展保密法律法规教育

高校要通过《中华人民共和国保守国家秘密法》及其配套法规、规章的宣传教育,引导师生员工把握基本内涵和精神实质,增强保密观念、法治观念,认真履行自己的保密义务。保密法律法规教育要以增强高校领导和涉密人员的保密意识和防范技能为重点,教育内容侧重为"怎样保密",教育载体侧重为活动教育和网络教育,并充分发挥典型案例的警示教育作用。

三、加强意识形态安全工作

习近平总书记在党的二十大报告中指出:"意识形态工作是为国家立心、为民族立魂的工作。牢牢掌握党对意识形态工作领导权,全面落实意识形态工作责任制,巩固壮大奋进新时代的主流思想舆论。"[①]高校是我国意识形态的前沿阵地,高校意识形态工作是我国意识形态工作的重要组成部分。高校师生员工能否在复杂的国内国际形势下,坚定维护社会主义主流意识形态,将直接影响高校和国家意识形态安全。高校要加强新时代高校意识形态安全工作,切实维护社会主义核心价值体系的主导地位不动摇。

(一) 落实意识形态工作责任制

高校要全面落实意识形态工作责任制,压紧压实做好意识形态工作的政治责任和领导责任,搞好意识形态工作目标和任务的细化,明确意识形态工作的各个环节和相关要求,切实把意识形态工作做细做实,确保全员动手、不留真空、不存侥幸。

1.明确意识形态工作责任

高校要统筹协调在教育教学、管理服务等工作中体现意识形态工作要求、维护意识形态安全。要加强对校园网、校报、各类出版物、报告会、研讨会等意识形态阵地的管理。要定期分析研判意识形态工作情况,对倾向性、苗头性问题进行针对性地引导。对出现的错误思潮和言论,要敢抓敢管、敢于亮剑,及时有效地发出声音,旗帜鲜明地反对和抵制各种错误观点。

2.抓好意识形态工作落实

高校要坚持意识形态工作重心下移,确保意识形态工作层层传导压力、严格落实到位。要定期开展意识形态工作专项督导检查,对存在问题瞒报不

---

① 习近平:《高举中国特色社会主义伟大旗帜 为全面建设社会主义现代化国家而团结奋斗——在中国共产党第二十次全国代表大会上的报告》,人民出版社 2022 年版,第 43 页。

报的行为和责任人进行问责。要建立意识形态工作台账,向相关部门(单位)下发问题清单,要求相关部门(单位)制定整改措施、明确整改时间表和责任人,没有解决问题或解决问题不彻底的不能销账。

3.提高意识形态工作能力

高校要建立健全意识形态工作机制,确保意识形态工作经常抓、见常态,深入抓、见实招,持久抓、见长效。高校思想政治工作者和安全管理工作者要深入学校各部门、各单位调查了解师生员工的思想动态,加强对舆情的监控和舆论的引导。高校应急管理工作机构要做好意识形态突发事件的应急准备,确保事前认真研判、事中科学处置、事后整改完善。

(二) 加强意识形态阵地管理

意识形态工作存在着长期的较量和斗争,意识形态阵地中如果真实和理性的东西少了,谎言和谬误就会丛生。意识形态的阵地,如果我们不去占领,别人就会去占领。高校要不断增强阵地意识,积极建设、管理和使用宣传思想阵地,加强对意识形态工作的科学、规范管理,不断巩固、壮大主流思想舆论。

1.加强课堂主阵地管理

高校要严格课程标准审核和教案评价制度,严格课堂教学纪律,对教师的课堂教学内容进行严格把控,落实领导听课和教学督导等制度,切实做到守土有责、守土负责、守土尽责。要坚持做到课堂讲授有纪律、学术研究无禁区、公开言论守规矩,坚决堵住错误思想观点的传播渠道,使课堂主阵地始终成为传播先进思想文化的坚强阵地,确保教育教学主渠道的正确政治导向。

2.加强各类活动的管理

高校要按照"谁主办、谁负责;谁审批、谁监督"的原则,加强对校内各类研讨会、报告会、论坛和讲座等活动的管理。要坚持申请申报、审批备案制度,规范活动流程环节,强化活动过程监控,对参加人员、活动内容和使用场地等严格把关,尤其注意对敏感人物和敏感话题的把握,对于不能做出判断的活动,一定要先依法依规、谨慎妥善处理。

3.加强校园媒体建设管理

高校校园网、校报和校园广播等是服务高校自身发展与师生员工教育教学、工作生活的校园媒体。高校要把社会主义核心价值观融入校园媒体的方方面面,精心设计、制作和推送适应时代特征、契合大学生特点和富有吸引力的正面作品,对大学生实施主流意识形态教育,传播舆论正能量,引导大学生坚定中国特色社会主义道路自信、理论自信、制度自信、文化自信。

（三） 防控非法宗教问题

非法宗教活动往往由境内外恐怖势力、极端势力和分裂势力在幕后推动,把宗教作为其实施分裂活动、非法活动的重要工具,通过吸收高校师生员工进教学点"学经"和向高校渗透宗教极端思想,对高校意识形态工作形成冲击。防控非法宗教问题,维护意识形态安全,是高校的一项重大政治任务。

1.加强校园经常性管理

高校非法宗教活动主要包括:(1)外籍教师或留学生进行非法传教;(2)宗教组织披着学术交流的外衣进行渗透;(3)利用大学英语角、学术讲坛等传播宗教思想;(4)通过散发传单、发送电子邮件等方式灌输宗教思想;(5)以慈善或人道主义名义宣扬宗教思想等。高校要密切留意师生员工受宗教影响的苗头和动向,抓住重要时间节点开展非法宗教活动排查,严防各类组织和个人在校园进行非法宗教活动。

2.做好对外交流活动的管理

高校要对教师申报的各级各类课题进行严格审查,确保课题没有来源于宗教组织的经费资助。对出国交流学习师生进行维护国家安全和防宗教拉拢、邪教渗透等教育,要求他们在外期间不得参加非学术性质的政治和宗教活动。对外籍教师和留学生进行法律法规宣讲教育,要求他们在高校工作学习期间,尊重我国的宗教政策,不得在公共非宗教场所传教、举行宗教聚会等。

3.尊重个别师生的宗教信仰

高校要定期调查师生员工信仰宗教情况,建立信教师生员工的动态信息库。在依法保障信教师生员工需求的前提下,要求他们不得在校园内开展宗教活动。组织少数民族学生开展古尔邦节、藏历新年等少数民族重要节日活动,尊重少数民族学生的民族文化传统和民族习俗。开展多种形式的资助活动,提高大学生就业和创业能力,防止个别大学生因就业压力大、生活困难等向宗教寻求精神寄托。

四、做好保密管理工作

保密工作是维护国家安全和利益的重要手段,保守国家秘密是每一个公民的基本职责和应尽的义务。高校要充分认识新时代保密工作的极端重要性,始终保持高度的政治敏锐性和警惕性,把保密工作作为促进高校发展、维护党和国家安全的一项重要工作抓紧抓好。

(一) 做好涉密人员、部门管理

1.涉密人员管理

高校涉密人员是指因工作需要,在教学、科研和管理等工作中,接触、知悉和掌握国家秘密事项,在保守国家秘密方面负有相关责任的人员。高校涉密人员按照其掌握国家秘密重要程度划分为核心、重要和一般涉密人员,高校保密办公室负责涉密人员保密事项管理工作。高校要对涉密人员进行上岗前培训,与涉密人员签订保密承诺书,使其自觉接受保密教育和保密监督检查,确保其所涉及秘密事项的安全。涉密人员脱离涉密岗位时,高校要对其进行脱密期管理。

2.保密要害部门(部位)管理

高校保密要害部门是指高校涉密部门(单位)在日常工作中产生、传递、使用和管理较多机密级、秘密级国家秘密事项的内设机构。高校保密要害部位是指高校涉密部门(单位)集中制作、存放、保管国家秘密载体、密品的专用、独立、固定场所。高校保密要害部门(部位)要具备完善可靠的人防、物防和技防条件,根据实际安装电子监控、防盗和报警等保密安全装置,加强安全防范,并实行"谁主管、谁负责"的原则。

3.国家秘密载体管理

国家秘密载体简称密件,是指记录有国家秘密信息的文件、资料等,密件要准确地标明密级和保密期限。高校保密室负责密件的收发、登记、保管、传阅和清退等工作,学校各部门、各单位指定专人负责本部门、本单位密件的收发、登记、保管、传递和清退等工作。密件的传递要严格按照文件发布范围和有关规定执行,不得擅自扩大或缩小阅读范围,向校外传递应通过机要传递。密件的销毁由高校保密室直接送地方保密行政管理部门指定地点统一销毁。

(二) 做好活动项目保密管理

1. 涉外活动保密管理

高校涉外活动主要包括接待境外人员参观访问及教职工出国(境)等对外交流、合作活动。高校国际合作与交流部门负责涉外保密管理工作。高校涉外活动坚持"内外有别、内紧外松"原则,既要热情友好,又要提高警惕。对尚未批准对外开放的部位或项目确需对外开放时,要经上级主管部门审批后方可开放。高校涉密人员因公出境时,由其所在部门(单位)、学校国际合作与交流部门和保密办公室等按规定进行保密审查,并签订《保密义务承诺书》。

2. 宣传和会议保密管理

高校拟公开宣传报道、展出的事项,主(承)办部门(单位)负责保密审查。高校内部宣传报道和展览,不得涉及绝密、机密级事项。如果高校内部宣传报道和展览涉及秘密事项,须经高校保密委员会审查同意,并进行非密化处理。高校召开涉密会议,主办部门(单位)会同保密办公室做好保密工作,明确会议保密要求。涉密会场要符合保密规定,所使用的设备和产品要符合保密管理要求和保密技术标准。涉密会议不得录音,如需录音,须经会议主管领导批准。

3. 科研项目保密管理

高校科技项目保密管理由高校科技管理部门负责。高校涉及国家秘密的科研项目立项时,项目负责人要确定密级,并按所定密级进行管理,参加科研人员要签订《保密协议》。教师在媒体上公开宣传报道科技成果时,须经技术成果所在部门(单位)和科技管理部门同意。参加国(境)外或在国内举办的展览会、博览会等科技项目,要由科技管理部门批准。高校主办的项目鉴定会、学术会议等涉及保密科研项目的,主办部门(单位)要确定参加人员和文件资料发放范围。

(三) 做好设备系统保密管理

1. 办公设备保密管理

办公设备是指计算机及存储介质、打印机、复印机、扫描仪、传真机、碎纸机、照相机、摄像机等具有信息存储和处理功能的设备。未经加密的办公设备,不得传输、储存国家秘密信息。涉密计算机必须与互联网及其他公共信息网络物理隔离。对存储在计算机信息系统内的国家秘密信息,应当采取相应的保护措施。存储国家秘密信息的载体要标明密级,并按相应密级的文件进行管理。维修涉密计算机、制作涉密光盘和销毁涉密载体,要由高校保密办公室送至指定单位进行。

2. 计算机信息系统保密管理

高校计算机信息系统保密管理实行部门(单位)领导负责制,上网信息保密管理坚持"谁上网、谁负责"的原则。师生员工不得使用非涉密计算机存储、处理国家秘密信息,不得在涉密计算机与非涉密计算机之间交叉使用移动存储介质。禁止将高校涉密网络接入互联网及其他公共信息网络,互联网及其他公共信息网络不得传输、储存国家秘密信息。存储或存储过国家秘密信息的计算机出现故障,高校管理人员必须在场监督厂家维修,如需送出维修,必须先行拆卸硬盘。

3. 信息公开保密审查

高校信息公开严格按照"上网不涉密、涉密不上网"和"涉密信息不公开、公开信息不涉密"的保密要求执行。高校信息公开保密审查遵循"谁公开、谁审查、谁负责""先审查、后公开""一事一审"的原则。高校保密办公室负责协调、指导学校二级单位的信息公开保密审查工作,高校二级单位负责人是本部门、本单位的信息公开保密审查工作责任人。未经过保密审查,任何人不得在本部门、本单位的网络平台发布信息。

第二节　维护高校消防安全

火灾是威胁高校师生员工安全的重要因素之一,消防安全管理在高校安全管理工作中具有举足轻重的地位。发生火灾的高校一般都存在消防安全管理领导不力、消防安全管理制度缺失、初期火灾处置措施不当等问题,反映出对消防安全管理工作不重视、不规范和不严格。高校要针对校园火灾事故的新特点和新挑战,分析研究火灾发生、发展的规律,认真落实消防安全管理制度,着力抓好消防安全管理工作,严防校园火灾事故的发生。

一、高校火灾的主要情况

高校发生火灾最多的场所是学生宿舍,其次是实验室、学生食堂,其他场所还包括一些未使用的建筑、校园商铺等。引起火灾的主要原因是违章使用电器,其次是违规操作、充电设备无人看管、私拉电线、线路老化和油烟管道被引燃等。高校火灾情况主要包括以下六个方面。

（一）学生宿舍火灾

学生的被褥、衣物、书籍和行李箱等可燃或易燃物品占据学生宿舍狭小空间。有的学生违规使用"热得快""电炉""充电瓶"等大功率电器,有的学生抽烟后随意丢弃烟头或焚烧纸张,有的学生用酒精炉煮方便面、涮火锅,有的学生离开宿舍时不关闭电器设备等,这都容易引起宿舍火灾。另外,有的高校擅自将低楼层学生宿舍改造为商铺,增加了学生宿舍的火灾风险。

（二）实验室火灾

高校实验室配置的高温、高压和高能等大功率仪器设备,导致实验室用电超负荷,容易发生电器线路故障。实验室中危险化学品种类繁多、性质活泼、稳定性差,有的极易自燃,在储存和使用中稍有不慎,就可能酿成火灾事故。有的实验人员不遵照实验操作规程操作,从而引发火灾事故。特别是当前许多高校是由学生独立进行实验操作,有的学生实验操作能力不高,增加了火灾风险。

（三）学生食堂火灾

学生食堂用电设备较多、功率较大，容易出现线路老化、负荷超载和设备故障等问题。学生食堂厨房准备或储存的油类、干货类等食材总量较大，且大多属于可燃物品。学生食堂使用的液化石油气罐存在火灾危险。工作人员因操作失误引起油烟管道着火、炸制食品时油锅起火等，是引发学生食堂火灾的主要原因。另外，学生食堂大多对外承包，人员流动性大、人员安全意识淡薄也是消防安全的潜在威胁。

（四）办公楼失火

高校办公楼，特别是高层办公楼功能复杂，使用部门多，人员总量大，配备有办公用房、服务用房、水电辅助用房、会议室、多功能报告厅和信息网络中心等。办公楼内部家具、办公用品和日用品等大多是可燃的。办公楼配置的电脑、打印机、扫描仪、空调和饮水机等电器设备较多，办公楼电器线路老化、办公人员违规使用大功率电器等，也容易引发火灾。

（五）教学楼失火

教学楼的教室、自习室等主要有学生课桌、书籍、灯具、多媒体教学设备和空调等，一些艺术专业的教室还存有大量纸质制品，有的教室还被用于临时储藏物品的仓库。普通教学楼一般火灾危险性不高，但目前大部分教学楼是综合性的，是师生进行教学科研活动的主要场所，使用频率较高，在上课、上自习时段人员较多。如果电器线路老化，或使用大功率电器，或电器使用时无人看管、人走不断电等，就极易引发火灾。

（六）图书馆失火

高校图书馆内收藏着大量的图书、报纸、杂志、档案资料等，图书馆内的书架、柜台、桌椅板凳以及软座沙发等是可燃或易燃物品，并且这些物品的放置比较集中。图书馆配置的计算机、投影仪等电子设备，使诱发火灾的因素增多。图书馆人员流量大、开放时间长，学生可以携带电子产品、生活用品等到图书馆学习。有的图书馆还增加了小型饮料食品服务功能，开设了茶社、咖啡厅等,这都增加了火灾危险。

二、加强消防安全技能培训

火灾初起后的十几分钟是十分关键的,如何把握这个关键时刻,主要在于现场人员能否及时正确报警、利用现场灭火器材及时扑救和运用正确方法处置。同时,学习掌握消防安全疏散与火场逃生方法是防止遭遇火灾时受到人身伤害的有效措施。所以,高校加强教职员工消防安全技能培训是预防火灾、避免小火酿成大祸、防止人员伤亡的关键。

(一) 火灾报警的技能

高校校园内引起火灾的人、火灾现场工作人员、起火场所的负责人都有及时报告火警和参加扑救的职责,其他发现火灾的人也有义务报告火警。

1.报告火警的方法

一是向校园 110 和周围人员报警。向校园 110 报警,校园 110 迅速派出安保人员到达火场处置,因为学校安保人员一般离火场较近。向周围人员发出火灾警报,可迅速召集他们前来参加扑救火灾。二是向消防救援队报警。消防救援队是灭火的主要力量,尽管高校有安保人员,但也应向 119 报警,不要等本单位扑救不了再向 119 报警。三是向受火灾威胁的人员发出警报。发出警报时要根据火灾发展情况,做出局部或全部疏散的决定,让师生员工迅速疏散至安全的地方。

2.报告火警的要求

一是视火场情况,在积极扑救的同时不失时机地报警。要根据火场情况选择先报警还是先扑救。如果靠自己的力量能够有效扑救,就要先行扑救,但在积极扑救的同时要不失时机地报警;如果火势较大,凭自己的力量难以扑灭,要先报警,同时召唤周围人员前来扑救。二是不要存在侥幸心理,以为自己的力量能够扑灭就不报警。三是不要怕影响单位的声誉而不报警,容易小火酿成大灾。

(二) 初期火灾扑救的技能

火灾的发展过程大体上要经历初期、发展、猛烈和熄灭四个阶段。初期阶段是易于控制和扑灭的阶段,如果错过这个阶段再去扑救,就需要动用更多的人力和物力,造成更严重的损失和危害。

1.初期火灾扑救的主要原则

一是救人第一。有人员受到火灾威胁时,要坚持救人第一。如果灭火力量较强,灭火和救人可以同时进行。在人未救出前,灭火主要是为救人脱险、扑灭火灾创造条件,打开救人通道或减轻火势对人员的威胁。二是先控制、后灭火。对能扑灭的火灾,要抓住时机迅速灭火。对不能立即扑灭的火灾,要先控制火势的蔓延。例如,学生宿舍楼某层一端起火,向另一端蔓延时,要从中间适当部位控制;中间起火时,要从两端控制。三是先重点、后一般。贵重物资和一般物资相比,贵重物资是保护和抢救的重点。要害部位和其他部位相比,要害部位是火场的重点。可燃物品区域和其他物品区域相比,可燃物品集中区域是保护的重点。

2.初期火灾扑救的组织实施

一要发挥校园110和义务消防队的作用。及时控制和消灭初起火灾,高校安保人员和义务消防队员是主要力量,因为他们对校园的情况最了解,能在消防救援队到达之前到达火场。二要灵活运用灭火战术技术。如果火灾现场和现场人员具备灭火条件,就要灵活运用灭火战术技术,坚决消灭火灾。例如,可燃气体、液体起火时,在可燃物来源未切断之前,扑救要以冷却保护为主,设法将可燃物来源切断,然后集中力量灭火。三是服从消防救援队指挥员指挥。火灾在消防救援队赶到后还未被扑灭的,高校相关领导和灭火人员必须服从消防救援队指挥员的统一指挥,积极主动配合完成扑救任务。

(三) 消防安全疏散与火场逃生的技能

高校消防安全管理工作,除了积极做好防火工作、避免火灾发生外,还要开展师生员工消防安全疏散与火场逃生技能培训演练,使他们遇到火灾时能够有效地保护自己和他人的生命。

1.消防安全疏散的组织指挥

一是稳定疏散人员情绪。现场指挥员采取喊话等方式,告诉疏散人员我是什么负责人、是什么位置的什么物品着火、大家听我指挥按什么路线撤离等。二是告知注意事项。现场指挥员把注意事项告知疏散人员。例如,要把湿毛巾或衣服弄湿捂上自己的口鼻;逃离房间时要关闭好门窗等。三是选择正确疏散路线和方法。准备就绪后,要选择正确的路线疏散。如果人员较多或能见度很差时,就要安排熟悉疏散通道的人员高喊"跟着我",或前后扯着衣襟带领人员撤离。四是清点疏散人数。人员疏散到安全地点后,要及时清点人数,防止有遗漏人员。五是保护好已疏散人员。在现实火场上,有的脱离险境人员想重新回到原处救人或拿贵重物品,现场指挥员要防止他们重返火场。

2. 不同场所的安全疏散方法

一是楼房下层着火。如果楼梯间只是充满烟雾,可采取低姿势手扶栏杆迅速下楼;如果楼梯已被烟火封住,可将浸湿的棉被、衣物等披在身上从烟火中冲过去;如果楼梯被堵死,可通过阳台、雨水管、自救绳等逃生。二是高层建筑着火。按照安全出口的指示标志,迅速从安全通道或室外消防楼梯疏散。如果情况危急,可利用阳台之间的空隙、落水管或自救绳等滑行到没有起火的楼层或地面。上述方法不可行时,可紧闭房门,等待消防救援队解救。三是礼堂、体育馆等场所着火。场馆内要张贴人员疏散平面图,用醒目的箭头标示出疏散路线和出入口,安全出口的利用率要平均。场馆发生火灾时,场内人员听从场馆工作人员的指挥,按照疏散路线,迅速有序地从安全出口疏散撤离。

3. 火场逃生自救的主要方法

一是自救的方法。多层楼房发生火灾时,可以利用建筑物本身及附近的自然条件逃生。例如,通过阳台、窗口、落水管等逃生。被大火围困无其他自救方法时,可就地取材、创造条件逃生。例如,向地面抛下棉被、床垫等,手扶窗台往下滑或跳到棉被、床垫上,三楼以上要慎重使用该方法。二是互救的方法。(1)自发互救。这是一种自愿的救助行为。例如,高喊"着火了",周围学生听到呼喊后跑来救火。(2)有组织互救。这是在消防救援队到达前,起火单位人员的互救行为。例如,架设梯子帮助被困人员逃生。三是等待救援的方法。在自救和互救不能使自己逃生时,要采取被动的逃生方法。例如,关闭通往着火区的门窗,并向门窗上浇水,同时向窗外发出求救信号。

三、做好消防设施的维护管理

高校消防设施维护管理是确保高校消防设施系统长期保持正常的运行状态、持久有效地发挥作用的保证。高校通过对消防设施的维护管理,特别是巡查、检测、故障维修等动态管理,提高消防设施系统的可靠性,有效降低火灾风险。

（一）做好消防设施的巡查

消防设施巡查一般由消防设施管理人员采用眼观的方式进行。消防设施巡查的内容主要包括:一是火灾自动报警系统。火灾探测器、手动报警按钮的外观及运行状态,火灾报警控制器、火灾显示盘、CRT 图形显示器的运行状况,消防联动控制器的外观及运行状况,火灾报警装置的外观,建筑消防设施远程监控、信息显示的外观及运行状况。二是消防供水设施。消防水池和消防水箱的外观、液位显示装置的外观及运行状况,消防水泵及控制柜的工作状态,稳压泵、增压泵、气压水罐及控制柜的工作状态,系统减压、泄压装置、测试装置、压力表等的外观及运行状况,管网控制阀门的启闭状态。三是消火栓灭火系统。室内消火栓、消防卷盘的外观及配件完整情况,压力显示装置的外观及状态显示,室外消火栓的外观、地下消火栓标识、栓井环境。四是自动喷水灭火系统。喷头的外观、距周边障碍物或保护对象的距离,报警阀组的外观、试验阀门的状况、排水设施的状况、压力显示值,充气设备及控制装置、排气设备及控制装置、火灾探测传动及现场手动控制装置的外观及运行状况。五是应急照明和疏散指示系统。应急照明、疏散指示标志的外观和工作状态。六是防火分隔设施。防火门的外观及配件完整性、启闭状况及周围环境,电动型防火门的控制装置外观及工作状态,防火卷帘的外观及配件完整性、控制装置外观及工作状况。七是灭火器。灭火器的数量、外观、压力值和维修标示、设置位置的状况等。八是其他。消防车道,疏散楼梯,逃生自救设施,消防安全标志,用火用电管理等。

（二）加强消防设施的维护保养

消防设施维护保养一般由消防设施管理人员进行,如果高校不具备相应能力,可委托相关机构进行。消防设施维护保养的内容主要包括:一是火灾自动报警系统。测试探测器的探测、报警功能;检查有报警信号时,火灾报警控制器的显示器能否正常显示;试验手动报警按钮是否工作及报警信号是否反馈至报警控制器;检查联动控制器控制屏的输入、输出功能是否显示正常;对备用电源进行充放电试验和自动切换试验。二是室内消火栓系统。检查消火栓栓口的静压是否满足设计要求,水带是否腐烂、穿孔等;测试消防栓启动按钮功能,检查消火栓泵是否启动、报警信号及消火栓泵状态是否反馈至消防控制中心;检查各阀门是否完好,不渗漏;对腐蚀的管道维修或更换。三是自动喷水灭火系统。检查试验水流指示器动作是否灵敏,报警是否及时正确,报警信号是否反馈至消防控制室;检查喷淋头、管道、各阀门是否完好;检查湿式报警阀、压力开关、水力警铃工作是否正常,喷淋泵是否启动,报警信号和启动信号是否反馈至消防控制室;对腐蚀的管道维修或更换。四是应急照明和疏散指示系统。检查消防应急灯的外观是否完好,灯管是否烧毁,充放电是否正常;测试消防应急灯的蓄电量是否达到规范的要求。五是防火门。检查防火门的闭门器有无漏油或松动、密封性能是否良好。六是防火卷帘。模拟感烟、感温探测器动作,观察防火卷帘是否正常降落;试验手动控制按钮、防火卷帘控制器的功能是否正常;检查防火卷帘导轨、传动机器运转是否正常;检查防火卷帘联动功能是否正常,联动信号是否反馈至消防控制室。七是灭火器。检查灭火器的外观是否完好、压力指针是否在绿区、组件是否完整、药剂有无过期。

四、强化消防安全重点单位(部位)管理

根据《高等学校消防安全管理规定》第十四条规定,高校要将教室、实验

室、图书馆、档案馆、学生宿舍、学生食堂、礼堂、体育馆、计算机中心等确定为消防安全重点单位(部位)。高校要强化消防安全重点单位(部位)管理,确定消防安全管理人,设置防火标志,落实每日防火巡查制度,建立消防档案,并对职工进行岗前消防安全培训。

(一) 教室、报告厅

教室、报告厅的消防安全管理措施主要包括:(1)装修时,顶棚、墙面、窗帘织物等要满足国家规范要求。桌子、椅子、柜子等材料宜为难燃材料或经过阻燃处理。(2)定期检查维护电器线路,及时更换老化线材。(3)定期维护保养火灾自动报警系统、自动喷水灭火系统、消火栓及灭火器等消防设施,及时更换过期损坏消防设施。(4)严格落实场所管理规定,严格限制此类场所功能,不得堆积临时物品,尤其禁止贮存易燃易爆物品。(5)在宣传栏、黑板报、走道墙壁等醒目位置张贴消防安全知识宣传品,向师生宣传消防安全知识。

(二) 计算机教室、多媒体教室

计算机教室、多媒体教室的消防安全管理措施主要包括:(1)禁止吸烟和其他明火行为,严禁使用易燃溶剂清洗带电设备,严禁存放易燃易爆化学品和腐蚀性物品。(2)使用插座、电子设施时,做好电器接头的连接。不得超出允许限度,预防线路和电子设备的短路和过载。(3)电子计算机系统的电源线路上设置紧急断电装置。(4)设备间连接线路要集中合理布置,不得随地杂乱放置,尽量将线路避开可燃物、热源等。(5)配备与该场所相适应的二氧化碳或干粉灭火器、气体灭火系统等消防灭火器材。

(三) 实验室

实验室的消防安全管理措施主要包括:(1)实验前,要对实验人员进行消防安全教育及培训,使其在实验操作过程中时刻注意潜在的火灾隐患。(2)根据国家有关规定、标准设计实验,不得随意决定、盲目试验。认真选好实验设备器材,检查实验器具的安全情况。尽可能不在同一实验室作交叉项目,避免易燃易爆化学药品与易燃易爆气体交叉作业。(3)控制化学实验室药品的存放量,对防热、防震、防压的化学药品要按物料特性做出相应管理规定。(4)根据实验环境和实验设备等条件,合理配置干粉灭火器、二氧化碳灭火器、水型灭火器、灭火毯等消防器材。

（四）图书馆、档案馆

图书馆、档案馆的消防安全管理措施主要包括:(1)图书馆的图书和书架、档案馆的档案和档案架的布置应符合相关规定。电器线路、插座等设施与书架之间要保持一定的间距。(2)严格控制一切明火,不准把火种带入书库、阅览室、档案室等场所。设置专用吸烟区,在醒目地方设置禁烟禁火标志。(3)定期对电器设施进行维护保养、检查、检修。搞好日常巡逻检查,加强夜间值班巡逻,防范遗留火种等诱发火灾因素。(4)定期检测和保养消防栓、火灾自动报警系统、自动灭火系统、应急照明和指示标志等消防设施,及时更换灭火器。

（五）学生宿舍

学生宿舍的消防安全管理措施主要包括:(1)定期检查学生宿舍用电情况,对违章行为要进行处罚。宿舍管理人员要搞好防火巡查,及时制止违章用火、用电等行为。(2)尽量减少每间宿舍的居住人数,如从8人间改成4—6人间。(3)定期对学生宿舍的线路及配电设施进行检查维护,及时改造替换老旧电器线路,避免用电超负荷。(4)改变宿舍楼出口锁具锁闭的管理方式,建立智能化管理系统,保证在紧急情况下能够顺利打开安全出口。(5)配备完善的消防设施,加强经常性维护保养,保证灭火器、消防栓、疏散指示标志、应急照明灯具等正常工作。

（六）学生食堂

学生食堂的消防安全管理措施主要包括:(1)食堂内的主要公共活动区通道要保持通畅,桌椅及其他器具之间要保持合理的间距。(2)食堂厨房要统一管理燃气设施,尽量采用天然气管道供气。对仍在使用液化石油气罐供气的,要限制罐体容量。(3)严禁在公共活动区域、摊位及档口、厨房、储藏间等处抽烟。厨房要谨慎使用明火,操作人员离开时要熄灭、关掉燃气。厨房内的食材及其他易燃可燃材料不得靠近燃气管道。(4)食堂部分区域改建时,不要降低原有场所的防火设计要求,安全出口不得相互影响,不得擅自改变或挪动防火分隔措施。

(七)礼堂、体育馆

礼堂、体育馆的消防安全管理措施主要包括:(1)严禁在疏散走道、楼梯间或出口等位置摆放任何可燃物或妨碍人员疏散的物品。(2)明令禁止抽烟。场馆内有大型文体活动时,严禁可能产生火花的行为。由于特殊情况需要用火时,要制定详细用火规程,并派专人看管。(3)举办大型活动期间,采取安检措施严格限制进入人员携带易燃易爆物品,并限制场馆内的进入人数。(4)举办赛事、演艺活动期间,要不间断地进行防火巡查。(5)配置相应的消防设施。灭火器出现缺失或过期时,要及时补足或更换。

(八)计算机中心

计算机中心的消防安全管理措施主要包括:(1)严禁在机房存放腐蚀品和易燃易爆危险品,禁止在机房吸烟和随意动火。(2)先关闭设备电源再进行维修作业,用完测试仪表、电烙铁等用电设备后要立即切断电源。尽量避免使用汽油、酒精、甲苯等易燃溶剂,严禁使用易燃品清洗带电设备。(3)定期检查设备运行状况和防火安全制度的执行情况,及时分析故障原因并积极进行修复。(4)值班人员发现异常情况时,要及时处理和报告。处理不了时,要停机检查。(5)配备二氧化碳等灭火器,大中型计算机中心要设置火灾自动报警和自动灭火系统。

第三节　维护校园交通安全

校园交通安全关系到师生员工的生命财产安全和高校的和谐稳定,维护校园交通安全是高校安全管理工作的重要任务之一。目前,高校校园内的车辆日益增多,人流与车流叠加导致的校园交通压力逐步增大,导致校园交通事故时有发生。高校要加大校园交通安全管理工作力度,不断提高校园交通安全管理水平,为高校正常的教学、科研和生活秩序提供交通安全保障。

一、完善校园交通设施建设

交通设施是指设置在道路沿线用于管理、规范和指导道路使用行为的设施,是道路交通的语言,是正确指引和规范驾驶员、行人安全出行的重要保障。功能齐全的交通设施是保证道路交通安全的必要补充,高校要根据校园道路实际情况,重点加强交通管理设施和交通安全设施建设,防止因交通设施不完善、不到位造成的交通安全事故。

（一）交通管理设施

道路交通管理设施是高校依据相关法律法规、国家标准、国家规范的规定,在校园道路上设置安装的不同形式设施设备。它可以动态或静态地向校园交通参与者传递不同交通信息,从而实现对校园道路交通的管理与控制。高校校园道路交通管理设施主要包括以下方面。

1. 道路交通标志

道路交通标志是指用特定颜色的图形、符号、文字和线条等制作的,对交通流进行导向、警告、指示、调节和限制的道路交通管理设施。高校合理设置道路交通标志,能够保证校园交通有序、安全和畅通。一是警告标志。警告标志是向交通参与者传递危险信息,警告道路使用者注意危险地点的标志。高校校园道路警告标志主要包括交叉路口标志、弯路标志、陡坡标志和注意行人标志等。二是禁令标志。禁令标志是用以禁止或限制车辆、行人交通行为及相应禁止、限制解除的标志。高校校园道路禁令标志主要包括禁止通行标志、限速标志和禁止车辆停放标志等。三是指示标志。指示标志是用以指示车辆、行人行进或实施某种交通行为的标志。高校校园道路指示标志主要包括指示通行方向的标志、人行横道标志和停车位标志等。四是指路标志。指路标志是传递道路的方向、地点和距离等信息的标志。高校校园道路指路标志主要包括路径指引标志、地点指引标志和道路沿线设施指引标志等。

2. 道路交通标线

道路交通标线是由标划或镶嵌在道路路面上的各种线条、箭头、文字和标记等所构成的交通管理设施。交通标线可以与交通标志配合使用,也可以单独使用,其作用是通过向交通参与者传递通行信息来实现交通管制。一是指示标线。指示标线是用来指示车行道、行车方向、路面边缘、人行道、停车位、停靠站及减速丘等道路信息的标线。高校校园道路指示标线主要包括行道中心线、车道分道线、车行道边缘线、人行横道线、停车位标线、减速标线和导向箭头等。二是禁止标线。禁止标线是用来传递交通参与者应该遵行、禁止、限制信息的标线。高校校园道路禁止标线主要包括禁止跨越对向车行道分界线、禁止停车线和停止线等。三是警告标线。警告标线是用来促使车辆驾驶员及行人了解道路特殊情况,提高警觉,准备防范或采取应变措施的标线。高校校园道路警告标线主要包括车行道宽度渐变线、接近路面障碍物标线等。

3. 道路交通信号灯

道路交通信号灯是指用灯光颜色向交通参与者发出特定的指示、禁止、警示等信息的专用灯具,通过颜色的变化来实现对交叉口车辆、行人通行的控制。高校在主要道路交叉口等车辆、行人通行冲突的地方设置交通信号灯,在学生上课、下课等时段和重要活动时,从时间上将相互冲突的交通流进行分离,确保车辆、行人能够安全迅速地通过。道路交通信号灯既可以独立运行,也可以通过通信设备连接起来协调运行。高校校园道路交通信号灯主要包括:一是机动车、非机动车信号灯。红灯亮时,禁止车辆通行;黄灯亮时,已越过停止线的车辆可以继续通行;绿灯亮时,准许车辆通行,但转弯的车辆不得妨碍被放行的直行车辆、行人通行。二是人行横道信号灯。红灯亮时,禁止行人进入,但已经进入的,可以继续通过或在道路中心线处停留等候;绿灯亮时,准许行人通过。三是闪光警告信号灯。工作状态闪烁时,提示车辆、行人通行时注意瞭望,确认安全后再通过。

（二）交通安全设施

道路交通安全设施是能起到一定保护交通安全作用的绿化带、路灯、护栏、减速垄和阻车器等设施。随着高校校园道路建设规模和质量的不断提高,道路交通安全设施在高校的应用越来越广泛。

1.隔离设施

隔离设施是在道路上设置的一种分隔交通流、保证车辆和行人安全、畅通的交通设施,主要有护栏、隔离墩、绿化隔离带和水泥体等。高校校园道路通常设置的隔离设施主要包括:一是绿化隔离带。绿化隔离带是在对向机动车道之间或者同向机动车道与非机动车道之间设置的,留有一定宽度的空间内种植绿色植物,用来分隔车辆行驶的一种安全设施。在校园的主要道路上,采用绿化隔离带做中心隔离带,不仅保证交通安全,而且能美化道路环境。二是护栏。护栏一般设置在道路路肩的外侧、分隔带和人行道等处,按其防护作用的不同可以分为路旁护栏、分隔带护栏和行人护栏,按其结构的不同可以分为刚性护栏、半刚性护栏和柔性护栏。通过在校园道路上设置护栏,可以防止车辆驶出路外或驶入对向车道,限制行人横穿道路。

2.照明设施

照明设施是道路交通的一项安全设施,照明是为了改善视觉环境,保证车辆和行人在夜间行路时能清楚地观察道路情况,减少因视线不清而引发的交通事故。照明设施应当满足车辆和行人对于道路路面亮度、亮度均匀度的要求,使其发挥较好的诱导视线和安全行驶的作用。道路照明使用的光源应当满足充分照亮的要求,光线的透视性能良好。高校要建立完善校园道路的照明设施,在校园道路的主干道、次干道以及办公区、教学区、宿舍区等道路设置完善的照明设施,满足夜间行车、行人所需要的校园道路亮度要求,能够对行车、行人产生较好的诱导视线作用,切实保证车辆、人员夜间在校园道路上的交通安全。

3.其他设施

一是道路反光镜。道路反光镜一般设在校园道路视距不良的小半径曲线或无控制装置的小型平交路口处。机动车驾驶员和行人可以通过反光镜观察前方道路情况,以便提前采取措施。二是减速垄。减速垄是由橡胶材料或其他金属材料以及混凝土制成,形状为人字形,两边有斜坡,限制车辆速度的一种安全设施。减速垄通常设置在校园大门出入口、校园停车场的出入口、校园道路的下坡路段等处。三是阻车器。阻车器是由橡胶或金属材料制成,一般设置于校园停车场的停车泊位一端,用来阻止停放车辆溜车或者限制车辆倒车的位置,防止车辆与其他物体碰撞的一种安全设施。四是防撞桶。防撞桶是用高弹性、高强度的改性塑料制成,当汽车与其碰撞时,能有效减小冲击力,避免驾乘人员受到伤害。防撞桶一般设置在校园道路的转弯处、校园停车场等处。

二、加强校园交通秩序管理

高校校园交通秩序是指校园道路交通的所有参与者和其他交通要素,在校园道路上所处的位置及其运动状态。校园交通秩序管理是由高校安全管理部门采取规范、引导、约束和限制等交通组织手段,对校园道路交通活动中的人、车、路、交通环境进行规范协调和监督管理。

（一）机动车行驶秩序管理

一是分道行驶。将校园道路划分为机动车道、非机动车道和人行道,实行不同交通体的分道行驶。在没有划分机动车道、非机动车道和人行道的路段,实行机动车在道路中间通行、非机动车和行人在道路两侧通行。二是限速行驶。根据校园交通实际情况,高校一般设定校园道路限速 20 千米/时,警示的方法一般采用标志、提醒、引导或强迫机动车减速。三是让行。机动车通过没有交通信号和安保人员指挥的交叉路口时,应当减速慢行,并让行人先行;在校园道路上行驶遇行人横过道路时,应当避让;行经人行横道时,应当减速行驶。遇行人正在通过人行横道,应当停车让行;机动车与机动车相遇时,支线道路的车辆让干线道路车辆先行。四是通过交叉路口。机动车通过没有交通信号和安保人员指挥的交叉路口时,有交通标志、标线控制的,让优先通行的一方先行。没有交通标志、标线控制的,在进入路口前停车瞭望,让右方道路的来车先行;相对方向行驶的右转弯的机动车让左转弯的车辆先行;转弯的机动车让直行的机动车先行。

（二）非机动车行驶秩序管理

近年来,高校校园的自行车逐渐退出,电动车日渐成为师生员工新的代步工具。电动车存在不同程度的安全隐患,成为高校非机动车管理的重点和难点。高校安全管理部门要加强对非机动车的管理,特别是对电动车的管理,努力改善校园非机动车行驶秩序。一是道路行驶。非机动车要在校园非机动车道内行驶。没有非机动车道的,应当靠车行道的右侧行驶。二是通过交通信号控制的路口。遇有停止信号时,要依次停在路口以外;转弯的非机动车要让直行的车辆、行人优先通行;向右转弯遇有同方向前车正在等候放行信号时,在本车道内能够转弯的可以通行,不能转弯的依次等候;向左转弯时,要靠路中心点的右侧转弯。三是通过没有交通信号控制的路口。有交通标志、标线控制的,让优先通行的一方先行。没有交通标志、标线控制的,在路口外慢行或停车瞭望,让右方道路的来车先行;相对方向行驶的右转弯的非机动车让左转弯的车辆先行。

（三）行人交通秩序管理

行人是校园道路交通活动的参与者,在道路交通活动和交通事故中是各种交通体中最容易受到伤害的。高校校园人流量大、道路情况复杂,高校安全管理部门要加强对校园道路上行人交通秩序管理。维护校园良好的交通秩序,一定程度上取决于校园行人的交通安全意识和道路交通行为。根据《中华人民共和国道路交通安全法》及其实施条例的规定,校园道路上的行人要在人行道内行走,没有人行道的要靠路边行走。行人通过设有交通信号的人行横道路口,要按照交通信号灯指示通行;通过没有设置交通信号的人行横道路口,要在确认安全后通过。行人通过路口或横过道路时,要从人行横道通过;没有人行横道的,要观察来往车辆的情况,确认安全后直行通过;不得在车辆临近时,突然加速横穿道路或者中途倒退、折返。行人不得跨越、骑坐道路隔离设施,不得在道路上使用滑板、旱冰鞋等滑行工具。

（四）停车秩序管理

高校安全管理部门为规范校园停车行为,对在校园内停放的车辆实施规范化管理。一是机动车停车场规划。停车场的设置应结合校园规划布局与校园道路交通规划的需求来确定,并与土地利用及校园路网分布有机结合。二是车辆的停放方式。车辆的停放按与通道的关系可分为平行式、垂直式和斜放式,选用哪种方式布置为宜,应当根据停车场的性质、疏散要求等因素综合考虑。三是机动车停放管理。机动车应当在规定地点停放,可能是校园停车场,也可能是校园道路两旁和人行道上的停车泊位。使用交通违法监测探头装置记录违法停车行为,对禁停路段的停放车辆采用纳入黑名单、使用锁车器固定车辆等方式进行管理。四是非机动车停放的组织与管理。由于自行车和电动车体积小、使用灵活,造成自行车和电动车到处停放,侵占校园主要干道和人行道,妨碍校园道路交通。要根据具体情况设计合理的非机动车停车场,切实解决校园非机动车停放管理的困境。

三、加强校园交通事故的预防

校园交通事故是指车辆驾驶人员、行人以及其他在高校校园道路上进行与交通活动有关的人员,因违反交通法规、校园交通管理规定或者意外,发生的车辆碰撞、碾压等造成师生员工人身伤亡和财产损失的情形。预防校园交通事故是高校安全管理工作的主要内容,安全管理部门要积极开展交通安全宣传教育,搞好日常交通安全管理,防止校园交通事故的发生。

(一) 开展交通安全宣传教育

《中华人民共和国道路交通安全法》第六条规定:"机关、部队、企业事业单位、社会团体以及其他组织,应当对本单位的人员进行道路交通安全教育。教育行政部门、学校应当将道路交通安全教育纳入法制教育的内容。"高校要积极开展交通安全宣传教育,使师生员工树立正确的行人通行观念、提高交通安全素质,使师生员工驾驶员树立驾驶机动车在校内低速通行、主动避让行人的意识。

1.采取多种形式开展宣传教育

充分利用各种新媒体开展线上与线下相结合的交通安全宣传教育,以师生员工喜闻乐见的形式传播交通安全知识,扩大宣传教育效果。将正面教育引导和反面案例警示相结合,通过通报和展示违反高校校园交通安全管理规定的典型案例,打消师生员工将高校校园道路有别于社会道路的侥幸心理,提高师生员工对校园交通安全重要性的认识。把交通安全常识纳入新生入学教育的重要内容,使大学生入校时就能接受交通安全教育。将交通安全法律法规和理论知识纳入大学生安全教育课的教学内容,使大学生在校期间能够接受系统的交通安全教育,筑牢大学生的交通安全意识,培养大学生的良好通行习惯。

2. 开展交通实践宣传教育活动

充分利用每年安全月、交通安全日等开展交通安全宣传教育,利用电子广告牌、宣传标语和知识手册等加大维护校园交通安全秩序宣传,引导师生员工安全走路、安全乘车、安全骑车、安全驾车和安全泊车,杜绝不按规则行车和乱停乱放的现象。邀请公安机关交通管理部门开展交通安全培训讲座,从更加专业的角度为师生员工讲授交通安全知识,分析交通安全形势,培训交通安全技能。发挥学生社团作用,建立校园交通安全社团,请交通警察为交通安全员进行指导培训,在上课、下课校园道路交通高峰时段和校园举办大型活动时,组织交通安全员协助安保人员劝导交通违法行为、维护校园交通秩序。

(二) 做好日常交通安全管理

高校安全管理部门开展校园道路交通安全管理,主要是通过点面控制、动态巡逻,引导校园交通参与者按有关规定和要求行进和停止,纠正和处理各种道路交通安全违法行为,保证车辆和行人的安全、畅通、有序。高校校园日常交通安全管理主要是依靠治安岗亭和治安巡逻的安保人员进行。

1. 治安岗亭的交通安全管理

校园平面交叉路口是校园道路网中道路通行能力和交通安全的瓶颈,也是交通事故的易发点。设置在平面交叉路口附近的治安岗亭交通安全管理职能主要包括:一是对路口的各种交通流进行指挥和疏导。在学生上课和下课的交通高峰时段,要直接进行指挥疏导。二是纠正和处理发生在路口的道路交通安全违法行为。一般来说,在上课和下课时段要以交通疏导为主;在其他时段,则以纠正违法行为为主。三是对师生员工进行交通法规、交通安全等方面的教育。安保人员在路口指挥时,通过喊话等形式告诉师生员工应当注意什么、不应该干什么。四是受理师生员工的交通求助,并在可能的情况下,对师生员工的求助提供帮助。

2.治安巡逻的交通安全管理

治安巡逻的交通安全管理职能主要包括:(1)及时发现并处理校园道路路面上出现的各种违法行为,有效避免和减少校园交通安全违法现象的发生;(2)对虽然符合当事人自行协商解决条件,但双方有异议并向校园110报警的交通事故,治安巡逻安保人员迅速赶赴事故现场,做好处理工作;(3)对不符合当事人自行解决的交通事故,治安巡逻安保人员立即赶赴事故现场,并做好保护现场、抢救伤者、监控肇事者、向公安机关交通管理部门报告和协助交通警察处理等工作;(4)对发生交通事故逃逸的,在向高校安全管理部门领导报告的同时,立即采取措施堵截逃逸者;(5)受理师生员工的交通求助,并在可能的情况下,对师生员工的求助提供帮助。

四、做好校园交通违法与事故处理

交通违法行为查处是公安机关交通管理部门依法对违反道路交通法的行为人进行监督检查、教育惩戒的交通管理活动。交通事故处理是公安机关交通管理部门确认交通事故原因,划分交通事故责任,依法追究交通肇事者法律责任,保护受害人合法权益的交通管理活动。高校校园发生交通违法行为和交通事故后,高校安全管理部门要及时向公安机关交通管理部门报告,并积极协助交通警察处理。

（一）协助交通警察处理交通违法行为

高校校园发生的交通违法行为一般为轻微交通违法行为,适用简易程序处理,由交通警察在处罚的种类和幅度内当场裁决处罚,高校安全管理部门给予积极协助。《中华人民共和国道路交通安全法》第一百零七条第一款规定:"对道路交通安全违法行为人予以警告、二百元以下罚款,交通警察可以当场作出行政处罚决定,并出具行政处罚决定书。"对可以给予警告、无记分的交通违法行为,未造成影响校园道路通行和安全的后果且违法行为人已经消除违法状态的,可以认定为轻微违法行为。对轻微交通违法行为,由交通警察口头告知其违法行为的基本事实、依据,纠正违法行为并予以口头警告后放行。如发现校园内有酒后驾驶嫌疑的,安保人员要及时指挥机动车驾驶人靠路边停车,并向公安机关交通管理部门报告。交通警察赶到现场后,使用酒精检测仪对机动车驾驶人进行检验。检验结果确认为酒后驾驶的,由交通警察依照相关规定对违法行为人进行处理。

(二) 做好交通事故的现场保护

高校发生交通事故后,事故现场附近的治安岗亭和治安巡逻安保人员要及时采取以下措施:(1)封锁现场。检查事故现场情况,确定事故现场范围,并以设置警戒线等方式进行封闭保护。当刮风、下雨等可能对事故现场造成破坏时,要利用塑料布等将现场的血迹、印痕和其他散落物等遮盖起来。(2)抢救伤员。如果现场有受伤人员,就要立即施救,或者拨打120急救电话。伤员在现场进行急救或送往医院前,应将其原来所处的位置和姿态标记清楚,并注意保护好伤员身上、衣服上的痕迹和财物。(3)控制肇事人。如果肇事人还在现场,要对其实施控制。如果肇事人刚刚逃离现场,要及时问清情况,组织安保人员追捕。(4)寻找证人。一般情况下,发生交通事故时,周围会有人目击到事故的情况。要及时寻找证人,并将其姓名、单位、联系方式记录下来。(5)疏导交通。在不损坏事故现场痕迹的前提下,要求无关人员和车辆离开现场。(6)协助调查。交通警察赶到现场后,要及时将现场情况向交通警察报告,协助交通警察处理交通事故。

(三) 协助交通警察处理交通事故

高校校园发生的交通事故一般为碰撞和刮擦,不涉及人身伤亡,仅有财产损失,且情节简单无争议,由当事人自行协商处理,或由交通警察按照简易程序处理,高校安全管理部门给予积极协助。对于校园内的机动车与机动车、机动车与非机动车之间发生财产损失事故,以及非机动车与非机动车或者行人发生财产损失事故,可由当事人自行协商处理。当事人对事实及成因有争议不即行撤离现场或者当事人自行撤离现场后,经协商未达成协议的,以及受伤人员认为自己伤情轻微,当事人对事实及成因无争议,但对赔偿有争议的,由交通警察使用简易程序处理。《道路交通事故处理程序规定》第十三条规定:"发生死亡事故、伤人事故的,或者发生财产损失事故且有下列情形之一的,当事人应当保护现场并立即报警……"在校园交通事故中有人员死亡或受伤的,禁止当事人或其家属自行协商,必须由公安机关交通管理部门介入处理。

第四节　维护高校网络信息安全

随着高校建设信息化水平的不断提升,大量信息高度集中地存放在计算机网络中,高校网络信息安全问题也日渐突出。2022 年 9 月 5 日,国家计算机病毒应急处理中心发布了关于西北某大学遭受境外网络攻击的调查报告称,该校关键网络设备配置、网管数据、运维数据等核心技术数据曾遭境外网络攻击。高校校园网络是高校宣传思想工作的重要阵地,是高校开展教育教学工作的重要平台。高校要认清网络信息安全面临的新情况和新问题,认真做好网络信息安全管理工作,切实维护网络信息安全。

一、网络设施的安全管理

网络设施主要包括机房和场地设施、硬件设施等。机房和场地设施是网络系统得以正常运行的基本环境条件;硬件设施是网络系统得以正常运行的基本设备条件。高校要加强对机房和场地、硬件的保护和管理,对校园网络系统加以物理上的保护,保证校园网络系统的安全可靠。

（一）机房和场地设施

机房和场地设施安全管理的内容主要包括:一是机房的人员出入控制。

建立机房出入管理制度,通过特殊标志、口令、指纹和人脸识别等对进入机房的人员进行识别和验证。在机房的关键通道加锁或设门卫,防止非法人员进入机房。在机房的隐蔽地方安装监视器和报警器,监视和检测入侵者。外来人员进入机房,要先申请登记,经批准后由相关人员陪同进入。二是机房的环境设备监控。设置机房环境设备监控系统,对机房设备的运行状态、温度、湿度、洁净度,供电的电压、电流、频率,以及配电系统的开关状态等进行实时监控,并记录历史数据。三是机房的防火和防水。机房顶棚之上、地板之下以及电源开关、插线板等处都是火灾的发源地。机房防火措施主要有建筑物防火、设置报警系统和灭火装置等。一旦机房受到水浸,将使网络电缆和电器设备的绝缘性能大大降低,甚至不能工作。机房防水措施主要有在机房地面和墙壁使用防渗水和防潮材料、在地板下区域设置合适的排水设施、机房设置水淹报警装置等。四是机房的电磁辐射防护。机房的电磁干扰达到一定程度会影响设备的正常工作,机房的电磁辐射信号被截收容易造成信息泄露。为防止机房的电磁辐射引起有用信息的扩散,通常按设备防护、建筑物防护、区域性防护、通信线路防护和抑制技术防护五个层次进行。

（二）硬件设施

组成网络的硬件设施主要有计算机、网络节点设备、传输介质及转换器、输入/输出设备等。硬件设施安全管理的主要环节包括:一是购置管理。采购的设备要符合相关国家标准规定的要求,不要采购未经国家信息安全测评机构认可的信息安全产品。网络中硬件设施要符合系统选型要求,并经单机、联机运行测试以及试运行后,正式投入运行。对网络所有硬件设施要建立购置、移交、使用、维护、维修和报废等登记制度。二是使用管理。对于网络硬件设施的使用情况要按台(套)建立运行日志,并指定专人负责。设备责任人要保证设备在其出厂标称的使用环境下工作,并负责设备的使用登记、维护保养。三是维修管理。要指定专人负责维修网络硬件设施。对网络进行维修时,要采取数据保护措施。对设备进行维修时,要记录维修对象、故障原因、排除方法、主要维修过程和维修有关情况等。对安全设备进行维修时,要有安全管理员在场。要建立满足正常运行最低要求的易损件备件库。四是仓储管理。网络硬件设施的储存要由责任人保证各台(套)设备的储存环境符合其出厂标称的环境条件要求。安全产品及保密设备要单独储存,并有相应的保护措施。对储存的设备要定期进行清洁、核查及通电检测。要建立设备进出库、领用和报废登记制度。

二、网络运行的安全管理

网络信息安全是指网络系统的软件、硬件以及系统中的数据得到充分保护,不会因为恶意攻击或其他原因遭到破坏、更改、泄露,确保网络系统正常运行、网络服务持续不断。高校要加强网络运行的安全管理,确保网络操作得到合理的保护与控制,避免出现非法病毒侵害、网络资源的非法占用与非法控制等安全问题。

(一)校园网络的安全管理

校园网络是指校园范围内连接各种信息系统及信息终端的校园有线网络、无线网络和各种虚拟专网等计算机网络。高校校园网络系统分为学校网络系统和学校二级单位网络系统。校园网络与互联网及其他公共信息网络要实行逻辑隔离,高校涉密信息系统不得接入校园网络。高校网络信息管理部门负责校级网络系统的规划建设和运行维护,采取访问控制、安全审计、完整性检查、入侵防范和恶意代码防范等措施,加强校园网络边界防护。师生员工接入校园网络实行"实名注册、认证上网"制度,高校非涉密信息系统接入校园网络实行接入审批和备案登记制度。校内网络系统对外采用统一出口,实现一体化管理,各部门、各单位未经批准不得通过其他渠道接入互联网及其他公共信息网络。

(二)数据中心的安全管理

数据中心主要包括支撑各类应用系统运行的软硬件基础设施、学校基础数据库、统一数据交换平台、统一身份认证系统和统一信息门户。高校网络信息管理部门负责数据中心物理环境及硬件设备的运行维护,负责中心机房建设、运行、维护和管理,并根据信息系统安全等级的不同,对数据中心进行分区、分域管理,采取必要的技术措施对不同等级分区进行防护、对不同安全域之间实施访问控制。高校二级单位的信息系统建设原则上依托学校数据中心,涉及学校基础数据、师生员工个人信息或敏感信息的系统不得在校外部署。高校数据中心的使用实施准入管理,制定使用数据中心的技术规范和标准,在系统上线前进行安全检测,符合技术规范标准并检测通过的系统方可上线运行。

(三)信息系统的安全管理

信息系统是指因工作需要,由高校二级单位建设或管理的,提供网络应用或服务的软硬件系统。高校按照同步规划、同步建设、同步运行原则,建立信息技术安全防护体系,实行信息系统安全等级保护制度。高校网络信息管理部门负责信息技术安全防护体系建设和等级测评组织工作。高校二级单位负责所属信息系统的运行维护管理,并按照网络安全等级保护的要求,履行有关管理制度与操作规程,采取相应的安全保护技术措施。校内所有信息系统的注册用户必须采用实名认证,并对以其用户名进行的所有活动负责,信息系统责任单位负责实名认证的监督实施。信息系统建设单位定期对终端计算机和承担信息系统运行的关键设备进行安全审计,高校网络信息管理部门定期对全校信息系统或网站开展安全检查。

三、网络信息的安全管理

网络信息安全管理是为保证网络信息安全而进行的一切管理活动和过程,其目的是在使网络用户按规定获得所需信息与服务的同时,保证网络本身的可靠性、完整性和可用性,以及其中网络信息的保密性、完整性、可用性、可控性和真实性。高校要加强网络信息安全管理,确保信息资源得到合理的保护与控制,避免出现黑客攻击、信息资源的非法篡改与非法窃取等安全问题。

(一)信息系统数据的安全管理

信息系统数据是指高校各类信息系统所产生、保存和利用的相关数据,包括但不限于信息化公共基础服务、跨部门信息系统、业务部门管理信息系统、各类网站、教学资源等数据和信息。信息系统数据的所有者是安全责任主体,负责信息系统数据的安全管理,落实安全管理和技术防范措施,规范信息系统数据的收集、存储、备份和使用。未经学校批准,任何单位和个人不得擅自向他人或其他单位提供信息系统数据。高校网络信息管理部门负责学校核心信息系统的备份与恢复管理,根据业务实际需要对重要数据和信息系统进行备份,确保备份数据和备用资源的安全性。高校各部门、各单位使用数据时,须向网络信息管理部门提出申请,并切实做好数据的安全保护工作,严禁将数据用于申请用途以外的活动。

（二）互联网网站的安全管理

高校二级单位设立互联网站,应使用高校互联网 IP 地址和高校互联网络域名,可基于高校网站群平台建设,也可委托软件开发商建设,并按信息安全保护等级的相应规范落实信息安全防护。高校网站群平台的技术安全由高校网络信息管理部门负责,运行在网站群平台上的网站内容安全由网站主办者负责,未运行在高校网站群平台上的网站技术安全和内容安全由网站主办者负责。各互联网站的主管部门(单位)要建立网站应急值守制度,由专人对网站进行监测,发现网站运行异常及时处置。

（三）终端计算机的安全管理

终端计算机是指由高校师生员工使用并从事教学、科研、管理、服务等活动的各类计算机及附属设备,包括台式电脑、笔记本电脑及其他移动终端。终端计算机使用者对其终端计算机负有保管和安全使用的责任,做好数据日常管理和保护,定期进行关键数据备份,对敏感数据进行加密,确保非涉密计算机不存储和处理涉密信息。当发现终端计算机出现可能由病毒或攻击导致的异常系统行为,或其他安全问题时,要立即断网后进行处置。高校网络信息管理部门对终端计算机的安全管理提供技术支持和指导,确保终端计算机的硬件安全、操作系统安全、应用软件安全以及数据安全。

四、网络安全技术的运用

先进的网络安全技术是实现网络信息安全的根本保证。为了保护网络信息安全,需要从信息的传输、存储和审计等方面共同努力,再配合适当的网络安全技术,从而能够较好地防御各种网络入侵行为。确保高校校园网络安全运行,维护高校网络信息安全,可灵活采用以下网络安全技术。

(一) 防火墙技术

防火墙技术是指结合计算机硬件和软件,在受保护网络和外部网络之间构造保护层,使攻击者远离受保护网络的技术。防火墙是校园网与互联网连接的第一道屏障,保护校园网络信息安全的最重要手段之一就是建立防火墙。防火墙根据允许、拒绝和监视等安全策略控制流入、流出网络的信息,使受保护网络的信息、结构与外部网络隔离,有效抵挡外部不良信息的进入,保护内部机密信息不被泄露,具有很强的抗攻击能力,能够促进网络信息系统合理有序运行。防火墙的安装要根据高校网络信息安全管理需要进行,对于校园内部的局域网安全,不一定依靠防火墙,可使用其他软件或硬件来实现。

(二) 入侵检测技术

入侵检测技术是通过实时收集和分析网络行为、审计数据、安全日志、其他可以获得的信息以及系统中关键点信息,检查网络系统的运行过程中是否存在违反安全策略行为和被攻击迹象的技术。入侵检测技术对内部入侵、外部入侵和误操作进行实时防御,及时作出切断网络连接、记录事件和报警等响应,实现在网络系统受到危害之前拦截,是一种积极主动的安全防护技术,是防火墙之后的第二道安全防线。在高校校园网络系统中采用入侵检测技术,监视和分析系统中用户的各种活动,跟踪管理并识别用户违反安全策略行为和是否存在入侵迹象,记录并分析工作中的异常情况,分辨网络攻击类型并及时报警,增强校园网络系统的防范能力。

(三) 数据加密技术

数据加密技术是对数据进行重新编码,从而达到隐藏信息内容,使非法用户无法获取信息真实内容的一种技术。数据加密技术是网络信息安全的核心技术,现代加密算法不仅可以实现数据加密,而且可以实现身份认证和数字签名等功能。一是密钥技术。密钥是一条数字信息,它与加密算法交互作用以控制信息的加密。密钥技术是指发件人用加密软件对信息进行加密,收件人运用相应的密钥进行解密的技术。目前常用的加密技术有对称加密技术(加密和解密是一个密钥)和非对称加密技术(加密和解密不是一个密钥)。二是数字签名技术。数字签名技术是指在电子文件上签名的技术。数字签名一般采用非对称加密技术,签名者用自己的私钥对明文进行加密,将其作为签名。接收方使用签名者的公钥对签名进行解密,若结果与明文一致,则证明对方身份是真实的。

（四）身份认证技术

身份认证技术是能准确地识别另一方,同时相互证明其身份的技术。在传送信息时,为了防止被非法用户欺骗,造成信息误传,必须进行身份认证。身份认证主要包括:一是基于密码的身份认证。鉴别用户身份最常见、最简单的方法是核对口令。用户登录系统或使用某项功能时,系统要求输入用户名和口令,并进行核对。如果匹配,则该用户被认证。但由于口令的长度问题,往往不能抵御猜测软件的攻击,容易导致口令泄漏。二是生物特征身份认证。生物特征识别是通过计算机利用人体固有的生理或行为特征,进行身份识别和鉴定的技术。常用的人体生理特征有指纹、掌纹、脸像、虹膜和视网膜等,常用的人体行为特征有步态、声音和签名等。基于生物特征识别的身份认证技术防伪性能好,不易伪造或被盗。

（五）访问控制技术

访问控制技术是根据用户的身份,给予相应的权限,允许其对主机资源进行访问的技术。访问控制是对存放在网络系统上的静态资源进行保护的重要措施,主要包括:(1)入网访问控制。控制的主要手段是对用户的登录名和口令进行验证,对多次登录不成功者给予警告。(2)权限控制。用户和用户组有被赋予的权限,该权限控制他们能够访问的目录、子目录、文件和资源,限制他们对于这些资源的操作范围。(3)目录级安全控制。系统管理员利用系统管理、读、写、创建、删除、修改、文件查找和访问控制等访问权限的组合应用,加强对用户访问资源的控制。(4)属性安全控制。系统管理员设置属性控制能够进一步提高网络的安全性,属性控制的权限包括向文件写数据、查看目录和文件、删除目录和文件、执行文件、隐含文件和拷贝文件等。(5)服务器安全控制。设定时间控制服务器允许登录的时间,设置口令锁定服务器控制台,防止非法用户破坏数据或修改、删除重要信息。

（六）安全扫描技术

安全扫描技术用于对网络系统进行安全检查,寻找和发现其中可被攻击者利用的安全漏洞和隐患。安全扫描技术是一种主动防范措施,可以有效避免黑客的攻击,通常采用被动式和主动式两种策略。(1)被动式策略。这是基于主机的检测,主要是检查系统中脆弱的口令、不适当的系统设置和其他违反安全规则的对象。(2)主动式策略。这是基于网络的检测,主要是通过执行一些脚本文件,对系统进行非破坏性攻击,根据系统的反应判断是否存在安全漏洞。通过漏洞扫描系统对网络设备进行扫描,可以从设备之外的网络角度审查网络上还有哪些漏洞没有修补,以及正在提供什么样的服务,以此发现密码设置过于简单的账号,找到需要关闭的服务和有漏洞的地方,并及时做出调整及修补。

五、网络安全事件的应急响应

网络安全事件应急响应是为应对网络安全事件的发生所做的准备,以及在安全事件发生后所采取的应急措施,使网络系统在最短时间内恢复其保密性、完整性和可用性。网络安全事件具有突发性强、预测难和防范难等特点,高校要重视网络安全事件的应急响应。高校一旦发生网络安全事件,要迅速采取有效措施,控制安全事件的发展,把损失和影响降到最低。

（一）网络安全事件的分类

(1)网络攻击事件。包括拒绝服务攻击、后门攻击、漏洞攻击、网络扫描窃听、网络钓鱼、干扰和其他网络攻击等事件。(2)有害程序事件。包括计算机病毒、计算机蠕虫、计算机木马、僵尸网络、混合攻击程序、网页内嵌恶意代码和其他有害程序等事件。(3)信息破坏事件。包括信息假冒、信息篡改、信息丢失、信息窃取、信息泄露和其他信息破坏等事件。(4)信息内容安全事件。包括通过网络传播法律法规禁止信息,组织非法串联、煽动集会游行或炒作、讨论敏感问题,并危害国家安全、社会稳定和公众利益的事件。(5)设备设施故障事件。包括软硬件故障、外围保障设施故障、人为破坏事故和其他设备设施故障等事件。(6)灾害性事件。包括水灾、雷击和火灾等不可抗力因素对网络信息系统造成的物理破坏事件。(7)其他网络安全事件。不能归为以上类别,但影响或后果较为严重的网络安全事件。

(二) 网络安全事件应急响应的流程

(1)准备阶段。成立应急响应小组,确定小组的职责,明确应急响应所需要的资源和人员。制定应急响应预案,明确应急响应操作流程。组织应急响应培训和演练。(2)检测阶段。通过检测和分析,确定网络是遭到了攻击还是内部人的恶作剧。根据网站被攻击、网站挂马、关键业务停顿、网络缓慢、服务器宕机和数据丢失等不同现象,确定安全事件的类别、级别以及启动的应急预案。(3)抑制阶段。为限制安全事件造成影响的范围和程度,在安全事件发生的第一时间内,通过封锁可疑用户账号、过滤有害信息流、断开可疑网络服务、关闭已遭到破坏的网段或系统等方法,切断入侵途径,避免攻击进一步蔓延。(4)根除阶段。在安全事件被抑制隔离后,对其进一步定位分析,找出安全事件根源并将其彻底清除。(5)恢复阶段。对遭到破坏的信息系统进行备份恢复,使其系统、应用和数据库等还原到原来正常的工作状态,监测信息系统是否已经正常,并适时将隔离的信息系统和网络解除封锁。(6)总结阶段。安全事件处理完毕,及时回顾安全事件的处理过程,根据应急响应情况进行补充和改进,对恢复后的网络信息系统进行跟踪记录。

(三) 网络安全事件应急处置的方法

一是抑制隔离。为确保应急处置及时、有效,要综合运用以下抑制隔离措施:(1)网络抑制隔离。从网络采取措施,防止安全事件的进一步扩大,常用手段包括切断连接、边界过滤、网关过滤和网络延迟。(2)主机抑制隔离。主要包括切断主机网络连接、封锁可疑账号和提高主机安全级别。(3)应用抑制隔离。主要包括关闭应用系统、限制访问范围和提高用户级别。二是根除加固。网络信息安全事件被抑制隔离后,对其进一步定位分析,找出事件根源,并将其彻底清除。根除加固主要从两方面展开:(1)主机根除加固。主机的范围包括服务器、终端,手段包括清除恶意代码、清除后门、系统堵漏和修复系统。(2)网络根除加固。对发生安全事件区域内所有主机进行评估排查,检测是否仍然存在被同一安全事件影响的情况。对网络的安全设备、安全工具进行升级,使其具备对类似安全事件的报警、过滤和自动清除功能。三是灾难恢复。在自然或人为灾难发生后,启动灾难恢复系统,减少业务停顿时间,将校园网络系统恢复到正常运行状态,把灾难造成的损失降到最低。灾难恢复的种类主要包括全盘恢复、个别文件恢复和重定向恢复,灾难恢复的技术主要有数据存储管理、数据备份、灾难检测和系统迁移。

第五节 维护高校治安秩序

高校治安秩序是指由高校安全管理部门进行安全管理和服务,与之相关的人、事、物及信息作为安全管理对象,直接关系到高校稳定、校园公共安全、师生员工的生命财产安全等内容的校园秩序。高校治安秩序是社会公共秩序的重要组成部分。高校安全管理部门通过开展校园 110 接处警、治安巡逻、治安盘查、治安守望等治安秩序管理活动,履行安全管理职能,实现校园治安管理目标,维护校园治安秩序安全。

一、校园 110 接处警

校园 110 接警、处警是高校安全管理部门为师生员工安全服务的重要方式,是维护校园治安秩序安全的主要手段。校园 110 实行 24 小时值班备勤,由高校安全管理部门干部值班,安排适当安保人员备勤,配备相应器材和交通工具,保证有必要的安保力量应对随时发生的各种警情。

（一）校园110接警工作流程

接警是校园110值班人员对师生员工报警求助的案件事故情况进行询问、登记,了解情况,判明性质和轻重缓急,下达处警指令的过程。一是接受报警。接警人接听报警电话时,要向报警人表明单位、姓名,问明案件事故的主要情况及报警人的基本情况。对情况紧急的人身危险、严重伤病等报警求助,可视情告知相关应急处置办法;现场有人员伤亡的,要立即拨打120急救电话。二是下达处警指令。对校园110接警范围内的报警求助,接警人要及时向安全管理部门领导报告,按领导指令或预案安排安保人员出警。三是信息沟通。接警人要与处警人员保持沟通,随时掌握处警现场情况,对紧急、重大情况要及时将处置结果报安全管理部门领导。四是回复回访。必要时,接警人将处警结果回复报警人、求助人,并及时进行回访,听取他们的意见建议。五是登记保存。及时做好接警、报告、调派安保人员、处警的登记,并立卷备查。

（二）校园110处警工作要求

处警是指对校园各类警情的现场处置。处警人员到达现场后,要立即打开执法记录仪,迅速开展制止违法犯罪行为、控制事态、保护现场、救助伤员等处置工作。一是报警类警情处置工作要求。处警人员要按规定着装,携带必要的警械、通信工具等处警装备迅速出警。到达现场后,根据有关规定对警情妥善处置。现场情况复杂、难以控制局面的,要立即报告校园110,要求增派安保人员。处警结束后,及时将处警情况向校园110反馈,并做好处警记录。二是求助类警情处置工作要求。对可能危及师生员工人身、财产安全和学校公共安全的紧急求助,接警人安排安保人员进行先期处置,同时通报学校相关部门(单位)派人到现场处置,处警人员可以给予协助;对非紧急求助,接警人告知求助人向所求助事项的学校主管部门(单位)求助,并给予必要的解释。

（三）现场制止违法犯罪行为

现场制止违法犯罪行为的措施主要包括：一是口头制止。对正在以轻微动作或非暴力方式实施违法犯罪行为的，处警人员可以口头制止。违法犯罪行为人不听从口头制止的，可以将其带至安全管理部门处理。二是徒手制止。对尚未严重危及师生员工和处警人员的人身安全，正在以轻微暴力方式实施违法犯罪行为，经警告无效的，处警人员可以徒手制止。情况紧急、来不及警告或警告后可能导致更为严重危害的，可以直接徒手制止。三是使用警械制止。处警人员遇有下列情形之一，经警告无效的，可以使用警械：（1）寻衅滋事、结伙斗殴、殴打他人的；（2）聚众扰乱校园公共场所秩序的；（3）非法举行集会、游行、示威的；（4）危害师生员工人身安全、校园公共安全的其他行为，需要当场制止的。处警人员徒手和使用警械制止，要以制止违法犯罪行为为限度。

（四）现场保护

对现场进行有效的保护，有利于查明灾害事故的起因、意外事件的发生经过和违法犯罪行为的活动情况。一是划定现场保护范围。现场保护范围最好离中心场所外围3—10米，并将违法犯罪人员的作案地点和可能遗留有痕迹、物证的场所包括进去，用警戒带围起来，设置屏障。二是布置现场警戒。在现场的四角或道路的两头、门外或楼外布置警戒，不准无关人员进出现场。三是疏散现场无关人员。对于灾害事故、意外事件以及正在打架斗殴等违法犯罪活动现场，要迅速疏散现场及周围的无关人员，防止事态的扩大。四是保护痕迹、物证。对在现场发现的明显痕迹、物证等，要采取保护措施。对必须移动的物品，要记录或标明物品的原始状态。公安民警到达现场后，要向他们详细介绍已经了解的现场情况。

二、校园治安巡逻

治安巡逻是高校安保人员在校园一定空间内进行的有组织的巡视查看活动。治安巡逻是高校安全管理部门对校园进行动态治安管理的有效方式，是对校园进行全时空治安控制的重要手段。治安巡逻集防范、打击、管理、教育和服务于一体,具有预防犯罪、制止犯罪、治安管理和服务师生等方面的功能,能够增强师生员工的安全感以及对校园治安的满意度。

(一) 治安巡逻的方式方法

1. 治安巡逻的方式

一是徒步巡逻。安保人员徒步巡逻是最简捷、最常用的巡逻方式,一般不受地形、地势等因素的影响,能够到达校园的所有地方。徒步巡逻便于安保人员时时与现实环境接触,容易发现可疑情况,及时处理各种违法行为,及时接受师生员工的求助,能够更好地服务师生员工。但徒步巡逻的速度慢,活动范围小,机动性差,缺乏快速反应能力。二是电动巡逻。安保人员骑两轮电动巡逻车或驾驶四轮电动巡逻车执行巡逻任务,这是既经济又能增强巡逻效果的一种巡逻方式。电动巡逻的速度快,机动性强,控制范围大,能够节省人力。巡逻车上装置通信设备和同步录像设备,便于校园110指挥调动,能够为安保人员快速反应提供条件。但电动巡逻存在难以细致观察、隐蔽性不强等问题。

2. 治安巡逻的方法

一是定线巡逻与乱线巡逻相结合。定线巡逻是指在一定的时间内,按照规定的路线、方向巡逻。由于巡逻时间、路线、方向固定,易于被不法分子掌握巡逻规律。乱线巡逻是指在一定时间、区域内,自由选择可能发生案件事故的地点,没有固定路线的任意往返巡逻。这种方法的巡逻时间、路线、方向不固定,不法分子难以掌握巡逻规律。二是一般巡逻与重点巡逻相结合。一般巡逻是根据校园整体布局结构,划段分片、全方位地进行巡逻。重点巡逻是对校园的重点区域、重点场所、重点部位进行重点控制和防护。三是白天巡逻与夜间巡逻相结合。白天巡逻的震慑力较强,能及时防控各类违法犯罪活动,同时也可帮助师生员工,调解矛盾纠纷。夜间巡逻便于发现和抓获违法犯罪现行,有利于保障校园的安全。四是公开巡逻与秘密巡逻相结合。公开巡逻的巡逻人员在明处,易于被不法分子发现、掌握而逃避打击。秘密巡逻可以攻其不备,较好地弥补公开巡逻的不足。

（二）治安巡逻的组织实施

高校安全管理部门根据校园面积、地域特征、治安和交通状况等,确定巡逻重点、巡逻密度,形成巡逻路线,并根据校园治安形势的变化适时进行调整。

1.划定巡逻区域

巡逻区域是巡逻人员所担负的任务区域,主要由校园道路路面和办公区、教学区、体育运动区、学生宿舍区等组成。划定巡逻区域时主要考虑三个方面:一是地理环境。主要是校园建筑物布局及各部门、各单位的分布情况,重点设备设施、要害部位的位置及周围环境情况等。二是治安动态。掌握校园内群防群治力量情况和易发案部位、时间、规律及特点等。三是校园动态。了解影响高校政治稳定及治安秩序安全的校园动态,尤其要注意从中发现案件事故苗头,有针对性地开展校园治安巡逻活动。

2.安排巡逻时间

治安巡逻时间的选择直接关系到巡逻的效果及安保人员的利用率,一般分为两种情况:一是常规选择。根据高校驻地和校园的治安状况、季节、作息时间,安排相对固定的巡逻时间。一般有二班制、三班制和四班制运转模式,其中三班制是常用的运转模式,时间分割清楚,不留空白点,适用各种情况下的治安巡逻。二是非常规选择。巡逻时间根据具体安保需求而定,这种模式的优点在于根据高校驻地和校园治安状况,充分发挥高校安保力量的作用,常用于处理校园突发事件、聚众斗殴和暴力犯罪等。

3.确定巡逻路线

高校安全管理部门根据学校的安保力量、交通工具及校区治安状况等情况确定巡逻路线,需要考虑的因素主要包括:(1)最大限度地发挥现有安保力量与交通工具的效能,采取最佳配比形式;(2)巡逻人员既能独立巡逻,又能在紧急情况下与治安岗亭的安保人员相互支援;(3)根据案件事故易发部位、重点区域等,选择巡逻路线;(4)根据配电室、锅炉房、计算机房、实验室等要害部位,选择巡逻路线;(5)根据突发事件的处理、大型活动的举办等特殊任务,确定巡逻路线。巡逻路线确定后,要在一定时间内保持相对稳定,必要时再做适当调整。

4.制定巡逻制度

需要制定的巡逻制度主要包括:一是出巡制度。巡逻人员参加派勤,明确巡逻任务,检查着装、警械装备和通信器材等。接受巡逻任务后,按照一定的方式进行巡逻。二是记事制度。巡逻人员要对巡逻的起止时间、巡逻路线、巡逻范围内的治安情况、预防和制止违法犯罪情况、为师生员工服务情况等进行记录。三是警情报告制度。巡逻人员发现治安问题时,要及时向校园110报告。对于其职责内的一般情况,可以先期处置。如果情况紧急,要及时向公安机关报警。四是交接班制度。巡逻人员要在指定的地点、时间交接班,上一班人员要向下一班人员交代巡逻的基本情况,履行警械装备、通信器材等的交接。

三、校园治安盘查

校园治安盘查指高校安保人员为维护校园治安秩序,在治安巡逻中对发现的形迹可疑人员或实施违法犯罪行为的人员进行盘问、检查的活动。校园治安盘查的目的是查明有关事实,预防、发现和控制违法犯罪活动,收缴盘查对象携带的违禁物品、危险物品和赃物,保护师生员工的人身和财产安全,维护校园的公共安全。

（一）确定盘查对象

高校安保人员要通过观察,发现各种细微的迹象和苗头,确定可疑情况的存在。一是身份可疑者。身份证与本人不符,穿着与身份不符,言谈举止与穿着不符,口音与自述籍贯不符,体貌特征与被通缉、通报对象相似,证件有涂改痕迹,持假证件或一人持多个证件的。二是行为可疑者。行为举止违反正常人的行为模式。例如,人的神态异常,行为慌张;看到安保人员后躲躲闪闪,表情惊慌,疾步走开等。三是携物可疑者。携带有管制刀具、爆炸物品等危险物品,携带淫秽物品、邪教宣传品等违禁物品,携带有疑似作案工具,携带有本人说不清来源和用途的物品等。四是痕迹可疑者。身负可疑外伤，身上染有不明血迹或体液，衣着有被撕破的痕迹，携带物品上有疑似作案的痕迹，所骑电动车的车锁有明显撬痕等。

（二）选择盘查地点

当高校安保人员在校园执勤中发现可疑情况、需要对嫌疑人进行盘查时，一定要提高警惕，防止嫌疑人反抗、突袭或逃跑。选择盘查地点时，要预想盘查中可能发生的各种情况及处置方法，根据涉及人数、可疑情况的特点和时间等因素确定，一般考虑以下因素：一是视野开阔。尽量选择宽敞、平直、岔路口少的地方，要远离树林、建筑群等，防止嫌疑对象逃跑。二是宜明不宜暗。选择光线明亮之处，尤其在夜间尽可能选择路灯等照明条件较好的地方，便于观察和检查，能够看清嫌疑对象的体貌特征、面部表情变化、行为举动变化等。三是有所依托。尽量选择较易获得其他支援的治安岗亭、楼宇值班室等地点。四是尽量避开人群。尽可能选择人流较少的地方，以防止师生员工围观、增加盘查对象的抗拒心理，缩小不利影响，防止事态扩大。

（三）实施盘问

盘问是指安保人员为了进一步发现疑点或弄清违法犯罪事实而对可疑人员进行的仔细查问。安保人员在盘问时，要讲究礼貌，问话开始要用尊称，使对方感到亲切、受尊敬，使之接受问话。要先查问身份，要求其出示身份证件，并将身份证件拿到自己手中，再根据情况进行深入盘问，询问其从什么地方来、到什么地方去、去干什么以及携带可疑物品的来源等问题，在询问的同时查验证件的真伪。在询问过程中，要注意发现对方答话中的疑点，对已发现的疑点提出问题，引导对方自述。要注意倾听，结合证件识别，发现破绽和漏洞。对同一嫌疑的数个被盘查对象要分开盘问，不许他们答问时有互补。盘问时切忌使用刺激性语言。对有一定危险性的盘问对象，要先将其控制，确认无危险后再行盘问。

（四）进行检查

检查是指安保人员为弄清疑点、进一步发现问题，对有关物品和证件进行仔细地查看。查证主要查居民身份证、工作证、机动车驾驶证、护照、车牌等,查物主要查嫌疑包裹、身体隐藏嫌疑物、涉嫌车辆等。安保人员对嫌疑人的物品进行检查时,首先应将物品与携带人分离,防止盘查对象突然抽、掏凶器,毁灭赃物。数名安保人员在场时,应由一部分人实施检查,其余人负责控制被盘查人及掩护检查动作。一个安保人员在场时,主要是控制、指挥被盘查人,令其按口令将物品摊开、拿出或理清。检查物品要一看、二听、三闻、四摸、五拆,开启箱包时要先仔细观察,防止有爆炸等危险物品。对师生员工举报和指认的违法犯罪嫌疑人、现场实施违法犯罪行为被抓获的人,非法携带管制刀具、发现持有作案工具及携带物品怀疑是赃物的人,以及携带危险物品、违禁物品的人,要在对其控制的情况下进行人身检查。

(五) 合理处理

安保人员对被盘查对象的可疑点基本弄清后,要及时对被盘查对象进行合理处理。一是客气放行。经过盘查,解除了嫌疑,并没有发现任何违法犯罪迹象时,安保人员应立即客气予以放行,必要时应当致歉。二是批评教育。对已经查明存在轻微违法、违规或有违社会公德行为的被盘查对象,予以批评教育。三是行为约束。对盘查中遇到的醉酒者和精神病患者,要将其引离现场,通知其所在单位、监护人领回。如果醉酒者的行为可能对其本人或他人的人身安全构成威胁时,就要对其进行适当约束,带至学校安全管理部门做醒酒等处理。四是向警方报警。经盘查后不能排除疑点、缺乏充分证据、需要进一步查清疑点的,或经过盘查有犯罪嫌疑或犯罪事实的,或盘查对象拒绝接受盘查的,要及时向公安机关报警。如情况紧急、条件允许,由安保人员将其送至公安机关。

四、校园治安守望

校园治安守望是高校安全管理部门通过设置治安岗亭、定点瞭望等方式,预防、制止和打击各种违法犯罪活动,受理师生报警求助,监控守望区域治安动态,了解、收集校园治安动态信息的一种治安管理方式。高校安全管理部门通过校园治安守望,将安保力量布置在重要公共场所、特定区域内,有效震慑违法犯罪分子,防止违法犯罪的发生。

(一) 校园治安守望的主要形式

1. 依据治安守望的内容和作用分为门卫和治安岗亭

一是门卫。在高校校园大门设置门岗,对出入校门的人员和车辆进行治安管理。门卫安保人员通过对非本校人员和车辆入校时查看其有关证件、办理登记手续,出校时检查其携带的物品,防止不法分子进校作案。二是治安岗亭。在校园重要路段和公共场所设置固定或临时岗亭进行守望。治安岗亭安保人员通过定点控制,维护治安岗亭周围区域的治安秩序,发现、制止和控制违法犯罪活动。

2. 依据治安守望地点是否固定分为固定岗哨守望和临时站点守望

一是固定岗哨守望。通过梳理校园治安形势,分析治安防范需求和治安防范重点,在校园容易发生违法犯罪活动和治安灾害事故的重要路段、公共场所、重点部位设置固定岗哨执行守望任务。二是临时站点守望。根据不同时期的校园治安形势,以及校园交通管理需求,有重点、有目的地设置临时站点执行守望任务。临时站点守望是固定岗哨守望的补充,岗哨设置的多少、地点和时间长短等都是变化的。

3. 依据治安守望是否公开分为公开守望和秘密守望

一是公开守望。安保人员在校园公开的位置或治安岗亭中观察治安情况、处理治安问题、服务师生。公开守望的地点一般设置在校园繁华路段、公共场所以及人员密集区域。为方便师生报警求助,威慑违法犯罪分子,公开守望的地点、岗亭等一般应具有醒目的警务标志。二是秘密守望。为了监视重点对象、目标人员的活动,在其经常出没或经过的地点设置临时性的隐蔽哨位进行观察与控制。执行守望的安保人员应着便装执行勤务。

(二) 校园治安守望的组织实施

1. 选择守望地点

守望点的选择既要考虑校园治安防控的整体框架,又要兼顾重要敏感防控点,保证校园治安巡逻线和治安守望点能够相互呼应关联。一是守望点的设置与布局要与校园整体布控相协调,既能发挥治安守望点在区域管控中的作用,又能在校园治安防控中与其他安全管理工作相互衔接。二是守望点要在能对校园治安秩序控制起关键作用的部位和场所布建,治安岗亭要在校园主要公共场所、交通要道以及校园四周进行设置。三是守望点布局的具体位置要选择视野开阔、利于观察和控制治安态势的区域、场所、部位。

2.配齐守望装备

校园治安守望点既是观察和控制该区域治安秩序的据点和依托,又是处置校园各类案(事)件和其他紧急情况的重要场所。作为校园治安守望主体的安保人员,在发挥治安守望作用中起着决定性的作用。针对当今犯罪分子作案手段不断更新的情况,为了更好地执行守望任务,安保人员需要以良好的守望装备为依托。为了保证守望安保人员能及时、有效地处置案(事)件和其他紧急情况,治安守望点要配备必要的器材和装备,如守望岗亭、照明设备、通信设备、交通设备、观察设备和防暴警械等。

3.选配守望力量

无论是门卫还是治安岗亭,无论是固定岗哨守望还是临时站点守望,都应配备相应的安保人员轮岗执勤。守望人员要对守望区域进行全时空控制,不间断地观察守望区域,掌握守望区域周围的情况。守望人员要采用静态观察、动态观察、跟踪观察和技术观察等方式,对可疑的人、事、物和车等进行观察,发现、识别疑点,判断可疑情况和隐藏危险,进而发现和揭露违法犯罪分子。守望人员在思想上要有一定的戒备意识,在行为上要有一定的戒备措施,防止可疑人员真相败露后逃跑或遭到对方的袭击。

4.动静结合控制

校园治安守望具有静态性的特征,即通过在固定位置和区域的定点观察治安动态,了解收集治安信息,为师生员工提供安全服务。虽然治安守望是在固定地点和区域执行观察、警戒和控制活动,但在具体的治安守望中,守望人员不是在守望点上固定不动,而是采取定点瞭望与动态巡视相结合的方式,在守望点周围进行巡逻、警戒和必要的盘查。校园治安守望只有动静结合,瞭望与巡视、守望与巡逻相互补充、互为依托,才能做到点面结合,对守望区域进行有效的管控,发挥校园治安守望的作用。

第八章　运用安全管理的基本手段

习近平总书记在十八届中央政治局第二十三次集体学习时强调:"维护公共安全必须防患于未然。要坚持关口前移,加强日常防范,加强源头治理、前端处理,针对暴露出来的问题进行地毯式排查和立体化整治行动,什么问题突出就集中力量解决什么问题。要建立健全公共安全形势分析制度,经常评估、预判,及时发现苗头性、倾向性问题,及时清除公共安全隐患。"①高校要加强安全管理制度建设,做好校园安全文化建设,推动安全防范技术应用,强化安全检查与隐患排查治理,发挥安全管理各种措施和手段的作用,促进安全管理目标任务的实现。

第一节　安全管理制度建设

高校安全管理制度是指高校依据《中华人民共和国安全生产法》(以下简称《安全生产法》)《中华人民共和国教育法》等法律法规、安全技术标准,结合学校安全管理过程中的实际情况,以学校名义发布的规范性文件。高校安全管理制度的类别一般包括规定、措施、办法、制度、意见等,其内容一般包括编制目的、编制依据、适用范围、实施程序、检查考评、责任追究等。高校安全管

---

① 中共中央文献研究室编:《习近平关于社会主义社会建设论述摘编》,中央文献出版社2017年版,第155页。

理是一项长期、复杂和艰巨的任务,高校要在提高对安全管理工作认识的基础上,建立健全并严格落实安全管理制度,保障教学、科研和生活得安全有序。

一、 高校安全管理制度建设的作用

安全管理制度是高校贯彻落实国家安全生产方针政策、教育行政部门的指示要求,结合学校实际,制定颁发的有关安全管理的规范性文件。建立健全安全管理制度是高校加强安全管理,有效防范安全风险,保障师生员工人身和财产安全、学校公共安全的重要手段。

(一) 建立安全管理制度是高校的法定责任

高校是安全工作的责任主体,国家有关法律法规对高校加强安全管理制度建设有明确的规定。《安全生产法》第四条规定:"生产经营单位必须遵守本法和其他有关安全生产的法律、法规,加强安全生产管理,建立健全全员安全生产责任制和安全生产规章制度……"《中华人民共和国突发事件应对法》(以下简称《突发事件应对法》)第二十二条规定:"所有单位应当建立健全安全管理制度,定期检查本单位各项安全防范措施的落实情况,及时消除事故隐患……"《中华人民共和国劳动法》第五十二条规定:"用人单位必须建立、健全劳动安全卫生制度,严格执行国家劳动安全卫生规程和标准,对劳动者进行劳动安全卫生教育,防止劳动过程中的事故,减少职业危害。"根据以上法律的相关规定,建立安全管理制度是国家有关安全工作法律法规明确的高校法定责任。

(二) 安全管理制度是高校制度文化的重要内容

高校校园文化主要由物质文化、精神文化和制度文化三部分组成。制度文化是高校形成的道德规范、师生员工之间互尊互爱礼仪习惯、成文或约定俗成的规章制度等,是高校文化的重要组成部分,是维系高校正常教育教学和工作秩序必不可少的保障机制。高校制度文化既是适应物质文化的固定形式,又是塑造精神文化的主要机制和载体,主要包括高校所制定和形成的安全领导体制、安全组织结构、安全管理制度。安全管理制度是高校在进行安全管理时所制定、起着安全规范保障作用的各项制度规定,主要包括教学安全、实验安全、网络安全、饮食安全、宿舍安全、消防安全、交通安全和防灾减灾等一系列制度。高校通过强有力的安全管理制度建设,对师生员工的行为产生规范性和约束性影响,对高校发展发挥维护和促进作用。

（三）安全管理制度是高校安全管理工作的重要手段

没有完善而严格执行的安全管理制度,高校安全是得不到保障的。安全管理制度是高校管理制度中的一个重要组成部分,是保证教育教学活动顺利进行的重要手段。安全管理制度建设是用制度保证高校和谐稳定,是高校进行正常安全管理工作所必需的。安全管理制度作为师生员工行为规范的模式,能使师生员工的活动得以合理进行,同时又成为维护师生员工人身和财产安全的一种强制手段。通过制定和执行安全管理制度,高校领导、安全管理工作者依法依规开展安全管理工作,可以促进师生员工树立生命至上、安全第一的思想,正确处理安全与教育教学的关系,保障教育教学有序、安全地进行,将安全风险降到最低。另外,高校总结积累的安全管理方式方法、安全防范对策措施等,通过形成安全管理制度,得到有效的继承和发扬。

（四）安全管理制度是预防师生员工不安全行为的重要依据

事故预防主要考虑物的不安全状态和人的不安全行为,其中人的不安全行为占主导地位,它往往影响到物的安全与否。在高校安全管理工作中,要花大力气来控制和约束人的不安全行为,其直接方式就是建立健全安全管理制度。高校发生的安全事故多是违规操作、违章指挥和违反学校规定等造成的,这些三违现象与师生员工的安全素质有很大的关系。建立健全安全管理制度,提高师生员工的安全素质是做好安全管理工作的重要措施,可以大大提高安全管理工作的效率。只有建立起规范的安全管理制度,高校领导、安全管理工作者和师生员工在制度的约束下规范自己的行为,才能防止高校安全管理工作的随意性,使师生员工进一步明确自己的权利和义务,为师生员工在工作、学习、生活中遵章守纪提供了明确的标准和依据。

二、高校安全管理制度建设的原则

安全管理制度是高校管理制度的重要组成部分,是国家有关法律法规、上级有关指示精神在高校安全管理中的具体落实,是统一高校师生员工安全行为的准则。因此,高校要建立健全一整套既符合国家法律法规、上级指示精神,又符合高校安全管理工作实际的安全管理制度。

(一) 主要负责人负责原则

安全管理制度的建设涉及高校的各个环节和全体师生员工,只有主要负责人负责,才能有效调动高校所有资源,协调各方面关系。根据《安全生产法》第二十一条的规定,高校主要负责人对全校安全管理制度建设负责,高校二级单位主要负责人对本部门、本单位安全管理制度建设负责。安全管理制度建设坚持主要负责人负责的原则,就是要加强安全管理制度化建设,组织制订并实施安全管理规章制度;建立健全并落实全员安全管理责任制;组织建立并落实安全风险分级管控和隐患排查治理双重预防工作机制;督促、检查安全工作,及时消除安全事故隐患;组织制定并实施安全教育和安全培训计划;组织制定并实施突发事件应急预案;建立健全安全管理保障机制,保证安全管理投入的有效实施。

(二) 系统性原则

安全风险来自高校教育教学和工作的过程,只要教育教学和工作在进行,安全风险就客观存在。因此,安全管理制度建设要构建由相互关系、相互依存的多分支、分层次制度规定构成的完整体系,要涵盖高校工作的全过程、全员额、全方位,即教学、科研、管理和服务保障等全过程;涵盖高校教育教学和工作的每个环节、每个岗位、每个人,事故预防、应急处置和调查处理等全方位。通过安全管理制度建设,使安全管理制度涵盖高校工作的方方面面,既包括学校层面的制度、规定、措施和办法等,又包括各职能部门和院(系)的规定、措施和办法等,确保与高校安全有关的事项都有章可循。同时,要注意安全管理制度之间的衔接配套,防止出现无章可循、制度交叉重复而无所适从的现象。

（三）规范性原则

高校安全管理制度把一些道德纪律要求强化为一种规章制度,并使师生员工在它的约束下形成一种行为习惯。高校安全管理制度作为师生员工的共同行为准则,对整个校园起着规范作用,这是其规范性的表现。师生员工基于对安全管理制度的认同和安全管理制度的规范性,其行为接受一定的约束,从而保证高校各项工作安全有序进行。安全管理制度具有一定的规范性和强制力,是师生员工日常行为的参照标准,高校编制的安全管理制度要做到目的明确、内容准确、具有可操作性,起草、审核、发布、教育培训、执行和修订等程序要严密。

（四）制约性原则

高校安全管理制度包含正式的制度规定和非正式的安全传统、习惯和价值观念等。一般情况下,正式的制度规定是由高校统一制定的。高校师生员工的构成较为复杂,其性格、兴趣和道德水平有很大差异。为使师生员工的个体行为融合于校园集体,保证教学、科研和生活有制度可依、有规则可循,安全管理制度要用简洁精练的语言对师生员工提出要求,规范调节各种各样的关系。安全管理制度具有一定的强制性和惩罚性,师生员工应该严格遵守。否则,安全管理部门有权责令其停止行为或进行整改,必要时将予以处罚。高校长期积淀下来的非正式安全传统、习惯和价值观念等内容往往比正式的安全管理制度更广泛、更丰富,具有一定的协商性、约定性,在一定情况下甚至更具约束力。

（五）稳定性原则

一方面,高校安全管理制度是在长期发展过程中积累、沉淀而形成的;另一方面,高校安全管理制度形成后具有相对稳定性。安全管理制度本质上是高校长期安全管理实践经验的总结。高校安全管理制度一旦制定下发,即具有相对稳定性,不能朝令夕改。随着安全管理制度的贯彻执行,师生员工共同遵守着约定俗成的安全习惯、传统、心理和意识。安全管理制度是高校制度文化的重要组成部分,高校制度文化具有传承功能,使高校各项工作保持持续性。持续的关键是高校安全管理工作者的管理思想、管理理念的传承,只有安全管理制度保持稳定性,才能逐渐形成相对稳定的校园制度文化现象。

三、高校安全管理制度建设的要求

作为高校制度文化的重要组成部分,安全管理制度是在高校校园这个特定的制度环境中,经师生员工长期实践形成的对其思维方式、举止言行和生活习惯等具有引导、约束和规范作用的制度规则。安全管理制度建设是高校安全管理工作的重要内容,安全管理制度的编制是一项政策性很强的工作,编制过程中要注意以下问题。

(一) 制度的内容要合法

合乎法律规定是高校管理过程中的根本原则,也是高校安全管理制度建设的具体要求。高校安全管理制度的内容必须符合国家法律法规、安全技术标准,以及高校驻地地方政府相关法规和标准的要求。高校安全管理制度是一系列法律法规在高校安全管理过程具体贯彻落实的体现,高校安全管理制度建设要在国家法律法规的指导下进行,用法治的理念回答和解决安全管理实践中面临的各种问题。同时,高校安全管理制度也是管理科学和安全管理科学原理、原则在高校管理实践中的运用、丰富和发展,要符合科学的安全管理原理、原则,符合一般的安全管理规律。因此,高校安全管理制度建设离不开管理科学、安全管理科学和学校管理理论的指导。

(二) 制度的内容要合情

合乎实际情况是高校制度文化建设的根本指针,也是高校安全管理制度建设的具体要求。高校在编制安全管理制度时,既要符合国家法律法规、上级有关方针政策,又要密切联系学校安全管理工作的实际情况和师生员工的现实思想,还要与学校的总体发展和建设相适应,制定符合实际情况、体现时代特征的安全管理制度。高校要建立健全安全管理各个环节、各个方面的制度体系,根据安全管理工作出现的新情况、新问题,不断修订完善安全管理制度,提高安全管理制度的针对性和可操作性。要细化安全管理制度的内容,保证制度内容涵盖安全管理工作的各个方面,扩大安全管理制度的覆盖面,不出现制度的漏洞和盲区。

（三）制度的制定要民主

公正的安全管理制度必须平等地反映每个师生员工的利益,高校安全管理制度的制定要发扬民主作风、坚持民主方法,吸纳部分师生员工参与制度的制定,听取、吸收师生员工的意见和建议,使制定的安全管理制度更加符合师生员工的需要和利益。师生员工参与安全管理制度的制定,不仅体现出高校是管理者和被管理者共同治理的理念,而且有利于师生员工形成对安全管理制度的正确情感态度和持久心理定式,减少师生员工对制度的心理抗拒。另外,公正的安全管理制度要全面反映各方的利益,高校在制定安全管理制度的过程中,要通过公告栏、网络等渠道将相关信息向师生员工公开,使每名师生员工或利益相关者知晓信息,防止因不完全信息而导致的制度不公正。

（四）制度的执行要严格

安全管理制度一经制定下发,就需要严格执行。制度规定再严密科学,得不到有效执行就形同虚设。有的高校把安全管理制度制定得很完善,并将制度编制印刷成册,但执行时却走了样,使部分制度成了摆设。安全管理制度的制定并不是目的,关键是通过制度实现有序的安全管理,使安全管理有法可依,使每项制度落实到具体执行部门（单位）、具体个人。安全管理制度的严格执行也并不是对"唯制度论"的拥护,而是在强调执行的作用,从只注重制度的制定转变为制定和执行兼顾。通过安全管理制度的严格执行,不断提高高校安全管理的科学化水平,使安全管理制度能够充分调动师生员工的积极因素,把执行安全管理制度变成师生员工的自觉行动。

（五）制度建设工作要创新

高校安全管理制度建设绝不是一劳永逸的事,要不断调整、不断修正。当高校安全管理工作的形势和任务发生变化时,安全管理制度要进行必要的调整,并在现有内容的基础上补充新的内容。创新就是要经常查找安全管理制度是否存在与高校精神文化和物质文化相抵触的地方,是否与新修订的国家法律法规相矛盾,是否不符合高校安全管理工作的新形势、新任务,是否有损于师生员工的根本利益等,并使这些反思制度化、专业化,定期修正原有安全管理制度的不足。创新源于师生员工,因为师生员工是安全管理制度的执行者和受益者,师生员工能够在第一时间发现安全管理制度的不合时宜之处,他们的意见建议往往对安全管理制度建设有重要作用。

四、高校安全管理制度编制的要点

安全管理制度的制定一般包括起草、会签、审核和发布等流程。安全管理制度的起草要做到条理清楚、结构严谨、用词准确、文字简明、标点符号正确,可根据内容分章(节)、条、款、项、目的结构表达,内容单一的也可直接以条的方式表达。高校要重点搞好安全管理责任制、安全教育培训制度、安全检查和隐患排查治理制度、消防安全管理制度等制度的编制工作。

(一) 安全管理责任制编制要点

《安全生产法》第二十二条规定:"生产经营单位的全员安全生产责任制应当明确各岗位的责任人员、责任范围和考核标准等内容。"安全管理责任制是根据我国安全生产法律法规建立的高校领导、部门(单位)、师生员工在工作学习过程中对安全工作层层负责的制度。安全管理责任制的内容主要包括:一是纵向方面。即从上到下所有层级人员的安全管理责任,主要包括高校安全工作委员会、高校及高校二级单位主要负责人、高校安全管理部门及其他职能部门的人员、相关岗位工作人员、师生员工。二是横向方面。即各部门、各单位的安全管理责任,主要包括党办、校办、宣传、人事、学生工作、安全管理、实验室设备、基建、财务、工会、团委、档案、院(系)等部门(单位)。

(二) 安全教育培训制度编制要点

高校制定安全教育培训制度是为了规范各类安全教育培训,加强安全教育培训管理,保证安全教育培训质量,提高师生员工的安全素质,防止安全事故的发生。安全教育培训是高校安全管理工作的重要内容,对提高安全管理水平具有重要作用。安全教育培训制度的要素主要包括:一是安全教育培训的职责分工。一般来说,安全管理部门负责制订安全教育培训计划、检查教育培训的落实情况等。二是各类教育培训的人员范围、培训内容、学时等要求。什么人员需要开展什么内容的培训,由谁去组织实施,用哪种方式去组织实施,需要结合实际进行制度明确。三是人员范围上要确保无遗漏。高校要对主要负责人、安全管理人员、相关岗位工作人员和其他服务保障人员等开展全员培训。

(三) 安全检查和隐患排查治理制度编制要点

安全检查是及时发现事故隐患的有效手段,安全检查制度主要是规范检查内容、检查方式和检查要求,确保安全检查有效实施。安全检查制度的要素主要包括:(1)检查内容。主要包括管理检查和现场检查两方面。(2)检查形式。一般分为定期检查、不定期检查、综合检查、专项检查等。高校可结合实际确定各种形式的检查频次和组织实施程序。(3)检查要求。对检查出的问题要明确整改责任人、整改期限,开具《限期整改通知书》,形成闭环管理。隐患排查治理是事故预防的重要手段,隐患排查治理制度主要是对隐患排查、整改和复查等工作进行规范。隐患排查治理制度的要素主要包括:(1)隐患排查治理职责。对主要负责人和安全管理部门的隐患排查治理职责进行明确,对全员开展隐患排查进行规定。(2)隐患上报、整改和复查等环节要求。目的是确保编制的制度可操作。(3)相关方隐患排查治理要求。明确各方对事故隐患排查、治理的管理要求。

(四) 消防安全管理制度编制要点

消防安全管理是高校安全管理工作的重点和难点,高校消防安全管理水平的高低关系到能否有效防止或减少火灾的发生,以及有效减少火灾损失。消防安全管理关系到师生员工的生命财产安全,关系到高校平安校园建设。编制消防安全管理制度,主要是明确高校各部门、各单位和各级各类人员的消防职责,规范火灾预防、消防组织、器材管理和现场管理等,做到及时消除火灾隐患,预防火灾事故的发生。消防安全管理制度的要素主要包括:(1)消防职责。明确各部门、各单位的负责人为本部门、本单位的消防安全责任人,同时对防火工作委员会、各级消防安全责任人、安全管理部门等消防职责进行明确。(2)消防措施。明确消防组织、消防器材和技术措施等相关要求。(3)消防重点。明确消防重点单位,区分重点与非重点部位的管理要求。(4)消防应急。明确应急演练的频次和内容,确定应急情况下的处置原则和流程等。

第二节　校园安全文化建设

《中共中央 国务院关于推进安全生产领域改革发展的意见》指出:"推进安全文化建设,加强警示教育,强化全民安全意识和法治意识。"高校安全文化是安全文化在高校校园的延伸,是在高校校园这一特定的环境中,在高校教育教学、管理服务等活动中形成的,避免和减少高校各类案件事故发生的物质文明和精神文明财富的总和。加强高校安全文化建设,要以提高师生员工的安全素质为着眼点,使师生员工树立生命至上、安全第一的思想,以安全文化的力量推进安全管理工作的落实。

一、高校安全文化建设的作用

高校安全文化是被师生员工所共享的安全理念、安全价值观、安全态度和安全行为规范等组成的统一体,高校安全文化建设是提高师生员工对安全工作的认识程度和安全意识水平的有效途径。通过校园安全文化建设,将高校的安全理念和安全价值观融入安全管理实践和师生员工的行为方式中,提高安全管理工作者和师生员工保障自身安全和校园安全的自觉性和主动性。

（一）安全文化建设是高校文化建设的重要内容

高校在发展过程中,其发展规划、管理机制、人员素质、工作作风和共同价值观等决定了高校管理的系统及其功能,高校管理的核心在于共同价值观的实现,高校要实现自己的价值观,重点在于高校文化的建立和发展。高校发展的全过程与安全管理密切相关,高校安全文化是安全管理的灵魂。要做到安全管理,促进和谐稳定,实现安全发展,关键在于建立和发展高校安全文化。高校安全文化建设可激发师生员工的安全思维,完善师生员工的安全心理,培养师生员工的安全行为,使师生员工遵守安全道德规范,最终实现安全价值。

（二）安全文化建设促进高校安全教育工作

高校安全文化的影响力是通过安全教育,对师生员工进行积极的教育引导,使师生员工树立正确的安全意识和安全态度,形成良好的安全行为习惯。借助校园安全文化氛围的烘托,使师生员工在安全价值观、学校安全目标等方面逐步达成共识,将安全意识内化于安全思想、外化于安全行为,进行自我约束与控制。高校安全文化建设,使师生员工在日常工作、学习和生活中得到熏陶,自觉学习与遵守校园安全相关法律法规和规章制度,树立安全意识,强化安全素质,提高保护自身安全的自觉性和警惕性,增强保护学校公共财产安全的自发性和主动性。

（三）安全文化建设影响高校安全管理效能

高校安全文化以安全精神、安全价值观为导向,强调师生员工对安全的珍惜和重视,培养师生员工安全、健康的心态,营造校园积极、健康的安全氛围,是一种重要的安全管理对策。安全文化渗透在高校安全管理的每一要素中,决定着每一个要素的功能强度。高校通过安全文化建设,激发师生员工保障校园安全的自觉性,自觉规范安全行为,主动做出安全行为,实现变被动安全防范为主动争取安全,积极投入学校安全管理活动中去,形成安全理念人人共享、安全管理人人有责的积极心态,使安全第一的思想真正贯穿于学校安全管理工作的全过程。

（四）安全文化建设助力高校安防系统作用发挥

高校安全防范系统的人防、物防、技防三种防范措施在保障校园安全方面发挥着各自的作用,但这三种措施都存在局限性和不完善之处。人防、物防的局限性主要体现在高校安全管理工作者的思想素质和能力水平上,有时难以将学校安全管理工作落到实处。因此,高校要充分发挥安全防范系统的作用,还需要上升到文化管理的层次,依靠安全文化的渗透性即基于师生员工安全意识的提高、安全理念的提升,加强安全管理工作。高校通过安全文化建设,增强师生员工的自我调节、自我约束和自我控制的意识,使有形和无形的安全防范共同发挥作用。

(五) 安全文化建设利于高校安全形象的塑造

安全形象是社会公众和师生员工对高校安全方面的总体认识和评价。高校安全形象既是安全文化的主要内容,又是建立在安全文化基础之上、体现一切安全活动的外在表现,主要由安全物质形象、安全精神形象、安全行为形象和安全成果形象组成。安全文化是塑造高校安全形象的基础,高校要取得社会公众的信任,就必须做好安全管理、建设安全文化,而在此过程中又塑造了自身的安全形象。高校通过安全文化建设,培育师生员工的安全价值观,消除师生员工的不安全行为,使安全教育培训得到落实、安全管理行为得到规范、案件事故得到有效预防。

二、高校安全文化建设的要素

高校安全文化建设是增强师生员工的安全意识、提高师生员工的安全素质、实现高校和师生员工对安全需求的重要途径。由于安全文化是传统硬性安全管理的补充,在倡导和开展中容易被师生员工接受,并使安全要求真正成为师生员工的主观需要。因此,高校要积极开展安全文化建设。

(一) 安全承诺

高校要建立包括安全价值观、安全愿景、安全使命和安全目标等在内的安全承诺,安全承诺应符合以下要求:(1)反映师生员工的安全志向,切合高校安全管理工作实际;(2)含义清晰明了,并被师生员工知晓与理解;(3)明确安全问题在高校内部具有优先权。

高校领导要对安全承诺作出表率:(1)提供安全管理工作的领导力,以有形的方式表达对安全的关注;(2)接受相关培训,有能力处理与高校相关的安全事务;(3)制定高校安全发展总体规划,推动安全承诺的实践。

高校安全管理工作者要对安全承诺实践发挥作用:(1)界定相关安全责任人的安全责任;(2)接受相关培训,有能力落实安全管理工作;(3)确保与安全相关的活动采用了安全管理工作方法。

相关安全责任人要在工作岗位上实践安全承诺:(1)在本职工作岗位上始终采取安全的方法;(2)接受相关培训,在工作中遵守安全管理规定和执行安全操作规程;(3)对任何安全异常和事件保持警觉,并主动报告。

（二）行为规范与程序

高校要建立能够实现安全管理工作目标的安全管理系统,建立安全管理工作组织和责任体系,有效约束全体师生员工的行为。行为规范的建立和执行要满足以下要求:(1)体现高校的安全承诺;(2)细化有关安全管理的规章制度和工作程序;(3)明确各级、各岗位人员的安全职责;(4)行为规范的执行者熟知自己的安全角色和责任;(5)通过安全管理工作者监督检查师生员工的行为。程序是行为规范的重要组成部分,高校要建立必要的程序,以实现对与安全相关活动的有效控制。程序的建立和执行要满足以下要求:(1)识别并说明存在的主要安全风险;(2)程序的执行者清楚理解不遵守程序可能导致的不利后果;(3)对程序的执行进行监督检查,防止违反程序的行为。

（三）安全行为激励

高校要建立安全工作考评考核机制,建立业务工作与安全工作相结合的奖励制度。要鼓励师生员工在任何时间和地点,识别存在的安全隐患,阻止遇到的潜在的不安全事件。高校领导和安全管理工作者要对师生员工所识别的安全隐患给予及时处理和反馈。要在高校内部树立安全工作典型,发挥其安全态度和安全行为的示范作用。要审慎对待各部门、各单位安全工作中存在的问题,以吸取经验教训为主要目的,避免过多地关注问题本身。要仔细权衡惩罚措施,避免因处罚导致各部门、各单位隐瞒安全工作中存在的问题。

（四）安全信息传播与沟通

高校要建立安全信息传播系统,综合利用各种传播途径和方式,提高安全信息传播的效果。要优化安全信息传播的内容,将高校内部有关安全管理工作的实践和经验作为传播内容的组成部分。要建立良好的安全事项沟通程序,确保高校与上级教育行政主管部门、驻地人民政府安全监管机构、学校各级安全管理工作者、全体师生员工之间的沟通,沟通要满足以下要求:(1)师生员工要认识到沟通对安全工作的重要性,积极向他人传递信息和从他人处获取信息;(2)涉及安全事件的沟通信息要真实、开放;(3)确认有关安全事项的信息已经发送,并被接收方所接收和理解。

（五）安全教育培训与改进

(1)严格相关岗位人员聘任和选拔程序,保证其具有岗位适任要求的初始条件;(2)组织必要的安全教育培训;(3)安全教育培训内容除有关安全知识和技能外,还应包括对落实安全职责理解,以及因理解偏差或不严谨而产生失误的后果;(4)除高校安全管理工作者、相关专业技术人员外,还可聘请公安机关、应急管理部门、安全监管部门等人员参与安全教育培训。高校要将与安全相关的事件,尤其是人员失误或组织错误事件,当作能够从中汲取经验教训的信息资源与宝贵机会,从而改进行为规范和程序。经验教训和改进情况要纳入安全教育培训内容,使师生员工广泛知晓。

（六）安全工作参与

高校师生员工要认清自己负有对自身和他人安全作出贡献的责任。师生员工对高校安全工作的参与是落实这种责任的最佳途径。(1)教职工以部门(单位)为单位、学生以班为单位成立安全小组,并给予必要的培训和指导;(2)定期召开有师生员工代表参与的安全工作会议,分析安全工作形势,研究安全工作措施;(3)开展风险预见性分析、不安全行为或不安全状态的自查活动。高校要建立让外来人员参与安全工作的机制,其参与方式主要包括:(1)加强与外来人员的沟通和交流,并对其开展安全教育培训,使其清楚相关安全管理规定和要求;(2)让外来人员参与风险分析、隐患排查和经验反馈等活动;(3)采纳外来人员对服务保障过程中安全工作的改进意见。

三、高校安全观念文化的培育

安全观念文化是指高校领导和师生员工共同接受的安全意识、安全理念和安全价值观。安全观念文化是形成和提高安全行为文化、安全管理文化、安全物质文化的基础和原因,是高校安全文化的核心和灵魂。

（一）安全第一

树立安全第一的思想,这是提高师生员工安全意识的思想基础。只有对这个问题有了正确的认识,才能把安全作为高校和自身发展的保证条件,把安全落实于行动当中。一是不要存在侥幸心理。要保证安全,就必须剔除侥幸心理,做到保安全的意识坚决树立,保安全的经验虚心汲取,保安全的措施认真落实,保安全的经费一分不少。二是防患于未然。不要等安全事故发生了才总结经验教训,才认识到安全的重要性,而要在日常工作、学习和生活中将安全的各项条件保障到位,将安全行为形成习惯性动作。三是不要好了伤疤忘了痛。安全事故发生后,不要像是什么事也没发生,不安全的意识不丢弃,不安全的做法不改进,不规范的行为不纠正,不安全的隐患不整改,一切不安全的因素照旧存在。

（二）预防为主

树立预防为主思想,就是使安全管理工作积极主动,实行事前主义,避免事后主义。做好高校安全管理工作,防止案件事故的发生,最好的办法莫过于抓好预防,努力将不安全因素、事故隐患扼杀在摇篮之中。为此,高校安全管理工作者要有预见性,把工作做在前头,要善于分析问题,估计形势,预测未来,做到见微知著。要深入调查研究,抓苗头,查隐患,根据存在的问题采取针对性措施,做到防患于未然,掌握工作的主动权。要运用各种物理的、技术的手段和方法,动员学校各种资源和力量,科学地预测校园内各种灾害发生的可能性,事先采取各种有力措施,尽量减少校园中各种可能导致灾害的因素,将其消灭在萌芽状态,防止各种灾害的发生。

（三）"三不伤害"

为保证自己和他人的人身安全,要树立"三不伤害"的理念。一是不伤害自己。不伤害自己是指不能由于一时疏忽、失误而使自己受到伤害。要想做到不伤害自己,就是要保持正确的学习生活态度和良好的身体心理状态,提高识别和处理危险的能力,虚心接受他人对自己不安全行为的纠正。二是不伤害他人。不伤害他人是指自己的行为或后果不能给他人造成伤害。要想做到不伤害他人,就要尊重他人生命,不制造安全隐患,知道可能发生的危险及时告知受影响人。三是不被他人伤害。不被他人伤害是指避免他人的错误操作或其他隐患对自己造成伤害。要想做到不被他人伤害,就是要提高自我防护意识,纠正他人可能危害自己的不安全行为,正确应对遇到的突发事件。

（四）安全在于细节

一个看似微小的隐患,一处细小的漏洞,如果不及时发现并排除,就可能发展成安全事故。如果发现安全隐患并及时排除,就能做到防微杜渐。纵观社会和高校发生的各类安全事故,有很多是由小隐患、小问题引发的。有的高校安全管理工作者和师生员工错误地认为一些小的隐患无碍大局、小的风险点无关紧要,不至于导致安全事故,所以即便发现了也不在意,不愿意去主动排除。高校安全管理工作者,要注意从小处着眼,从点滴做起,见微知著,认真排查各类隐患和风险点,积极主动研究应对办法,采取有力措施加以排除。师生员工要注意关注工作、学习和生活中的每个细节,一旦发现隐患苗头,要迅速向本部门、本单位和安全管理部门报告。

（五）安全工作没有终点

安全工作是一项需要久久为功、长期坚持的工作,它只有起点,没有终点。随着社会和高校的发展,安全工作会随时出现很多新问题、新矛盾,会面临诸多新形势、新任务,不可能做到一劳永逸、一蹴而就。因此,高校要建立健全安全工作长效机制,时时处处把安全放在首位,把功夫下在日常,常态化做好安全工作,做到经常警示、经常排查、经常整改,最大限度保障高校安全。

安全工作要从高校领导抓好顶层规划做起,依靠全体师生员工自觉落实践行,共同推动安全工作各项措施落细、落实、落小,防止发现问题隐患才引起重视、出了事故再亡羊补牢、上级检查时才临时突击整改等现象。同时,安全工作还需要依靠社会监督、新闻监督和法律约束等多种手段合力促进。

四、高校安全文化载体的应用

高校安全文化能够提高师生员工的安全意识、增加师生员工的安全知识、培养师生员工的安全习惯。为了实现安全文化的上述功能,必须借助安全文化载体来体现。高校要重视安全文化载体的应用,要用生动形象的外在形式把安全文化元素的含义表达出来,使师生员工在工作、学习和生活中有效地理解、接受安全文化,并付诸行动,从而提高安全管理工作水平,防止案件事故的发生。

(一) 安全文化载体的形式

随着安全文化的发展,高校对校园安全文化载体开发的越来越多,载体形式丰富多样,呈现创新性、多样性、与时俱进等特点。

1. 安全文化活动载体

高校安全文化活动载体形式多样,主要包括:(1)安全辩论赛、安全知识竞赛等竞赛活动;(2)安全文化月(周)等宣传活动;(3)安全文明先进班级和个人、安全卫生优秀宿舍等表彰活动。高校安全文化活动载体面向的对象范围较广,可以包括大学生、安全管理工作者、班级、院(系)以及外来人员等。该类型的活动载体传播安全文化的效果较好,能够有效地激发师生员工维护安全的积极性。

2. 安全文化艺术载体

高校安全文化艺术载体是将高校安全文化的相关内容通过安全文学和安全艺术展现出来,从而在一定程度上传播高校安全文化。高校安全文化艺术载体的形式主要包括:(1)安全知识手册、安全警句创作比赛、安全主题征文大赛、安全漫画等安全文学;(2)安全主题歌曲演唱比赛、安全专题文艺晚会、安全文化艺术品展等安全艺术。

3.安全文化直接教育载体

高校安全文化直接教育载体的形式主要包括:(1)安全知识讲座、应急自救互救讲座等安全教育培训;(2)应急疏散演练、灭火器材使用消防演练等安全演练;(3)安全动员大会、安全形势分析会、事故报告会等安全工作会议。直接教育载体是传播安全文化效果较好的载体。安全教育培训能够使师生员工增强安全意识,增加安全知识,提高安全素质;安全演练能够使师生员工熟练操作规程,提高应急能力;安全工作会议能够纠正师生员工的安全思想,解决存在的安全隐患。

4.安全文化环境载体

安全文化环境载体是高校应用的基本安全文化载体,面向的对象范围较广,易于操作,其形式主要包括:(1)安全标志、安全雕塑、安全橱窗、安全标语牌、安全展板、安全海报、安全条幅、安全挂画等安全硬环境;(2)安全寄语、安全观念灌输、亲情感染等安全软环境。大部分环境载体操作简单、成本较低,如果设计得当,就能有效发挥传播作用。安全条幅、安全展板和安全海报等环境载体有一定的时效性,需要随着安全目标的变更等及时更换。

5.安全文化传媒载体

安全文化传媒载体主要包括:(1)安全报纸、安全手册、安全杂志等纸质传媒;(2)安全文化主题晚会录播、安全文化歌曲、安全主题演讲比赛录播、安全辩论赛录播等广播传媒;(3)安全文化专题讲座、安全文化影视作品、安全宣传片等电视传媒;(4)通过文字、音乐等宣传安全文化的 LED 屏幕;(5)安全文化微信公众平台等网络载体。安全文化传媒载体传播的安全文化信息量大,传播面积广,获取信息方便。

(二) 安全文化载体的设计

1.安全文化手册

安全文化手册是高校最常用的一种安全文化载体,要以生动的设计形式、典型案例、安全知识和安全图标等,宣传高校的安全目标和安全理念、普及安全知识和安全技能,使师生员工理解、掌握、应用并宣传这些安全目标、安全理念、安全知识和安全技能。安全文化手册要防止内容繁多杂乱,缺乏逻辑性,没有突出中心思想。

2. 安全知识竞赛题

安全知识竞赛题要围绕安全文化理念进行设置,既要考核学生对核心理念条目的理解程度,又要借助题目背景,紧密联系实际,提高学生对理念条目的记忆效果,实现增强学生安全意识、强化学生安全知识、提高学生安全技能的目的。例如,消防安全方面重在考核学生了解防火和灭火知识,掌握报警、扑救初起火灾和自救、逃生的方法。

3. 安全挂画

安全挂画主要有三类:(1)办公楼、教学楼、实验室、图书馆挂画;(2)食堂挂画;(3)学生宿舍楼挂画。安全挂画的内容围绕高校校园安全文化元素进行设计。由于安全挂画展示空间的不同,其宣传受众也不同。因此,设计安全挂画时要对安全文化元素有所取舍,选材的内容是安全文化元素的名称及其简要解释,并配以卡通图片装饰插画。

4. 安全橱窗

安全橱窗主要是用于宣传上级关于安全的方针政策和指示要求、安全法律法规、安全理念、安全知识和典型案例等。例如,典型案例的设计内容包括介绍案件事故及其发生的原因,强调安全文化对于预防案件事故的重要性,阐述安全文化理念和相关安全知识,并配以图片装饰,使广大师生员工从思想意识上重视校园安全。

5. 安全标志

安全标志是向人们警示区域场所或周围环境的危险状况,指导人们采取合理行为的标志,主要包括警告标志、禁止标志、提示标志和指令标志。安全标志能够提醒人们预防危险,当危险发生时能够指示人们尽快逃离或者采取正确、有效的措施应对。高校办公区和教学区以指令标志和提示标志为主;实验区以禁止标识和警告标识为主;公共活动区的安全标志要数量多、类型全。安全标志根据区域场所功能的不同,在外观上体现不同的特色。

第三节　安全防范技术应用

中共中央办公厅、国务院办公厅印发的《关于加强社会治安防控体系建设的意见》指出:"以信息化为引领,以基础建设为支撑,坚持系统治理、依法治理、综合治理、源头治理,健全点线面结合、网上网下结合、人防物防技防结合、打防管控结合的立体化社会治安防控体系,确保人民安居乐业、社会安定有序、国家长治久安。"①安全防范技术在社会治安防控体系中占有极其重要的地位,支撑着社会治安防控网络。高校要积极适应现代化技术的高度发展,运用好安全防范技术,建设并管理好安全技术防范系统,发挥好安全技术防范系统在高校安全防范系统中的作用。

一、安全防范技术的功能

安全防范技术是综合应用电子技术、传感技术、通信技术和计算机技术等现代相关科学技术,构成各种安全技术防范系统的专门技术。目前,安全防范技术主要用于对非法入侵、盗窃、破坏和火灾等涉及生命财产安全的违法犯罪活动和群体性等治安事件的防范。

(一) 入侵报警技术

入侵报警技术是利用传感技术和电子信息技术,探测并指示非法入侵或试图非法入侵设防区域的行为,处理报警信息,并发出报警信号的技术。其功能主要包括:一是探测。对探测区内的入侵行为进行准确、实时的探测,并发出报警信号。二是指示。对正常、测试、报警、被拆卸、故障,掉电、欠压,设置警戒、解除警戒等状态和发生的时间给出指示。三是控制。对即时防区、延时防区,全部或部分探测回路设置警戒或解除警戒,向控制中心传输信息

---

① 《中办国办印发〈关于加强社会治安防控体系建设的意见〉》,《人民日报》2015年4月14日。

或取消信息等功能进行设置。四是记录和查询。记录和事后查询显示功能列的所有事件,控制功能列的所有编程设置,警情处理等事件。五是响应。当一个或多个防区产生报警信息时,响应时间应符合相关要求。六是传输。具有与控制中心进行有线或无线通信的接口,并能对通信状态的故障进行监控。

（二）出入口控制技术

出入口控制技术是采用现代电子与信息技术,在出入口对人或物两类目标的出入,根据授权情况进行放行、拒绝、记录和报警等操作的技术。出入口控制技术是对什么人在什么时间、哪个区域的门、进或出进行控制,从而对进出人员权限进行控制、对进出记录进行监视。其功能主要包括:一是实行分级管理,根据身份确定通行权。二是对门锁启闭时间进行设定,对出入口进行实时监控。三是根据系统规模、现场情况和安全管理要求等合理选择构建模式。四是对非法读卡、被控制门超过规定时间未关闭等异常自动报警,并自动显示报警的类型、报警点的位置等信息。五是实时记录各类事件和故障的信息,记录的信息内容主要包括开门卡的编号、每次门锁开关的时间、各种报警的位置和原因等。

（三）视频监控技术

视频监控技术是利用视频技术探测、监视设防区域,并实时采集、传输、显示和记录现场图像的技术。其功能主要包括:一是视频监控可以对监控区域或人员信息予以判断,是实时动态监控的最佳手段,能够实现安全技术防范系统的探测、系统监控、周界和出入管理等功能。二是视频监控记录的图像信息是安全技术防范系统中最完整和真实的内容,能够记录事件发生时的状态、事件发展的过程和处置的结果,可以作为事后调查的依据和证据。三是视频监控是安全技术防范系统技术集成、功能集成的核心,通过实现入侵探测、出入口控制等的功能联动,形成统一的操作界面。四是可以与安全技术防范系统以外的技术系统实现资源共享。例如,视频监控与消防管理、楼宇管理等资源实现共享。

（四）电子巡查技术

电子巡查技术是对巡逻人员的巡逻路线、方式及过程进行科学化、规范化管理和控制的技术。电子巡查技术是安全管理中人防与技防的一种有效整合。其功能主要包括：一是能够很好地解决安保人员巡逻流于形式的问题，实现对巡逻人员的值勤考察管理。二是可以设定巡逻人员的巡逻路线，并读取巡查点。在读取巡查点的过程中，如果发现突发事件，就可以随时读取事件点。三是使巡逻人员按照预先随机设定的路线对重要区域和重要部位进行巡查，可以实现不留任何死角的安全防范，做到防患于未然。四是能将实际巡逻记录与事先设定的巡逻线路进行比较，得出巡逻误点、漏检等统计报表，从而得出巡逻工作的实际完成情况。五是通过对安保人员巡逻工作的有效监督，使安全防范工作更科学、更有效。

（五）停车场管理技术

停车场管理技术是对进、出停车场（库）的车辆自动进行登录、出入认证、监控和管理的技术。其功能主要包括：一是车辆识别。通过车辆识别装置，确定车辆位置，识别车辆特征，并采用声、光等方式进行显示。二是挡车与报警。放行合法请求车辆，阻挡非法请求车辆，对强闯和信息失效车辆发出报警。三是计费。设定、计算和管理停车费用，具有简便、快捷的收费功能，并可以随时读取、打印数据。四是信息存储。保存车辆出入场时间等在场车辆信息，保存出入车辆图片信息，并能记录出入、操作和报警等事件。五是系统监控。定期进行出入口控制单元状态、挡车装置状态等自检，对异常开启时间能实时报警。六是安全管理。对系统管理员的授权和登录进行管理，经授权的管理员能对授权范围内的事件进行检索、显示打印、生成报表。

二、高校安全技术防范系统的组成

安全技术防范系统是安全防范技术手段的具体表现形式。高校安全技术防范系统是指以维护高校校园治安安全为目的，运用安全防范技术和其他相关技术所构成的系统，或由这些系统为子系统组合或集成的电子系统或网络。

（一）入侵报警系统

高校入侵报警系统由入侵探测器、传输信道和报警控制器三部分组成，能够协助人防担任警戒和报警任务，对犯罪分子具有一定的威慑作用，并能及时发现案情，是高校安全防范系统的主要组成部分。在高校需要防范的区域和部位，利用各种类型的探测器构成点、线、面、空间的防范区和防范点，形成一张校园安全防范的报警网。当入侵报警系统正常运行时，只要有非法入侵或异常发生，系统就能自动检测到入侵事件，控制多种外围设备。例如，打开现场照明灯、开启摄像机、发出声光报警信号等。在校园的相关区域和场所安装人工报警按钮，当师生员工发现非法入侵或受到威胁时，及时进行手动报警。自动报警和人工报警的报警信息将传送至监控中心，并显示报警部位。校园110值班人员接到报警后，根据情况采取措施，控制事态的发展。

（二）出入口控制系统

高校出入口控制系统主要由识读部分、传输部分、管理控制部分和执行部分以及相应的系统软件组成，通过计算机、控制器、电锁等设备及相关软件的控制，实现对区域、场所和部位的出入口人员进出统一管理。出入口控制系统能够独立运行，也能与视频监控系统、入侵报警系统等联动，可以与监控中心联网。出入口控制系统的信号输出能够触发视频监控系统，可以更详细地记录出入情况、各种事件。视频监控系统、入侵报警系统不能主动阻挡非法入侵，出入口控制系统则可以将未经授权的人阻挡在防范区域之外。利用消防灭火系统、入侵报警系统的报警信号，可以触发出入口控制系统执行相关操作。例如，当有非法开门报警时，自动启动相应区域的视频监控系统；当入侵报警系统报警时，自动关闭相应通道门；当火灾发生时，自动打开相应区域的通道等。

（三）视频监控系统

高校视频监控系统一般由前端、传输、控制、显示和存储五个主要部分组成，是高校安全技术防范体系中防范能力极强的系统。一是实时监控。根据校园安全防范要求,对相关区域、场所、部位和通道等进行实时视频探测、视频监视,这是视频监控系统最普遍的应用。二是记录图像信息。视频监控系统具有图像信息记录功能,以便事后对相关图像信息的回放,为案件事故的调查提供依据和证据。三是安全管理。通过视频监控系统传送的实时图像信息,校园110值班人员在监控中心可以直接观察、监控现场情况,并能够对现场进行大区域的观察和近距离的特写,提高了校园安全防范的整体效能。四是指挥决策。高校安全技术防范系统在应急反应行动时,监控中心即指挥中心,视频监控系统提供的实时、直观的现场图像信息能为应急指挥提供帮助。

（四）电子巡查系统

高校电子巡查系统主要由信息标识、数据采集、数据转换传输及管理软件等部分组成,一般应用于高校需要对预定的场所及部位进行定时、定点检查的场所。电子巡查系统一般分为两类:一是离线式电子巡查系统。在校园设置若干巡查点,在每一巡查点安置一个信息钮,各个巡查点间均无连接。巡逻人员在规定时间内顺序到达每一巡查点,用巡查器感应信息钮,该巡查点的资料就输入巡查器。巡逻人员交回巡查器后,将巡查器信息输入计算机,即可显示整个巡查情况。二是在线式电子巡查系统。在校园设置若干巡查点,在每一巡查点安置一个巡查器,各个巡查点之间用无线或有线连接。巡逻人员在规定时间内顺序到达每一巡查点,用信息钮或信息卡感应巡查器,监控中心则能实时掌握巡逻人员的所在位置。如果将系统与出入口控制系统联合设置,巡逻人员就能直接在门禁点的读卡器上刷卡,读卡器则实时将巡查信号传到出入口控制系统的计算机。

（五）停车场管理系统

高校停车场管理系统主要由入口/出口控制、场（库）内监控和中央管理控制等部分组成,通过采集记录车辆出入记录、场（库）内位置,实现对车辆出入和场（库）内车辆的动态和静态管理和控制。高校建设停车场管理系统,可以提高校园大门车辆通行和校园停车的安全管理水平。一是提高车辆通行速度。系统能自动识别进出校门和校内停车场的车辆,极大提高了车辆进出的速度。二是实行黑白名单管理。在系统中导入白名单后,实现对白名单中的车辆自动开闸放行,对黑名单中的车辆限制进出校园。三是降低车辆管理成本。对进出车辆的车牌进行抓拍和识别,记录车牌信息、进出场时间,联动道闸的开关闸,进行自动计费和人工收费。如果采用微信、支付宝扫码缴费,就可以实现无人值守。四是与其他系统联动。系统可以实现与出入口控制、视频监控和电子巡查等系统的联动。

三、智能安全防范技术的应用

随着计算机和互联网技术高速发展,传统安全防范技术正逐步融合到高新技术中。高校安全技术防范系统建设要积极适应安全防范技术发展的新形势,在做好传统安全防范技术应用的基础上,积极采纳和吸收安全防范的高新技术,推动安全技术防范系统的高层次、高质量建设。

(一) 智能监控技术的应用

高校视频监控系统一般汇集了大量的视频,值班人员对这些视频监控画面进行实时查看难度较大。智能视频监控技术能够发现监控画面中的异常情况,自动识别不同的物体,最大限度地降低误报和漏报现象。其应用主要包括:(1)警戒区检测。在视频监视的画面中设定一个或多个区域为警戒区,自动检测进入警戒区的人员、车辆等移动目标。(2)警戒线检测。在监视画面内设置一条或多条警戒线,当有人员、车辆等从警戒线定义方向经过时,系统自动识别并报警。(3)非法停车检测。当有车辆在设定的区域内非法停车时,则触发告警。(4)物品遗留检测。当有满足预设尺寸范围的物品被遗留在警戒区域内,并且停留时间达到预设时限后,则自动产生告警,并用告警框将目标标示出。(5)财产保护。监测预定范围内的设备器材、贵重物品等的图像变化,当超过某个阈值时就发出告警。(6)人员徘徊滞留检测。当有人在警戒区域内徘徊、滞留达到一定时限后,则触发告警,并用告警框标示出目标。(7)异常速度检测。针对指定区域内的人员、车辆等移动物体,出现突然加速或减速状况时将产生报警。（8）人群异常检测。通过广场、重要场所等的人群密度、群体运动特征，检测聚集、游行和集会等活动。

（二）人脸识别技术的应用

人脸识别技术是指对包括人脸在内的多种人体部位和信息要素的识别、分析，形成人员更为全面的特征数据信息，实现对人员的定位查找、身份确认的技术。人脸识别技术是安全防范技术领域人工智能中一个重要组成部分，在高校校园安全防范中的应用主要包括：一是图像语义检索应用。高校安保人员在查找具有某些特征的目标人员的过程中，可使用人脸识别技术在视频监控系统中进行语义检索。例如，输入"男人、青年、背包、短袖"等属性，可在视频监控系统抓拍的人像中缩小范围，迅速定位到目标人员。二是行人重识别应用。当在视频监控系统的截图中获取不到目标人员的清晰人脸信息时，高校安保人员可以通过人脸识别技术在人像数据库中检索目标人员的人体图片，匹配到相似度最高的人员，能够分析出目标人员更多的行动轨迹、活动范围等信息。三是出入口控制应用。把人脸识别技术与出入口控制技术相结合，通过对人脸的识别作为门禁开启的钥匙。人脸识别出入口控制相较于传统出入口控制，无须任何介质开闸、开门，在有权限人员变动时，只需要重新对其人脸进行注册即可。高校通过以"脸"代替钥匙、卡、指纹、密码等实现闸门、防盗门开启的权限，对于强化校园大门、重点部位、重要场所的安全管理起着非常重要的作用。

（三）智慧消防系统的应用

智慧消防系统采用4G、5G移动数据网络等联网方式，将分散在各个建筑物的室内外消火栓、火灾自动报警系统、自动喷水灭火系统、视频监控系统和消防控制室值班监控等集成在监控中心大数据平台上，实现对各建筑消防设施的全面、远程和集中监控管理。其应用主要包括：一是火灾报警集中监控系统。将系统集成到校园可视化三维地图、手机App或微信中，系统实时采集和处理联网建筑火灾自动报警系统前端感知设备的报警信息和运行状态信息，实现对火警信息的全方位感知、全过程监控。二是消防水监控系统。

系统实时自动监测建筑消防系统水池、水箱水位、喷淋水压和末端管网压力等信息,通过调取现场视频、分析数据信息等方式,快速发现系统异常及故障,为消防水系统的检查、维护和保养等提供数据支撑。三是消防视频监控系统。系统将校园区域、各个建筑物、消防设施、消防巡查和消防控制室监管等情况,在可视化三维地图上与监控点——对应,进行实时查看、监控、分析和管理。例如,当校园110接到火灾报警时,系统自动调取报警点相关联的视频图像信息,查看现场视频图像,辅助火警确认。四是消防巡查系统。在消防重点部位和消防设施上安装电子标签,巡查员到巡查部位附近时使用手机近距离自动感应,手机App提供菜单式表格选择、填写及拍照功能。巡查员将相关数据传至监控中心,监控中心记录消防隐患数据并将其推送给消防安全管理人,消防安全管理人安排现场整改或推送给维保单位进行维护保养。

四、高校安全技术防范系统的建设与管理

近年来,安全技术防范系统建设越来越受到高校的重视,在专项资金的投入、规模化建设和规范化管理上有了极大提高。安全技术防范系统对确保高校校园治安管理秩序稳定发挥着越来越重要的作用,但多数高校的安全技术防范还是分散式防范系统,各子系统只能独立运行或实行简单联动。高校要做好安全技术防范系统的升级改造,实现系统的高度集成和自动化管理,并加强系统的运行维护管理,确保系统始终处于最佳应用状态。

（一）重视系统的纵深性

高校要根据校园安全防范实际,对整个校园实施分区域、分层次的安全技术防范。分区域防范是指校园应包括周界、防护区和监视区三种不同性质的防区,对不同性质防区实施不同级别的安全技术防范措施。周界对应于校园围墙;校园重要部位为防护区;校园道路、公共场所及其他教育教学场所为监视区。分层次防范通常分为对整个校园实施的整体纵深防范和在校园的某个防区内实施的局部纵深防范。例如,在学生宿舍楼可以从宿舍楼走廊、宿舍楼门口、宿舍楼四周分别设立防线。在异常情况发生时,多道防线的阻

拦可以增大延迟时间,监控中心确定位置后及时组织安保人员赶赴现场。

（二）提高系统的均衡性

高校安全技术防范系统的均衡性有两方面含义:一是指整个系统在总体布局上要保证各分防区的设置合理、各子系统的集成有效,不能存在明显的设计缺陷、防范盲区。二是指校园内同层防护区的防护水平要保持基本一致,不能存在防范盲区、薄弱环节。高校安全技术防范系统总体防护水平的高低不是由高防护部位决定的,往往是由系统的最薄弱环节决定的。例如,高校视频监控系统不仅要可靠性高,而且要无死角、无盲区、无漏洞,否则就会发生漏报警,使不法分子有机可乘;如果在校园周界防护的某个局部存在盲区,它就可能是不法分子入侵校园的方便之门,校园周界的其他部分防范得再好,也会失去意义。

（三）做好与人防、物防的结合

高校建立了安全技术防范系统后,可以利用高科技手段对所遇到的侵犯进行准确地探测、报警,可以有效地预防损失、遏制犯罪。但安全技术防范系统的运行要受到多方面因素的影响和制约,特别是人的因素的影响。物防设施是安全技术防范系统的物质载体和实物基础,但物防设施延迟作用的有效发挥需要高科技的支撑,需要人来维护和管理。人力防范是安全防范的基础,但人的自然能力局限性限制了人防功能的发挥和发展。高校实现真正意义上的安全防范,要坚持人防、物防、技防相结合,建立健全探测、延迟、反应相协调的有效机制。

（四）加强系统的运行管理

一是严格值班制度。监控中心值班人员是整个安全技术防范系统的中枢神经,要明确岗位配置、岗位职责、值班和交接班规范、值班纪律等,确保值班人员履职尽责、系统始终处于良好工作状态。二是严格安全保密制度。对监控中心的人员出入、图像信息调取、系统信息保密、系统设备维护保养查验、消防安全等方面进行规范,以保障监控中心的人员安全、系统信息安全和设备安全。三是严格操作规程。操作规程一般包括视频图像查看、报警响应和故障处置等。值班人员要准确、可靠、快捷地执行某项值班任务,在操作系统、设备或开展相关业务活动时必须遵循相关操作规程。

（五）做好系统的维护保养

维护保养是指针对高校安全技术防范系统开展的检查、清洁、调整、调试及故障设备更换,发现并排除故障的活动。维护保养的要求主要包括:(1)检查设备时,要对设备进行物理检查、运行环境检查、电气参数与性能检查等;(2)清洁设备时,要根据设备类型使用吸(吹)、擦等方法对设备表面或内部的灰尘、污物等进行清理;(3)调整设备时,要按照标准规范、技术手册对设备的防护范围、电气参数和运行模式等进行设置与校正;(4)测试设备、系统时,要按照标准规范、技术手册对设备、系统的功能和性能进行测量试验;(5)备份数据时,要对重要数据进行转存、转录;(6)排查隐患时,要对可能造成系统不稳定运行等情况进行检查与记录;(7)处置问题时,要根据检查、测试及隐患排查过程中发现的问题提出处置建议,经安全管理部门领导同意后,采取相应措施进行解决。

第四节　安全检查与事故隐患排查治理

《中华人民共和国安全生产法》第三十八条规定:"生产经营单位应当建立健全生产安全事故隐患排查治理制度,采取技术、管理措施,及时发现并消除事故隐患。"第四十三条规定:"生产经营单位的安全生产管理人员应当根据本单位的生产经营特点,对安全生产状况进行经常性检查;对检查中发现的安全问题,应当立即处理;不能处理的,应当及时报告本单位有关负责人,有关负责人应当及时处理。"根据以上规定,高校要建立健全安全检查与事故隐患排查治理制度,加强对学校安全工作的检查,做好安全事故隐患排查治理,有效防止安全事故的发生。

一、积极开展安全检查

安全检查是发现不安全因素,消除事故隐患,落实整改措施,堵塞安全漏洞,强化安全管理,防止安全事故的重要手段。高校及高校二级单位通过安全检查,及时了解和掌握安全工作情况,识别存在及潜在的危险,确定危害的根本原因,对危害源实施监控,采取有效措施预防和控制安全事故。

（一） 安全检查的内容

高校安全检查的内容主要包括:(1)有关安全生产法律、法规和上级有关安全工作指示要求的执行情况;(2)安全规章制度的执行情况;(3)安全措施的执行情况;(4)教育教学和工作生活场所的安全情况等。高校及高校二级单位开展安全检查,可从以下四个方面进行。

1. 查思想

检查单位领导是否正确认识安全管理工作,是否坚持了"管业务必须管安全"的原则,是否把安全管理工作摆在重要议事日程,是否在计划、布置、检查、总结和评比工作时有安全的内容。检查安全管理工作者的安全责任心是否很强,能否把师生员工的安全放在第一位,能否认真执行安全管理的方针政策、法律法规和制度规定。检查师生员工是否牢固树立生命至上、安全第一的思想,有无在工作学习中忽视安全的思想和行为,能否做到当工作学习与安全发生矛盾时把安全放在第一位。

2. 查管理

检查是否建立健全了安全管理责任制度、安全措施计划的实施与管理制度、安全检查与隐患整改制度、安全教育培训制度和安全奖惩制度等安全管理制度规定,并在执行过程中能否得到不断细化、持续改进和及时完善等。检查安全管理规章制度的执行情况,是否设立了专门安全管理机构,是否配备了专职或兼职安全管理人员,能否严格落实安全管理责任制,是否按计划开展安全教育培训,相关岗位操作人员能否认真执行安全操作规程,是否保证了足额的安全措施经费、隐患整改资金等安全投入,能否制定应急预案并组织演练。

3. 查隐患

要深入教育教学、后勤保障等现场,检查场地场所、设备设施等是否符合安全要求,检查师生员工在教育教学、工作生活中的不安全行为情况等,对锅炉房、换热站、配电室、计算机机房和实验室等要害部位要严格检查。对检查出来的问题,如单位领导对安全的重视、安全制度的建立与执行以及人的不安全行为、物的不安全因素等,提出具体整改要求。对随时有可能造成事故的安全隐患,检查人员责令立即整改,并报告学校有关领导。安全隐患排除后,要经检查人员签字确认。对违规操作、违章作业等行为,检查人员有权制止和处理。

4. 查整改

对被检查单位上次查出的安全问题,按照当时登记的项目类别、整改措施和整改期限等进行复查。检查整改措施是否得到落实,整改责任人是否履行职责,整改资金是否到位,整改时限是否符合要求,整改效果是否明显;重大事故隐患的整改实施是否有计划、有控制、有记录,经费和物资是否落实,安全措施和应急预案是否科学。如果被检查单位对上次查出的安全问题,没有按时限整改或整改不力,就要对其重新提出要求,责令限期整改;对重大事故隐患,要根据具体情况进行查封或拆除。

(二) 安全检查的分类

安全检查是高校保持安全环境、防止安全事故的重要手段,是发现不安全状态、不安全行为的有效途径,其目的是通过安全检查发现问题,并采取措施加以整顿、改进。按照检查的时间、内容、性质和组织形式等不同,安全检查可分为以下四类。

1. 按检查时间分为定期检查和不定期检查

一是定期检查。定期检查是按计划日程和规定周期进行的安全检查。定期检查周期根据单位实际情况确定,如学校每季度一次、学校二级单位每月一次、班级每周一次等。定期检查可以是全校性的全面检查,也可以是针对某个部门(单位)的抽查;可以针对相关部位、场所、设施设备或者内容,也可以针对某一个部位、场所、设施设备或者内容。定期检查一般由高校领导带队,相关部门(单位)人员参加,声势和影响比较大。二是不定期检查。不定期检查也称为抽查,是在不告诉被检查对象的情况下,对其局部或个别部位进行的安全检查。不定期检查是在被检查对象没有思想准备或准备不够充分的情况下进行的,检查结果一般比较客观真实。不定期检查主要是针对高校的某个特殊部门(单位)、区域场所或者设施设备等实施,其检查对象和时间的选择是根据高校安全事故的主要特点和发生规律来确定的,目的是促进各部门、各单位重视安全事故的防范工作。

2.按检查内容分为重点检查、专项检查和综合检查

一是重点检查。重点检查是指对重点要害部位、关键设备设施、易燃易爆物品等的日、周、月等经常检查,目的是严防因安全管理不得力、安全检查不到位导致重点要害部位、关键设备设施、易燃易爆物品等发生安全事故。二是专项检查。专项检查是针对某一个部位、场所、设施设备或者内容等进行的安全检查。专项检查以相关技术规程和标准为依据,一般有相关专业技术人员参加,有较强的针对性、目的性和专业性。例如,对实验室的安全检查、对消防设施器材的检查、对宿舍用电情况的检查等。三是综合检查。综合检查是对全校进行的安全大检查。高校组织相关部门(单位)人员和相关专业技术人员,对全校进行有目的、有计划、有组织的全面安全检查,有利于推动高校的安全管理工作,促进高校的平安校园建设。综合检查一般每年结合年终工作考核进行。

3.按检查性质分为日常性检查、季节性检查和节假日前后检查

一是日常性检查。日常性检查是一种经常性的、普遍性的安全检查,主要包括高校安全管理部门的日常检查、部门(单位)领导的巡视检查、操作人员对本岗位设施设备的随时检查等。高校开展日常性检查,可以随时随地发现不安全因素,掌握安全管理动态,制止违规违章行为。二是季节性检查。高校及高校二级单位根据季节变化的特点、存在的隐患或可能出现的问题,对易发的潜在危险进行安全检查。例如,春季风大,应着重进行防火安全检查;夏季高温、多雨,应抓好防暑、防汛、防雷击、防触电、防建筑物倒塌等安全检查;冬季着重进行防寒、防冻、防火等安全检查。三是节假日前后检查。高校及高校二级单位在节假日前后,特别是五一节、国庆节、元旦、春节等重大节日前后,要组织有针对性的设备检修、防火和治安防范等安全检查。

4.按检查组织形式分为自查、互查和上级检查

一是自查。自查是指高校及高校二级单位内部自行组织的安全检查,如部门内部、院(系)内部、班级内部自行组织的安全检查。一般院(系)每季度进行一次、班级每月组织一次安全检查。二是互查。互查是指高校组织相关安全管理责任部门(单位)的互相检查,如部门之间、院(系)之间、班级之间的互相检查。高校安全管理责任部门(单位)的互查能够起到相互监督的作用,一般每年组织互查一次。三是上级检查。上级检查是指上级教育主管部门、应急管理部门、安全生产监督部门对高校进行的安全检查,如教育厅(局)、消防救援队、安监局对高校进行的安全检查等。

（三）安全检查的程序

安全检查是做好安全管理工作、促进平安校园建设的有效手段,高校要落实安全检查制度,确保安全检查能适时有效地进行。安全检查通常采用定期检查与不定期检查、专项检查与综合检查等相结合的方法进行,可以单独组织,也可以与其他工作检查一并进行。根据上级要求、安全形势和季节特点等确定检查内容,使每次检查的内容都有所侧重。

1.安全检查的准备

高校根据安全检查的内容、规模和要求,设立适应检查需要的组织机构。全校性安全检查,由高校安全委员会组织领导,具体由安全管理部门负责组织检查。规模较小的、范围较窄的安全检查,可由高校二级单位负责组织检查或发动师生员工自行检查。一是思想准备。主要是发动师生员工,开展群众性的自检活动,做到群众自检和检查组检查相结合,形成自检自改、边检边改的局面,提高师生员工自己发现问题、自己解决问题的能力。二是业务准备。主要是确定检查目的、内容、方法和要求,抽调检查人员成立检查组,并进行短期培训,安排检查日程;学习近期上级关于安全方面的文件精神,分析近期高校发生的各类事故,确定检查重点;设计、印制安全检查表格,便于按要求逐项检查。

2. 安全检查的实施

一是查看安全台账。主要包括:(1)看值班登记,检查值班人员是否认真履行值班职责,是否认真登记值班情况;(2)看会议记录,检查安全管理工作分析研究是否到位,制定措施是否科学;(3)看安全目标责任书,检查安全管理责任制是否明确;(4)看相关登记和记录,检查安全管理制度是否落实,安全隐患整改是否到位等。二是组织问卷调查。通过问卷调查,了解师生员工中存在的各类违规、违纪、违法等问题,以及维护高校安全稳定工作中的薄弱环节。三是召开座谈会议。采取与师生员工个别谈、分层谈、集体谈等形式,了解师生员工的思想底数、安全管理制度的执行情况以及学校安全预防工作中的薄弱环节。四是开展实地考核。到各部门、各单位查找不安全因素、事故隐患及事故征兆。组织安全知识测试,检查师生员工对安全知识和安全职责的掌握情况。开展应急预案演练,检查各楼宇、重点要害部位的值班人员能否熟悉报警程序,能否熟练操作灭火器具,能否快速处置突发情况等。五是进行专业检测。利用一定的专业检测、检验仪器设备,检测学校在用的设施、设备、器材状况及作业环境条件等,检测是否存在线路老化和超负荷用电等问题,检测有无违规使用大功率电器、消防设施器材不达标、燃气泄漏等问题。六是组织联合检查。通过邀请消防救援队开展消防安全联合检查,促进高校安全管理部门与消防救援队的联动。

3. 安全检查的总结

在安全检查的过程中,对发现的安全隐患,能及时整改的,要求相关责任部门(单位)或责任人马上整改,整改情况给予现场确认。对不能及时整改的安全隐患,要采取临时安全防范措施,并逐项进行分析研究,报请学校有关领导核准后,向责任部门(单位)下达《安全隐患整改通知书》。责任部门(单位)制定整改方案,明确具体负责人、措施办法和整改时间,并做到属于班级的问题不推给院(系),属于院(系)的问题不推给学校,确保检查出的安全问题条条有着落、件件有交代。对安全检查的组织、检查中发现的问题和好的经验做法、安全检查值得注意的问题等形成书面材料,向学校有关领导汇报,存入安全检查档案。对安全管理工作有力、成效显著的部门(单位)进行表彰奖励,对安全管理工作不力、安全问题多的部门(单位)提出批评意见和整改建议。

二、排查治理事故隐患

事故隐患是指高校师生员工违反国家有关安全的法律法规和学校安全管理制度的规定,或者因其他因素在教育教学、服务保障等活动中存在可能导致事故发生的物的危险状态、人的不安全行为和管理上的缺陷。高校通过事故隐患排查治理,及时发现存在的事故隐患,并采取有效手段治理事故隐患,把事故消灭在萌芽状态。

(一) 事故隐患排查的实施

1.事故隐患排查的内容

高校事故隐患的表现主要包括:(1)教育教学和工作生活场所内的物质条件处于危险状态;(2)师生员工在教育教学和工作生活过程中的行为不符合安全规定;(3)教育教学和工作生活所必需的各种制度、组织协调等存在缺陷。高校组织安全管理人员、安全技术人员和其他相关人员对事故隐患进行排查,并对排查出的事故隐患按照等级进行登记,建立信息档案。高校事故隐患排查的内容主要包括:(1)发现或调查危险源。因为只有发现危险源,才能有的放矢地改变危险因素存在的条件,才能防止危险因素的增加或聚集。(2)预见危害或者危险。事故隐患排查的重要内容是能够预见到危害或者危险,并将产生危害或者危险的条件消灭在萌芽状态。

2.隐患排查结果的分析

事故隐患排查结束后,要尽快对排查结果进行分析总结。分析总结的内容主要包括:(1)评价本次事故隐患排查是否坚持了全面和抽样的原则、是否坚持了重点部门和重大危险源适当突出的原则;(2)评价本次事故隐患排查是否覆盖了计划中的范围和相关隐患类别;(3)确定本次事故隐患排查发现的问题,包括确定事故隐患清单、事故隐患级别以及分析事故隐患所在单位、地点的分布等;(4)做出本次事故隐患排查工作的结论,填写事故隐患排查治理相关的表格;(5)汇总、汇报事故隐患排查情况,在学校一定范围内通报事故隐患排查中发现的问题,并对做好安全事故预防工作提出要求。

3. 事故隐患排查的要求

为全面有效地排查事故隐患,在事故隐患排查时要注意以下方面:一是充分考虑各种危险因素的相关性和叠加性,确保对潜在危险有系统的认识。事故隐患排查不局限于某个部门(单位)、某个环节、某个具体危险,而要从危险防控的全局角度系统地开展排查,掌握危险产生的原因、条件和危险本身的性质。二是在事故隐患排查过程中,不仅要排查那些曾经发生过的危险,而且要分析可能产生的新的危险因素,特别是一些外来的非固定危险因素对高校安全的影响。三是提高事故隐患排查的效率,在排查出的事故隐患中确定重点,提高危险控制的针对性,防止人力、财力资源的浪费。

(二) 事故隐患治理的分类

事故隐患分为一般事故隐患和重大事故隐患,高校事故隐患治理主要包括一般事故隐患治理和重大事故隐患治理。

1. 一般事故隐患治理

一般事故隐患是指危害和整改难度较小,发现后能够立即整改排除的隐患。高校一般事故隐患的治理主要包括:一是现场立即整改。对明显违反操作规程和高校安全管理制度的行为,属于人的不安全行为式的一般事故隐患,排查人员一旦发现,应当要求责任部门(单位)或责任人立即整改,并如实记录,以备对此类行为统计分析,确定是否为习惯性或群体性事故隐患,为防范此类事故隐患提出管理或技术方面的措施。二是限期整改。尽管有些事故隐患难以做到立即整改,但也属于一般事故隐患。对于这些事故隐患,高校安全管理部门要向事故隐患所属部门(单位)下发《事故隐患整改通知书》,明确事故隐患排查的时间和地点、事故隐患情况的详细描述以及事故隐患发生原因的分析、整改责任人、整改的方法和要求、整改完毕的时间等,并在整改期间进行监督管理,直至事故隐患整改到位。

2.重大事故隐患治理

重大事故隐患是指危害和整改难度较大,应当全部或者局部停止操作、运行、使用,并经过一定时间整改治理方能排除的隐患,或者因外部因素影响致使单位自身难以排除的隐患。对于重大事故隐患,高校应当及时向上级教育行政管理部门和安全监管监察部门报告,高校主要负责人组织制定并实施重大事故隐患治理方案。重大事故隐患治理方案的内容主要包括:(1)治理的目标和任务;(2)治理的责任部门(单位)和人员;(3)治理的方法和措施;(4)经费和物资的保障;(5)治理的时限和要求;(6)安全措施和应急预案等。高校重大事故隐患治理前或者治理过程中无法保证安全的,要从危险区域内撤出师生员工,并疏散可能危及的其他师生员工,设置警戒标志,暂时停止操作、运行、使用相关设施设备。对暂时难以停止操作、运行、使用的相关设施设备,要加强维护和保养,采取可靠的安全防范措施,编制应急预案,防止事故的发生。

（三）事故隐患治理的措施

事故隐患治理措施分为技术措施和管理措施,以及对重大事故隐患需要做的临时性防护和应急措施。高校事故隐患治理措施的要求主要包括:(1)预防相关设备设施失灵和操作失误产生的危险、有害因素;(2)消除或减弱操作、运行、使用相关设备设施过程的危险、有害因素;(3)有效预防重大事故的发生。

1.事故隐患治理的技术措施

事故隐患治理的技术措施主要包括:(1)消除。尽可能从根本上消除事故隐患,实现相关设备设施等的本质安全。(2)预防。当事故隐患一时无法消除时,可采取预防性技术措施避免危险或危害的发生。(3)减弱。在无法消除事故隐患和难以预防的情况下,可采取减少危险或危害的措施。(4)隔离。在无法消除、预防和减弱的情况下,应将师生员工与事故隐患隔开。例如,设置安全距离,穿戴防护服等。(5)停用。在无法消除、预防、减弱和隔离的情况下,要采取停用相关设备设施、停电、断气等措施,避免危险或危害的发生。(6)警告。在易发生故障和危险性较大的地方,配置醒目的安全色、安全标志,必要时设置声、光或声光组合报警装置。

2.事故隐患治理的分级治理

高校事故隐患治理实行分级治理,进行挂牌区分,设置绿牌、黄牌、红牌:(1)绿牌是指排查结果良好、无事故隐患或事故隐患已立即完成治理;(2)黄牌是指经排查,存在事故隐患,但已落实整改措施、整改责任人和整改时间,且整改期间安全管控措施到位;(3)红牌是指有未及时整改的重大事故隐患,或者明知有事故隐患而多次违规操作、玩忽职守和不予以整改的。列为黄牌的,要保障整改完成所必需的一切条件支撑,保证整改期间采取切实可行的防控措施方能继续运行或使用;列为红牌的,要在一定范围内通报,下发《事故隐患整改通知书》,并立即停止运行或使用,直至整改完成。

3.事故隐患排查治理的闭环管理

(1)隐患排查。安全管理部门开展日常安全巡查,师生员工发现或提供安全信息。(2)填单登记。检查人员现场确认事故隐患,登记事故隐患相关信息。(3)签字确认。检查人员和被检查部门(单位)责任人对存在的事故隐患及治理措施签字、确认。(4)收集整理。安全管理部门收集事故隐患信息,进行筛选、分类和建档。(5)下达通知。安全管理部门向责任部门(单位)下达事故隐患治理通知单。(6)整改实施。责任部门(单位)落实治理措施,限期消除事故隐患。(7)监控督查。安全管理部门在治理限期内监控督查治理情况。(8)复查验收。治理完成后,安全管理部门进行治理情况验收。(9)信息反馈。安全管理部门收集治理信息,对完成情况进行总结报告。(10)销号登记。安全管理部门对完成治理的进行销号,对未完成治理的再下达治理通知,直至完成治理后销号。

4.事故隐患排查治理的档案管理

高校安全管理部门要建立事故隐患排查治理档案,主要包括:(1)事故隐患排查治理的相关制度,如事故隐患排查治理制度、事故隐患排查治理专项资金使用制度、事故隐患报告和举报奖励制度等;(2)事故隐患排查治理的相关表格,如事故隐患整改通知单、事故隐患整改台账、安全检查表、事故隐患排查治理情况统计表等;(3)其他文件和资料,如事故隐患排查计划、事故隐患排查清单、事故隐患排查治理标准、事故隐患治理方案、事故隐患治理验收报告、会议记录等。高校安全管理部门要充分运用现代化信息手段,实行事故隐患排查治理档案的信息化管理。

5.事故隐患治理的验收和评估

事故隐患责任部门(单位)按照《事故隐患整改通知书》的要求完成治理后,高校安全管理部门对其治理情况进行验收,验收的内容主要包括:(1)事故隐患治理计划的制订及其实施情况;(2)一般事故隐患的立知立改情况;(3)重大事故隐患的责任人、整改措施和整改时间的落实情况;(4)事故隐患治理挂牌督办情况;(5)事故隐患治理完成情况;(6)事故隐患治理档案管理情况等。对挂牌督办并责令全部或者局部停止操作、运行、使用的重大事故隐患完成治理后,要对治理情况进行评估。经评估符合相关要求的,方可允许责任部门(单位)恢复操作、运行、使用。

第九章　做好案件事故的预防控制

2020 年 4 月 10 日,习近平总书记就安全生产作出重要指示强调:"各级党委和政府务必把安全生产摆到重要位置,树牢安全发展理念,绝不能只重发展不顾安全,更不能将其视作无关痛痒的事,搞形式主义、官僚主义。要针对安全生产事故主要特点和突出问题,层层压实责任,狠抓整改落实,强化风险防控,从根本上消除事故隐患,有效遏制重特大事故发生。"①高校要坚持安全发展,严格落实安全管理责任制,抓好治安案件防控,强化实验室安全事故防控,开展大型活动安全管理,搞好群体性事件防控,做好大学生犯罪预防,避免和减少各类案件事故的发生。

第一节　高校治安案件防控

治安案件是指公安机关依据《中华人民共和国治安管理处罚法》(以下简称《治安管理处罚法》)以及其他法律、法规中有关治安管理的规定,对违反治安管理行为受理调查并对违法行为人予以治安处罚的法律事实。违反治安管理行为是指违反《治安管理处罚法》规定,对社会或他人造成危害或可能造成危害,尚不够刑事处罚,依法应当予以治安处罚的行为。高校治安案件的

---

① 《习近平对安全生产作出重要指示强调　树牢安全发展理念　加强安全生产监管　切实维护人民群众生命财产安全》,《人民日报》2020 年 4 月 11 日。

发生,不仅影响高校正常的教学、科研、生活秩序,而且影响高校的和谐稳定。高校安全管理部门要充分认识高校治安防控的重要意义,把维护治安秩序、防控治安案件摆在重要位置,切实抓紧抓好。

一、加强高校内部治安保卫

《公安部　教育部关于进一步加强高校治安保卫工作的通知》指出:"确保高校正常的教学、科研、生活秩序,创造良好的校园及周边治安环境,维护高校稳定局面,必须要加强高校治安保卫工作。"高校要认真执行《高等学校内部保卫工作规定(试行)》,进一步落实高校治安保卫工作的具体措施,切实做好校园门卫、校园公共场所、校园重点部门、校园暂住人员等管理。

(一) 做好校园门卫管理

校园门卫是维护高校校园治安秩序、保障学校安全的第一道防线。门卫值班执勤人员要严格门卫管理,认真排查出入校门的可疑人员,防止校外闲杂人员混入,减少校园外来车辆的流量。高校师生员工通过门禁或人脸识别系统进出校门,没有安装门禁或人脸识别系统的,门卫值班执勤人员有权要求出入校门的师生员工出示学生证、工作证及学校发放的其他证件。对非本校人员,门卫值班执勤人员有权要求其出示身份证件或单位介绍信,并在校门值班室办理登记手续,经许可后方可进入。经授权允许出入校门的师生员工车辆通过车辆识别系统出入校门。因公来校的外单位机动车辆,由高校相关部门(单位)报告高校安全管理部门,经批准后通知门卫放行。出租车原则上不准进入校园,无证无牌摩托车严禁驶入校园。携带贵重物品和仪器设备出校门,必须主动出示并递交相关部门(单位)的有效证明,经门卫查验后予以放行。未经批准,禁止携带剧毒、易燃、易爆等危险品或其他违禁品进出校园。

(二) 做好校园公共场所管理

高校校园公共场所主要包括:(1)文化、体育、娱乐场所,如礼堂、报告厅、体育场(馆)、游泳馆等;(2)餐饮、服务、商业场所,如餐厅、咖啡馆、浴室、理发厅、超市、小卖部、招待所、宾馆等;(3)大型公众性临时活动场所,如人才招聘会场、文艺演出会场、校庆会场等;(4)其他应当实施治安管理的公共场所。高校校园公共场所人群聚集,流动性大,情况复杂,容易滋生各种治安问题,高校安全管理部门和责任部门(单位)要切实加强公共场所治安秩序管理。公共场所的建筑物布局和水、电、气等设施要符合国家安全标准,建筑物及各项设施符合消防安全要求,落实安全管理制度,明确安全责任人。在公共场所组织活动时,参加活动的人员不得超过限额,严禁从事违法犯罪活动,以及有损学校声誉、形象的不文明、不健康、不道德活动。高校安全管理部门要监督、检查、落实公共场所各项安全措施,发现隐患及时提出整改意见并督促整改,组织公共场所安全责任人及有关人员的业务培训,组织公共场所应急疏散演练。

(三) 做好校园重点部位管理

高校校园重点部位主要包括:(1)重要的办公、教学、科研部位;(2)重要物资的储存部位,重要资料的存放部位;(3)重要设备、设施的运行部位;(4)贵重、精密设备集中的部位;(5)其他重点要害部位。校园重点部位房屋结构和门窗必须安全牢固,根据安全防范要求安装监控报警系统,电器线路和避雷装置必须按照标准铺设、安装,并配备足够的消防灭火器材。新建、改建、扩建工程,必须将安全防范设施与主体工程同设计、同施工、同验收。聘用的工作人员必须政治可靠、责任心强、技术熟练、熟悉操作规程,并经高校安全管理部门审查通过后方可使用。校园重点部位的安全防范与校园内部动态治安防控有机结合,实行全天候防范,设置值班室,实行 24 小时值班制度。重点要害部位所在部门(单位)每半月、高校安全管理部门每月要对重点要害部位进行一次安全检查,对违反安全操作规程的问题及时纠正,对发现的安全隐患和事故苗头限期整改。

(四) 做好校园暂住人员管理

高校校园暂住人员是指被高校有关部门(单位)短期聘用,在学校进行经商、务工、学习、生活等活动的人员。近年来,随着高校的建设与发展,特别是后勤社会化改革,使高校校园暂住人员大量增加。暂住人员基本上吃住在学校,成为高校人员构成的重要组成部分,高校要重视对校园暂住人员的管理。一是严格暂住人员的招聘、审批和培训制度。用人部门(单位)要对暂住人员进行详细的登记,高校安全管理部门要对暂住人员进行审查、造册备案,开展岗位安全教育培训。二是坚持"谁用人、谁负责"的原则。高校各部门、各单位因工作需要聘用人员时,应要求被聘用人员提供无犯罪记录的证明材料。高校安全管理部门要不定期对校园暂住人员进行检查。三是加强暂住人员的身份管理。高校安全管理部门要向暂住人员发放有关证件,作为其进出校园和进行校内服务保障活动的证明。四是协助公安机关对暂住人员的治安管理。用人部门(单位)要及时督促暂住人员办理居住证,如实向安全管理部门报告用人情况,严防"三无"人员和违法犯罪嫌疑人藏身校内。

二、协助公安民警开展治安案件调查

治安案件调查是指公安机关治安管理部门发现、甄别、收集与治安案件有关的各种证据材料的活动。高校治安案件发生后,高校安全管理部门协助公安民警调查取证,有利于规范、引导师生员工的行为,教育、处罚违反治安管理行为人,维护校园治安秩序,保护高校和师生员工的合法权益。

(一) 治安案件调查的原则

1.合法性原则

构成治安案件的证据必须具备客观性、关联性、合法性三个基本特性。合法性是指收集的证据要符合法律规定。只有符合法律规定的特定收集主体、法定收集程序、形成完整证据链的证据,才具有合法性。

2.客观性原则

客观性是证据的本质特征,是指证据是客观存在的事实,即证据以及证据种类都是客观存在的。治安案件相对于刑事案件和其他行政案件,存在证据收集难度大、伪造和编造证据的问题。治安案件证据的客观性特征要求证据的收集必须实事求是,不能弄虚作假。

3.及时性原则

治安案件证据的收集必须遵循及时性原则,这是由证据本身的特点决定的。有的证据容易灭失或被毁灭,应尽快采取证据先行登记、扣押等手段进行收集;有的证据会随着时间的推移逐渐削弱,也需要及时收集;有的证据时效性较强,需要及早收集。因此,高校安全管理部门协助公安民警收集治安案件证据时,要树立证据保全意识,对有关证据的收集一定要争取时间。

4.全面性原则

在治安案件证据的收集过程中,既要收集物证、书证,又要收集言辞证据;既要收集对当事人不利的证据,又要收集对当事人有利的证据;既要运用传统手段收集证据,又要运用现代科技手段收集证据。高校安全管理部门协助公安民警收集治安案件证据,必须遵循全面原则。

5.群众路线原则

在高校治安案件调查过程中,通过师生员工作证来获得言辞证据会起到十分重要的作用。高校安全管理部门协助公安民警收集治安案件证据,除了收集与固定案件当事人的言辞证据、相关物证以外,旁证材料在案件事实证明过程中也能起到重要作用。旁证材料的收集,必须依靠广大师生员工,通过师生员工所提供的线索、证据来印证违法事实。

(二) 治安案件需要调查的案件事实

1.违反治安管理行为人的基本情况

违反治安管理行为人是高校治安案件发生的客观主体,是高校治安案件调查的核心事实。违反治安管理行为人的基本情况主要包括:(1)自然特征(性别、年龄、精神状况、生理状况等);(2)法律特征(婚姻家庭状况、民族、国籍等);(3)实施违法行为时的心理态度(故意或者过失)等。

2.被害人(报案人、举报人)基本情况

被害人的基本情况内容与违反治安管理行为人基本情况相同,需要详细了解,目的是确定违反治安管理行为的危害性。高校安全管理部门协助公安民警调查报案人、举报人等基本情况,不仅是受理治安案件的基本要求、保证

证据来源真实性的需要,而且是查明治安案件事实的基本要求。

3.治安案件的案件事实

案件事实是调查取证要查明的主要对象,主要包括:(1)治安案件发生的时间、地点;(2)违反治安管理行为人所使用的工具、方式和手段;(3)违反治安管理行为人实施该违法行为的原因、目的和动机;(4)治安案件的危害结果;(5)违反治安管理行为与危害结果之间的因果关系等。

4.证人证言及其他证据材料的真实性

证人证言及其他证据材料是指在治安案件发生、发展过程中形成的证据材料,或者能反映治安案件发生、发展过程的主观表述。高校治安案件调查要做到事实清楚、证据确凿充分,需要寻找与治安案件有关的证人证言及其他证据材料,在保证调查行为合法性的基础上,查证证据材料的真实性,其他任何与案件事实不相符合的证据材料不能成为证据。

(三) 治安案件调查的一般手段

1.询问

对违反治安管理行为人、被侵害人、证人进行询问,复核已掌握的案件事实和案件证据,收集没有掌握的事实和证据。追查共同违反治安管理行为人,发现本案和本案以外的线索。听取违反治安管理行为人辩解,全面、客观判断案情。对违反治安管理行为人进行道德、法治教育,使其认识错误、改正错误。询问可以到违反治安管理行为人、被侵害人、证人的住处或者单位进行,也可以通知他们到公安机关进行。

2.辨认

高校安全管理部门协助公安民警查明治安案件的案情,可以让违反治安管理行为人、被侵害人、证人对与违法行为有关的物品、场所或者违法嫌疑人进行辨认。组织辨认前,要避免辨认人见到辨认对象,向辨认人详细询问辨认对象的具体特征。一名辨认人对多名辨认对象进行辨认,或者多名辨认人对同一辨认对象进行辨认时,应当分别进行。

3.检查

高校安全管理部门协助公安民警查明治安案件的案情,要依法对与违反治安管理行为有关的场所、物品、人身进行实地查看、寻找、检验,以发现和收集有关证据。检查人员不得少于2人,检查妇女的身体要由女性检查人员进行。检查情况应当制作检查笔录,由检查人、被检查人、见证人签名,被检查人、见证人拒绝签名的,检查人要在检查笔录上注明。

4.鉴定

鉴定是指公安机关为了查明案情,指派或者聘请具有专门知识的人员,对治安案件中有争议的专门性问题进行鉴别和判断的一种调查活动。例如,在盗窃、诈骗等侵财案件中,需要对涉案财物进行物价鉴定;在殴打他人或者故意伤害案件中,要对被害人的伤情进行鉴定;对收集到的指纹、脚印以及其他痕迹物证,要与违反治安管理行为人的个人特征进行同一性认定;为了查明违反治安管理行为人的精神状况,要对其进行精神鉴定等。

5.证据保全

高校安全管理部门协助公安民警查明治安案件的案情,有时需要对相关证据采取保全措施。一是扣押(扣留)。对下列物品可以依法扣押或者扣留:(1)与治安案件有关、需要作为证据的物品;(2)道路交通安全法律法规规定适用扣留的车辆、机动车驾驶证;(3)其他法律法规规定适用扣押或者扣留的物品。二是查封。对专门用于从事无证经营活动的场所、设施、物品,可以依法查封。三是抽样取证。抽样取得的证据,经检验能够作为证据使用的,应当依法扣押、先行登记保存或者登记。四是先行登记保存。在证据可能灭失或者以后难以取得的情况下,可以先行登记保存。

三、协助公安民警开展治安调解

高校治安案件调解是指对于因民间纠纷引起的打架斗殴或者损毁他人财物等违反治安管理、情节较轻的高校治安案件,在高校安全管理部门和公安民警的主持下,以国家治安法律规范为依据,在查清事实、分清责任的基础上,劝说、教育并促使双方交换意见、达成协议,对治安案件做出处理的活动。

(一)治安调解的适用条件

根据《公安机关办理行政案件程序规定》《公安机关治安调解工作规范》

规定,高校安全管理部门协助公安民警进行治安调解时,应满足以下条件。

1. 因民间纠纷引起的违反治安管理行为

民间纠纷是指高校师生员工之间、师生员工和学校之间,在工作、学习、生活等活动中产生的纠纷。这类纠纷发生在作为平等主体的师生员工之间、师生员工和学校之间,涉及人身权利、财产权利等各类权益,属于民事纠纷。民间纠纷既可以表现为侵权纠纷,又可以表现为违约纠纷。

2. 违反治安管理行为属于法律规定类型

一是殴打他人、故意伤害。此类违法行为损害的是公民的健康权等人身权利。二是侮辱、诽谤、诬告陷害、侵犯隐私等。此类违法行为损害的是公民的名誉权、隐私权等人格权利。三是故意损毁财物、非法侵入住宅、偷开机动车等。此类违法行为损害的是公民的财产权。四是干扰他人正常生活,制造噪声、发送信息等。此类违法行为损害的是公民的安宁生活权益。

3. 违反治安管理行为的情节较轻

情节较轻是指违反治安管理行为的手段不恶劣、后果不严重、违法后的认错态度好、违法行为人一贯表现良好等。由于情节较轻,可以从轻、减轻处罚,违法行为人可能会受到较小数额的罚款和警告的处罚。因为违反治安管理行为造成的损害比较小,所以被侵害人给予谅解的余地也比较大。

4. 进行调解处理更易化解矛盾

高校内部同事、学生之间因琐事发生的纠纷,属于熟人之间的纠纷。虽然适用治安处罚,能够惩处违法行为人,但是不利于同事、学生之间长期相处,不利于高校的和谐稳定。违法行为人的侵害行为系由被侵害人事前的过错行为引起的。如果被侵害人对侵害后果承担一部分责任,就有利于违法行为人反省自己的过错,从而更容易接受调解。

5. 双方当事人自愿进行调解

治安调解必须以双方当事人自愿为调解的前提条件。高校安全管理部门协助公安民警进行治安调解前,了解双方当事人是否愿意使用调解这一方法来处理。如果双方当事人都表示愿意调解或者有愿意调解的意思表示,就能进行治安调解。在进行治安调解过程中,双方当事人均有权随时中止调解。治安调解后是否达成协议,必须尊重双方当事人的意思。如果双方当事人达不成协议,就终结调解。

(二) 治安调解的原则

根据《公安机关办理行政案件程序规定》《公安机关治安调解工作规范》规定,高校安全管理部门协助公安民警进行治安调解时,应遵循公开、合法、公正、及时、教育的原则。

1. 公开原则

为增加治安调解的透明度,治安调解应当使用公开原则。公开调解也是治安调解协议获得当事人,乃至公众认可的基础。以公开的方式进行治安调解,既有利于保护双方当事人的利益,也有利于调解协议的执行。对涉及个人隐私及违反治安管理行为人和被侵害人都要求不公开调解的治安案件,不予公开调解。

2. 合法原则

调解合法是治安调解有效的前提条件,它包括程序合法和实体合法。在治安调解的程序上,要尊重双方当事人的意愿,不得强行调解。在治安调解的依据上,要把国家法律法规作为主要依据,不能充当和事佬,无原则地和稀泥。治安调解的协议内容必须符合法律规定。

3. 公正原则

在治安调解过程中,要对双方当事人公平对待、一视同仁,不能感情用事,不得偏袒一方。要以事实为依据,以法律为准绳,在查清事实、取得证据、分清责任的基础上,根据案件原因、案件危害以及双方当事人的态度等情况依法调解,切实做到合情、合理、合法。

4. 及时原则

治安调解的主要目的是及时消除双方当事人之间的矛盾纠纷,预防和减少违法犯罪行为的发生。因此,因民间纠纷引起的违反治安管理行为发生后,高校安全管理部门协助公安民警对符合治安调解条件,认为可以调解处理的,要及时进行调解处理。对不符合治安调解条件或者治安调解不成的,公安民警要依法对违反治安管理行为人予以治安处罚。

5.教育原则

高校安全管理部门协助公安民警对因民间纠纷引起违反治安管理行为的治安案件进行调解,目的就是查清事实、解决纠纷、化解矛盾、相互谅解、达成协议。通过治安调解,指出当事人的错误和违法之处,教育当事人自觉守法,并通过合法途径解决矛盾纠纷。

(三) 现场治安调解的程序

治安调解的程序有普通程序与简易程序。普通程序是调解治安案件的一般程序,适用于一般治安纠纷的调解;简易程序又称现场治安调解程序,适用于情节轻微,事实清楚,因果关系明确,不涉及医疗费用、物品损失或者双方当事人对医疗费用和物品损失的赔付无争议,符合治安调解条件,双方当事人同意现场调解并当场履行的治安案件。实践中大部分高校治安案件的调解适用现场治安调解程序。

1.开启执法记录仪等视音频记录设备

高校安全管理部门人员和公安民警到达纠纷现场后,应当立即开启执法记录仪等视音频记录设备,对处警过程进行视音频记录。重点摄录纠纷现场环境,违反治安管理行为人、被侵害人、证人等的体貌特征和言行举止,重要涉案物品,有关证据材料,现场治安调解情况等。摄录要从到达现场至调解结束,进行全程不间断记录。

2.表明执法身份

高校安全管理部门人员和公安民警到达纠纷现场后,要向双方当事人出示身份证件以表明自己是合法的执行公务人员。公安民警身着制服或接到上级指令到达纠纷现场时,可不必出示身份证件。但当事人要求民警出示证件的,民警应当出示。

3.制止纷争和疏散围观人员

吵闹甚至打砸是纠纷发生的显性表现,现场调解时要尽量控制事态,制止当事人的吵闹行为,平复当事人的情绪,防止矛盾激化。要尽可能疏散围观人员,防止围观人员的言行影响当事人的情绪。如果现场局势进一步恶化,高校安全管理部门人员和公安民警要适时适度采取强制措施制止纷争。

4.调查取证

高校安全管理部门人员和公安民警到达现场后,要迅速调查了解案情,充分听取纠纷当事人的陈述和申辩,弄清纠纷当事人的基本情况,纠纷的起因、经过和结果等案件事实情况。如果有证据,就要及时收集固定证据,必要时可向周边知情人员了解情况。纠纷当事人一方是不满16周岁的未成年人、外籍教师或学生时,一般不适用现场治安调解。

5.训诫和教育

对于情绪过激或违反治安管理行为比较明显的当事人,要及时安抚当事人情绪,制止其过激行为,并适时予以训诫,教育当事人遵纪守法,询问当事人解决问题的意愿,适时提出解决问题的建议。当事人往往只求得到一个说法,即使涉及经济赔偿,数额也不会太大,现场调解的实际作用在于对双方当事人的思想教育和心理疏导。

6.责令自行协商

现场调解的高校安全管理部门人员和公安民警要及时询问当事人解决问题的意愿,当事人可自行协商,通过协商达成解决意见。在双方协商未果的情况下,现场调解的高校安全管理部门人员和公安民警可根据调查情况提出解决问题的建议,供双方参考。

7.达成并履行调解协议

在双方当事人自行协商、高校安全管理部门人员和公安民警提出纠纷解决问题建议的基础上,双方当事人自愿达成调解协议并同意当场履行,则现场治安调解宣告成功。现场调解达成协议的,应当制作《现场治安调解协议书》。如果双方当事人达不成调解协议或不能当场履行,则意味着现场治安调解的失败。

第二节　高校实验室安全事故防控

高校实验室涉及专业面广,实验过程中经常接触各种化学物质、易燃、易爆和有毒物质,不少实验室需要在高温、高压、强磁、微波及辐射的条件下开展实验,有的实验室长期接触放射性同位素以及细菌、病毒等微生物,稍有疏忽大意,都会造成人员伤亡或财产损失。高校要加强实验室安全管理,做好实验室危险源辨识和安全检查,开展实验室安全事故防控,确保实验室教学、科研工作的正常进行。

一、危险化学品安全事故的防控

危险化学品是化学品中具有易燃、易爆、毒害、腐蚀、放射性等危险特性,在生产、储存、运输、使用和废弃物处理等过程中容易造成人身伤亡、财产毁损、污染环境的化学品。危险化学品在高校化学实验中使用普遍、种类繁多,可能酿成火灾、爆炸、中毒、腐蚀、灼伤等事故。因此,危险化学品安全事故的防控是高校实验室安全事故防控的重中之重。

（一）防火灾

一是强氧化性物质。氯酸盐、硝酸盐、高锰酸盐等不能与易燃物和有机物质混放,氧化剂不能与硝酸、硫酸等混放,活泼金属的过氧化物贮存中要防止受潮。二是强酸性物质。浓盐酸、浓硫酸、高氯酸等要储存于阴凉、通风的地方,稀释浓硫酸时要在搅拌和冷却的情况下将浓硫酸缓缓加入水中。使用高氯酸时要特别小心,因为无水高氯酸在室温下会分解而发生剧烈燃烧爆炸。三是低温性着火物质。黄磷、硫黄、镁粉、铝粉等要保存于阴凉的地方,黄磷要放入 pH7—9 的水中保存,硫黄的贮存要注意防潮,镁粉、铝粉等与酸、碱物质作用产生的氢气有着火危险。四是禁水性物质。钠、钾、钙、碳化钙、生石灰等的存储必须干燥,附近不得存放盐酸、硝酸等的物质。钾、钠等必须浸没在煤油中保存,分解钠时要把钠放入乙醇中使之反应,分解钾时要在氮气保护下操作。五是易燃性物质。酒精、汽油、甲醛等的贮存要保持室内通风良好,使用这类物质时必须熄灭附近的火源。乙醚之类低闪点易燃物质的物料残液不可放置冰箱中。

（二）防爆炸

危险化学品的爆炸性物质按爆炸特点可分为可燃性气体、分解爆炸性物质、爆炸品之类物质;按爆炸性质分为爆炸性化合物和爆炸性混合物,爆炸性化合物包括过氧化物、氯酸、氮的卤化物、三硝基甲苯等,爆炸性混合物包括黑火药、硝化甘油炸药等。危险化学品的爆炸性物质爆炸情况主要包括:(1)由于易于分解物质的加热或撞击而分解,产生突然气化的分解爆炸;(2)可燃性气体与空气混合,达到其爆炸界限浓度时着火,而发生燃烧爆炸。危险化学品的爆炸性物质防爆炸措施主要包括:(1)此类物质常因烟火、撞击或摩擦等作用而引起爆炸,因此实验人员必须严格执行操作规程;(2)此类物质要有专门储藏室保管,要严格执行实验室易爆化学品的领用手续,每次实验时要保持最低用量;(3)此类物质的化学试剂、雷管、炸药等在运输、保管、使用过程中,严禁碰撞、冲击、强烈震动,严禁靠近明火以及各类火花;(4)此类物质接触酸、碱、金属及还原性物质等往往会发生爆炸,因此不可随便将它们混合。

（三）防中毒

中毒是指毒性物质经吞食、吸入或皮肤接触进入机体后,造成人员死亡、严重受伤或健康损害。剧毒化学品主要包括:(1)窒息性毒性物质。如一氧化碳、氰化氢等毒性气体,以及虽然无毒但会导致不能呼吸的氢、氮、二氧化碳等窒息性气体。(2)刺激性毒性物质。如氯、氨、二氧化硫等。(3)麻醉性毒性物质。如醇类、卤代烃、有机汞、有机铅等。(4)其他毒性物质。毒性化学品的防中毒措施主要包括:(1)实行双人双锁保管、双账、双人收发、双人运输、双人使用等管理制度。(2)尽量用无毒或低毒的化学物质代替有毒或高毒性化学物质。使用毒性化学物质时,实验人员要充分了解毒性化学物质的性质、特点和处理技术。(3)有良好的通风,并具有相应的排毒设施,防止毒性物质在室内积聚。(4)盛装毒性化学物质容器的标签必须完整、清楚,并注明更换日期,取用毒性化学物质时应立刻加盖密封。(5)对于有毒气体和蒸汽,及易挥发的有机有味气体须在通风柜内进行操作处理。(6)做好个人防护,佩戴相应的防护用具。实验完毕,要及时洗手或洗澡。

(四)　防腐蚀

危险化学品中常见的腐蚀性物质主要包括:(1)酸类,如硫酸、硝酸、磷酸、草酸等;(2)碱类,如氢氧化钠、氢氧化钾、氢氧化钡、氢氧化钙等;(3)苯酚等。危险化学品的防腐蚀措施主要包括:(1)要将化学腐蚀性物品与易被腐蚀的物品分离存放,存放容器要有良好的密封性能,并保持室内通风;(2)使用化学腐蚀性物品时,要穿戴好防护用品,特别要加强对眼睛的防护;(3)实验室内要有充足水源,配备稀碳酸氢钠、稀硼酸(稀醋酸)溶液,以备急救时使用;(4)稀释浓酸特别是浓硫酸,必须在耐热的烧杯等容器中进行,在搅拌下缓慢地将浓酸倒入水中,不允许用摇动代替搅拌;(5)禁止直接使用浓酸、浓碱进行中和操作,需要进行中和操作时,要先稀释后再行操作;(6)产生腐蚀性气体或使用腐蚀性、挥发性物质的实验,要在抽气罩下或通风柜中进行,以局限其影响范围;(7)研磨、压碎腐蚀性物质时,要防止碎块飞溅伤人。

二、电气安全事故的防控

高校实验室电器安全事故发生的原因主要包括:(1)接线错误,特别是插头、插座接线错误;(2)电器设备运行管理不当,导致线路漏电、短路、超负荷、电火花;(3)违规操作电器设备;(4)电器设备维护保养不及时等。电器安全事故的防控主要包括以下内容。

(一)　防漏电

电器线路的某个地方因划破、碰压、摩擦、腐蚀、受潮、老化等原因,使电线的绝缘性能下降,导致线与地、线与线有部分电流通过,漏泄的电流流入大地中,使电器外壳与市电火线间联通后,和地之间有一定的电位差,导致电器线路漏电。实验室电器线路的防漏电措施主要包括:(1)在安装实验室电器线路时,导线和电缆的绝缘程度不要低于线路的额定电压,要根据电源的不同电压选配绝缘子;(2)在实验室电器线路的施工过程中,要注意导线连接和绝缘包扎的质量,防止刀子、钳子、锤子等划伤、碰压、磨损导线的绝缘层;(3)在潮湿、高温、酸碱腐蚀性气体的实验室,要采用套管布线,严禁绝缘导线明敷;(4)在经常有摩擦的位置,要将导线穿入钢管中暗敷在地下;(5)在线路投入运行前,要用兆欧表测量线路的线间、线对地的绝缘电阻是否符合绝缘要求;(6)定期测量线路的绝缘情况,发现异常情况要及时维修;(7)多尘实验场所要经常打扫线路,电器的电路板要定期清除灰尘。

(二) 防短路

电器线路短路的原因主要包括:(1)电器线路老化;(2)移动电器设备的导线没有良好的保护层;(3)导线绝缘能力与使用电路的电压、电流强度不相适应;(4)具有酸性腐蚀、高温、潮湿的实验室使用了非耐酸腐蚀、不耐高温、不防潮的一般电线;(5)电线的安装、架设不够牢固等。电器线路发生短路时,电流增大为正常时的数倍乃至数十倍,使温度急剧上升,大大超过线路正常工作时的发热量,不仅会使绝缘烧毁,而且会使金属熔化,容易引起可燃物燃烧。实验室电器线路的防短路措施主要包括:(1)安装、使用电器设备时,要根据电路的电压、电流强度和使用性质正确选配电线;(2)电源总开关、分开关要安装适合电流强度的保险装置,并定期检查线路的运行情况;(3)移动电器设备的导线要有良好的保护层;(4)严禁将电线的裸端插在插座上;(5)禁止将电线悬挂在铁线、铁钉上,或者将长的电线打结成捆;(6)电线的安装要牢固,防止掉落。

(三) 防超负荷和电火花

超负荷是指发电机、变压器及线路的电流超过额定值或规定的允许值。在实验室的线路中接入过多或功率过大的电器设备,超过了电器线路的负载能力,就会造成线路超负荷。电器线路短路、导线连接不良、保险丝熔断时,以及一般开关、闸刀开关在接通、切断电路时就会产生电火花。实验室电器线路防超负荷的措施主要包括:(1)选用合适的导线截面,按照电器规程安装线路、用电设备;(2)不要乱拉电线和接入过多、功率过大的电器设备;(3)大功率实验设备的用电要使用专线;(4)严禁使用铜丝、铁丝代替保险丝,要安装合适的保护装置和熔断器;(5)发现线路超负荷时,要减少用电设备或调换截面较大的电线。实验室电器线路防电火花的措施主要包括:(1)防止裸电线和金属体相接触造成短路;(2)禁止在带电情况下更换照明灯具、保险丝、修理电器设备;(3)凡有易燃易爆液体、气体、粉尘的实验室内,要安装防爆或密封隔离式的开关、照明灯具、保险装置;(4)定期检查电器线路绝缘层的完整性。

（四）防违规操作

实验时的违规操作主要包括:(1)电器设备长期超负荷使用,引起变压器线圈发热,加速绝缘老化,造成匝间短路、相间短路或对地短路;(2)电器设备散热油管堵塞、通风道堵塞、环境温度过高等,使散热失效,产生危险温度;(3)可拆卸的接头连接不紧密、不可拆卸的接点焊接不良、可开闭的触头的接触压力小或表面粗糙等,均可能增大接触电阻,产生危险温度;(4)电器设备受潮、腐蚀、灰尘污染等,引起转动不灵、绝缘性能下降或损坏了绝缘,导致匝间短路。实验时违规操作的预防措施主要包括:(1)存放易燃、易爆气体或粉体的实验室要使用防爆电器线路和用电装置;(2)使用电热设备加热、消煮、烘干样品或试剂时,要严格控制温度和加热时间,并有专人看管;(3)有易燃、易爆物品的实验室,不得使用开启式电热设备;(4)使用电器时,遇有异常气味、声响、打火、冒烟等现象,要立即关机,停止使用;(5)严禁私自在原有线路上增加容量,防止过载引起火灾;(6)切勿在双手沾水、潮湿时接触电器设备;(7)搬动、维修电器时,要拔掉电源插头后方可进行;(8)使用电器完毕,要随手切断电源,拔下电源插头。

三、仪器设备安全事故的防控

高校实验室经常使用的仪器设备有玻璃、高压、高温低温、高能装置以及机械设备等,这些装置、机械设备使用不当或操作错误,往往会产生安全事故。仪器设备安全事故多是由于操作不当、违反操作规程、缺少防护措施、缺乏保护装置所致。机械事故多发生在有高速旋转或冲击运动的机械实验室，由于操作人员操作不当或缺少防护，造成挤压、甩脱和碰撞伤人。仪器设备安全事故的防控主要包括以下内容。

（一）防玻璃仪器安全事故

高校实验室玻璃仪器按玻璃性质可分为两类：（1）软质玻璃又称普通玻璃。它承受温差的性能、硬度和耐腐蚀性能都比较差，一般用来制造不需要加热的仪器，如试剂瓶、漏斗、量筒、吸管等。（2）硬质玻璃又称高硼硅玻璃。它具有良好的耐受温差变化的性能，耐腐蚀性强、耐热性能以及耐冲击性能都比较好，如烧杯、烧瓶、试管、蒸馏器和冷凝管等。玻璃仪器安全事故的预防措施主要包括：（1）避免使用有裂痕的玻璃仪器，特别用于减压、加压、加热操作时，更要认真进行检查；（2）玻璃仪器加热时，要避免骤冷骤热，必要时使用石棉网；（3）勿使热的玻璃仪器突然接触冷的表面或冷水；（4）安装可能发生破碎的玻璃仪器时，要用布片包裹或戴手套作业；（5）蒸馏烧瓶内所盛的液体不可超过烧瓶容积的 2/3，液体全部蒸馏完后要经冷却到室温再做补充；（6）打开封闭管、紧密塞着的容器时，容易发生喷液或爆炸事故，开启时要注意安全。

（二）防高压装置安全事故

高压装置主要包括：（1）高压发生源，如气体压缩机、高压气体容器等；（2）高压反应器，如高压釜等；（3）高压流体输送器，如循环泵、管道及流量计等；（4）高压器械类，如压力计、高压阀门等；（5）安全器械类，如安全阀、逆止阀等。高压装置一旦破裂，容易使人身、实验装置及设备等受到损伤。高压装置安全事故的预防措施主要包括：（1）对每一台高压装置要制定相应的安全操作规程，操作人员要严格按照操作规程操作；（2）操作人员要熟悉掌握装置的构造及其使用方法，谨慎操作，设备运行期间不得离开；（3）确认高压装置在超过其常用压力下使用也不漏气；（4）缓慢地进行加温、加压和降温、降压，运行期间保持温度、压力的相对稳定；（5）容器的工作压力、介质温度或壁温超过规定的极限值，经采取措施仍无法控制时，要停止容器的运行；（6）容器的受压部件出现裂缝、鼓包、变形、泄漏等危及安全的缺陷,容器的安全附件失效、接管或紧固件损坏时,要及时停止容器的运行。

（三）防高温低温装置安全事故

在高校化学实验中,使用电炉、燃烧炉等高温和冷冻机等低温装置的机会很多,并且常常与高压、低压等操作条件组合。如果操作失误,就容易烧伤、冻伤等,还容易引起火灾、爆炸。高温装置安全事故的预防措施主要包括:(1)操作人员要掌握高温装置的使用方法,细心地进行操作,设备运行期间不得离开;(2)注意防护高温对人体的辐射;(3)使用高温装置的实验,要在配备有防火设施的实验室内进行,并保持室内通风良好;(4)高温炉置于耐热性差的实验台上进行实验时,要与台面之间保留一定的间隙;(5)需要长时间注视炽热物质或高温火焰时,要戴防护眼镜;(6)使用高温装置完毕,立即断开电源,采取安全方式取放被加热的物品。低温装置安全事故的预防措施主要包括:(1)要按照《高压气体管理法》的有关规定操作小型冷冻机、大型冷冻机;(2)因冷冻机在相当高的压力下工作,故要安装安全装置;(3)冷冻机使用的氨、氟利昂、甲烷、乙烷及乙烯等冷冻剂要经过适当处理。

（四）防高能装置安全事故

高能装置主要包括激光器、微波、X射线发射装置、放射线等。激光器能放出强大的激光光线,激光光线容易烧坏视网膜、烧伤皮肤、伤害神经系统。微波是一种高频电磁辐射,如果实验人员防护不当,就可能伤害其人体。使用放射线装置时,实验人员容易被放射线照射而受到伤害。高能装置安全事故的预防措施主要包括:(1)设置有高能装置的地方,要标明为危险区域,并在特别危险的地点设置栅栏,以免误入;(2)使用激光器前,要穿好白色工作服、戴白色纱手套、戴有边罩的防护眼镜,严禁在工作时用眼睛直视功率高的激光束;(3)使用微波前,要戴好镀有金属二氧化锡等薄膜的防护眼镜,需要时穿上镀有金属制品所制的工作服和防护帽;(4)使用X射线发射装置前,要做好充分准备,尽量缩短发射X射线的时间;(5)人体与放射源之间要设置屏障,如固定式的墙壁、局部防护墙、防护门、观察窗等;(6)减少放射源的用量,使用安全的吸液管等仪器进行操作,尽量采用湿法实验或在密闭容器内操作等;(7)加强实验室的通风和排风,降低空气中放射性物质的蒸气、尘埃及飞散物的浓度。

（五） 防机械设备安全事故

机械加工设备安全事故的预防措施主要包括:(1)佩戴防护器具,束缚好衣物和头发;(2)注意与转动部件保持距离,不要站在设备可能有物件飞出的方向上;(3)检修设备时,必须切断电源,并经两次启动确保无误,在电源开关处挂上禁动牌,派人进行监护后方可进行。

加热设备安全事故的预防措施主要包括:(1)使用加热设备时,实验人员不得离开;(2)加热、产热仪器设备要放置在阻燃的、稳固的实验台上或地面上;(3)加热产生有毒有害气体时,要放在通风柜中进行;(4)禁止用电热设备烘烤易燃、可燃挥发物;(5)使用电热枪时不可对人,使用电吹风和电热枪后要进行自然冷却;(6)要采取安全方式,在断电的情况下取放被加热的物品。

通风柜安全事故的预防措施主要包括:(1)要在距离通风柜内至少15厘米的地方进行实验操作;(2)实验人员操作时,要将玻璃视窗调节至手肘处,使胸部以上受玻璃视窗屏护;(3)实验完毕,及时清理通风柜;(4)定期检测通风柜的抽风能力,确保通风效果良好。

气体钢瓶安全事故的预防措施主要包括:(1)使用前要进行安全状况检查,并确认盛装气体的类型;(2)开启时先开总阀,关闭时先关总阀,放尽余气后再关减压阀;(3)使用压力气瓶时要防止气体外泄,保证室内空气流通;(4)不可完全用尽瓶内气体,以防重新充气时发生危险;(5)要直立放置并稳固,存放于阴凉、干燥、远离热源的地方。

四、生物实验安全事故的防控

高校生物实验室既是科学研究、实验教学的主要基地,又是病原微生物感染高风险的所在。生物实验安全事故防控的目的是减少和杜绝实验人员感染、实验材料不受污染、不向周围环境中散播病原体。生物实验室管理人员、实验人员要严格遵守生物实验操作规程,确保不受实验对象的感染,保护实验材料不受污染,确保不向周围环境中散播微生物。

（一）生物实验安全事故的防控

生物实验安全事故的防控措施主要包括:(1)严格病原微生物菌(毒)种和样本的保管制度,做好进出、储存、领用记录,并指定专人负责,做到"双人双锁、双人领用"。(2)对高致病性病原微生物菌(毒)种和样本要设专库、专柜单独储存,分类管理、安全存放、随时监控,严防丢失、被盗。(3)实验人员正在处理培养物或标本时,要限制、控制外来人员进入实验室。(4)有传染性病原体时,要在实验室入口贴上生物危害的标志,标明所使用的传染性病原体、负责人姓名和联系电话。(5)实验人员必须穿戴好工作服、手套、口罩等防护用品,接触危险性较大的微生物时应戴乳胶防护手套。(6)进行生物操作时,在台前铺已浸有消毒液并拧干的毛巾,以减少培养物滴落形成的气溶胶。(7)进行有可能产生气溶胶、高浓度或大体积生物危害物质的实验操作时,必须使用生物安全柜。(8)仔细进行每一步操作,以减少飞溅物或气溶胶的产生。在使用注射器针头、手术刀片等锐利器具时,要注意安全保护。(9)工作台面要至少每天消毒一次,发生生物活性物质泼洒时要及时消毒,所有培养物、贮存物及其他废物在排放前要先经过高压灭菌等消毒处理。(10)实验结束后,立即用肥皂或消毒液洗手,必要时进行全身消毒灭菌。严禁在进行实验时,在室内饮食、吸烟和休息等。

（二）动物实验安全事故的防控

动物实验安全事故的防控措施主要包括:(1)明确只有参与实验人员及辅助人员才允许进入实验室,进入实验室前应告知有关潜在危险性,并对其进行适当安全防护指导。(2)如果实验室内有传染性病原体存在时,就要在实验室入口处张贴生物危害的标志,标明所使用的传染性病原体、负责人姓名和联系电话。(3)进入实验室要佩戴个体防护服、手套、口罩及防护眼镜等,在实验室出口处还要配备冲淋设备。(4)在实验室内限制使用针头、注射器或其他锐利器具,只在没有其他选择时才可应用,如胃肠外注射、取血、从实验动物或带隔膜的瓶子中吸取液体等。(5)仔细进行每一步操作,以减少飞溅物或气溶胶的产生。(6)工作台面要至少每天消毒一次,发生生物活性物质泼洒时要及时消毒。(7)实验室的动物组织、尸体以及污染的垫料等废物,从实验室运出时必须存放于防扩散的容器中。(8)重组基因和感染性的实验废物要严格标记,须经灭活后方能移出实验室。(9)实验人员处理完培养物和动物后,脱下手套离开实验室之前必须洗手。(10)实验人员进食、喝水、抽烟、处理隐形眼镜、使用化妆品以及贮存供人食用的食物等行为应在指定的区域内进行。

第三节　高校大型活动安全管理

近年来,随着高校开放办学的程度不断扩大,高校的文艺演出、体育比赛、人才招聘等大型活动呈现参与人数增多、频次增加、规模增大等发展趋势,与此同时,大型活动安全问题日益突出。搞好大型活动安全管理工作,严防发生坍塌、火灾、拥挤踩踏、骚乱等安全事故,已成为高校安全事故防控的重要内容。高校安全管理部门要在大型活动举办前,对活动场所组织安全检查;在大型活动举办过程中,对安全工作的落实情况实施监督检查;一旦发生突发事件,要迅速组织力量进行应急处置。

一、人员安全管理

高校大型活动的最大特点就是人员短暂性的高密度聚集,高校大型活动安全管理的重点就是人员安全管理,高校大型活动安全管理的目标是一旦发生突发事件,大型活动的承办者、场地管理者和现场安保人员要在最短的时间内把人员安全地疏散出去。

(一) 评估人员疏散能力

高校大型活动一般是人员密集的活动,评估正常情况下的步行人流组织水平和紧急情况下的人员安全疏散能力是非常重要的。通过评估,预测大型活动中的人员流动,从而防止人员拥挤现象的发生,保障大型活动的人员安全。活动承办者和高校安全管理部门评估大型活动的安全疏散能力主要考虑三个方面因素:一是活动举办场地自有特点。主要包括建筑的功能、建筑的结构、建筑的通道和出口设置、活动场所在建筑中的具体位置、活动场所内部的通道设置等因素。二是参加大型活动的人员自身特点。主要包括参加活动人员的组成、安全素养、对周围环境的熟悉程度等因素。三是可能发生或需要应对的突发事件自身特点。主要包括突发事件可能发生的地点、突发事件的危害范围和程度是否随时间变化以及如何变化等因素。

(二)加强场所人员容量管理

大型活动场所的人员容量超过大型活动整体或局部硬件环境的支持能力、管理指挥的承受能力,将会产生安全风险。所以,整个场所及部分关键部位的人员容量问题是大型活动安全的一个重要指标,而人员容量与大型活动的硬件设施、指挥决策、管理人员本身有很大的关系。国务院印发的《大型群众性活动安全管理条例》第六条明确规定,承办者应当制订大型群众性活动安全工作方案,其中一项重要内容是活动场所可容纳的人员数量以及活动预计参加人数。活动承办者和高校安全管理部门科学合理地规定活动的人员容量,即安全容纳量和极限容纳量,并按照这两个容量实行分级预警管理,这是保证大型活动安全、顺利举办的前提条件。如果超过安全容纳量,但未达到极限容纳量,就要对人员、人流进行疏导;如果达到极限容纳量,就要对人员采取限制,在出入口实行应急措施。

(三)确保人员紧急疏散顺利

针对大型活动期间大量参加活动人员涌入活动场地、容易发生人员拥堵等情况,活动管理人员要制定合理的疏散路线,确保发生问题时组织参加活动人员沿着疏散路线进行紧急疏散。制定疏散路线前,要确保疏散通道的合理和顺畅,通常人员通过平直的、宽的走道所用的疏散时间要少一些,外廊式疏散通道因排烟性能和采光性好便于人员疏散。要确保疏散出口顺畅,疏散出口不应设置门槛、台阶,疏散门应向疏散方向开启。一般来说,大型活动的关键部位主要包括以下区域:(1)场所入口;(2)场所出口;(3)观众和嘉宾座椅区入口;(4)路线交叉口;(5)道路转弯处;(6)上下台阶和障碍物易撞头撞手撞脚处;(7)其他重要人流吸引点处。这些部位是在人员疏散过程中最有可能发生拥堵的部位,要确保人员紧急疏散时能够快速通行。

二、场地安全管理

高校大型活动的地理基础是公共场所,在公共场所举行大量人群聚集的活动时,大型活动的承办者和高校安全管理部门要对活动场所进行评估,了解掌握活动场所的地址、整体设计和周围环境,确保活动场所有足够的进出口,提供到达场所的通道,包括人行道、停车场和标志等。

（一） 大型活动场地的选址

高校大型活动的场所选择,要根据参加活动人员的规模、持续时间等方面因素来选择合适的场所。一般来说,应当考虑以下因素:(1)为方便人员疏散,大型活动场所宜选择位于校园主要道路的公共场所,所选择的公共场所要有不少于两个面的出入口与校园道路相邻接;(2)公共场所建筑耐火等级和建筑之间的防火间距应符合相关规定,重要公共建筑的耐火等级不应低于二级;(3)如果是公共娱乐活动,则场所不宜选择在图书馆内;(4)如果选择室外场地,则需要考虑该场地与电力设备的距离,监测活动举办期间天气情况及对活动的影响;(5)要考虑场所周边的交通状况,预测开展大型活动时可能遇到的交通问题,可以通过采取限制交通、交通分流等措施加强交通管理。

（二） 大型活动场地的规划

高校大型活动场地的规划主要包括:一是缓冲区。参加活动人员到达活动场所时,一般不会直接进入活动场所的中心地带,而是会在边缘地带逗留。活动管理人员要根据活动的规模、内容以及参加人员的数量等,规划设计一个可以接纳一部分或全部活动参加人员的空间,这个空间属于活动场所的一部分。二是出入口。参加活动人员通常会有外请嘉宾和专家、本校和外校师生、媒体人员等,需要对他们制定身份识别方案,通过证件管理或出入控制,迅速识别进入人员的身份。例如,可在出入口设置临时门禁系统,识别参加活动人员的身份,并让人流快速通过。三是停车场及场所道路。参加活动人员中开私家车的可能与比例、活动场所的位置所在、活动开始与结束的时间是否是学生上下课时间等,都会对大型活动的场所选择有不同的影响。可根据安全技术防范管理的需要,对车辆通行道口实施出入控制、行车信号引导指示、停车管理等设置。

（三）大型活动的导向标识

导向标识是对人们行动的提示,也是人们寻找目标、向人们提示公共安全的重要途径。大型活动导向标识系统主要包括识别性标识、引导性标识、方位性标识、说明性标识和管制性标识等静态标识系统,以及动态信息牌、广播系统和疏导人员等动态标识系统。在规划设置大型活动导向标识时要考虑以下因素:(1)要遵循直接、简单、连续的原则,还要满足可注意性、可读性及可理解性原则;(2)标识本身设置的位置应显而易见,从环境中分离出来,进而引起注意;(3)标识的图、文、数字、符号等易分辨,可通过笔画粗细、字体形式、色彩对比及照明等条件来实现;(4)标识的文字图形等相关信息通俗易懂;(5)导向标识系统的安全功能主要包括对危险的警示、安全信息的有效传达、人员的合理引导、紧急疏导等;(6)导向标识系统能够让参加活动人员方便、快速到达目的地,一旦发生突发事件,引导人群在最短的时间内迅速疏散出去。

三、设备设施安全管理

为了预防大型活动中出现各种不安全情况,活动场所管理者必须确保场所的设备设施符合国家安全标准和消防安全规定,并提供设备设施安全检查的有关资料,这是保障高校大型活动安全的重要内容。

（一）电器设备

在组织大型活动时,往往会使用到一些电器设备。在电器装置运转时,如果人员直接与带电体接触,或者接触因为电器装置的绝缘发生劣化、绝缘性能降低造成内部带电体漏电至外部的非带电金属部位,就会发生触电事故。为了防止发生触电事故,高校大型活动场所中的电器设备在使用时必须注意以下几点:(1)将电器设备的金属外壳与接地体连接,采取保护性接地,防止电器设备绝缘损坏而外壳带电时,操作人员接触电器设备外壳而触电;(2)电器设备的带电部分对地和其他带电部分相互之间要保持一定的安全距离;(3)低压电力系统要装设保护性中性线;(4)明确划定标示电器危险场所,禁止未经许可的人员进入。

(二) 消防设备设施

一是室内消栓。按照规定,下列活动场所应设置室内消火栓:(1)体积大于 5000 立方米的图书馆;(2)座位超过 1200 个的礼堂、体育馆;(3)超过五层或体积大于 10000 立方米的其他公共建筑。如果活动场所选择在下列建筑,则必须考虑该场所中是否有自动喷水灭火系统:(1)座位超过 2000 个的礼堂;(2)座位超过 3000 个的体育馆;(3)藏书量超过 50 万册的图书馆。二是临建设施中灭火器。室内外临建设施要配置灭火器,灭火器要设置在便于取用、位置明显的地点,并且不要影响安全疏散。灭火器的种类要根据临建设施内的物质及其燃烧特性进行选择。三是临建设施中应急照明。要沿着临建设施的疏散走道以及安全出口、疏散门的正上方设置灯光疏散指示标志,在临建设施墙面的上部、顶棚、出口的顶部设置消防应急照明灯具。

(三) 照明

大型活动中的灯光系统用电量大,许多电器、电线与人员、布景、可燃装饰物等混杂在一起,增加了大型活动场所的电器火灾危险性。高校大型活动场所灯光系统的防火安全问题主要包括:一是基本光源。根据灯光的不同位置和用途,基本光源可分为面光、侧面光、流动光、顶光、地排光、天排光等,这些灯光装置与舞台大幕、布景、天幕、侧幕和其他装饰物的间距较小,并且点亮时灯具的温度较高,所以是防火的重点。二是艺术效果灯。常用的艺术效果灯主要有霓虹灯、激光灯、电脑灯、塑料彩虹灯、光纤照明以及各式各样的机械旋转灯,这些灯具在设置时要把艺术效果和消防安全相结合。三是辅助设备。辅助设备是配合灯光效果的装置,通常有烟雾机、发烟机和泡泡机。烟雾机属于大功率电加热设备,具有火灾危险性;发烟机和泡泡机本身一般没有火灾危险性。

（四）临建设施

大型活动的临建设备设施主要有临时看台、舞台、展台、摄影台、灯光架、升降台、转台等。与临建设备设施相关的安全事故主要包括:(1)舞台倾斜、倒塌事故;(2)看台倒塌事故;(3)大型多媒体视频设备的倒塌事故;(4)高处坠落事故;(5)物体打击事故等。高校大型活动临建设备设施的安全防范措施主要包括:(1)大型活动的临建设施搭建工作开始前,要由承办方牵头,组织场地提供方、施工方等共同商讨制订详细的施工工作方案;(2)搭建单位要尽可能在校外完成制作,搭建现场只进行拼接和安装作业;(3)室外临建设施搭建的面积和位置要由承办方申请,并经确认后方可进行搭建;(4)在设计和搭建时,要充分考虑风、雨等自然现象对临建设施带来的不安全因素;(5)临时展台、舞台的搭建,要严格按照相关安全操作规程施工,确保展架、舞架的牢固可靠。

四、安全检查与现场控制

高校大型活动的特点决定了既要保证领导、专家、嘉宾的安全,又要确保参加活动师生员工的安全。高校大型活动的承办者和高校安保人员采取直观检查、器材检查等方式对参与活动的场所、设备设施、物品、人员等实施安全检查,实现确保安全、万无一失的大型活动安全管理目标。

（一）活动场所的安全检查

高校举行大型活动时需要在一些校内公共场所进行,这些公共场所有室内的也有室外的,包括体育场(馆)、礼堂、会议室、报告厅、广场等。为保证使用场所的安全,在使用前要进行场地安全检查。各个场所进行场地安全检查时其重点检查部位是不同的,检查中除了全面检查以外,还要对重点部位进行详细检查。根据大型活动的情况,场所安全检查一般提前2—3小时进行,重要的大型活动提前 12—24 小时增加一次检查。安全检查以眼看、手摸等直观检查法为主,必要时采用金属探测等仪器检查法。活动场所安全检查的要点主要包括:(1)检查前必须清场,无关人员一律不得在场;(2)检查完毕要有专人看守,无关人员、未进行安全检查的非免检人员一律不得入内;(3)安全检查中的直观检查、器材检查等要交替互补检查,避免漏检。

(二) 人员入场的安全检查

高校大型活动入场的安全检查主要是对参加活动的人员进行人身检查,检查其人身及随身携带的物品。人员入场安全检查的方法主要包括:一是目测检查。安全检查人员不借助任何防爆安检专业器材设备,选择有利位置,在直视范围内与受检人保持 2 米左右的距离,密切注视其神态和动作。二是利用安检门检查。安检门是现代大型活动安全检查最行之有效的方法之一。被检查人通过安检门时,如果安检门不报警,就可以认为被检查人安全。三是利用手持金属探测器检查。安全检查人员站在被检查人斜对面,通过手持金属探测器与手摸配合检查,重点检查头部、胸部、腋下、腰部等重点部位。安全检查人员进行人身检查时,要注意安全检查的礼仪和使用安全检查的规范用语,安全检查的动作要规范,举止大方得体,手检力度把握到位。四是利用 X 光机检查。当 X 射线对物体进行穿透时,通过信号的转换,就可把不同成分、不同密度物品的外观形状、内部结构清楚地反映在荧光屏幕上,从而把危险物品检查出来。

(三) 活动场内场外的控制

活动承办者和高校安全管理部门要派出一定的安保人员,进行活动期间场内场外的管理控制工作。活动场内场外的控制要点主要包括:(1)安保人员在入口处负责引导参加活动人员有序入座,在活动区域内和四周维护活动现场秩序。(2)遇有情况时,在第一时间内控制、疏导人流,防止发生安全问题。(3)以活动现场为中心,向外辐射一定半径范围内实施道路管制,做好活动现场周围道路的交通秩序维护及远端车辆封控分流工作,引导车辆绕行,确保活动区域内交通顺畅、通行有序。(4)当发现有违规误行的车辆,应劝其离开。如有车辆欲冲闯警戒线时,应迅速封闭车辆入口,拦截车辆。(5)在活动即将结束时,各出口及主要交通路口部署的安保人员应当到位,做好出场、散场的指挥控制工作,确保散场人流迅速、有序退场。

五、现场治安问题处置

高校大型活动人群密集,参加人员往往缺乏安全意识,活动过程中会发生各种治安问题。如果高校安全管理部门处置不及时或不科学,就容易引发活动现场人员混乱。高校大型活动的现场治安问题通常按以下方法进行处置。

(一) 起哄和向场内投掷物品问题的处置

起哄问题的处置措施主要包括:(1)安保人员要以违反活动现场参加活动人员规则为由,立即上前教育、引导、告诫,原则上不带离现场;(2)对警告无效、不服从管理、扰乱秩序的,要强行带离现场,送至高校安全管理部门处理;(3)在处置过程中,要注意礼貌用语,慎用肢体动作;(4)对于人数较多的起哄现象,要密切注视事态发展和人员情绪,不要轻易介入,避免激化矛盾。

向场内投掷物品问题的处置措施主要包括:(1)安保人员要以违反活动规则为由,立即劝阻、制止,予以警告;(2)对行为人服从管理的,可在进行批评教育后,纳入重点关注对象,暂不带离现场;(3)对拒不服从劝阻警告、继续扰乱活动现场秩序的,要迅速带离现场,送至高校安全管理部门处理;(4)在不影响活动现场秩序的情况下,注意及时全面收集证据。

(二) 因判罚不公、误判造成现场秩序混乱问题的处置

高校组织体育运动会、体育比赛时,因运动员、裁判员对判罚不公、误判等,引发观众不满,导致现场秩序混乱,这时的处置措施主要包括:(1)现场安保人员要加强观众看台秩序控制,注意发现挑衅滋事人员,严防观众跳入场地、向场内投掷物品等情况发生。(2)当出现观众围攻、追打裁判员、运动员或工作人员情形时,现场安保人员应立即报告高校安全管理部门领导,同时

上前宣传劝阻、制止。(3)对听从劝解的人员,原则上不带离现场。对不听劝阻、继续滋事甚至造成危害后果的人员,要强制带离现场,送至高校安全管理部门处理。(4)对参与人数较多的,要随时观察事态动向,注意盯控挑头闹事人员,随时报告情况。(5)高校安全管理部门领导接报后,视情调集安保力量赶赴现场增援。同时做好视频图像监控和录像取证工作,并根据事态发展情况向公安机关报警。

(三)人员拥堵和斗殴问题的处置

人员拥堵的处置措施主要包括:(1)现场安保人员要及时劝解,促使人员迅速离开,减缓拥堵压力。(2)及时开通现场广播系统,通过语言进行宣传疏导,必要时组织安保人员对拥挤人群进行分段隔离。(3)对于入场,要加快入场安全检查速度。对于出场,要及时开放所有出口,有效进行疏散。(4)对于被围堵演员或运动员,演出或比赛结束后,工作人员要及时引导演员和运动员迅速离场。或等演出一结束,音乐还未停止时,演员就要离开场馆。

人员打架斗殴的处置措施主要包括:(1)对苗头性情况,现场安保人员先行疏导、劝阻化解;(2)对已经发生双方互殴的,要立即制止,问明情况,进行调解,原则上不带离现场;(3)对拒绝调解,甚至继续扭打的,强制带离现场,送至高校安全管理部门处理;(4)对已经发生双方互殴并且有人受伤的,要立即上前制止,将双方分割,问明原因,报告高校医疗救护人员救治,带至高校安全管理部门处理;(5)对参与人数较多的,现场安保人员上前制止,并注意盯控挑头闹事人员,随时报告情况;(6)高校安全管理部门领导接报后,迅速调集安保力量赶赴现场处置,同时做好视频图像监控和录像取证工作,并根据事态发展情况向公安机关报警。

第四节　高校群体性事件防控

高校群体性事件是指部分高校师生员工为表达某种共同利益诉求、宣泄某种共同思想情绪,临时聚集在一起并形成一定规模,不受正常的高校制度、社会规范制约,对高校、社会产生一定影响的行为。高校群体性事件容易造成人员伤亡、财产损失,直接影响高校正常的教育、科研、生活秩序。高校安全管理部门要加强群体性事件的防控工作,维护高校的和谐稳定。

一、高校群体性事件的主要特点

按事件诱因分类,高校群体性事件主要包括:(1)涉及国际关系和国际政治的事件;(2)高等教育改革发展过程中涉及师生员工切身利益问题引起的事件;(3)涉及高校校园及周边治安环境与校园安全的事件。高校群体性事件有突发性、群体性、情绪性、演变性、危害性等特点。

(一)突发性

由于某种校园内部或外部偶然事件的刺激,部分师生员工在较短时间内迅速聚集,往往使人猝不及防。特别是在有组织的群体性事件中,组织者往往事先暗中准备、秘密串联,一旦认为时机成熟,突然行动。在具体的高校群体性事件中,突发性又表现为无先兆的突发和有先兆的突发。无先兆的突发是指在某种特定条件的催化下,突然爆发的群体性事件;有先兆的突发是指由于矛盾和问题已经形成,已经表现出群体性事件的先兆。

(二)群体性

引发高校群体性事件的矛盾和问题往往有一定的影响,参与其中的师生员工由于牵涉某种共同利益,有共同的意愿和诉求,产生共同的思想情绪,思想上容易沟通,情感上容易接近,一般由老师或学生骨干组织,明确分工,统一行动,一呼百应。一旦群体性事件发生,起初参与者仅为少数人,但在多种因素诱发下,很容易形成人员聚集,并不断裹挟更多的师生员工参与,甚至对其他问题不满、无直接利益关系的师生员工也加入其中。

(三)情绪性

高校大学生拥有相同的年龄阶段以及学习、生活、思维模式,相似的人生阅历、文化层次,彼此的人生困惑、人生诉求、人生发展基本一致,互相之间的心理共容性强,容易产生从众心理和心理共振,比其他群体更容易一哄而起。此外,由于人多势众,参与群体性事件的师生员工会有一种"集体无责任""法不责众"的心理,在这种心理的支配下,往往会做出一些违反国家法律法规和社会规范的事情。

（四）演变性

高校群体性事件容易成为社会公众、新闻媒体、地方政府关注的焦点,导致社会公众的热情参与和广泛讨论,产生放大或辐射效应。个别高校发生群体性事件,大学生通过手机、网络等手段和其他高校学生串联,事件信息迅速辐射和扩散,导致不明真相的大学生冲动加入,使事件从校内扩散到校外,从一个高校扩散到更多高校。如果有不法分子趁机介入,就可能由局部问题发展为整体问题,使高校事件转化为社会事件。

（五）危害性

高校群体性事件往往会引发师生员工群体行为的失控,造成严重后果。部分师生员工为达到某种目的,在事件的实施过程中往往采取过激或暴力行为,甚至在情绪激动扩张的情况下,抱着"不闹不解决、小闹小解决、大闹大解决"的心态,不顾危害后果而实施违法犯罪行为,容易造成生命危险、财产损失,甚至影响社会秩序和公共安全。高校群体性事件的发生,有时会对高校管理提出政策失误、管理失策、回应缺失、信任滑坡等挑战。

二、高校群体性事件的综合预防

近年来,由高校内部矛盾引发的校园群体性事件已成为影响高校和谐稳定的突出问题,而高校内部矛盾多数是由涉及师生员工切身利益的问题引起的,加之师生员工利益诉求表达渠道不畅。有效预防高校群体性事件的发生,就必须正确处理高校各种内部矛盾,坚持维护师生员工的合法权益,消除引发利益冲突的不利因素,使高校成为教职工建功立业、大学生成长成才的园地。

（一）切实保障师生员工的参与权

高校作为从事高等教育公共服务的组织,高等教育公共服务的本质特征之一是师生员工对高校决策和管理的参与。高校和师生员工拥有共同的意志和利益,师生员工的意志、需求、利益是高校进行决策和管理的重要因素。师生员工对高校决策和管理的参与是保证高校实现教育目标的必然选择。高校保障师生员工对高校章程制定的参与权,对高校部分事务特别是与师生员工利益密切相关事务决策和管理的参与权,可为师生员工提供广泛的利益表达渠道。高校领导有效吸收和采纳师生员工的意见和建议,使高校决策和管理更具有民主性、科学性,有助于构建和谐的高校与师生员工之间的关系,有效预防高校群体性事件的发生。

（二）畅通师生员工诉求表达渠道

师生员工诉求的内容主要包括:(1)经济利益方面。包括教职工的奖金、酬金和大学生的奖学金、助学金等。(2)教育教学方面。包括课程设置、教材选择、职称评定、荣誉称号评比等。(3)管理治理方面。包括师生员工参与学校规章制度的制定、校园管理等。(4)教学、科研、生活设施使用利益方面。包括教育教学资源、学生宿舍状况、餐厅的饭菜质量和价格等。高校建立师生员工利益诉求表达机制是化解高校内部矛盾的主要途径。一是开辟信访渠道,倾听师生员工的呼声。二是充分发挥教职工代表大会、工会、学生社团组织等作用,做好师生员工来信来访、投诉电话等工作。三是构建网络诉求表达平台,利用网络接受师生员工反映的问题和政策法规咨询,受理针对学校管理服务中的投诉举报,开展师生员工对学校工作的满意度调查,组织学校领导与师生员工网民进行面对面的交流沟通等。

（三）维护师生员工合理的利益诉求

高校领导要在教育教学、管理服务和其他工作中,想师生员工所想,急师生员工所急,办师生员工所需,切实解决好、维护好、实现好广大师生员工最关心、最直接、最现实的利益问题。要及时了解掌握师生员工的意见建议,积极疏导化解师生员工的不满情绪,对因决策失误而侵犯师生员工利益的行为勇于承认、尽快纠正,防止利益矛盾不断积累,消除导致群体性事件发生的隐患。要建立公平正义的利益分配和调节机制,着眼于师生员工的根本利益,正确反映和兼顾不同部门(单位)、不同师生员工的利益,完善利益分配机制,把高校成员之间的收入差距和贫富差距控制在合理的限度内,实现利益分配的平衡。只要高校领导在各项工作中能够真正体现以学生为本、以教师为先,多为师生员工办实事、办好事,高校群体性事件就能得到有效预防。

三、高校群体性事件的安全预防

高校要贯彻早期预防、综合治理的方针,通过加强校内情报信息的收集工作,掌握预防群体性事件的主动权;通过加强师生员工的经常性管理工作,消除可能引发群体性事件的各种因素和条件;通过加强对重点人、重点时空的预防,提高预防群体性事件的实效。

(一) 加强校内情报信息的收集工作

高校群体性事件的形成一般有一个过程,形成过程中总会出现一些迹象和苗头性问题。加强校内情报信息的收集工作,有助于密切掌握校园动态,确保在预防群体性事件中处于主动地位。高校学生工作、安全管理工作等部门要建立情报信息网络,密切关注教职工、学生、校园治安等动态,积极挖掘预警性情报信息。在国家重大活动和重要会议期间、政治敏感时期、关系到民生的重大政策措施出台前,更要采用公开和秘密相结合的手段,搜寻、排查不安定因素,做到防患于未然。特别要收集不法分子利用校园内部矛盾而引发群体性事件的情报信息,及时予以揭露和打击。

(二) 加强师生员工的经常性管理工作

高校要立足于"强制度、强管理""早发现、早化解",通过及时发现和掌握带有苗头性、倾向性的问题,做好疏导教育工作,消除可能引发群体性事件的各种因素和条件,争取预防工作的主动权。高校在日常管理工作中,既要确保管理的规范化、制度化,又要在具体操作上体现人性化,切实消除因管理工作不当或管理工作缺失而产生的不稳定因素,使日常管理工作与尊重师生员工权益相统一。要定期调查了解师生员工的思想状况,排查掌握高校内部矛盾纠纷,对影响高校稳定的各种因素进行认真分析预测,力争把矛盾纠纷化解在部门和院(系)、解决在萌芽状态。要做好校园面控制工作,通过加强校园治安巡逻执勤,及时掌握校园内发生的最新情况,为群体性事件的预防提供最为直接的情报信息。要充分发挥校园视频监控系统的作用,利用视频监控系统对校园进行实时监控,及时发现群体性事件的苗头性信息。

(三)加强对重点人员、重点时空的预防

高校安全管理部门要发挥自身的职能优势,加强对可能引发事件的重点人员、重点时段的预防。对那些在引发事件过程中起骨干或关键作用的个人,进行教育疏导或控制;加强对国家重要政策出台、重大事件发生、重要外交活动期间和人员流动高峰期等时段的控制;加强对重点场所,比如师生员工密集的公共场所的控制。对重点人员、重点时空的预防措施主要包括:(1)通过日常广泛、深入的调查研究,及时了解社会动态,全面掌握群体性事件信息,确定重点人员、重点时空,并随时掌握其动态;(2)制定对重点人员和重点时空的控制方案,并根据客观情况的变化,及时进行修正;(3)对重点人员要随时掌握其动态,及时制止引发群体性事件的行为。对重点时空要严密控制,防止群体性事件的发生。

四、高校群体性事件的应对原则

高校群体性事件的应对原则,是高校在现场处置群体性事件时所依据的行为准则。高校相关部门(单位)和安保人员在统一思想、提高认识的基础上,本着抓住矛盾、疏导化解、控制事态、果断处置、维护稳定的指导思想,在高校党委的统一领导下,密切配合、快速反应、整体作战、妥善处置。

(一)坚持统一领导的原则

高校群体性事件应对的复杂性,决定了必须坚持高校党委统一领导。相关部门(单位)要在高校党委的领导协调下,充分发挥各自的职能作用,保证在思想上、组织上、物质上协调配合一致。另外,师生员工提出的问题和要求,尤其是涉及师生员工利益的问题,政策性强、解决难度大,不是某个部门(单位)单方面能解决的。高校群体性事件发生后,高校党委、行政要组织协调有关部门(单位)迅速赶赴现场,拿出切实可行的工作方案,避免互相推诿、扯皮,延误处置时机。高校党政领导和主管部门领导要亲临现场,做好矛盾的化解工作。引发事件的问题由有关部门(单位)负责解决,学生工作部门和安全管理部门协助相关部门(单位)做好师生员工的工作。

(二) 坚持快速反应的原则

所谓快速反应,就是获取信息要快,赶赴现场要快,采取措施要快,积极争取应对群体性事件的主动权。高校一旦发生群体性事件,特别是械斗事件,往往情况危急,高校安全管理部门必须做到快速反应。坚持快速反应的原则,就是要求高校安全管理部门掌握情报信息要快、安保人员的机动性要强,确保安保人员能够迅速赶赴现场,及时采取各种有效措施,对现场实施快速控制。要在有限的时间内,迅速弄清事由,掌握事件的起因、为首人员、参与人数、闹事程度等情况,并进行情报信息综合,分析面临的形势,迅速作出科学的决策,为整个应对处置工作奠定基础。要在酝酿阶段、小规模聚集阶段立即进行应对处置,尽力防止事态的扩大和蔓延,力争把群体性事件的不良影响和危害降到最低。

(三) 坚持教育疏导为主的原则

高校要按照"可散不可聚、可顺不可激、可解不可结"的要求,讲究工作方法,对群体性事件参与者从思想上进行疏通、启发和劝导,让其转变思想观念,消除对立情绪。大多数群体性事件是由高校内部矛盾引发,参与者大多属于思想认识问题。因此,高校群体性事件的应对不仅要提前介入、重在预防,而且要在提前介入过程中做好教育疏导工作,尽量化解矛盾。要通过正面的宣传、教育、疏导来澄清事实真相,宣传政策、法律,讲明利害关系,使大多数参与者端正认识,认清后果和危害。对参与者提出的合理要求和实际问题,能够马上解决的要及时给予解决,一时解决不了的要做好解释说明工作,使矛盾得以缓解。当然,在群体性事件的应对过程中,也要注意掌握分寸,不能在原则问题上让步,更不能退缩和软弱。

(四) 坚持慎用强制措施的原则

在应对高校群体性事件时,对大多数参与者要立足于教育疏导,不能随意动用强制手段。一是在应对高校群体性事件的过程中,随意使用强制性措施,容易刺激参与者的对立情绪,使高校安保人员与参与者直接形成对立,导致矛盾激化。二是在参与者情绪激动、矛盾问题未解决的情况下,贸然使用强制措施,很容易导致高校安保人员与参与者的对峙,进而发生暴力冲突,导致事态进一步扩大。三是发生在高校校园的罢课、罢餐等群体性事件,尚未发生行凶伤人、打砸抢行为的,以及矛盾尚未激化、可以化解的群体性行为,应由高校相关职能部门、院(系)做参与者的工作,尽可能不动用警力直接处置,不得借用警力去压制、震慑,更不得使用警械和采取强制措施。

(五) 坚持依法果断处置的原则

在高校群体性事件中出现打砸抢烧等暴力行为、严重危害公共安全的情况下,不能任由事态发展,必须依法采取果断措施坚决予以制止,尽快平息事态,防止事态扩大蔓延。高校安全管理部门根据事件现场情况,可以依法采取以下措施:(1)责令聚众组织者立即解散队伍,责令聚集人员在规定时间内迅速疏散,责令围观人员立即离开现场;(2)对非法携带管制刀具等危险物品和用于煽动的工具、标语、传单等物品,予以收缴,并对相关责任人进行处理;(3)对超过限定时间仍滞留现场的人员,可以使用必要的驱逐性警械强行驱散;(4)对进行煽动的人员、经强行驱散仍不离去的人员,可以强行带离现场或者向警方报警;(5)对正在进行打砸抢烧的人员,应当立即制止,带离现场或者向警方报警。

五、高校非常规群体性事件的处置方法

不同类型的群体性事件,其引发原因、性质、特点、规模等各不相同,处置的方法也有所不同。高校要根据群体性事件现场的具体情况,灵活选用有效的处置方法,针对不同性质事件和事件的不同阶段,采取不同的处置方法,讲究处置工作的策略,切实提高处置工作的实效。

(一) 非法集会、游行、示威的处置方法

非法集会、游行、示威是指高校师生员工未向主管机关提出申请或虽提

出申请但未获得许可,在高校公共场所举行的集会、游行、示威活动。高校对非法集会、游行、示威活动的处置方法主要包括:一是稳定现场秩序,避免出现交通堵塞或影响校园治安秩序行为的发生。高校相关部门(单位)对参与者及时做好劝阻疏导工作,对围观的人员进行有效的疏散,使事态规模不断减小。二是高校安全管理部门在配合相关部门(单位)做好劝阻工作的同时,要采取必要的设置警戒线、路障和封锁路口等措施,逐步分散瓦解人群,减少围观和尾随的人流,控制规模,防止事态蔓延。三是当劝阻无效、解散人群已不现实,或出现危害校园安全或者严重破坏校园秩序情况的时候,高校安全管理部门要及时向公安机关报警,请求公安机关派出警力依法进行处置。

(二) 骚乱的处置方法

骚乱是指高校师生员工公然蔑视国家法律、法规,谩骂、侮辱、攻击党和国家领导人,聚众捣乱,打砸抢烧,进而破坏校园安全稳定的骚扰捣乱事件。高校一旦发生骚乱事件,无论其持续时间长短,都会造成极大危害和严重后果。高校对骚乱事件的处置方法主要包括:一是高校骚乱事件发生时,高校安保人员要火速赶赴现场,迅速封闭现场,防止事态进一步扩大,制止校内人员围观现场。要加强对现场重要部位的保卫,防止骚乱分子进行破坏。二是积极对骚乱分子开展攻势,迫使随从者停止闹事行为,离开事件现场。结合宣传、警告等措施,高校安保人员适时使用持械方法驱散或疏散人群,并收缴骚乱分子携带的凶器。三是对骚乱事件中的组织者、参与骚乱活动的骨干分子,对带头呼喊反动口号,散发、张贴反动传单、标语的人,当场带离现场,并收集收缴现场的反动宣传品和打砸抢烧的各种犯罪证据。

(三) 群体性械斗的处置方法

群体性械斗是指高校校内发生的较大规模学生之间使用器械,相互殴斗而造成的校园治安事件。高校对群体性械斗事件的处置方法主要包括:一要及时掌握事件动向。高校群体性械斗事件的发生一般有一个由轻微摩擦到激烈冲突、由个体行为到群体行为的过程。一旦械斗学生已经聚集或者械斗已经发生,高校安全管理部门要尽可能多地掌握有关情况特别是现场情况,如械斗原因、现场人数、戒具的种类和数量等,以预测事件可能的发展动态。二是迅速控制现场局势。高校安全管理部门接到警情后,必须以最快速度做出反应,迅速组织安保人员携带警械赶赴现场,尽快采取有力措施控制现场局势。三是适时适度采取强制手段。根据现场情况,可以封闭现场和相关区域,禁止无关人员进入。通过口头或高音喇叭喊话,责令立即停止械斗,聚集人员在限定时间内迅速疏散。对不听劝阻仍然滞留现场的,可以使用驱逐性警械强行驱散。对继续纠缠、殴打对方或者经强行驱散仍拒绝离开的,及时向公安机关报警,请求公安机关派出警力处置。

第五节　大学生犯罪预防

大学生犯罪预防工作主要包括:(1)一般预防。高校加强思想教育,使大学生增强守法和防范意识,懂得自觉依法约束自己,避免走上犯罪道路。大学生主动采取各种措施,防止遭到犯罪的侵害。(2)重点预防。高校采取管控措施,使那些潜在可能犯罪的大学生防微杜渐、悬崖勒马,切实阻止大学生犯罪行为的发生。大学生违法犯罪和遭到侵害,扰乱了高校正常的教育、科研、生活秩序,影响了个人前程、家庭幸福、高校稳定和社会和谐。高校要加强大学生犯罪预防工作,避免和减少大学生犯罪行为、遭到侵害的发生。

一、大学生犯罪预防的主要形势

(一) 个别大学生违法犯罪

个别大学生违法犯罪的情况主要包括:一是犯故意杀人罪。个别大学生由于瞬间性消极情绪爆发,实施毫无理智、不顾后果、失去自制力的暴力犯罪行为,给其他师生的人身健康和安全造成严重侵害。二是犯故意伤害罪。个别大学生面对师生、同学、恋人等之间的矛盾纠纷,不知道如何沟通处理,不能冷静克制,故意伤害他人。三是犯寻衅滋事罪。个别大学生不学法、不知法、不守法,把打架斗殴、寻衅滋事看成是哥们义气,采取偏激的方式解决人际关系问题。四是犯盗窃罪。个别大学生对物质占有欲过分追求,最后走上盗窃犯罪的道路。五是犯诈骗罪。个别大学生贪图享乐,见利忘义,采取诈骗犯罪手段达到获取他人财物的目的。六是犯计算机罪。个别大学生利用计算机知识和技术,非法侵入他人的计算机,制造和散布计算机病毒,利用互联网传播不良信息、散布反动言论等。

(二) 个别大学生遭到侵害

个别大学生遭到侵害的情况主要包括:一是被杀身亡。有的大学生因同学之间或与校外人员之间的矛盾纠纷处理不及时或不当,对方对其大打出手,发生暴力犯罪案件。二是受到人身伤害。有的大学生不能妥善处理与同学之间的关系,发展到打架斗殴。有的大学生与恋爱对象出现感情问题或发生恋爱纠纷,不能妥善处理,受到人身伤害。有的大学生轻信"天上掉馅饼",身陷非法传销组织,失去人身自由,甚至遭到人身伤害。三是财物被盗。有的大学生对个人物品缺乏保护意识,给犯罪分子以可乘之机,导致校园盗窃案件频繁发生。四是财物被骗。由于诈骗案件是在一派平静甚至"愉快"的气氛下进行的,导致近年来大学生电信诈骗案频繁发生,特别是女大学生往往容易上当受骗。五是遭受性侵害。个别女大学生安全意识薄弱、防护能力不强,发生暴力型、胁迫型、社交型、诱惑型、滋扰型、网恋型等性侵害。

二、大学生犯罪预防的主要措施

犯罪预防是限制、克服各种犯罪诱因,及时消除各种不安定因素,增加、设置潜在犯罪分子实施犯罪行为的困难条件,从而避免和减少犯罪行为的发生。高校开展大学生预防犯罪工作,控制大学生犯罪行为的发生,就可以减少许多不必要的损失和影响。高校开展大学生犯罪预防工作,主要包括筑牢大学生的思想防线、搞好重点人员管控和解决大学生安全问题等。

(一) 筑牢犯罪预防的思想防线

《关于加强社会治安综合治理的决定》将打击、防范、教育、管理、建设、改造归为社会治安综合治理的工作范围,教育手段是社会治安综合治理的最基本手段。大学生违法犯罪归根结底是大学生思想素质问题,高校开展大学生犯罪预防工作,首先要提高大学生的思想素质,筑牢犯罪预防的思想防线。

1. 扎实开展法治教育

法治教育是提高大学生法律意识、增强大学生法治观念、培育大学生法治信仰、培养大学生法律品质的有效途径。高校积极开展法治教育,加强大学生《中华人民共和国刑法》《中华人民共和国民法典》等学习,使大学生学法、知法、守法,明确为与不为的界限、法与非法的界限,清楚自身的行为会带来怎样的法律后果。使大学生养成依法办事的习惯,以法律为准则理性地支配自己的行为,用法律武器与不法行为作斗争,通过法律的威慑、惩戒功能预防大学生的犯罪行为。

2. 积极进行生命教育

生命教育是认识生命、欣赏生命、珍爱生命、保护生命,探索生命的意义,实现生命价值的活动。高校积极开展生命教育,利用生命教育的先进理论和思想,帮助大学生形成社会责任意识和道德责任感,推动大学生树立正确的思想价值观,引导大学生增进对生命的认识,培养尊重生命、热爱生命的情感,实践生命意义与价值的行动,从而珍惜、尊重自己以及他人的生命,防止危害他人生命事件的发生。

3. 切实加强挫折教育

学业压力、就业压力和竞争压力等日益增大,容易使大学生产生认知障碍、情绪障碍、意志行为障碍等心理问题,导致少数大学生焦虑、迷茫,或消极对抗、激化矛盾。高校针对大学生心理不够成熟、承受能力较差等问题,积极开展挫折教育,并通过多种形式的挫折训练,有效提高大学生的挫折容忍力,增强大学生的挫折承受力和适应能力,减少和避免大学生因遇到挫折引发的暴力犯罪。

4. 着力强化心理教育

《关于加强和改进新形势下高校思想政治工作的意见》指出:"加强人文关怀和心理疏导,促进大学生身心和人格健康发展。"很多暴力犯罪是危险人格和精神疾病的产物,而危险人格和精神疾病都源于不健康心理。高校要结合大学生存在的心理问题和心理障碍情况,扎实开展心理健康宣传教育活动,使大学生掌握调适心理问题的方法,促进大学生形成健全的人格,防止大学生因心理问题引发违法犯罪。

（二）做好大学生重点人员管控

大学生重点人员是指思想基础比较差、情绪变化快、心理承受能力和自控能力弱、遇到实际问题不能正确对待和处理,或者有违法犯罪苗头,在一个时期内需要重点做好教育转化和防范工作的学生。高校要加强重点人员的教育管理,收集异常信息,识别高危人员,消除和遏制诱发大学生犯罪的各种因素。

1. 加强教育管理

高校要明确院（系）领导、辅导员在重点学生教育管理方面的责任,实施全方位、全时空管控,做到重点学生"思想疙瘩有人解、情绪反常有人问、不良行为有人控"。辅导员要切实掌握重点学生的思想症结,有针对性做好教育和管理工作;要坚持思想上关心、生活上体贴、人格上尊重,消除重点学生的戒备心和对立感;要不歧视、不嫌弃、不冷落重点学生,借助学生家长和亲朋好友的力量,促进其转化和进步;要发挥学生党员、学生干部的作用,加强对重点学生的思想监督、行为约束,做到重点学生的违纪行为及时纠、犯罪苗头早报告。

2. 收集异常信息

高校学生工作部门和安全管理部门要定期深入院（系）、班级,围绕师生反映较为集中的难点问题和重点对象进行调查了解,广泛收集情报信息,搞好矛盾纠纷排查登记。特别是个别对社会、学校、班级、他人极其不满和情绪极端偏激的高危学生,要了解得更详细、清楚,一旦发现危险苗头,及时向学校领导报告,并通报相关部门（单位）。在易发生犯罪行为的时间节点,要加强巡逻排查。要将校门口的出租车司机、校园内物业人员、楼宇管理人员、食堂服务人员等发展为治安信息员,以便随时掌握学生的动态信息。

3.防控高危人员

辅导员要引导学生积极创造良好的班级、宿舍环境,鼓励处于后进层的学生积极上进,防止其因受老师和同学的冷淡歧视,产生"破罐子破摔"的消极心理。要帮助因进步受到挫折、家庭遭遇不幸而不能正确对待的学生卸下思想包袱,积极给予关心支持,使其感受到集体的温暖和力量。要帮助人际关系紧张、报复心重的学生进行自我调节,消除阴暗心理,防止其不良情绪长期郁积,经某一事件引发报复行为。要严格管理"哥们义气"严重、性格粗暴、放纵个人行为的学生,帮助其分析心理弱点,转化不良心理结构,防止其发生暴力犯罪。

（三）及时解决大学生安全问题

1.学生宿舍矛盾处理

学生宿舍是极易发生矛盾、冲突的场所。当学生之间发生矛盾、冲突时,辅导员不要只把工作重点放在搞清楚谁对谁错上,要帮助学生解决宿舍冲突,防止宿舍冲突引发暴力犯罪。在日常教育和管理工作中,要通过新生入学教育、心理问题筛查等工作,为大学生人际关系问题尤其是学生宿舍人际关系问题的处理和预防打下坚实基础。要积极开展相关主题班会、谈心谈话、素质拓展等活动,促进大学生人际关系,融洽宿舍内部氛围。要鼓励学生正视宿舍矛盾、问题,寻求辅导员和专业教师的帮助,并发挥宿舍舍长观察、调停、反映问题的作用。

2.学生校园打架处理

高校校园发生学生打架时,只要有教职工、安保人员在现场,就要快速地介入处理,控制事态的发展。如果有辅导员在现场,要表明辅导员老师的身份,寻找身边是否有熟悉的学生,或者直接指定学生配合自己进行处理,如分离控制打架学生、帮忙通知安全管理部门和校医院、参与疏散人群等。要及时确定打架双方的身份,了解打架的原因,指出打架行为的不合理性。若一方是校外人员,由安全管理部门根据情节轻重决定是否报警;若双方都是在校学生,通知双方辅导员,告知相关情况,由辅导员进一步处理。

3. 学生校外打架处理

学生在校外打架,由公安民警处理,安全管理部门、辅导员要配合处理,及时做好当事学生的教育引导,防止打架引发其他意外事件。辅导员获悉学生在校外打架后,要尽快赶到现场,了解具体情况,并与学生家长联系通报,必要时通知家长到场配合处理。事后,要分析学生打架的原因,有针对性地进行教育引导。如果是学生的原因,就要指出学生的不合理行为,引导学生积极纠正自己的问题。涉及学生的校外打架事件,若无必要情况,尽量避免其他同学参与其中,不要在班级宣扬,确保当事学生情绪稳定,防止事件影响的扩大。

4. 学生遭遇诈骗处理

当学生向辅导员反映遭遇了诈骗时,辅导员要确认学生的经济损失,帮助学生及时止损。让学生详细告知事件经过,一旦确定是诈骗行为,要及时向学校安全管理部门或公安机关报警。对于不了解的内容,要给出建议,帮助学生向专业人员求助,不要向学生提供非专业的建议。帮助学生分析被骗的原因,不要责备学生,避免学生压力过大。要保护学生的个人隐私,未经学生允许,不要在班级进行宣传、公告。电信诈骗的经济损失一般不可能追回,要尽力帮助学生接受事实。要做好防诈骗宣传教育,帮助学生提高信息保护意识和安全防范能力。

三、大学生被害预防的主要手段

被害预防是指大学生为消除易遭到犯罪侵害的各种因素和条件,避免人身财产受到侵害所作出的各种积极防范性努力和措施。大学生在预防自己触犯法律的同时,也要积极预防犯罪分子对其的不法侵害。

(一)着力加强人身被害预防

故意伤害、杀人犯罪中的人身被害直接危害公民的人身健康和生命,是性质最严重、损害最大的刑事被害。加强人身被害预防是大学生犯罪预防中的重要内容,主要包括以下方面。

1.防止因交往不慎而受到人身伤害

大学生与校外人员的人际交往,要择善而交,尤其要防止因交往不慎而参与诈骗、传销等犯罪团伙,由此或者因团伙内部分赃不均,或者因悔改醒悟、自首揭发等,遭受人身伤害。在与性格、品行不良者接触时要特别谨慎,避免与性情暴怒异常者、经常打架斗殴者、有劣迹者、品质恶劣者等交往,发现对方具有上述不良性格、品行时,也要语气缓和、不卑不亢,以免与其发生冲突。在与对方交往过程中,如果发生纠纷或冲突,切忌以牙还牙,要通过正当、合法途径解决。

2.防止因矛盾激化而受到人身伤害

大学生要注意搞好周边人际关系,朋友、同学、相识者之间交往要避免为一些小事而恶语伤人,由此结怨,关系紧张。要防止因私仇报复,因私仇报复而遭受人身伤害者通常与对方素有积怨、关系紧张、冲突激烈,被害前双方曾有相识、交往的过程,被害起因往往也是一些生活琐事而导致矛盾激化,最终因对方怀恨报复而遭受人身伤害。要注意及时消除隔阂,如果矛盾加深而又一时难以和解时,就要尽量避免与对方接触,防止产生更为尖锐的冲突。

3.防止因恋爱纠纷而受到伤害

大学生要树立正确的恋爱观、道德观,尊重对方的意愿和自由选择,切忌一厢情愿、丧失理智、诉诸武力、行凶报复。恋爱期间出现矛盾纠纷时,双方要以协商处理为主,有过错的一方要主动承认错误。恋爱关系终止时,恋爱期间的共同消费以不结算为宜,互相赠送的礼物一般不主张返还,防止因财物问题产生纠纷。恋爱关系已告破裂后,女大学生尤其要注意不要受威逼而与对方会面,以免孤立无援遭受人身伤害。

4.防止因首先实施非礼行为而受到人身伤害

许多伤害往往是因被害人首先实施不道德行为、非法行为等而导致的。大学生在平时的交往、行为中,切忌实施挑拨离间、搬弄是非、背信弃义、损人利己、见利忘义等不道德行为,更不得实施欺诈、胁迫、暴力等非法行为,以防招致对方对自己进行人身伤害。要加强自我约束,不做违章违纪之事,不说过头话,不说粗话、脏话,不嘲笑、挑逗、打压对方。要适当表达自己的想法、情感和观点,保持耐心和尊重,避免与他人产生误解和冲突。

（二） 切实做好财产被害预防

盗窃犯罪中的财产被害属于发案率最高的一类财产被害,因而是最常见的多发性被害案件。诈骗犯罪较为猖獗,其诈骗手段日趋翻新,被害人往往损失惨重。大学生做好财产被害预防,主要包括以下方面的内容。

1.防学生宿舍被盗

对于笔记本电脑、手机等贵重物品,暂不使用时最好锁在宿舍抽屉或柜子里。对于容易被盗的笔记本电脑,尽量用电脑锁将其固定在桌子或床上。上课、参加集体活动等离开宿舍时,最后离开宿舍的同学要关好窗、锁好门,临时出去也要锁好门,防止犯罪分子溜门盗窃。对在学生宿舍楼里四处走动、窥探张望的形迹可疑人员要上前询问,使盗窃分子感到无机可乘,不敢贸然动手。要保管好宿舍钥匙,并且做到换人换锁,防止不法分子偷拿、偷配宿舍钥匙伺机进行盗窃。

2.防校园公共场所被盗

不要将手机、笔记本电脑等贵重物品随意放在图书馆、自习室、食堂等场所的桌子上和椅子上,要做到贵重物品不离身。需暂时离开时,应将贵重物品带走或交代同学代管。不要用书包等物品占座,不携带贵重物品参加体育运动,这样做可以避免和减少损失。在排队打饭时,要注意周边环境,尤其要注意身后的变化,以防有人浑水摸鱼。尽量对周围形迹可疑的人要提高警惕,特别要注意东张西望、在物品周围徘徊的人,必要时可上前询问。

3.防电信诈骗

不要轻易相信网上公布的快速致富窍门等信息,当好友在 QQ、微信上提出借钱、转账等要求时,一定要通过当面或打电话等方式求证确认。收到运营商、银行等官方号码发出的信息时,要通过拨打官方客服电话、登录官方网站等渠道核实情况。不要接受陌生人发来的链接,即使是熟悉人发来的链接,也不要轻易打开,更不要在链接上填写个人信息和银行账号、密码等。

4.防社会实践被骗

社会实践被骗主要包括用人单位、个体老板或者以工作不到位为由减缩、克扣工资,或者耍赖皮拒不支付工资,或者收了押金、培训费后承诺不兑现等。大学生不要轻易相信网络上发布的或同学、朋友提供的用人单位信息,要通过各种途径核实用人单位信息,看网络上是否有该单位的负面信息。要对工作的内容、时间、地点、待遇等问清楚,对可能涉及违法犯罪的工作要坚决抵制。要和用人单位签订书面协议,明确双方的权利和义务,避免自己的合法权益受到侵害。

(三) 不断提高被害预防能力

1.注意提防遇到的可疑人员

在校园内发现形迹可疑人员时,要主动上前询问。如果来人回答疑点较多,不能说清楚其所找人的姓名及所在部门(单位)等信息,而且神色慌张、左顾右盼等,就要进一步盘问,必要时可要求看其身份证件。如果来人经盘问疑点很多,不肯说出其真实身份,或身上可能携有赃物、作案工具等,就要先将其拖住,及时报告学校安全管理部门。

2.提高应对不法侵害的能力

一是面临伤害、杀人等人身被害时,务必沉着冷静、机智灵活,采取攻心、说服等措施。根据有利情势、力量状况等决定制服罪犯时,要把握时机和方式,切忌丧失理智,一味地做鱼死网破之斗,这有可能加速或扩大人身被害。二是面临性犯罪、绑架等人身伤害时,即使有揭发控告犯罪分子的意图或决心,也不要当面透露,这不仅无助于慑服罪犯,而且容易招致杀人灭口之害。三是面临财产被害时,当情势、力量等有利时,可追捕不法分子并夺回被害财产。当情势、力量等明显不利时,不如呼救和报案,切忌无视明显不利条件和危险作无望之追。

3.正确实施正当防卫

一是遭受不法分子的语言挑衅或凌辱时,要先口头制止,对其进行批评、劝阻。如果对方不予理睬,就尽量不与其纠缠,及时报告学校安全管理部门。如果不法分子有侵犯人身的行为,并且经劝阻、警告仍不听时,就可以实施正当防卫。二是遇到精神病人侵害时,应设法避险。条件允许时,可组织人员将其控制起来。遇到正在进行严重危及人身安全的暴力犯罪行为时,要采取果断措施进行防卫。正当防卫实施后,搜集对自己有利的证据,并及时报警。

第十章　增强安全管理的实际效果

习近平总书记在党的二十大报告中指出,"坚持安全第一、预防为主,建立大安全大应急框架,完善公共安全体系,推动公共安全治理模式向事前预防转型","发展壮大群防群治力量,营造见义勇为社会氛围,建设人人有责、人人尽责、人人享有的社会治理共同体"。① 高校安全管理是在高校变化的教学、科研、生活等过程中的动态管理,高校安全管理工作者要针对形势和任务的变化,不断摸索工作的方法和经验,提高工作的质量和效益,推动安全管理模式向事前预防转型,提升安全管理能力和素质,推动高校治理共同体的构建。

第一节　提高维护高校稳定工作实效

当前,高校的稳定已成为维护社会稳定的重要信息源和导向点,高校的稳定将直接影响社会的稳定。维护高校稳定工作面临着新任务、新要求,开展维护高校稳定工作必须运用新思路、新方法。通过加强高校稳定情报信息工作、开展高校内部矛盾纠纷排查调处、做好危害高校稳定问题预警,全面掌握维护高校稳定工作的情报信息,及时化解高校内部的矛盾纠纷,把可能危

---

① 习近平:《高举中国特色社会主义伟大旗帜　为全面建设社会主义现代化国家而团结奋斗——在中国共产党第二十次全国代表大会上的报告》,人民出版社 2022 年版,第 54 页。

害高校稳定的因素消除在萌芽状态或初期,增强维护高校稳定工作的时效性、针对性、准确性,确保高校稳定乃至社会稳定。

一、加强高校稳定情报信息工作

高校稳定情报信息工作是指负有维护高校稳定职责的部门所开展的,对涉及高校稳定情报信息的收集、分析、研判、利用等工作的统称。稳定情报信息工作的内容主要包括对维护高校稳定情报信息的收集汇总、甄别筛选、编报处理、协调督办等具体工作。通过加强高校稳定情报信息工作,为高校领导科学决策提供信息,为有效维护高校稳定工作服务。

（一）高校稳定情报信息的内容

一是影响高校政治稳定的信息,主要包括:(1)内幕性情报信息。反映敌对势力、非法组织等有政治可疑活动的人在高校进行违法犯罪活动的信息。(2)预警性情报信息。反映敌对势力、非法组织等可能煽动蛊惑师生员工制造事端、破坏高校政治稳定的预警信息。(3)战略性情报信息。反映敌对势力、非法组织等的战略意图,有助于从宏观上判断形势、调整对策的信息。二是影响校园治安稳定的信息,主要包括:(1)高校治安动态情况;(2)违反治安管理的案件,群体性事件,交通、火灾等安全事故的情况;(3)重点场所、重点部位的治安管理情况;(4)个别人员进行违法犯罪活动的信息等。三是有可能引发事端的不安定因素,主要包括:(1)国内外发生重大事件、国家政策出台、敏感时期等可能发生不安定事端的苗头;(2)劳资纠纷、福利待遇问题等可能引发群体性事件的苗头;(3)师生员工中生活特别困难的情况;(4)高校改革举措引发的问题等。

（二）高校稳定情报信息的收集

及时、准确的高校稳定情报信息是保证高校稳定的重要手段,高校稳定情报信息收集的方法主要包括:一是采用传统方法收集信息。对于不同的高校稳定情报信息源,采取不同的收集方法,即观察法、访问法、问卷法、资料阅读分析法、调查法等传统方法。通过现场观察、面谈访问或书面访问、让被收集对象填写调查问卷、阅读各种资料并从中筛选有效信息等,畅通情报信息收集渠道,挖掘深层次情报信息。二是利用网络平台收集信息。网络是收集情报信息的重要途径,其具有信息量大、传播速度快的特点。充分利用网络平台,结合自身科技优势研发相关软件,利用计算机终端从网络情报信息库中收集有效的情报信息,扩宽情报信息收集的范围,更大范围地提高决策的科学性与可行性。在利用网络收集情报信息时要注意安全性,加强与公安机关和其他高校的合作,抵御网络黑客的攻击,防止境外势力利用互联网非法窃取情报信息,掌握敌对势力通过网络所渗透的信息。

（三）高校稳定情报信息的研判

负有维护高校稳定职责的部门要对收集的情报信息进行归纳和提炼、研究和判断,从分散、孤立的高校稳定情报信息中发现苗头性、规律性的信息,为高校领导决策提供参考依据,从而使高校稳定情报信息发挥其应有的作用。做好高校稳定情报信息的研判要把握以下两点:一是筛选能够使用的情报信息。情报信息分析人员要将相关高校稳定情报信息联系起来,运用业务性思维、关联性思维、逻辑性思维,采取逻辑推理的方法,寻求高校稳定情报信息之间的内在联系,并从中筛选出有使用价值的情报信息,使收集的情报信息能够发挥最大价值。二是提高情报信息的研判质量。情报信息分析人员运用科学的、专业的理论和技术,通过对高校稳定情报信息的定量定性、关联比对等,开展去伪存真、由表及里的辨别,进行综合性、系统性地分析,抓住影响高校稳定的新情况、新问题,探寻高校稳定发展的新趋势、新动向。

（四）高校稳定情报信息的使用

一是消除影响高校稳定的因素。在对高校稳定情报信息进行研判后,高校要在第一时间内将情报信息有针对性地向相关部门（单位）、师生员工发布,以便相关部门（单位）、师生员工及时采取措施,消除影响高校稳定的因素,避免影响高校稳定事件的发生。例如,对需要提醒师生员工注意的治安问题,可利用手机短信、校园网等形式及时发布情报信息,提出具体的安全防范意见和建议。二是改进影响高校稳定的工作。高校稳定情报信息发布后,要注意相关情报信息的反馈,情报信息的反馈可通过口头反馈、书面反馈、网络反馈等形式进行。通过高校稳定情报信息的反馈,及时传达高校相关决策执行过程中存在的问题。例如,对高校新实施的政策规定、管理制度等是否科学、可行,要广泛收集师生员工的反映,衡量是否需要调整、改进。高校领导利用情报信息的反馈情况,及时调整决策中与实践不相符的部分,提高再次决策的民主性、科学性,从而助力维护高校稳定工作。

(五) 高校稳定信息员队伍建设

反应灵敏、运转高效的信息员队伍是获取高校稳定情报信息的主要途径。实践证明,高校稳定信息员队伍建设单靠高校安全管理部门、高校安全管理工作者还不够,必须依靠教师、学生、各种学生组织、各类社团组织以及学校其他部门等。因此,高校要在学校各领域、各层次、各方面,建立全方位、立体化、多层次的高校稳定信息员队伍,并加强稳定信息员队伍管理,通过稳定信息员队伍了解掌握稳定情报信息。一是建立管理制度。制定高校稳定信息员培训制度、会议制度、收集上报制度、工作考核制度、奖惩制度等规章制度。二是开展集中培训。定期对信息员进行集中培训,使信息员掌握当下形势,明确工作任务,提高业务水平,准确提供有效信息。三是大胆开展工作。信息员通过自己观察、与师生员工交流等,了解师生员工的异常情况,发现高校的不稳定信息,积极为高校稳定工作提供信息支持。

二、开展高校内部矛盾纠纷排查调处

国务院办公厅《关于转发〈中央社会治安综合治理委员会关于进一步加强矛盾纠纷排查调处工作的意见〉的通知》指出:"排查调处矛盾纠纷,是正确处理人民内部矛盾,预防和减少犯罪及群体性事件的首要环节,是维护社会稳定和广大人民群众根本利益的一项重要工作。"高校要定期或不定期地对所管辖的人、事、物进行检查、分析、评估,提前发现影响高校稳定的主观因素、客观因素,做好矛盾纠纷的排查调处工作,将可能影响高校稳定的事件消灭在萌芽状态,从而维护高校稳定。

（一）成立矛盾纠纷排查调处工作机构

高校矛盾纠纷排查调处工作要在学校党委的领导下，由学校安全管理工作委员会负责，全面掌握学校矛盾纠纷的总体情况，尤其对可能引发重大治安问题和群体性事件的矛盾纠纷，要及时组织协调有关部门（单位）做好排查调处工作。高校要根据实际情况，建立矛盾纠纷排查调处工作领导小组，由分管安全工作的校领导任组长。矛盾纠纷排查调处工作领导小组的职责包括：(1)组织领导高校矛盾纠纷排查调处工作。(2)根据高校稳定状况，研究制定矛盾纠纷排查调处工作重大措施。(3)对高校一个时期的矛盾纠纷排查调处工作做出部署。(4)对高校发生的矛盾纠纷，明确排查调处责任，责成有关部门（单位）限期抓好调处。对高校发生的矛盾纠纷，及时协调有关部门共同调处。(5)对因排查调处工作不力而引发案（事）件的责任人进行责任追究。

（二）建立矛盾纠纷排查调处工作制度

高校要制定和完善内部矛盾纠纷排查调处工作制度，既要把矛盾纠纷排查调处作为一项重要的日常工作形成制度，又要针对一个时期、一个部门（单位）的突出问题集中排查调处矛盾纠纷，从而把经常性排查调处和集中排查调处结合起来。一是建立矛盾纠纷零报告制度。要采取灵活多样的方式方法，及时了解收集高校内部存在的矛盾纠纷，提高矛盾纠纷排查调处工作的主动性。二是建立排查调处会议制度。定期召开矛盾纠纷排查调处工作协调会议，分析查找存在的矛盾纠纷，研究矛盾纠纷的调处措施。对突发性矛盾纠纷或矛盾纠纷相对集中时，要及时召开会议进行研究。三是建立排查调处协调制度。排查调处工作要与学校的中心工作、业务工作等结合起来，形成系统化、规范化、科学化的工作机制，保证矛盾纠纷排查调处工作的落实。

（三）纳入高校安全管理目标责任制

中央社会治安综合治理委员会印发的《关于进一步加强矛盾纠纷排查调处工作的意见》规定："各级党委、政府要高度重视矛盾纠纷的排查调处工作，把做好这项工作作为维护社会稳定的重要任务，纳入社会治安综合治理领导责任制。"要把矛盾纠纷排查调处工作纳入学校对各部门、各单位签订的年度安全管理目标管理责任书中,纳入每年年终安全管理工作考核考评中,强化落实,全面验收。要把矛盾纠纷排查调处工作开展情况和实际效果与责任人的政绩、奖惩等挂钩,对因工作不力或隐瞒情况、酿成重大治安问题或群体性事件、造成严重后果的,行使"一票否决权",严肃追究其责任。

（四）掌握矛盾纠纷排查调处的主动权

高校内部矛盾纠纷排查调处的过程,实际上就是教育引导师生员工、帮助师生员工解决思想问题的过程。高校思想政治工作者要认真研究新时期高校思想政治工作的特点和规律,扎扎实实地做好思想政治工作,努力把教育人、引导人、改造人与尊重人、理解人、关心人有机地结合起来,为学校内部矛盾纠纷排查调处工作打牢思想基础。高校领导要加强同师生员工的联系,深入师生员工中倾听他们的心声,尤其是在做出关系到师生员工利益的决策时,更要加强与师生员工的沟通。对于师生员工反映的问题与困难,在政策允许的情况下,要积极予以解决;对于政策不允许的,要讲清道理,做好解释工作,让师生员工了解政策规定,服从国家和高校改革的大局。

（五）采用合适的矛盾纠纷排查调处方法

一是从矛盾的源头控制。实践中,相当一部分高校内部矛盾纠纷是由于高校领导不能正确按政策法规办事,导致决策失误造成的。高校领导在进行决策时,要尊重客观实际,充分考虑师生员工的利益、情绪和承受能力,尽量避免因决策失误而产生矛盾纠纷。对涉及师生员工切身利益、与师生员工生活息息相关、容易引发矛盾纠纷的问题,要采取有力措施,尽量把矛盾纠纷解决在萌芽阶段。二是主要矛盾优先化解。要抓住矛盾纠纷产生的原因,尽量减少和缓和矛盾纠纷。当多种矛盾纠纷并发时,要抓住事关全局的主要矛盾,加大调处力度,优先化解。同时,在一些容易引发矛盾纠纷的特殊时期,要加大矛盾纠纷排查调处工作的力度,必要时采取一些非常措施确保高校稳定。

（六）提高矛盾纠纷排查调处工作实效

高校要加强对师生员工关于维护高校稳定重要性以及如何维护高校稳

定的宣传教育,提高师生员工协助学校做好矛盾纠纷排查调处工作的能力。要提前做好矛盾纠纷的排查工作,一旦接收到将要出现问题的信号,要立即进行调处,防止事态的扩大。要坚持排查预防为主,对可能会出现的问题但还未出现的尽量预防。当矛盾纠纷出现时,要尽量从师生员工的角度去思考问题,以维护高校稳定为前提,尽快争取矛盾纠纷的妥善解决。要掌握政策、统一口径、把握好度,做好理顺情绪、平衡心理、化解矛盾的工作。

三、做好危害高校稳定问题的预警

当前,影响高校稳定的因素错综复杂,既有国际因素,又有国内因素;既有高校教育和管理方面的因素,也有师生员工自身的因素。高校稳定是总体态势的有序性和可控性,高校稳定与否是有先兆可循,也是可以预见的。通过高校稳定预警,把握校园治安、高校稳定的现状和趋势,对危害高校稳定问题进行预先综合分析,为危害高校稳定问题的防范提供科学依据,对危害高校稳定问题的解决具有十分重要的意义。

（一）预警指标

高校稳定的预警指标是指在高校校园治安状态各种警情评价指标的基础之上,制定的因校园治安状态发展变化,有可能出现影响和破坏校园治安秩序常态、高校稳定的预警标准。要选出能够综合反映高校稳定状况的预警指标,并形成高校稳定预警指标体系。一方面,高校稳定预警指标体系要运用科学的方法,并经过周密的分析与论证,能够监测和预警高校运行状况,反映高校发展趋势与师生员工状态;另一方面,高校稳定预警指标体系中的具体指标不是一成不变的,而是随着社会情况的不断变化、高校的不断发展、人们对高校稳定认识的变化而变化的。

（二）预警方法

高校稳定要想达到理想的预警效果,就需要采用正确的预警方法,即定量预测与定性预测相结合的方法。一是定量预测法。定量预测是在量上对可能出现的危害高校稳定问题进行把握。通过数量分析与预测有关治安态势、高效稳定,量化预警资料,并通过统计法、数据模拟法等常用的定量预测法,对现有的预警资料进行归纳,从预警资料中筛选有效数据,得出危害高校稳定问题发生的概率,以便做出相应的预警。二是定性预测法。定性预测是在质上对可能出现的危害高校稳定问题进行把握。通过逻辑推理、专家推断等定性预测的方法,利用现有的预警资料与经验知识,在定量预测的基础上把握危害高校稳定问题的性质,掌握危害高校稳定问题的规律,推断危害高校稳定问题的发展趋势。

（三）超前预测

对危害高校稳定的因素进行预测是维护高校稳定工作中的重要内容。运用科学的理论与方法,根据危害高校稳定问题的发生、发展、变化的规律,对可能出现的危害高校稳定问题及其发生的时间、方式、规模、潜在危害、变量因素等进行预测,预先作出系统评估和科学判断,能够使高校稳定预警更加科学、准确。对于处于临界状态、一触即发的危害高校稳定问题,在超前预测的基础上,对其进行有效的预判、识别、管控,并及时向高校领导和相关部门(单位)报告危险情况,向师生员工发出紧急通告,将危害高校稳定问题解决在萌芽状态、处置在初发阶段,避免危害高校稳定问题的发生。

（四）预警实施

负有维护高校稳定职责的部门要依据高校稳定预警指标体系,定期收集师生员工的思想状况、实验室的安全隐患、学生宿舍的安全隐患、学校的日常管理问题、学校的后勤保障问题、校园周边的治安问题等信息,了解师生员工的思想状况、排斥倾向、对现实的观点与感受、对社会热点问题的反映,在工作、学习、生活上的压力点,以及对学校新出台政策的看法等,并运用定量预测与定性预测相结合的方法对情报信息进行分析。高校各部门、各单位和师生员工对出现的危害高校稳定问题要逐级上报,紧急情况时可越级上报。当发现高校运行的有序性和可控性遭到干扰、破坏时,将可能发生的无序或偏离倾向提供给高校领导和相关职能部门,以便根据预警的薄弱点采取应对措施,消除有碍高校稳定的各种因素。

第二节　加强安全管理干部队伍建设

习近平总书记在党的二十大报告中指出："全面建设社会主义现代化国家,必须有一支政治过硬、适应新时代要求、具备领导现代化建设能力的干部队伍。"①高校安全管理干部队伍是贯彻执行国家安全管理方针政策和有关法律法规的主体,是安全管理工作的组织者和指导者。加强安全管理干部队伍建设,是做好安全管理工作、实现安全管理目标的重要途径。高校要建立安全管理干部队伍建设规章制度,开展安全管理干部教育培训,不断提高他们开展安全管理工作的技能和水平。

一、高校安全管理干部队伍主体的职责

高校安全管理干部队伍主体包括专职从事和负责安全管理工作的干部、各级党政领导和各职能部门干部。高校安全管理干部的岗位不同,其具体职责也不同。高校加强安全管理干部队伍建设,首先要明确安全管理干部的工作职责,这是加强安全管理干部队伍建设的前提。

（一）高校安全管理工作委员会职责

高校应当成立由分管安全管理的校领导、有关部门（单位）主要负责人等组成的安全管理工作委员会。安全管理工作委员会的职责主要包括:(1)贯彻执行国家安全管理方针政策和有关法律法规,贯彻落实上级和学校安全管理工作部署;(2)提出学校安全管理的实施意见并组织落实;(3)协调拟制学校安全管理规章制度;(4)分析学校安全管理形势,部署学校安全管理工作;(5)组织协调安全检查和重大安全隐患治理;(6)对安全管理工作先进单位和个人提出表彰、奖励建议,对安全事故的责任单位和个人提出处理意见;(7)学校领导赋予的其他安全管理职责。安全管理工作委员会的日常工作由高校

---

① 习近平:《高举中国特色社会主义伟大旗帜　为全面建设社会主义现代化国家而团结奋斗——在中国共产党第二十次全国代表大会上的报告》,人民出版社 2022 年版,第 66 页。

安全管理部门承办。

（二）高校领导安全管理职责

1.党委书记安全管理职责

（1）贯彻执行党中央以及上级党委关于安全管理的决策部署和指示精神；（2）把安全管理纳入党委常委会及其成员职责清单，督促落实安全生产"一岗双责"制度；（3）把安全管理纳入党委议事日程，及时组织研究解决安全管理重大问题；（4）加强安全管理队伍建设和机构建设；（5）将安全管理纳入学校二级单位考核评价体系，作为衡量领导干部政绩考核的重要内容；（6）将国家安全管理方针政策和有关法律法规纳入党委理论学习中心组学习内容和干部培训内容。

2.校长安全管理职责

（1）贯彻落实上级党委和政府、学校党委关于安全管理的决策部署和指示精神；（2）把安全管理纳入学校重点工作，及时组织研究解决安全管理突出问题；（3）审定、颁发学校安全管理规章制度；（4）组织设立安全管理专项资金，并列入学校年度财政预算；（5）及时解决事故隐患，对学校无力解决的重大隐患向上级有关部门提出报告；（6）领导和组织学校突发事件应急救援、调查处理及信息公开工作；（7）领导学校安全管理工作委员会工作，定期召开安全管理工作会议，组织开展安全管理督查、考核等工作。

3.分管安全管理校领导职责

（1）组织制定贯彻落实上级部门及学校党委、行政部门关于安全管理决策部署和指示精神的措施、计划；（2）协助学校党委书记落实学校党委对安全管理的领导职责；（3）协助校长统筹推进学校安全管理，负责领导安全管理工作委员会日常工作；（4）组织实施安全检查与隐患排查治理，组织查处各类违法违规行为，协调组织事故的调查处理；（5）加强学校突发事件应急救援体系建设，组织或者参与突发事件应急救援和调查处理；（6）统筹推进安全管理信息化建设、教育培训等工作。

4.其他校领导安全管理职责

（1）组织分管工作、部门（单位）贯彻落实上级及学校党委、行政安全管理的决策部署和指示精神;(2)组织分管工作、部门(单位)健全和落实安全管理责任制,将安全管理与业务工作同部署、同实施、同检查;(3)指导分管工作、部门(单位)把安全管理纳入相关发展规划和年度工作计划;(4)督促分管工作、部门(单位)安全管理,定期组织分析安全管理形势,研究解决安全管理问题;(5)组织分管工作、部门(单位)安全检查与隐患排查治理,审核突发事件应急预案等工作。

(三) 高校二级单位安全管理职责

1. 高校安全管理部门职责

高校安全管理部门主管学校的安全管理,其主要职责包括:(1)组织制定学校安全管理规章制度和突发事件应急预案;(2)组织学校师生员工的安全教育和培训;(3)组织开展学校安全检查和隐患排查治理,提出改进学校安全管理工作的建议;(4)督促落实学校安全管理整改措施和重大危险源管控措施;(5)组织学校的应急救援演练;(6)监督检查学校安全管理工作责任制的落实情况;(7)协助公安机关调查处理案件事故,协助有关部门处理学生伤害事故。

2. 高校其他职能部门安全管理职责

高校其他职能部门负责业务范围内的安全管理,其主要职责包括:(1)建立健全本部门安全管理责任制;(2)组织制定本部门职责范围内的安全管理规章制度和突发事件应急预案;(3)组织制定并实施本部门职责范围内的安全教育和培训计划;(4)保证本单位安全管理投入的有效实施;(5)督促检查本部门职责范围内的安全管理工作,及时消除安全事故隐患;(6)及时报告发生的案件事故,并开展先期处置。

3. 院(系)主要负责人安全管理职责

院(系)主要负责人为安全管理第一责任人,对本单位的安全管理工作全面负责,其主要职责包括:(1)建立健全本单位安全管理责任制;(2)组织制定本单位安全管理规章制度和突发事件应急预案;(3)组织制定并实施本单位安全教育和培训计划;(4)保证本单位安全管理投入的有效实施;(5)督促检查本单位的安全管理工作,及时消除安全事故隐患;(6)组织本单位的应急救援演练,参与学校的应急救援演练;(7)及时报告发生的案件事故,并开展先期处置。院(系)分管安全管理的副职领导为安全管理主要责任人,对本单位的安全管理具体负责;分管学生工作的副书记为学生安全管理主要责任人,对学生的安全管理具体负责。

二、高校安全管理干部队伍的能力要求

习近平总书记强调:"面对复杂形势和艰巨任务,我们要在危机中育先机、于变局中开新局,干部特别是年轻干部要提高政治能力、调查研究能力、科学决策能力、改革攻坚能力、应急处突能力、群众工作能力、抓落实能力,勇于直面问题,想干事、能干事、干成事,不断解决问题、破解难题。"[①]高校要贯彻落实习近平总书记对干部的能力要求,针对高校安全管理工作实际,重点提高安全管理干部的以下几方面能力。

(一) 政治能力

高校安全管理干部提高政治能力,主要从以下方面入手:一是强化政治品格培养。坚持在政治立场、政治方向、政治原则、政治道路上同党中央保持高度一致,不断提高政治判断力、政治领悟力、政治执行力。二是善于从政治上分析问题、解决问题。提高政治站位,树立政治思维,坚决贯彻落实党中央决策部署,遵守政治纪律和政治规矩,坚守政治底线和红线,让讲政治成为自己的日常。三是强化责任担当精神。加强斗争精神和斗争本领养成,增强防风险、迎挑战、抗打压能力,能够在大是大非面前坚持政治原则,在各种风险挑战面前敢于亮剑、敢于碰硬、敢于攻坚。

(二) 调查研究能力

高校安全管理干部有的放矢地开展安全管理工作,就必须善于运用马克思主义的观点、立场和方法,深入安全管理工作实际,深入到师生员工中,

---

① 《年轻干部要提高解决实际问题能力　想干事能干事干成事》,《人民日报》2020年10月11日。

运用调查研究的相关方法发现存在于师生员工中的安全问题和安全需求。获取第一手资料之后,要用科学的思维方法对问题进行归纳、总结和分析,并对师生员工关注较多的安全问题进行深入的分析。在调查研究的基础之上,改进安全管理工作的思路、方法和措施。新时期高校安全管理工作形势的复杂性、多变性,要求安全管理干部善于将安全理论与工作实践相结合,运用工作实践来检验安全理论,将工作实践经验总结上升为安全理论。

（三）科学决策能力

领导干部要有战略眼光,具备在多听意见、综合评判、发扬民主、科学取舍的基础上,拿主意、想办法、定方案、作决断的综合性能力。高校领导研究谋划安全管理工作,要深入调查研究、综合分析判断,看是否符合方针政策、是否遵守法律法规、是否符合学校实际等。要从学校改革发展长远规划出发,主动做到把安全管理工作融入学校建设大局,融入学校工作全局。要把握好决策的科学性,坚持一切从实际出发,在充分论证、综合比较、全面权衡的基础上进行决策。

（四）改革创新能力

一是锐意进取的精神风貌。要善于打破思维定式,勇于从不合时宜的观念和做法中解放出来,应对安全管理工作中出现的新情况、新问题。二是较强的科学精神。善于结合高校的实际情况以及本部门、本单位的具体情况开展工作,坚持正确方法与创新思维相结合,在把握安全管理规律的基础上实现改革创新。三是善用互联网技术和信息化手段。要树立互联网思维,运用互联网技术创新安全管理工作方式方法。要善于运用手机、网络和大数据平台等开展工作,提升工作效率,提高工作水平。

（五）驾驭风险能力

高校安全管理干部驾驭风险能力主要包括:一是预防风险能力。要对安全形势走向和隐藏的危机具有预见能力,做好应对各种风险的准备。要增强忧患意识,一以贯之地绷紧驾驭安全风险这根弦,善于抓住安全风险的本性、隐蔽性和双面性,提高抵御和抗击安全风险能力,预见性地化解潜在的安全风险。二是风险识别能力。要认清新时期安全管理工作面临的挑战和考验、出现的情况和问题,善于抓住安全防范工作的重点和难点,识别存在的各类安全风险。三是处置风险能力。要不断提高应急处突的见识和胆识,对高校可能发生的突发事件,要做到分类施策、有效掌控、科学应对。

（六）群众工作能力

一是群众工作的组织力。要坚持以师生员工为中心,将师生员工组织起来,形成人人关心安全管理、人人参与安全管理的氛围。二是群众工作的动员力。要善于依靠师生员工,集中师生员工智慧。要善于宣传动员师生员工,发挥师生员工的积极性、主动性、创造性。要善于组织师生员工,开展群防群治。三是群众工作的凝聚力。要把师生员工安全需求中小事当作大事来办,切实解决师生员工的切身利益问题。要将师生员工的力量汇聚起来,发动师生员工力量,组织师生员工智慧,使师生员工参与安全管理过程中来。

（七）抓落实能力

一是说实话。对上级、对下级讲实情、道实事。要善于听实话,培养大胸怀、大格局。二是谋实事。高校领导要做到重要任务亲自部署、关键环节亲自把关、落实情况亲自督查,坚持把安全管理各项工作落在实处。三是出实招。要将安全管理目标任务贯穿在工作的全过程,脚踏实地、真抓实干,切实将安全管理计划措施落到实处。四是求实效。要树立结果导向,强化职责担当,确保安全管理目标任务落细落小落实。要加强互动沟通,增强优势互补,形成工作合力,确保安全管理目标任务的有效落实。

三、高校安全管理干部队伍建设的路径

习近平总书记强调:"各级党组织要有针对性地加强对年轻干部的思想淬炼、政治历练、实践锻炼、专业训练,明确培养年轻干部的正确途径,坚决克服干部培养中的形式主义,帮助他们提高解决实际问题能力,让他们更好肩

负起新时代的职责和使命。"①高校要将安全管理干部队伍建设摆在重要位置,切实抓好教育培训、实践锻炼,建设堪当维护高校稳定重任的高素质安全管理干部队伍。

（一）加强自主学习

学习是加强党性修养、坚定理想信念、提高精神境界的重要手段,是获取知识、提升能力、增长本领的必经之路。高校安全管理干部要树立终身学习的理念,加强自主学习,不断掌握新知识、熟悉新领域、开拓新视野,从而实现新进步。一是向书本学习。向书本学习是人们获取知识的重要途径。要有计划地学习书本知识,扩大自己的知识面,使自己成为高校安全管理的行家里手。要学习领导科学知识,掌握领导工作的特有矛盾,更好地把握领导规律和领导方法。要不断扩展学习的广度和深度,积极创新学习方式方法,把读原著、学原文、悟原理结合起来,真正实现学有所思、学有所获、学有所成。二是向实践学习。实践是人们认识世界,从而更好地改造世界的教科书,是人们获取知识的主渠道。要坚持以学习为基、以实践为本,坚持在干中学、在学中干,加强安全管理组织领导,搞好安全管理协调配合,引导师生员工积极参与。不仅要从思想上学出自觉和自信,而且要从实践中找到工作方法和路子,学出责任担当和能力水平。三是向师生员工学习。要扑下身子、沉到基层,直接与师生员工见面,多看、多听、多问、多记、多想,以对师生员工负责的态度,实实在在了解师生员工,真心实意接近师生员工,从师生员工中找到解决问题的办法。要坚持从群众中来、到群众中去的工作路线,倾听师生员工的呼声,反映师生员工的意愿,集中师生员工的智慧,实现安全管理决策的民主化、科学化。

（二）抓好集中培训

高校要更加重视安全管理干部队伍的教育培训,全面提升安全管理干部队伍的综合能力和素质。一是丰富教育培训内容。一方面,加强政治理论培

---

① 《年轻干部要提高解决实际问题能力　想干事能干事干成事》,《人民日报》2020 年 10 月 11 日。

训。坚持以理想信念、党性修养、政治理论、政策法规、道德品行教育培训为主，提高安全管理干部的政治意识、大局意识、核心意识、看齐意识，提高以习近平新时代中国特色社会主义思想为指导解决问题和开展工作的水平。另一方面，加强专业能力和专业精神培训。根据岗位特点和能力需求，开展专业能力和专业精神培训，使安全管理干部及时、全面、系统地了解新知识、学习新本领，提高专业知识、专业能力、专业作风、专业精神。二是创新教育培训方式。一方面，要发挥传统培训方式的优势。在教育培训特别是政治理论、政策法规等内容的教育培训中，以讲授为主的传统培训方式具有培训内容系统性、全面性的优势。另一方面，在原有传统教育培训方式的基础上，根据教育培训的需求，开发实行新的教育培训方式。三是坚持教育培训常态化。建立健全教育培训长效机制，根据不同层次、不同类别、不同岗位的需求，制订全面科学的年度、阶段教育培训计划。结合高校安全管理形势发展、安全管理工作特点和安全管理干部发展的实际需求，确定教育培训的周期、重点、方式和考核方式等。发挥高校教育培训机构的作用，采取与思想政治干部培训相结合的培训方式，定期对安全管理干部进行周期性、轮训式的培训。

（三）加强实践锻炼

习近平总书记在党的二十大报告中指出："加强实践锻炼、专业训练，注重在重大斗争中磨砺干部，增强干部推动高质量发展本领、服务群众本领、防范化解风险本领。"[①]高校安全管理干部在实践锻炼中增长才干，主要是增强以下五个思维。一是增强战略思维。要善于站在时代前沿思考问题，善于从当前瞻视长远、从局部把握全局、从现象透视本质，做到以小见大、见微知著，避免陷入少知而迷、不知而盲、无知而乱的困境。二是增强辩证思维。要学习掌握唯物辩证法的根本方法，不断增强辩证思维能力，提高驾驭、处理复杂安全问题的本领。要适应高校安全管理的新任务、新要求，加强调查研究，坚

---

① 习近平：《高举中国特色社会主义伟大旗帜 为全面建设社会主义现代化国家而团结奋斗——在中国共产党第二十次全国代表大会上的报告》，人民出版社 2022 年版，第 66 页。

持理论联系实际、具体问题具体分析。三是增强创新思维。要有敢于超越陈规旧俗、转变思维习惯、突破思维定式。要勇于创新、敢于创新，还要善于创新。要科学把握创新的形式、途径和方法，切实在解决具体安全问题的过程中，创造安全管理的新做法、新经验。四是增强法治思维。要自觉地运用法治思维和法治方式来谋划工作、开展工作、化解风险、维护稳定，依法调解各种矛盾纠纷问题，依法处理打架斗殴、寻衅滋事、火灾事故、校园交通事故、非正常死亡等案件事故。五是增强底线思维。要善于运用底线思维的方法，凡事从坏处准备，努力争取最好的结果，做到有备无患、遇事不慌，牢牢把握安全管理工作的主动权。要未雨绸缪、防患于未然，认真分析研判安全风险，把应急预案制定得更周密、更科学。

（四）坚持融合发展

融合发展是现代化管理的根本特征，强调事物发展内部系统各要素、系统内与系统外各要素之间的协调发展和整体推进。高校安全管理干部队伍建设坚持融合发展，就是强调以"一盘棋"的理念统筹高校不同组成部分的队伍建设，使其相互融通，你中有我、我中有你。一是与思想政治干部队伍融合发展。高校思想政治干部是思想政治建设的骨干力量，也是安全管理的重要力量。安全管理干部队伍与思想政治干部队伍的融合，可以进一步凸显安全管理工作的育人功能，充分发挥思想政治干部的教育引导和示范引领作用，不断将思想政治工作的优势资源转化为安全管理工作的优势资源。二是与安全教育课教师队伍融合发展。安全教育课是大学生的必修课，拥有课堂教学平台。而安全管理工作是大学生正常学习和生活的保障，拥有丰富的实践活动平台。安全管理干部队伍与安全教育课教师队伍的融合，可使安全教育课教师更加熟知学生的思想行为特点，提高教学的针对性。同时，也使安全管理干部更加了解学生的安全理论知识学习情况，提高安全行为引导的理论性。三是与辅导员、班主任队伍融合发展。辅导员、班主任是院（系）班级学生安全管理责任人，协助院（系）领导和安全管理部门开展学生安全管理工作。安全管理干部队伍与辅导员、班主任队伍的融合，使辅导员、班主任随时了解学生的思想和心理情况,对有心理问题的学生及时进行心理干预;教育转化具有不良倾向的学生,及时化解学生、师生之间的矛盾纠纷;加强本班级教室、学生宿舍等安全管理,防止财物被盗、火灾等案件事故的发生。

第三节　建立安全管理工作长效机制

习近平总书记指出:"维护公共安全,必须从建立健全长效机制入手,推进思路理念、方法手段、体制机制创新,加快健全公共安全体系。"①"各级党委和政府要切实承担起'促一方发展、保一方平安'的政治责任……明确并严格落实责任制,把确保公共安全工作成效作为衡量党政领导班子和领导干部政绩的重要指标。"②高校要建立科学合理的安全管理工作长效运行机制,确保安全管理工作得到长期发展,并充分发挥安全管理工作的长期效应,保障教学、科研等中心工作顺利进行,保障高校和谐稳定和改革发展。

一、组织领导机制

《关于加强社会治安综合治理的决定》明确规定:"社会治安综合治理的领导体制是,在党委统一领导下,党政共抓,办事机构具体指导协调,各部门、各单位各负其责。最重要的是各级党政主要领导要亲自过问,把一般号召和具体指导结合起来,真正担负起抓社会治安的责任。"实践证明,凡是党委重视并加强对安全管理工作的领导,安全管理工作的效果就明显。因此,搞好高校安全管理工作,加强组织领导是关键。

(一) 坚持党委统一领导

习近平总书记在党的二十大报告中指出:"全面建设社会主义现代化国

---

① 中共中央文献研究室编:《习近平关于社会主义社会建设论述摘编》,中央文献出版社2017年版,第154页。

② 中共中央文献研究室编:《习近平关于社会主义社会建设论述摘编》,中央文献出版社2017年版,第154—155页。

家、全面推进中华民族伟大复兴,关键在党。"①高校安全管理工作必须要始终坚持党委领导,建立健全党委统一领导的体制,实行党政共管。高校领导要经常深入师生员工之中,了解师生员工实际,准确把握师生员工的思想动态。要把安全管理工作摆上党委的重要议事日程,经常分析和研究如何做好新时期学校安全管理工作。要把安全管理纳入学校整体工作计划,在布置、检查教育教学工作时,要布置、检查安全管理工作。要对安全管理工作队伍的岗位设置、人员编制、队伍选拔配备、队伍培养培训、经费保障等做出明确规定。

（二）建立安全管理领导机构

《关于加强社会治安综合治理的决定》规定:"各级党委和政府都要把综合治理摆上重要议程,健全社会治安综合治理的领导机构和办事机构,定期研究部署工作。"高校根据上级要求,结合学校实际,可建立三个层次的安全管理领导机构。一是建立安全管理工作委员会。由校长担任安全管理工作委员会主任,成员包括党办、校办、宣传、组织、纪检、人力资源、教务、学生工作、安全管理、实验室与设备管理、财务、后勤管理、工会、团委等部门（单位）的主要负责人。安全管理工作委员会办公室设在安全管理部门,由分管安全管理的校领导担任办公室主任。二是机关部门、直属单位、各院（系）建立安全管理工作领导小组。领导小组组长一般由机关部门和直属单位主要负责人、院（系）党总支书记担任。办公室设在机关部门和直属单位、院（系）的办公室,负责本部门（单位）、本院（系）安全管理的日常工作。三是人员编制较少的部门（单位）,确定安全管理责任人,负责本部门、本单位的安全管理工作。

（三）赋予安全管理领导机构相应职权

高校党委要赋予安全管理领导机构以必要职权。一是协调指导权。制定安全管理工作规划、计划,运用会议、文件等形式,协调、组织各部门、各单

---

① 习近平:《高举中国特色社会主义伟大旗帜　为全面建设社会主义现代化国家而团结奋斗——在中国共产党第二十次全国代表大会上的报告》,人民出版社 2022 年版,第 63 页。

位开展安全管理工作。二是监督检查权。对所属基层单位的安全管理情况实施有效的监督,定期或不定期地检查指导,组织验收、评比。三是表彰批评权。对安全管理各项措施落实好的单位和个人,通过不同形式予以表彰;对不重视安全管理工作,被动应付或存在严重问题的单位和个人,有权提出批评,责令整改。四是一票否决建议权和一票否决权。高校党政机关部门、直属单位、院(系)安全管理工作领导小组有一票否决建议权,高校安全管理工作委员会有一票否决权。

二、目标管理机制

安全目标管理是指高校在安全管理活动中运用科学合理的安全管理措施以确保达到预期的安全结果的一种管理方法。安全目标管理充分体现了"安全工作、人人有责"的原则,是高校目标管理的重要组成部分。高校实行安全目标管理,能充分启发、激励、调动师生员工在安全管理工作中的责任感和创造力,有效提高安全管理工作水平和效果。

(一)高校安全目标的内容

安全目标的内容是高校根据上级指示要求和学校具体情况,在充分听取师生员工意见的基础上,制定安全管理的总目标,然后进行层层展开、层层落实,要求各部门、各单位的负责人以至师生员工根据上一级目标,分别制定个人目标,形成一个全方位、全过程、多层次的目标管理体系。

1.高校安全总目标

高校依据国家的安全生产方针、政策、法令,上级教育主管部门下达的指标和提出的要求,学校安全管理的中期、长期规划,学校安全管理工作现状等,制定安全总目标。具体表述为:以维护高校政治安定和治安稳定为指导思想,以构建和谐校园为目标,充分发挥高校在教育上的优势,预防、减少、消除不安定因素和隐患,抑制各类案件事故的发生,杜绝重大恶性案件事故的发生,为教学、科研、生活创造一个良好的治安环境,使师生员工有获得感、幸福感、安全感,进而实现培养德智体美劳全面发展的社会主义建设者和接班人的目的。

2.高校安全目标体系

高校安全总目标设定后,要将总目标从纵向、横向或时序上分解到各部门、各单位和各级、各类人员,形成自下而上层层保证的目标体系。一是按管理层次纵向分解。即将高校安全总目标分解为学校、职能部门、院(系)、班级、个人的安全目标。二是按职能部门横向分解。即将安全目标在同一层次上分解为不同部门的分目标,如高校安全总目标的实现涉及安全管理部门、学生工作部门、实验室与设备管理部门等相关职能部门。三是按时间顺序分解。即高校在一定时期内的安全总目标可以分解为不同年度的分目标,不同年度的分目标又可分为不同季度的分目标等。在实际应用中,高校安全总目标既要横向分解到各个职能部门,又要纵向分解到院(系)、班级、个人,还要在不同年度、不同季度有各自的分目标。

(二) 安全目标管理的实施

1.建立安全管理责任制

高校制定安全目标后,要根据不同部门(单位)和不同类型人员担负的具体安全目标,分别明确责任、委任权限,使每个人都清楚自己在实现安全总目标中应负的责任和享有的权利,积极主动地为实现安全目标而努力,确保所有安全目标的全面实现。高校领导要根据下级实现安全目标的要求,授予下级相应的自主权,以便下级能够自主地处理问题。

2.制定安全目标责任书

安全目标责任书是高校建立与实行安全目标管理的文字依据,其内容一般包括:(1)任务。主要明确高校安全管理工作的总任务。(2)目标与指标。主要明确高校安全管理工作要实现的目标和指标。(3)责任区分。进一步明确学校和各部门、各单位分别履行什么职责。(4)奖励与处罚。旨在建立激励与制约机制,使各部门、各单位和责任人积极主动地为之努力。(5)检查验收。主要规定全年检查验收的时间。(6)承包期限。责任书的起止时间通常从每年的 1 月 1 日至 12 月 31 日。责任书制定好后,由高校主要负责人与各部门、各单位的主要负责人签订,双方各执一份。

3.加强目标实施中的控制

安全目标实施中控制的方式主要包括:(1)自我控制。主要通过各部门、各单位和责任人的自我检查、自行纠偏,达到安全目标管理的有效实施。(2)逐级控制。按照安全目标管理的授权关系,进行逐级检查、逐级调节。(3)关键点控制。高校安全管理部门对实现安全总目标有决定意义的重点目标、重点措施、重点单位等关键点进行控制。安全目标实施中的控制要以实现既定安全目标为目的,对各部门、各单位和各级、各类人员进行有效的指导以及必要的协调,确保安全目标管理的顺利实施。

4.做好安全目标的检查与验收

为了解安全目标管理责任制的落实情况、提高安全目标管理的实效,安全目标在实施过程中和完成后要进行检查和验收。每年放暑假前,各部门、各单位要组织自查,高校有重点地组织抽查;放寒假前,高校结合年终考核组织全面检查验收。通过对安全目标的检查与验收,总结成绩,找出存在的问题,对有关部门(单位)和人员进行奖励或惩罚,为进入下一周期的安全目标管理奠定基础。检查验收的成果,可纳入部门(单位)负责人的岗位责任制和聘任制进行考核,纳入高校安全文明单位的评选。

三、工作协调机制

《关于加强社会治安综合治理的决定》指出:"在各级党委和政府的统一领导下,各部门协调一致,齐抓共管,依靠广大人民群众,运用政治的、经济的、行政的、法律的、文化的、教育的等多种手段,整治社会治安,打击犯罪和预防犯罪,保障社会稳定,为社会主义现代化建设和改革开放创造良好的社会环境。"高校既要建立学校党委统一领导的安全管理工作组织领导体系,又要建立各部门、各单位团结协作和密切配合的安全管理工作格局。

(一) 切实把安全管理工作摆上位置

一方面,纳入高校党政领导的工作日程。《关于加强社会治安综合治理的决定》指出："要将社会治安综合治理列入各级党委和政府的重要议事日程,认真研究解决落实工作中存在的各种问题。"高校安全管理工作必须按照上级的规定执行,切实纳入高校党政领导班子和领导干部的工作日程,予以重视、计划和落实。另一方面,纳入高校机关部门、院(系)负责人的任期目标责任制。《关于实行社会治安综合治理领导责任制的若干规定》指出："要把抓好社会治安综合治理工作,确保一方平安,作为各级党委、政府和各部门党政领导干部的任期目标之一,并同党政领导干部的政绩考核、晋职晋级和奖惩直接挂钩。"根据这一规定,高校要坚持把安全管理工作纳入高校机关部门、院(系)负责人的任期目标责任制。

（二）坚持安全管理与学校发展相协调

高校发展涉及教学、科研、党建、人才队伍、学生工作、安全管理、后勤服务等诸多方面,安全管理是其中一项工作。高校要将安全管理工作与其他工作协调起来,使安全管理的目标任务与高校整体发展的目标任务统一起来。首先,要将安全管理纳入高校发展的全局统筹考虑,在制定高校中长期和年度发展规划时,要考虑安全管理的权重,将安全管理摆到重要位置,并根据高校的总体规划和目标,为安全管理设定相应的目标任务。其次,要在安全管理与教学、科研、后勤保障等各项工作之间建立互通、联动机制,使各方的人力资源、信息资源、硬件资源等能够互通互享,使安全管理以更加多样的方式方法得以开展。再次,要将安全管理育人融入高校的教学、科研、生活的各个方面,充分体现课堂育人、实践育人、环境育人、活动育人,使大学生潜移默化地接受安全管理与安全服务。

（三）安全管理部门发挥组织协调作用

安全管理部门是高校安全管理工作的职能部门,负责落实高校党委对安全管理工作总体要求以及方针原则,确定安全管理工作内容、方式方法和载体的运用等,协助各部门、各单位研究制订安全管理工作计划,督促检查各部门、各单位安全管理工作计划的实施情况,帮助协调、解决工作中出现的问题与矛盾。安全管理部门要当好高校党委的参谋助手,搞好上情下达、下情上达,保证高校党委掌握安全管理工作情况。组织协调好机关其他部门的工作,根据高校的实际情况,抓住重点、难点、热点问题,及时组织召开安全管理工作会议,向机关各部门特别是安全管理工作委员会成员单位,明确任务,互通情况。特别要积极与学生工作、实验室与设备管理、后勤管理等部门加强沟通联系,互相通报上级关于安全管理的指示要求和业务范围内的安全管理情况。

（四）机关其他部门积极密切配合工作

高校要建立党委领导机关部门密切配合的安全管理工作协调制度,加强安全管理工作的横向管理。实践证明,只有建立起党委领导机关部门密切配合的协调制度,才能形成在党委统一领导下,各部门各司其职、密切配合、形成合力,共同把安全管理工作做好的氛围。高校机关其他部门要从思想上重视安全管理工作,切实把安全管理工作与部门的工作结合起来一道去做,根据本部门的工作职责和安全管理的任务、职责,积极主动地做好安全管理工作,并在本部门职权范围内对安全管理工作给予激励和制约,使相关单位在抓好中心工作、日常工作的同时,重视抓好安全管理工作。高校安全管理工作委员会成员单位要明确任务、找准位置,切实了解在安全管理工作中的任务、职责、地位,积极发挥成员单位的作用,确保高校安全管理工作任务的落实。

四、考核奖惩机制

安全管理工作考核奖惩机制是建立严格的科学考核制度和功能齐全的激励机制,主要包括考核、奖惩两个方面的内容。安全管理工作考核奖惩机制可以起到激励、约束的作用,促进高校各部门、各单位重视并切实做好安全管理工作良好氛围的形成,推动安全管理工作的开展,为高校和谐稳定、建设发展发挥更大的作用。

（一）安全管理工作考核制度

1.考核标准与内容

一是组织领导有力。包括党委统一领导,党政主要领导亲自抓,各方面分工负责的领导体制；强有力的组织协调机构，各部门、各单位齐抓共管、形成合力等。二是运行机制健全。包括安全管理工作的规划、计划、执行、反馈、监督等管理机制，目标管理机制，与其他工作一体运行机制，队伍、经费、器材等保障机制，检查、考核、奖惩机制等，科学规范，运作正常。三是方式方法科学。包括安全宣传教育活动的形式灵活多样、创新性强，安全管理工作的方法实用、针对性强。四是实际效果明显。包括安全教育的教学效果，人员的思想心理工作效果，安全管理工作发挥保证中心工作顺利开展的作用。五是总体规划落实。包括安全管理工作的年度计划落实，安全管理工作的目标任务实现。

2. 考核指标体系构建

第一，提出一级指标。根据安全管理的目标要求和考核对象的实际，提出考核的一级指标系统。例如，可将安全管理工作分解为组织领导与责任体系、制度建设与运行机制、政治安全与校园稳定、常规安全与校园管理、风险防控与应急管理、安全教育与安全文化、队伍建设与保障措施7个一级指标。第二，分解一级指标。这一过程是把一级指标项目逐一分解为二级指标项目，再把各二级指标项目分解为三级指标项目等。经过分解，指标体系内各项目、分项目内容具有较强的系统性和层次性。第三，确定权重系数。衡量考核指标重要程度的数据叫权重系数，确定权重系数关系安全管理工作的价值导向，既要保障重点，又要兼顾一般。第四，设立指标等级。指标等级是用以检测考核对象对指标要求达到的程度，指标等级的设立一般采用优秀、良好、合格、不合格四级制。

3. 考核的程序和方法

安全管理工作考核是以完成的工作量、产生的实际效果为依据，运用量化分解和科学评估的方法，逐项进行考核。完成的工作量是以安全管理工作的原始资料为准，产生的实际效果是以科学评估出的安全管理工作效果为准，逐项考核是以安全管理工作考核指标体系的项目进行考核。考核形式以实地考察为主，考核人员到各部门、各单位，深入师生员工中，对安全管理工作过程和效果的诸要素、诸环节进行实地考察。实地考察的方法主要有观察法、听取汇报法、座谈法、问卷调查法等,考核人员通过看、听、问等了解考核对象,获得第一手材料和信息。同时,还要对考核对象进行纵向和横向比较考核。纵向比较考核是对考核对象进行历史和现实的比较,判断其是进步了还是退步了;横向比较考核是将多个考核对象放在一起进行相互比较,判断他们相对水平的高低。最后,根据考核情况,对考核对象做出优秀、良好、合格或者不合格的评定。

（二）安全管理工作奖惩制度

1.先进单位和个人的提名

安全管理工作先进单位的评选,是以单位实际完成的安全管理工作量和产生的实际效果得分为基本评比条件,由考核小组按照名额比例提出候选单位名单,经组织、人事、纪检等部门审查后,报学校安全管理工作委员会办公室。安全管理工作先进个人的评选,是根据个人在安全管理工作中作出的贡献,由考核小组按照名额比例提出先进个人候选人名单,由师生员工评议,经组织、人事、纪检等部门审查后,报学校安全管理工作委员会办公室。同时,对于领导不力、工作失误、造成不良后果的单位和个人,视情节由考核小组讨论酝酿,提出处罚意见,提交组织、人事、纪检等部门审定。

2.先进单位和个人的确定

在学校安全管理工作委员会向学校党委汇报考核情况后,将经过组织、人事、纪检等部门审定后的先进单位、先进个人名单,以及对个别人员领导不力、工作失误、造成不良后果的处罚意见,报请学校党委研究决定。安全管理工作奖惩制度要体现安全管理工作的特点,奖惩对象主要是安全管理工作者。安全管理工作奖惩还要体现奖罚分明的原则,对开展安全管理工作出色的人员要给予表扬和物质奖励,成绩显著者给予重奖;对方法简单、官僚主义、工作失误、造成不良后果者给予必要的处罚。确定安全管理工作先进单位、先进个人时要注意以下三点:(1)坚持标准,公平合理,实事求是;(2)注重实际工作效果;(3)大力宣传先进事迹,发表彰通报,上宣传栏、校园网等。

3.奖励与惩罚相结合

在高校安全管理工作中,通过奖励和惩罚对行为人的行为方式和行为结果进行评价调节,是激励的一种重要方式,其中奖励是正激励,惩罚是负激励。奖励包括物质奖励和精神奖励,如奖金、升职、荣誉等。通过奖励先进,能够为师生员工参与安全管理工作树立榜样,激发参与安全管理工作的积极性。惩罚也有多种形式,如罚金、降职、纪律处分等。惩罚既可以让犯错的行为得到惩罚,纠正其错误行为,又可以警示其他人。奖励与惩罚相结合,要求赏罚分明,奖功罚过,奖优罚劣。只有这样,才能真正发挥出激励的效果,使先进得到肯定、受到鼓励,使后进感到压力、受到鞭策。实际工作中,应当以奖励为主、惩罚为辅,激发师生员工以主动自觉的行动投入安全管理工作中。

应急管理篇

第十一章　掌握应急管理的基本概念

习近平总书记在主持十九届中共中央政治局第十九次集体学习时强调："应急管理是国家治理体系和治理能力的重要组成部分,承担防范化解重大安全风险、及时应对处置各类灾害事故的重要职责,担负保护人民群众生命财产安全和维护社会稳定的重要使命。"①贯彻落实习近平总书记的重要讲话精神,全面加强应急管理工作,保护师生员工生命财产安全和维护高校稳定,是高校义不容辞的责任。高校通过应急管理,对可能发生的突发事件做到有效预防,对已发生的突发事件做到有效处置,最大限度地减少突发事件造成的损失,并尽快恢复到正常状态。

第一节　高校突发事件的特点、分类和危害

根据《突发事件应对法》关于"突发事件"的规定,结合高校实际,高校突发事件可作以下定义:高校突发事件是指突然发生的,中心对象为师生员工,对师生员工个体或师生员工群体的利益与安全、高校或社会的秩序与稳定,造成或者可能造成严重危害,需要采取应急处置措施予以应对的事件。高校应急管理者了解掌握高校突发事件的特点、分类、危害,对于强化应急管理意

---

① 《习近平在中央政治局第十九次集体学习时强调　充分发挥我国应急管理体系特色和优势　积极推进我国应急管理体系和能力现代化》,《人民日报》2019 年 12 月 1 日。

识、提高应急管理能力显得尤为迫切和重要。

一、高校突发事件的特点

高校是社会的有机组成部分,高校突发事件与社会突发公共事件之间属于特殊性与普遍性、个别与一般的关系。高校突发事件既具有社会突发公共事件的共性,又具有自身的特点。

（一）不确定性

高校人员众多、物资集中,人员活动相对集中、集体活动多,公众聚集场所多、外来人员流动性大,校园内外环境变化不定,增加了突发事件发生的可能性。随着社会各种利益关系的重大调整、各种社会矛盾的冲突,使高校突发事件发生的概率不断增大。大学生的行动相对自由、感情容易冲动、自我防护能力相对薄弱等特点,导致与大学生相关的突发事件发生的偶然性增大。突发事件发生的时间、地点、方式、程度等情况往往出人意料,给高校应急管理者的准确预测和有效把握增加了难度。突发事件发生后的发展变化以及事件影响的深度和广度会受到很多偶然因素的影响,很难用常规的规则进行判断。普通事件如果处理不当,也有可能演变成突发事件。

（二）突发性

事物的变化发展是由于事物内部矛盾产生的,突发事件也不例外。事物内部矛盾是突发事件爆发的内因,突发事件体现了事物内部矛盾由量变到质变的变化发展过程。按照这一理论,高校突发事件的突然性是应该能够得到缓冲的,突发事件的发生是应该具有可知性的,但突发事件发生的诱因在什么时候出现、以什么方式出现以及具体时间、实际规模、发展态势、影响程度、演变速度等,都是难以完全预测和把握的。正是由于突发事件的突发性,使突发事件能在瞬间造成巨大损失,并使当事高校迅速成为社会关注的热点,产生较大的社会影响。

（三）扩散性

高校连着千家万户,高校一旦发生突发事件,如果应急处置不及时、不到位,就会迅速扩散、蔓延,往往会产生较大连锁反应。随着社会信息媒介传播越来越发达,高校的突发事件很容易在较短时间内传播、扩散。高校是青年大学生集聚的地方,大学生之间的相互感染性强。高校与高校之间在相同的政策、相同的发展模式和相同的发展阶段中,存在的矛盾往往具有同一种性质,这也会导致突发事件迅速扩大、升级、扩散。由于高校大多集中在城市,一个高校一旦发生突发事件,很容易波及同一区域、同一城市的其他高校乃至全省、全国高校,极易被社会上别有用心的人所利用、煽动,借机滋生事端,诱发其他各类突发事件。

（四）敏感性

当前,互联网技术的发展和网民数量的急剧增长使高校突发事件更容易产生、变化和传播。一条微博、一则论坛信息就能引起参与者的广泛讨论,看似简单的普通事件都有可能引爆舆论的"火药桶"。尤其是一些负面消息引起的讨论,直接导致网民在网络空间形成意见聚合。特别是对于高校网络突发事件,网络社交平台和自媒体 App 平台给突发事件传播提供了多种渠道,使更多的网民参与话题中,在事件演化过程中发挥信息反馈和推动作用,引起师生员工和社会公众的关注,形成大面积转发,使事件发展更加多元。

（五）复杂性

一是从突发事件成因看,有自然因素,也有人为因素。有校外原因,也有校内原因。突发事件往往是两种或几种原因共同影响造成的,也有一些小事件积累后一起爆发的。二是从突发事件参与者看,尽管开始参与突发事件的大都是高校的师生员工,但容易有社会人员混入,并极易被不法分子利用。三是从突发事件组织形式看,既可能是个体事件,也可能是群体事件。群体性事件可能是有组织的,也可能是没有组织的。四是从突发事件表现形式看,在空间上表现为矛盾错综复杂,处理起来头绪繁多。非常态性以及连锁反应,造成了应急处置的复杂性。五是从突发事件发展看,大多在事前无法进行准确预测,加之事件发展迅速,演变趋势难以把握,一旦具备一定规模,就难以对事件实施有效控制。

（六）社会性

高校是培养社会主义事业建设者和接班人的重要阵地,备受政府、社会公众、新闻媒体的重视和关注。在当前教育情境下,高校被要求承担起教育好、管理好、保护好学生的责任,高校一旦发生突发事件,必将产生强烈的社会反响,成为社会关注的焦点和社会舆论的中心,导致突发事件放大或辐射的连锁反应。不仅如此,高校突发事件发生后,应急需求突然增加,高校往往难以单独提供应急人力、物力和财力资源,需要地方政府、应急救援机构、企业、非政府组织、志愿者等的多元参与、形成合力、共同应对。

二、高校突发事件的分类

《国家突发公共事件总体应急预案》把"突发公共事件"根据发生过程、性质和机理,分为自然灾害、事故灾难、公共卫生事件和社会安全事件四类。高校突发事件多种多样,不同类型的突发事件发生的原因、发展变化的规律不同,产生后果、应对方法也不一样。

（一）自然灾害

自然灾害是指由自然因素引发的与地壳运动、天体运动、气候变化相关的灾害。目前,全球正进入灾害高发、频发、多发期,各种自然灾害会时有发生,且破坏力极大。一是地震。我国是一个地震多发的国家,且震级较高的地震也较多。地震发生后,震区高校正常的教学、科研、生活秩序会受到严重影响,甚至危及师生员工的生命安全。二是洪水。我国约有 1/2 人口、1/3 耕地、70% 的工农业产值在江河中下游平原的土地上,时常面临着洪水的威胁。处在洪水易发、多发地域的高校,要把应对洪水侵害作为应急管理工作的重要内容。三是台风。台风是一种突发性的灾害性天气现象,台风登陆后会对经过地区人民群众的生命财产安全构成严重威胁。为有效抵御台风的侵害,处在沿海台风易发、多发地域的高校,要做好充分的应急准备。四是雷击。雷击是一种自然现象,经常击中高大建筑物、树木等物体,还容易击中靠近大树、穿着被雨淋湿的衣服或身上携带金属物的人,造成人员伤亡。

（二）事故灾难

一是消防安全事故。由于师生员工的用火行为习惯和消防安全意识有差异,加之高校用火、用电、用气的场所多,有的高校旧建筑物多,防火条件差,极易引发火灾事故。二是交通安全事故。高校上下课时间人员流动大、密度高,有的高校校园道路交通设施不够完善,交通安全管理不够规范,存在一定的交通安全问题。加之近年来高校校园机动车数量急剧增加,师生员工遭遇校园交通事故的概率增大。三是实验室安全事故。高校尤其是理工科院校实验室,拥有一定数量的易燃易爆、剧毒、放射性物品,这些危险物品使用、保管稍有不慎,就会引发火灾、爆炸等事故。实验室还有一些爆炸性的压力容器、高压消毒锅等器具,如果操作不当,就会引发爆炸事故。四是意外伤害事故。有的师生员工缺乏安全防范知识,或因一些场所、设施存在安全隐患,容易引发触电、溺水、拥挤踩踏、建筑物倒塌等意外伤害事故。

（三）公共卫生事件

公共卫生事件是指高校突然发生的,造成或者可能造成师生员工健康严重损害的传染病疫情、群体性不明原因疾病、食物中毒以及其他严重影响师生员工健康的事件。一是中毒。高校师生员工中毒的情况主要包括误食毒物、使用不当、故意投毒等。二是突发疾病或传染病。高校师生员工在校园集体环境中极易传染或感染疾病,疾病往往对师生员工的身心健康和个人发展产生不利影响,妨碍师生员工顺利完成工作、学习任务。高校人群比较集中,相互接触密切,人员流动性大,各种常见的传染病、流行病极易暴发。对师生员工中的突发疾病及传染病,高校校医院或医务室要积极做好预防和应对处置工作,以保护师生员工的生命和身体健康。

（四）社会安全事件

一是刑事案件、治安案(事)件。近年来,高校故意杀人、故意伤害等刑事案件和寻衅滋事、打架斗殴等治安案(事)件时有发生,给个别大学生造成了人身伤害,给高校安全管理带来了隐患。二是群体性事件。高校群体性事件一般分为两类:(1)政治型群体性事件。主要由政治因素引发,政治目的明确,联动能力强,影响范围往往覆盖全国高校。(2)利益型群体性事件。主要由利益因素引发,源起特定群体的特定利益受损或者利益主张受阻,参与者诉求明确,范围限于高校内部。三是涉外事件。随着高校对外交往不断扩大、国际交流不断增多,涉外安全管理工作日益重要、任务日益加重,高校涉外事件的发生率也会随之增多。由于涉外事件有其特殊性,处理不当有可能会演变成影响很大的国际性事件。四是网络信息事件。网络信息事件主要是指利用校园网络发送有害信息,进行反动、色情、迷信等宣传活动,窃取国家、高校保密信息,利用病毒感染、黑客侵入等破坏校园网络安全运行,利用计算机网络从事侵财和破坏的犯罪活动,可能造成严重后果的事件。

三、高校突发事件的危害

高校一旦发生突发事件,必定带来危害,只是危害的形式、范围、程度不同而已。从形式上讲,高校突发事件可能会对师生员工的人身、财产、精神以及学校正常的教学、科研、生活秩序造成危害;从范围上讲,高校突发事件可能会对师生员工个体、师生员工群体、高校或者社会造成危害;从程度上讲,高校突发事件可能造成轻度、中度或者重度危害。突发事件的危害往往具有连带效应,可能引发次生或衍生灾害。

(一) 突发事件可能造成人员伤亡、财产损失

大部分突发事件都会带来财产损失,甚至是人员伤亡。自然灾害可以使高校公共基础设施及师生员工的人身、财产遭受严重损失,事故灾难、公共卫生事件、社会安全事件对高校财产及师生员工的人身、财产造成的损害更是显而易见的。例如,地震中倒塌的校舍,火灾中被烧毁的物品,被困在地震、火灾现场的人员,被损坏的教学、实验仪器设备等。为了尽可能减少损失,高校要努力做好突发事件的防控工作,采取适当措施阻止突发事件对人、财、物的继续损害,包括事件中已经受到损害的人、财、物的继续伤害,事件蔓延造成的损害,事件连锁反应造成的损害等。突发事件的发生很多时候是由于人们缺乏防范意识或疏忽大意造成的,高校要通过典型案例的通报、不安全行

为的曝光以及突发事件防范知识宣传等方式,使师生员工充分认识突发事件防范的意义,提高危机意识和突发事件防范意识。

(二) 突发事件可能引起师生员工的心理恐慌

突发事件的不确定性、突发性以及复杂性容易引起人们的心理恐慌,甚至因此导致个别人员的不理性行为。高校突发事件发生时,师生员工是突发事件的受影响者或受害者,突发事件对受害者、旁观者等的生理和心理都会产生影响,使其产生逃避反应、负面惊慌等。逃避反应主要表现为强迫自己迅速逃离现场,而不理会指挥和命令。负面惊慌是由于突发事件的突然来临,导致认知系统和行为系统僵化,从而丧失思维和行动能力。师生员工在突发事件中受到的心理影响有多种形式,如事后震惊、重现、责难等。突发事件虽然过去了,但回想起来或重新提起时仍然感到害怕、心有余悸。当遇到与突发事件相似的情景时,或遇到某一特殊时刻时,会激发对突发事件的回忆,产生不良反应。责怪自己的行为导致突发事件的发生,对自己的行为非常后悔,以致自我发怒、自我惩罚等。抱怨为什么灾难偏偏落到自己的头上,产生无奈感、沮丧感等。

(三) 突发事件可能危害高校的和谐稳定

稳定是高校发展的基础,是推进高校文明校园建设的前提。维护高校和谐稳定,其中一个重要方面是提高保障公共安全和应对突发事件的能力,避免或减少自然灾害、事故灾难等突发事件的损失。突发事件的发生无疑会破坏高校和谐稳定的局面,会对高校文明校园建设带来影响。具体而言,突发事件对高校和谐稳定的危害有以下方面:一是突发事件可能危害校园安全。突发事件不仅可能危害校园的消防安全、交通安全、网络安全、治安秩序等,而且会影响更深层次的师生员工心理上的安全感。二是突发事件可能危害高校稳定。高校所处的外部环境复杂多变,高校存在一定的内部矛盾,这些都为各类突发事件的发生创造了条件。突发事件会危害高校的稳定,妨碍文明校园建设。三是突发事件可能影响校园秩序。井然有序的校园秩序是文明校园的应有之义。突发事件会影响师生员工的正常工作、学习和生活秩序,有的甚至危及师生员工的健康和生命。

（四）突发事件可能导致高校公信力下降

高校公信力是高校依据自身的信用所获得的师生员工、社会公众的信任程度,是高校因赢得社会信任而拥有的社会影响力,包括角色胜任力、社会满意度、社会影响力三个层次。高校作为一个为师生员工提供普遍服务的组织,其公信力通过履行其职责的一切行为反映出来。高校公信力的高低,除其他因素以外,在很大程度上是由高校所提供的教育教学、服务保障、安全稳定等的数量和质量决定的。突发事件的发生及其消极影响的扩散,可能造成师生员工、社会公众对高校的信任危机。高校信任危机的产生在于高校管理制度的不完善、高校领导的作为不得力等。

第二节　高校应急管理的特点、过程和原则

高校应急管理是指高校在突发事件的事前预防、事发应对、事中处置、善后恢复的过程中,通过建立突发事件应对机制,运用科学、技术、规划、管理等手段,保障师生员工生命、财产安全和学校公共财产安全的有关活动。高校应急管理是对高校突发事件应对活动的管理,也是高校突发事件应对活动的内在组成部分。高校要结合突发事件的特点,建立应急管理工作系统和突发事件应对机制,以预防为主,做好预防和准备工作,有效地预防和处置各类突发事件,最大限度地减少突发事件造成的损失和影响。

一、高校应急管理的特点

针对潜在或当前的突发事件,有组织、有计划、有步骤地采取对策和行动,通过突发事件预防、突发事件处理、突发事件控制,防止突发事件发生和减少突发事件伤害,最终达到解除突发事件目标的过程就是应急管理工作。高校在制定和实施工作策略时要充分考虑高校应急管理的以下特点。

（一）系统性

高校应急管理是社会应急管理的一部分,是一项系统工程,不可能脱离

社会孤立完成。高校应急管理与地方政府、社区、社会保障机构等有不可分割的联系。高校在规划应急管理工作时,要统筹考虑所有的致灾因子、应急管理阶段、利益相关者以及与突发事件相关的所有影响,将社会资源系统考虑进来,与地方政府及社会组织共享应急资源,降低应急管理的资源投入。高校应急管理实践也是全方位、全过程、多层次、全员性的系统性运动过程,是多部门配合、多主体参与、全方位运转的总体战。高校在所有工作、所有工作阶段中融入应急管理,使全体师生员工树立应急理念、学习应急知识、掌握应急方法,积极参与到学校应急管理工作中去。

（二）针对性

高校应急管理围绕突发事件的全过程展开,是以突发事件全过程应对为目标的管理。事前尽量避免突发事件的发生,事中做好突发事件应急处置工作,事后做好一系列善后工作,各阶段工作相互关系、相互衔接、相互支撑。常态阶段,高校应急管理围绕可能的突发事件展开,在突发事件发生前对突发事件风险隐患加以控制,针对可能发生的突发事件做好预案准备、人员与物资准备等。非常态阶段,高校应急管理紧紧围绕突发事件的应急处置展开,需要采取紧急性措施。此时的一些管理原则、管理程序、管理方式等都以突发事件处置为核心,采取非常规的办法。一般来说,应急管理的权力更加集中,应急决策和应急程序更加简化,应急行为有更大的强制性等。

（三）实战性

应急管理是一项操作性极强的工作,需要在实际工作中不断提升应急能力。高校在平时应急管理工作中未雨绸缪,将平时与战时应急管理相结合,实现平时与战时应急管理在应急体制、应急队伍、应急装备等方面的有机统一。高校将平时应急管理的体制、队伍、装备作为战时应急管理的有机组成部分,通过平时应急管理锻炼来提高战时的应急指挥能力、快速反应能力、应急处置能力。应急队伍坚持平时搞防范、战时搞救援,时刻做好应对突发事件的思想准备、技能准备、物资准备,突发事件发生时能够召之即来、来之能战、战之能胜。应急队伍根据应急预案定期开展模拟训练与实战演练,强化应急管理领导小组、应急处置工作小组的应急意识和应急能力,使他们平时训练、急时应急、战时应战,确保他们在危急时刻能够镇定自若、沉着应对。

(四) 灵活性

近年来社会上出现的新型突发事件对高校应急管理提出了挑战,特别是当预设工作方法不足以应对突发事件情境时,更加要求高校应急管理者用创新性的方法迎接挑战。在信息网络条件下,高校应急管理者对安全风险的监测与预警,会受到现有信息和认知方式的局限,很难精确预测新情况、新问题的出现。只有采取灵活的措施和手段,才能应对可能出现的新情况、新问题。目前,高校应急管理强调遵循应急管理制度与应急处置程序,按部就班,这对常规突发事件的应对是有效的。但突发事件的发生存在太多未知因素,突发事件的应对不能过于僵化和教条,要针对突发事件发生、发展、变化的具体情况,有针对性地灵活处置。

(五) 科学性

高校应急管理以科学理念为指导,以科学技术为支撑,采用科学的方法,充分发挥专家以及专业人员的作用,特别是利用大数据、云计算、物联网、人工智能等先进技术,以信息化推动应急管理现代化。用科学方法研究突发事件发生变化的规律,依靠科学理论提出突发事件的应对方案,提高应急预案的科技含量,使制定或修订的应急预案既符合有关法律法规,又具有科学性和可操作性。注重应急管理科学知识的教育和普及,让应急人员和师生员工了解掌握突发事件的发生机理以及科学的应对方法,防止不具有应急救援能力的人员盲目施救。采用国内外的先进预测、预警、预防、应急处置技术以及先进应急处置装备,保证应急管理体系的先进性和实用性,提高预防和应对突发事件的科技水平。

(六) 协调性

高校突发事件的预防和应对涉及各个方面,在应急管理过程中强调各部门、各单位的同心协力、协调配合,建立联防联控的协同配合工作方式,形成应急管理工作的合力。高校应急管理强调明晰各职能部门、院(系)的职责,发挥各职能部门、院(系)的作用,同时重视各部门、各单位之间的通力合作、资源共享。强调整合全校资源,组织多方力量,保持政令畅通,防止突发事件发生时因政令不畅而导致的反应迟钝或盲目出击,避免损失加大或突发事件恶化。要求广泛调动师生员工、学生家长、社会组织的参与,综合运用行政、法律、经济、舆论等调节手段,创造应急决策指挥科学、应急人员配合紧密、应急资源调动及时的良好局面。高校应急管理工作离不开上级教育主管部门、地方政府和其他社会力量的支持,同样需要与他们协调好应急管理行动中的联动和应急管理信息的互通。

二、高校应急管理的过程

应急管理的过程是应对突发事件的各个阶段、各项工作的总和。按照突发事件的演进顺序,根据《突发事件应对法》的规定,高校应急管理的过程包括预防与准备、监测与预警、处置与救援和恢复与重建四个阶段。

(一) 预防与准备

预防与准备是高校积极采取措施,建立突发事件源头防控机制,建立健全应急管理体制、制度,预防突发事件的发生,或者在人力、物力、财力等方面做好设计,为必然要发生的突发事件做好应急准备。预防与准备阶段的主要工作包括:(1)制定突发事件应急预案;(2)准备应对突发事件所必需的物资和装备;(3)对校园内容易引发自然灾害、事故灾难、公共卫生事件的危险源和危险区域进行调查、登记、风险评估;(4)及时向师生员工公布危险源和危险区域;(5)定期检查安全防范措施的落实情况,及时消除安全隐患;(6)开展应急知识的宣传教育、应急培训与演练等。高校应急管理中的预防有两层含义。一是通过安全管理与安全技术等手段,尽可能防止突发事件的发生。二是假定台风、地震等自然灾害必然要发生,采取预防措施,降低或减缓灾害的影响或后果严重程度。例如,加固建筑物、设置防护墙、撤离人员到相对安全区域、开展防灾减灾教育等。高校应急管理中的准备是针对可能发生的突发事件,为迅速有效地开展应急行动所做的各种准备,目的是提高应急处置所需要的应急能力。

（二）监测与预警

监测与预警是高校采取传统与科技手段相结合的办法,对即将发生或已经发生的突发事件进行实时监控,将突发事件消除在萌芽状态,一旦发现不可消除的突发事件,根据突发事件发生的紧急程度、发展势态、可能造成的危害程度,及时向高校应急管理者和师生员工发布预防警报。监测与预警阶段的主要工作包括:(1)建立突发事件信息系统;(2)建立专职或者兼职信息报告员制度;(3)建立健全突发事件监测制度;(4)建立健全突发事件预警制度和分级制度;(5)建立突发事件预警发布和解除制度等。在监测与预警阶段,高校应急管理者根据已有的资料数据,运用逻辑推理、科学预测等方法和技术,对出现的突发事件征兆和苗头及时发布相关信息进行预警,对突发事件的未来发展趋势、演变规律等作出估计和推断,使应急人员提前了解突发事件的发展态势,以便及时采取应对策略。通过监测与预警,把突发事件消除在萌芽状态,这是高校应急管理的最高境界;在突发事件发生的情况下,控制措施全面到位,避免突发事件的恶化或扩大,这是高校应急管理的第二境界。

（三）处置与救援

处置与救援是高校突发事件发生后,针对其性质、特点、危害程度,高校立即组织有关部门(单位),调动应急人员和社会力量,采取应急处置措施,防止事件的进一步扩大和发展。处置与救援是高校突发事件应急管理的重要组成部分。高校一旦发生突发事件,高校应急管理者要尽可能详细地掌握当前情况,及时为应急指挥者提供准确、必要的信息,为应急人员迅速出击、处置事件创造条件。应急指挥员迅速作出应急决策,发出应急指令,启动应急预案。应急人员果断采取有效应急措施,防止突发事件扩大和升级,将突发事件损害限定在一定范围之内。在应急处置过程中,应急指挥者要从实际出发,进行创新性决策;应急人员要在应急预案的基础上,科学、有效地处置突发事件;高校应急管理者要注意对信息和媒体的管理,防止谣言流传造成师生员工、社会公众的心理恐慌。如果突发事件的规模和性质超出高校的应急能力,高校要积极协调地方政府和社会组织的支援,协助开展现场处置和施救工作。

（四）恢复与重建

恢复是高校突发事件的威胁、危害得到控制或消除后,停止执行应急处置措施,安抚受害人员,清理事件现场,尽快使受损的系统功能恢复或者部分恢复,同时采取或者继续实施必要措施,防止发生自然灾害、事故灾难、公共卫生事件的次生、衍生事件或者重新引发校园安全事件,及时调查突发事件的发生原因和性质,评估危害范围和危险程度。恢复是较短时间内使事件影响区域恢复到相对安全状态的行动,是应急结束前的收尾工作。特殊情况下,可将潜在风险高的恢复行动一直作为恢复工作进行到应急结束。重建是长期恢复,包括校园重建、受影响区域的重新规划和建设。在重建过程中,要吸取事件和应急处置的经验教训,开展进一步的预防工作。无论何种类型突发事件,都容易导致人员伤亡、个体和群体心理问题、校园失序等问题,高校在恢复与重建阶段,要克服多种困难,把握好其中蕴含的机会,处理好实体重建、心理重建、资源管理等问题,努力实现复原到正常状态的目的。

三、高校应急管理的原则

《突发事件应对法》第四条规定:"国家建立统一领导、综合协调、分类管理、分级负责、属地管理为主的应急管理体制。"根据国家法律法规的规定,总结社会和高校突发事件应急管理的经验教训,结合高校应急管理的特点和目标任务,高校应急管理工作中要坚持以下六项原则。

（一）预防为主

《突发事件应对法》第五条规定:"突发事件应对工作实行预防为主、预防与应急相结合的原则……"突发事件的发生都是偶然性和必然性的统一,而偶然性中往往都有必然性的因素。高校应急管理要坚持预防为主的原则,将可能发生的突发事件扼杀于萌芽状态,将无法控制的突发事件的损失,尤其是对人的生命安全的危害降到最低。要在高校日常教育和管理中,把防患于未然的意识灌输到高校管理者和师生员工中,形成人人预防、整体联控的突发事件防控氛围。要从管理机构、应对措施、应急保障、权责分工等方面,对应急管理相关工作做出明确规定,建立应急管理工作机制。要把监测预警、预防预控作为应急管理的常规工作,消除突发事件的诱发因素,从根本上防止突发事件的发生。要定期开展应急培训、应急演练,避免应急预案束之高阁、应急演练纸上谈兵的现象。要把预防与应急、常态与非常态相结合,切实做好应急处置的各项准备工作,确保突发事件真正来临时能够有条不紊地应对和处置。

（二）统一领导

高校各部门、各单位在高校党委的统一领导下,充分发挥本部门、本单位的职能和优势,认真负责做好本部门、本单位的应急管理工作。高校一旦发生突发事件,发生地部门（单位）要立即采取措施控制事态发展,组织本部门、本单位的人员开展先期应急处置,并立即向学校报告。突发事件发生地部门（单位）不能消除或者不能有效控制突发事件的,由学校及时采取措施,统一领导应急处置工作。高校应急管理坚持统一领导原则,就要有一个紧密团结、坚强有力的应急管理领导小组,形成一个高效的应急决策核心。高校党政主要负责人要在必要时亲临应急处置现场,增强应急人员的信心,维护应急处置措施的权威性,提升高校应急管理形象。要培育良好的校园文化,形成顾全大局、上下齐心、共渡难关的局面,营造一切行动听指挥的氛围,增强应急管理的执行力。要坚持重大应急管理工作必须在高校党委的统一领导下进行,各部门、各单位不能自行其是,以保证应急管理体系的政令统一和快速有效运作。

（三）分级负责

为了把应急管理方方面面的工作切实落到实处,提高应急管理工作的效率和水平,高校要把应急管理目标任务层层分解到相关职能部门、相关院（系）、相关人员,建立职能明确、权责清晰、运行灵活、统一高效的应急管理分级负责制。要根据国家对突发公共事件的分级分类,结合高校实际,将突发事件按性质、严重程度、可控性、影响范围进行分级分类,并制定相对应的应急预案,明确各个级别突发事件由具体的部门(单位)、人员进行相应应对处理。要把应急管理责任落实到具体部门(单位)、人员,明确各职能部门和各个院(系)的职责和权限,消除因职责界限不清引起的扯皮现象,防止把本部门、本单位能够解决的问题推给学校。要建立逐级汇报制度,各职能部门、院(系)要及时向学校应急管理领导小组汇报工作进展情况,确保应急管理重点工作进展顺利、汇报及时、掌控有力。

(四) 依法管理

不打折扣地遵守、执行国家和地方的法律法规是高校应急管理工作的基本前提。高校要通过教育培训、应急演练等途径和方法,加强应急管理者和师生员工对国家应急管理法律法规和学校应急管理规章制度的认识和理解,提高他们的应急管理法律意识,明确他们在突发事件发生前后及应对突发事件过程中的权利和义务。要遵循国家的有关法律法规,制定并完善应急管理制度和应急预案体系,实现应急管理内容、程序、方式等的规范化和法治化。要在应急管理工作过程中,保持应急管理上位法与下位法的一致性,严禁借突发事件的特点而随意违反法律法规和制度程序,违反法律法规的应急行动有时往往会引起更大的不良后果。要在突发事件应急处置过程中,强调快速反应的同时,做到依法办事。

(五) 全员参与

《突发事件应对法》第十一条第二款规定:"公民、法人和其他组织有义务参与突发事件应对工作。"国家法律将参与应急管理工作规定为公民、法人和其他组织需要履行的法律义务。高校一旦发生突发事件,师生员工甚至学生家长都会成为事件的利益相关者被牵扯其中。高校应急管理不是哪一个、哪几个部门(单位)或个人的事,需要广大师生员工共同努力、共渡难关。高校应急管理要遵循全员参与原则,充分发动各部门、各单位和广大师生员工积极参与,确保科学有效地应对突发事件。同时,要增强师生员工的公共安全和风险防范意识,提高师生员工的避险救助能力和应对突发事件的综合素质。突发事件发生突然、危害性大,高校应急管理工作既要发挥高校的主导作用,又要发挥各部门、各单位和广大师生员工的作用,动员全校的人力、物力和财力,形成应对突发事件的合力。如果只强调高校的主导,未充分发动全员参与,突发事件应急管理的成本就会增加、效率就会大打折扣。

（六）信息公开

高校及时公开信息,既是做好应急管理工作的需要,又是满足师生员工和社会公众知情权的需要,更是高校履行法律义务的需要。一是树立信息宜导不宜堵的意识。要有意识地控制信息,但不能封闭信息。信息的发布要及时、准确,避免虚假信息的产生和传播。二是把信息公开作为应对突发事件的重要手段。要有效控制应对突发事件相关信息传播的导向性,增强师生员工对学校应对突发事件的信心。三是搞好信息的收集和分析。在突发事件发生前和发生后,要做好信息的收集和分析,随时发布、更新信息。除涉及国家机密、科研秘密和个人隐私的信息外,要做到信息透明、公开。四是保持应急管理工作程序的透明。在应对突发事件过程中,要按照应急处置程序进行,并确保工作程序为应急人员和师生员工所知悉。

第十二章　加强应急管理的体系建设

习近平总书记强调,"要发挥我国应急管理体系的特色和优势,借鉴国外应急管理有益做法,积极推进我国应急管理体系和能力现代化"[①],"健全国家应急管理体系,提高处理急难险重任务能力"[②]。我国应急管理体系的核心内容是"一案三制","一案"是指应急预案,"三制"是指应急管理体制、应急管理机制、应急管理法制。做好高校应急管理工作,在编制应急预案的基础上,需要集中统一、权威高效的领导体制和应急管理系统,协调和统筹整合应急管理资源,使应急管理体系能够保证突发事件应对活动顺利进行。

第一节　高校应急管理领导体制建设

高校应急管理领导体制是高校应急管理工作机构的设置、职责的划分和具体领导制度、领导方法的总和。加强高校应急管理领导体制建设,对于有效应对突发事件、维护高校和谐稳定具有重要的作用。高校要充分考虑可能发生的突发事件类型,有针对性地建立完善应急管理领导体制,加强对应急

---

① 《习近平在中央政治局第十九次集体学习时强调　充分发挥我国应急管理体系特色和优势　积极推进我国应急管理体系和能力现代化》,《人民日报》2019 年 12 月 1 日。

② 习近平:《在中央政治局常委会会议研究应对新型冠状病毒肺炎疫情工作时的讲话》,《求是》2020 年第 4 期。

管理工作的领导,对应急管理领导机构和工作机构做出合理安排,对应急管理具体领导制度做出明确规定,确保应急管理工作部署落到实处。

一、高校应急管理领导体制的构建

针对高校应急管理面临的新任务、新要求,加强新时期高校应急管理工作,创造和探索应急管理工作的新途径、新办法,一个重要方面就是要建立健全在高校党委统一领导下,党政部门和群团组织齐抓共管、分工协作,各部门、各单位负责人一岗双责的领导体制。

(一) 高校应急管理机构的设置

组建包括应急管理领导小组、应急处置工作小组、应急纠错小组在内的应急管理机构,是高校应对突发事件的组织保证。一是应急管理领导小组。应急管理领导小组的组长由高校主要领导担任,副组长为分管相关工作的高校副职领导,成员由高校相关部门(单位)的负责人组成。应急管理领导小组的构成要以经验丰富、决策果断、敢于担责为基本标准,同时应当明确第一负责人及其替补序列,以保证第一负责人无法到位时能依序替补。二是应急处置工作小组。设置办公室、信息组、处置组、宣传组、保障组、救护组、安保组等应急处置工作小组,明确各应急处置工作小组的组长。各专项工作小组制定工作预案,明确工作责任,确保各个应急工作层面及应急处置环节的环环相扣、有效衔接。三是应急纠错小组。成立由高校纪检人员和相关领域专家组成的应急纠错小组,负责对应急决策和应急处置进行监督。应急纠错小组在应急决策结果和应急处置措施出台之前提出建议,在执行阶段只起观察、记录和分析作用,以免影响果断决策和及时处置。

(二) 高校应急管理机构的职能

应急管理领导小组的职能主要包括:(1)履行高校应急管理工作的领导职能;(2)在高校日常管理中,负责维护稳定和打击、防范、教育、管理、建设等;(3)在应对突发事件过程中,进行应急决策与应急指挥;(4)在应对突发事件过程中,协调与校外相关部门(单位)的关系;(5)当突发事件超出学校应对能力时,向上级教育主管部门和地方政府请求支援;(6)部署和总结学校年度应急管理工作。

应急处置工作小组的职能主要包括:(1)制订突发事件应急处置计划,包括潜在的突发事件分类和相应的应急处置措施等。当情况发生变化时,及时调整处置计划。(2)根据已有的应急预案,设置不同场景,对应急预案进行的演练。(3)根据应急指挥者的指令,各工作小组依据应急处置计划,迅速开展应急处置,控制事态蔓延。(4)根据事态发展情况,及时调整应急处置措施,防止次生、衍生灾害的发生。(5)对应急处置过程进行总结,对应急预案的可操作性、有效性提出改进意见。(6)参与突发事件恢复重建工作,防止恢复重建过程中灾害的发生。

应急纠错小组的职能主要包括:(1)依据知识储备和经验积累,对应急指挥者的应急决策以及应急处置方案提出建设性意见。如果应急决策和处置方案有明显的缺陷甚至错误,在其生效前明确指出。(2)在应急处置过程中,对各工作小组的工作进行监督,及时提出合理化建议。(3)参与应急处置的评价和考核,对应急预案的可操作性、有效性以及各工作小组的执行力提出意见。(4)对有关部门(单位)在应急管理实践中的工作提出意见。

(三) 高校应急管理机构的责权

应急管理领导小组的权责主要包括:(1)决策权。对高校发生的一定级别以上突发事件拥有决策权,决策权的标准在应急预案中加以确定,由此产生的责任是保证应急决策的科学合理。(2)督察权。对应急处置各工作小组的工作进行督察,由此产生的责任是保证应急处置工作的时效与成效。

应急处置工作小组的权责主要包括:(1)处置权。按照应急指挥者的指令行使对突发事件的应急处置职责,由此产生的责任是制订和执行的应急处置计划必须有针对性和可操作性,处置措施必须有成效。(2)调整权。根据应急处置工作实际,对应急处置计划进行适当调整,由此产生的责任是保证应急处置的效果。

应急纠错小组的权责主要包括:(1)监督权。对应急管理领导小组的决策过程和结果进行监督,对应急处置各工作小组的工作进行监督,由此产生的责任是保证各项工作的时效与成效。(2)有限否决权。在应急决策和应急处置计划未正式通过之前,在发现有重大瑕疵的前提下,可行使否决权。

二、高校应对突发事件指挥系统的构建

突发事件发生时,为了使相关人员各司其职,及时有效地应对突发事件,高校要成立应急指挥中心,这是高校妥善处置突发事件的保障。根据突发事件的类型和规模,高校可设置应急处置现场指挥部。

(一)应急指挥中心

1.应急指挥中心的建立

高校要充分运用现代科学技术,建立能够实现信息共享、快速反应、统一指挥、决策支持的应急指挥中心。应急指挥中心一般设置在高校校园视频监控中心,将校园视频监控与应急指挥有机结合,充分发挥校园视频监控在突发事件应急处置中的作用。应急指挥中心要求有相对固定的成员,主要成员要定期接受必要的培训,其他成员可以分散于高校各部门、各单位,高校一旦发生突发事件,必须立刻聚集。应急指挥中心要有相应的配置并有专人管理,以保证应急处置期间能获得工作所需的一切设备和资源。应急指挥中心是一个灵活机动的机构,可根据具体的突发事件情况确定相应的成员结构和工作职责。

2.应急指挥中心的职责

高校应急指挥中心的职责主要包括:(1)按照应急预案合理部署应急行动,保持应急行动有条不紊地进行;(2)根据突发事件实际情况,确定所需应急人员数量;(3)检查应急资源供应状况,确保有充足的资源保障应急行动;(4)协调应急管理系统其他子系统的工作,及时提供应急对策;(5)根据现场具体情况和应急行动进展,作出应急策略的有效应变;(6)与应急处置现场指挥部保持联系,确保应急决策迅速传达突发事件现场;(7)决定应急行动期间是否需要关闭现场周围的设施设备和场所;(8)检查向师生员工和新闻媒体

发布的有关突发事件信息;(9)决定是否需要地方应急救援机构或社会救援组织的支持帮助。

3.应急指挥中心的配置

一是软配置。软配置主要是指应急指挥所需的文件资料,如针对突发事件类型制订的相应应急预案和应急处置计划、高校校园的地形图和规划图、高校以前发生的突发事件报告、高校其他信息资料等。高校应急信息管理系统专门负责各种信息的搜集、整理和存储,应急指挥中心所需的部分信息可从应急信息管理系统中获得。二是硬配置。硬配置主要是指应急指挥中心所必需的装备,如计算机管理系统、扫描仪、投影仪、固定电话和对讲机、电视和监控摄像机、传真机、计时仪器等。随着科技的发展,这些装备要及时更新,并指定专人负责,保证其处于良好使用状态。

4.应急指挥中心的运作

高校应急指挥中心成立后,为了使其高效运行,保证应急行动顺利完成,需要注意的事项包括:(1)应急指挥中心人员接到通知后,要在最短时间内到达指挥中心,与突发事件现场指挥者建立联系,指挥协调应急处置工作;(2)应急指挥中心要有后备人员储备,高校一旦发生突发事件,应急指挥中心相关人员无法到位时,负责调度的人员要通知后备人员投入工作;(3)如果突发事件需要靠前实施指挥,应急指挥中心的位置要设在安全区内,但不能离危险区太远,具体位置视现场情况而定,并设置备用位置。

（二）应急处置现场指挥部

1.应急处置现场指挥部的建立

应急处置现场指挥部是一个负责突发事件现场应急管理和调度工作的机构。现场指挥部与应急指挥中心的不同之处在于它偏重于突发事件现场的应急指挥和管理工作,在应对高校突发事件过程中负责在现场制定和实施正确、有效的应急对策措施,确保应急处置任务的圆满完成。现场指挥员是整个现场应急处置工作的指挥者,现场指挥部是应急处置手段、措施、方法等的制定中心。现场指挥员通过对突发事件现场的评估,设计应急处置的战术和对策,调用学校的应急资源,保持与应急指挥中心的联系,完成对突发事件的应急处置行动。

2.应急处置现场指挥部的职责

(1)根据突发事件现场情况,作出人员疏散撤离决定;(2)在确保完成处置任务的前提下考虑应急资源的消耗,争取花费最少的应急资源;(3)指挥协调应急处置各工作小组的工作,视情况调整处置计划;(4)识别现场危险物质和危险状况,并对现场区域进行分析,确定是否需要引入专业救援力量;(5)确定现场的危险区、缓冲区和安全区,确保未经许可人员不能进入危险区;(6)控制进入危险区的应急人数以及执行处置任务的总人数;(7)保持与应急指挥中心的联系,随时报告现场情况和处置进展情况;(8)确保应急人员能够有效防护可能遇到的危险,修改、推迟或中止被认为有威胁的处置行动;(9)应急处置结束,确定现场是否存在潜在危险,并采取必要的防范措施。

3.应急处置现场指挥部的工作程序

一是事件危险评估。应急指挥者根据从突发事件信息源所获得的信息进行危险性评估,并以危险评估为基础决定应该采取的处置措施。二是危险物质探测。在获得了相关突发事件数据和信息后,应急指挥者进行突发事件具体状况的探测,以确认突发事件的危害程度。三是控制区域划分。应急指挥者在决定进行应急处置以前,将现场划分为危险区、缓冲区和安全区。上述区域的地点、范围等的确定依赖于突发事件的类型、危险物质的特性、地形地势和其他因素等。四是实施应急处置。应急指挥者通知应急人员根据处置计划的每个行动细节执行应急操作。无特殊理由,应急指挥者不得擅自更改所决定的应急步骤。五是现场清理恢复。应急行动的后期工作是对在突发事件中受到污染的设备设施和应急人员的净化,以及对现场的清理和恢复等。

三、高校应对突发事件应急指挥的实施

应急指挥者在高校党委的统一领导下,赋予其对高校所有应急任务部门

(单位)实施集中统一指挥的职责,明确各应急任务力量之间指挥、指导、协作等不同指挥关系,确保对应急行动实施科学指挥、高效指挥。

（一）建立应急指挥机制

一是建立快速启动机制。针对高校突发事件的类型和规模,依托平时建立的应急管理工作机构和应急响应制度,明确应急指挥启动程序、方法和步骤,完善各种应急预案,理顺领导与指挥的关系,迅速组织应急力量展开应急行动。二是建立情报共享机制。准确的情报信息保障是科学决策、精确指挥、高效行动的基础和前提,也是及时、准确和快速应对突发事件的重要保证。三是建立科学决策机制。实现科学决策,使应急决策成为双向乃至多向互动过程,及时听取各方的意见和建议,适时调整应急方案和应急处置计划,使应急行动更加符合应急处置的要求。四是建立协调控制机制。高校应急处置行动往往力量多元,为了增强应急指挥效能,要建立综合情况掌控、信息研究会商、指挥手段调节等协调机制,加强高校部门(单位)之间、高校与地方政府部门之间的沟通协调,跟踪掌握处置一线情况,对处置行动实施有效协调控制。

（二）选择应急指挥方式

一是实施集中指挥。应急处置通常是高校相关部门(单位)、地方政府相关部门的联合行动,具有参与力量多元、指挥体系不同的特点,必须实施集中统一指挥。二是注重靠前指挥。应急处置的时间紧迫、情况多变、行动复杂,应急指挥者要深入一线、深入现场,实施靠前指挥,以便及时了解现场情况,确保应急决策的科学合理。三是采用委托式指挥。根据高校应急管理工作要求,高校二级单位也建立了应急管理工作网络,明确了应急指挥者。突发事件发生在高校二级单位时,由其应急指挥者负责应急指挥,确保突发事件能够及时处置,避免延误最佳处置时机。四是适时越级指挥。高校突发事件应急处置,通常时间紧迫、政策性强,现场情况急剧变化,有利态势稍纵即逝。应急管理领导小组要打破逐级下达任务的常规程序,实施必要的越级指挥,提高应急指挥效率。

四、高校领导者应对突发事件的领导责任

高校领导者是应对突发事件的主体,是这个动态过程的控制者,也是整个过程的实施者,在突发事件的应对过程中居于核心地位。高校领导者只有大力提高应对突发事件的能力,才能最大限度地减少损失,保障高校持续发展,促进高校和谐稳定。

(一)维护高校安全

安全是一种重要的高校公共服务,提供安全服务、保护师生员工生命和财产安全,是高校领导者的一项基本职能。高校突发事件应急处置成功与否,将对高校领导者的公共管理能力形成巨大挑战,影响到师生员工对高校领导者领导能力的认同。突发事件的突发性和损害性,使个人力量在突发事件面前显得微不足道,必须依靠组织的力量才能与灾害相抗衡。

(二)作出应急决策

高校突发事件应急处置是通过采取一定措施控制事态发展、有效解决问题的过程。由于高校突发事件的突发性、紧迫性、损害性等,高校领导者的应急决策往往成为突发事件能否有效应对的关键性乃至决定性的因素。正确决策需要及时、准确、全面的信息作为基础,但信息的不明确性、不全面性往往会影响高校领导者的正确决策。高校领导者要对部分师生员工的利益需求和高校利益的整体维护之间、强制性手段与说服性手段之间、事件的当前状态与发展趋势之间等方面作出必要的权衡,进行果断应急决策。

(三)进行有效沟通

沟通起着传达信息、交流情感、破除谣言、稳定人心、弱化矛盾、控制进程、促进合作、恢复秩序、抚慰心理等作用,对校园安全事件的解决起着重要作用。高校个别突发事件的发生,在一定程度上是由于矛盾双方沟通不畅所造成的,或者是由于高校领导者不会沟通、不重视沟通、不善于沟通而引发的,或者由于高校领导者忽视沟通、难以及时发现问题而蔓延扩大的。只有通过有效沟通,才能发现冲突的根源、理解利益相关者的利益诉求。

（四）承担事件责任

有的高校突发事件是由于高校领导者自身因素引发的,相关领导者要承担相应的法律责任和领导责任。在突发事件应急管理过程中,由于高校领导者明显决策不当导致重大失误、产生严重后果的,相关高校领导者要视具体情节而承担相应责任。高校领导者应该承担突发事件应急处置的职责而推卸、逃避责任,或者掩盖、隐瞒突发事件真相等,要对由此造成的严重后果承担相应责任。

五、高校领导者应急指挥能力的提升

应急指挥主要是指高校领导者、应急指挥者获悉突发事件警报或通知后,作出应急决策,启动和执行应急预案,调动应急人员,调配应急资源,安抚受害者,动员调动其他人员等。高校领导者、应急指挥者要注重提升应急指挥能力,确保在突发事件发生时能够组织及时有效的应急行动,防止事件的扩大或蔓延,迅速恢复校园秩序。

（一）提高快速应急反应能力

应急反应是指通过科学应急指挥和调度应急资源,采取有效应急处置措施,减少突发事件的损失,维持高校正常的教学、科研、生活秩序。突发事件发生时,高校领导者要迅速果断地采取行动,在最短时间内聚合人力、物力、财力等要素,使应急处置工作及时、有序、高效进行。高校的快速应急反应是有效应对突发事件的关键因素,只有做到快速反应、速战速决,才能争取应对突发事件的主动权。高校领导者快速应急反应能力的大小,主要体现在高校应急管理机构反应和派遣相关人员到达事发现场时间的长短。

（二）提高科学应急决策能力

应急决策是指突发事件发生后,根据事件的严重程度,迅速评估与分析突发事件的分类、分级,并准确定位、作出决策。高校在突发事件发生的第一时间赋予应急指挥者特定权力,使应急指挥者所作的应急决策具有及时性、可执行性、有效性。应急指挥者要迅速查清事由、因情施策、群策群力、果敢决断,寻求最佳处置方案,并使应急决策有适度的超前性。应急指挥者应急科学决策能力的大小主要体现在对事件定位的准确性、作出应急决策的速度、应急决策可执行性的大小等方面。

（三）提高应急预案启动能力

应急预案启动是指高校突发事件发生时,应急指挥者根据所制定的应急预案,决策启动并执行合适合理的应急预案。高校应急预案的启动程序主要包括师生员工通告、应急指挥中心启用、应急级别确定、设备和技术支持、现场通信和联络、场外通信和联络、事件信息发布等。应急预案的启动需要应急指挥者非常熟悉应急预案,根据突发事件类型选择合适的应急预案。应急指挥者要向应急人员说明突发事件发生的地点、现场状况、需要处置的内容等。应急指挥员应急预案启动能力的大小主要体现在能否迅速启动应急预案。

（四）提高应急预案调整能力

高校突发事件的发展演变常常超出事前预料,这就要求应急指挥者在应急处置过程中要实时地对应急预案进行调整。应急预案调整既包括突发事件演变或发生变化时对应急预案的调整,又包括应急预案不适用突发事件状况、应对突发事件力度不够或效果不佳时对应急预案的调整。应急指挥者要具有很强的观察问题、分析问题能力,能够及时对应急处置作出正确的动态决策,防止事件的扩散和恶化。应急指挥者的应急预案调整能力的大小主要体现在调整后事件控制效果的大小,以及动态应急预案调整的及时与否等方面。

（五）提高应急资源调配能力

应急资源调配是指应急指挥者对应急力量的调动使用、应急物资的调拨以及对各部门、各单位的协调。应急指挥员应急资源调配能力强,可以提高应急资源的利用率,充分发挥应急资源的聚集效应。突发事件应急资源保障,不仅体现在拥有足够的应急资源,而且体现在合理协调、调动应急资源。特别是在应对重大突发事件的过程中,要注意整合全校人力、物力、财力,形成举全校之力积极应对的局面。应急指挥者应急资源调配能力的大小主要体现在应急资源调配的合理性、到位性和有效性的大小等方面。

（六）提高动员师生员工能力

动员师生员工是指高校领导者动员师生员工发现安全隐患、临时果断处理、防范和控制突发事件。突发事件发生前，高校领导者要积极发动师生员工预防突发事件的发生，使突发事件在萌芽状态和始发阶段就得到有效控制。例如，对于校园安全类突发事件，要动员师生员工关注校园的异常情况、留意身边的一举一动，发现问题及时上报。突发事件发生后，在应急指挥员作出应急决策前，高校领导者要动员师生员工自救、互救、保护设施设备等。高校领导者动员师生员工能力的大小主要体现在有没有做好发动师生员工工作、工作效果如何等方面。

（七）提高贯彻政府指令能力

《突发事件应对法》第四条规定："国家建立统一领导、综合协调、分类管理、分级负责、属地管理为主的应急管理体制。"根据突发事件应急管理"属地管理"的规定，高校在突发事件发生时要接受地方政府的领导，政府指令是高校应对突发事件的指南。高校领导者贯彻政府指令能力是指要准确把握、正确理解政府指令，认真贯彻执行政府指令。高校领导者贯彻政府指令能力的大小主要体现在对政府指令理解的准确性、正确性的大小，以及执行指令的深度和广度的大小等方面。

第二节　高校应急管理系统建设

高校应急管理系统是指以突发事件应急响应的全过程为主线，涵盖各类突发事件监测预警、报警接警、应急处置、恢复重建等环节的系统。高校建立完善的应急管理系统，是实现突发事件预防、预测、预警、指挥、协调、处置、救援、恢复等各环节、各方面的快速、高效、有序反应，防止和减少突发事件的发生，降低损失和负面影响的重要保障。从系统角度出发，高校应急管理系统是由应急指挥调度系统、应急处置实施系统、应急信息管理系统、应急资源保障系统、应急辅助决策系统等子系统构成。

一、应急指挥调度系统

高校应急指挥调度系统是由高校应急指挥者以及应急指挥中心、应急处置现场指挥部等应急组织构成,在信息技术支持下,人机交互的指挥调度集成系统。应急指挥调度系统处于高校应急管理系统的核心地位,负责对其他系统的指挥协调工作。

（一）应急指挥调度系统的功能

高校突发事件发生后,应急指挥调度系统按照应急预案科学安排应急处置步骤,进行应急资源调配,保证各部分、各方面的协调运行,并作出应急策略的有效应变。应急指挥调度系统的功能主要包括:(1)确定预案。依据突发事件的表象特征,在最短时间内对突发事件性质作出正确分析和判定。根据判定结果选择最优应急预案,向应急工作小组下达应急处置指令。(2)跟踪评估。随时掌握最新信息和事件征兆,对突发事件的发展趋势进行实时跟踪,对应急预案的实施效果进行实时评估。(3)调整预案。根据跟踪评估的情况和需要,随时调整处置措施和应急预案。(4)批复请求。对各工作小组的支援请求及时批复,根据处置工作需要搞好应急资源的调配。(5)组织协调。负责高校内部的协调,以及高校与地方政府相关部门的协调。(6)组织调查。负责突发事件的调查工作,根据执行效果修订完善应急预案。(7)做好沟通。及时发布突发事件信息,让师生员工第一时间掌握事件真相。正视媒体和舆论,发挥舆论的桥梁纽带作用,保证媒体公正介入的秩序。

（二）应急指挥调度系统的运行

一是作出应急决策。在应急过程中,如何处置事件、以什么方法处置,这些都需要决策。应急指挥员的应急决策主要根据前期对突发事件做出的预测、预判以及事件发展形势等方面的信息。二是实施应急指挥。高校应急管理领导小组、各工作小组、应急人员的指挥关系要明确、指挥链要清晰,要实现指令的迅速传递,确保应急反应迅速、应急思路清晰、应急措施得当、应急部署全面。三是加强应急协调。突发事件处置有时需要校内相关职能部门和院(系)、上级教育主管部门和地方政府部门、社会援助机构或组织等的共同参与。在需要争取校外应急支持时,应急管理领导小组负责人或者高校有关领导要出面协调,由领导小组办公室负责具体落实。四是做好应急沟通。高校领导者要加强对内对外沟通,特别是在一些强制性措施的采取和实施过程中,要争取师生员工、学生家长、社会各界的配合和支持。五是进行应急宣传。通报和发布有关事件信息是应急处置工作措施之一,事件信息发布越及时、越全面、越真实,越能取得师生员工、社会各界的理解和支持,越有利于事件的处置。

二、应急处置实施系统

高校应急处置实施系统是指对高校应急指挥调度系统形成的应急预案和发出的应急指令进行具体实施的系统。应急处置实施系统是具体应急行动的实施子系统,保障应急指挥调度的准确和迅速实施。高校应急管理所处的状态不同,应急处置实施系统的工作内容也不同。

(一) 平时和警戒状态下的工作

一是组织应急培训和演练。根据应急预案和应急培训要求,组织应急人员进行应急培训和演练。对师生员工进行安全知识培训,提高师生员工的危机意识和应对能力。建立具有一定自救互救能力的志愿者队伍,让他们参与应急演练。二是实施安全检查。定期对应急处置实施系统进行检查和维护,确保日常工作正常运行,确保突发事件发生后能够快速处置。三是检查和消除隐患。按照应急指挥调度系统的指令,对突发事件的征兆进行检查,及时排除隐患。针对预警信息,采取有效措施,做好安全防范工作。四是根据要求配置资源。根据突发事件的预警情况和指挥调度系统的要求,搞好应急人员的配置和应急资源的准备。

(二) 突发事件发生时的工作

一是执行指令。应急人员及时接收、准确领会、迅速执行应急指挥系统发出的指令。二是实施预案。应急指挥系统决定何时启动哪个应急预案,应急人员要结合现场情况迅速拿出处置方案,并随时向指挥调度系统报告处置情况。三是信息反馈。应急人员随时向指挥调度系统反馈突发事件发展情况,如果出现次生、衍生灾害,在采取紧急措施的同时,向指挥调度系统提出支援请求。指挥调度系统根据形势变化,做出下一步应急指挥。四是调整预案。应急人员如果发现应急预案无效,则应按照指挥调度系统的指令,实施调整后的应急预案。五是调配资源。应急人员如果发现应急资源不能满足需求,则应立即向指挥调度系统提出资源调配请求,指挥调度系统迅速调用人力、物力、财力等。

（三）恢复重建状态下的工作

一是辅助事件调查和评估。突发事件应急处置结束,配合相关部门对高校内部和外部环境进行分析,查找引发突发事件的原因,总结应急处置过程中的经验教训,制定整改方案并加以实施,以防止其再次引发突发事件,并对此次应急行动进行评估。二是调整预案和资源配置。对突发事件的预警和防控系统进行修改,根据此次应急行动情况和现实需要调整应急预案。重新配置各种应急资源,根据有关规定对临时调用的资源进行归还和补偿,恢复系统的正常运行。

三、应急信息管理系统

高校应急信息管理系统通过对信息的收集、分析、处理、存储、发布等程序和方法,为指挥协调系统和处置实施系统提供信息支持。通过应急信息管理系统,应急指挥者和应急人员获取、查询、共享信息,实施快速评估、应急决策、发布指令、现场处置、信息公告等,提高应急指挥和应急处置的实效。

（一）建立信息收集网络

在信息社会,掌握全面、准确的信息对于有效应对突发事件至关重要。高校要分机关部门、院(系)、班级以及群体、区域等设立突发事件信息员,并为信息员全面准确地收集各类突发事件信息提供便利和支持。要在分散于校园突发事件信息员的基础上,利用校园网、电话等渠道以及定期联络制度,建立突发事件信息收集网络。例如,建立班级管理、学生宿舍管理等日志制度,建立突发事件信息员、学生干部以及相关人员定期交流会议制度,建立学校与学生家长有效沟通渠道和机制等。

（二）做好信息整理分析

对从高校各方面收集汇总的突发事件信息,只有经过系统的汇总整理、分析研究,才能准确把握突发事件信息的真实内涵。应急信息管理系统是一个全方位的突发事件信息收集网络,能够将真实的突发事件信息以完整的形式收集、汇总起来。高校应急管理机构要组织相关人员对突发事件信息进行分析,必要时组织专业技术人员、有关专家进行会商。整理分析后的突发事件信息通过应急信息管理系统传送到应急指挥调度系统,从而保证突发事件信息的时效性、准确性、全面性,为应对突发事件提供可靠的信息基础。

（三）建立信息资料档案

要做好本校历史上发生的各种突发事件以及应对情况等资料的收集和分析,并形成专门档案。要对国内外高校突发事件典型案例、高校所在地发生的各种自然灾害历史资料进行收集和整理,并做好分析和研讨。要从典型案例和相关资料中获知自己的工作得失、他人的经验教训。对收集的各方面信息材料,要实行高校档案管理措施,并定期予以更新。要建立突发事件信息学习与交流制度,对收集整理的关于高校突发事件法律法规、文件资料、总结报告、典型案例、应急知识等,定期组织分析、研讨和学习。

（四）做好信息共享传递

面对突发事件时的校际、校地帮扶是减少高校突发事件损害的重要途径,校际、校地帮扶以突发事件信息的共享传递为基础。高校将收集分析的突发事件信息,借助网络等传播平台,在高校与高校、高校与社会之间实现共享,有利于提高高校应对突发事件的整体能力,实施高校突发事件治理模式的融合和创新,增加高校突发事件应急处置的规模化程度,使高校获取更为丰富的突发事件预防和应对思路。校际、校地的信息共享传递为高校突发事件应急处置提供信息支撑和援助力量,推动高校突发事件应急处置联动系统建设。

（五）加强信息沟通交流

随着突发事件诱因的不断更新、类型的不断变化,高校应急管理方面的知识和能力也要及时更新。信息的沟通交流可以拓展高校应急管理的理念和方式,通过校际、校地信息沟通交流,使高校领导者和应急管理者更新应急管理的理念和知识,拓宽应急管理的思维和方式。高校要围绕相关学科建设、专业发展和人才培养的需要,加强应急管理方面学科专业知识的更新,为高校应急管理提供智力支持。要加强国际学术交流,借鉴国外高校先进的应急管理经验。要争取上级教育主管部门的政策支持,保障信息沟通交流的顺利进行。

（六）建设应急信息平台

信息资源的准确性、信息传递的及时性,对于高校应急管理工作起着重要作用。应急信息平台能够保障突发事件信息的交流畅通和应急指令的传达及时,应急信息平台建设是高校应急能力建设的基础性建设。高校现代化通信设备数量多、质量高,师生员工对现代传播工具及各类信息平台应用熟练。高校要充分利用这一优势,建立涉及通信工具保障、网络信息保障,形成日常通信与应急通信相结合,应急指挥网和互联网相补充的应急信息平台,将孤立的信息收集、分析、存储、发布、共享等工作及设备集成起来。

四、应急资源保障系统

实践证明,应急资源的准备工作越充分,突发事件应急处置的效果就越好,把握性就越大。高校要从通信保障、物资保障、资金保障、医疗救护保障、治安维护、技术储备等方面,加强应急资源保障系统建设,保证系统的正常运行以及突发事件发生时的有效使用。

（一）通信保障

《国家突发公共事件总体应急预案》规定:"建立健全应急通信、应急广播电视保障工作体系,完善公用通信网,建立有线和无线相结合、基础电信网络与机动通信系统相配套的应急通信系统,确保通信畅通。"高校突发事件的应对离不开信息的收集、传递、分析和共享,通信保障不仅可以为应急决策提供相关信息,而且应急指令也必须依靠通信系统传达到处置行动的各方。通信保障工作主要包括:(1)选择合适的通信工具。常用的通信工具有固定电话、手机,专用的通信工具有对讲机。(2)明确应急管理领导小组、应急指挥中心、应急处置现场指挥部、各应急工作小组、地方应急管理部门之间的通信方式,说明主要使用的通信方式、电话号码等。(3)定期维护通信设备、核对电话号码。

（二）物资保障

高校要建设应急物资储备仓库,并定期进行检查和充实,确保应急物资充足并始终处于良好使用状态。应急物资主要包括:(1)防护用品。如防护服、防护帽、消防头盔、防护靴、防护手套、安全带、防护眼镜、空气呼吸器、防毒面具等。(2)消防器材。如消防用水、灭火器材、消防车辆、消防救护器材、营救工具、简易灭火工具等。(3)急救设备。如自动苏醒器、便携式吸引器、雾化器、绷带、胶布、止血带、急救药品、急救运送工具等。(4)抢险与抢修设备。如探测设备、封堵设备、便携式发动机、滑轮、空中绳索、保护绳、登高设备、维修工具、检测设备等。(5)辅助工具。如应急移动照明装置、防爆型手电筒、扩音话筒、高音喇叭、帐篷、雨具、标志明显的服装、旗帜、应急标志指示灯等。

（三）资金保障

《国家突发公共事件总体应急预案》规定:"要保证所需突发公共事件应急准备和救援工作资金。"高校突发事件应急处置既需要事先储备的应急物资,又需要临时购买一些物资和相关服务,还可能需要其他的一些支出,这都需要一定量的甚至是大量的资金。高校要设立应急资金储备,保证有足够的应急资金满足应对突发事件的需要,为突发事件的有效处置提供资金上的支持。此外,高校要探索多元化的应急经费保障渠道,引入社会保险机构参加校园安全建设和风险承担,为学校购买学生人身伤害事故校方责任险,学校一旦发生突发事件且造成人员伤害时,由社会保险机构给予相应的赔偿。

（四）医疗救护保障

高校突发事件发生后,必须快速组织校医院或医务室的医疗救护人员对伤员进行应急救治,尽最大可能减少伤亡。应急医疗救护人员赶到现场后,要视情况设立现场医疗急救站,对伤员进行现场分类和急救处理,伤势较重者要及时向医院转送。现场急救要及时将伤员转送出危险区,并按照先救命后治伤、先治重伤后治轻伤的原则对伤员进行紧急抢救,主要包括保持呼吸道通畅、心肺复苏、抗休克、止痛和包扎、止血、固定等初步急救。在稳定伤情、运出危险区后,将伤员转送医院抢救和治疗。应急医疗救护人员要对应急人员进行医学监护,为现场指挥部提供医学咨询等。根据突发事件的特点和需要,在应急处置过程中做好疾病控制和卫生防疫准备,并严密组织实施。

（五）治安维护

高校突发事件发生后,高校安全管理部门负责治安维护工作。治安维护的任务主要包括:(1)立即在突发事件现场周围设立警戒区和警戒哨,做好现场控制、维护秩序等工作;(2)引导现场人员疏散撤离,保障应急车辆顺利通行,指引不熟悉道路情况的应急车辆进入现场;(3)对现场外围实施交通管制,严格控制进出现场的人员;(4)确保应急物资、装备免受人为破坏,加强对重点要害部位、重要物资设备的安全防范,严防趁火打劫和制造事端的犯罪行为;(5)现场警戒人员协助开展人员清点、传达紧急信息以及事故调查等工作;(6)如现场存有易燃易爆危险品、漏电、漏水、漏气等情况发生,现场警戒人员立即通知有关部门(单位)实施排爆、断电、断水、断气等措施,避免次生灾害的出现。

（六）技术储备

技术储备主要是指技术人员、技术方案和技术装备的储备。通过技术储备,保障应急处置的技术人员、技术方案和技术装备,以更低的风险、更低的成本拯救生命和减少损失。高校各类突发事件的发生和发展均有其复杂背景和内在联系,高校要发挥科技人才优势,加强对各类突发事件成因的研究,掌握各类突发事件的内在规律、机理以及在时间和空间上的变化规律等。要针对社会上一些新型突发事件不断发生的新情况、新问题,加强对突发事件应对技术方案的研究,通过现代技术手段降低突发事件的损失。先进技术装备是应急物资的重要内容,要结合高校应急管理和财力状况实际,购置先进的应急救援设备、防护器材和通信设备等,确保应急处置准确、快捷、高效。

五、应急决策辅助系统

应急决策辅助系统是以各种信息为基础,以应急预案快速选择、应急预案动态调整、应急资源优化调度等为对象,为应急指挥调度系统和应急处置实施系统提供决策支持。

(一) 快速决策法

高校突发事件的偶发性和不确定性,要求应急指挥者要迅速作出决策。一是界定问题。应急指挥者要认真分析中心问题与关键要素,确认是否存在解决问题的对策措施。二是确定评估标准。评估标准主要包括应急成本、应急效率、应急合法、程序简单、措施可行等。三是确认备选方案。针对一个突发事件可能有几种备选应急方案,应急指挥者要在短时间里确定备选应急方案。四是评估备选方案。评估方法有定量分析、定性分析,大多数情况下两种分析都需要。五是比较备选方案。评估结果用价值比较图表、概述事实等方法来表示。价值比较图表能够展示备选应急方案的优缺点;概述事实能够描述备选应急方案,指出存在的问题。六是监督决策实施。应急指挥者要确保应急决策不被意外更改,确认应急决策是否产生预期效果,决定应急决策继续执行还是需要修改或中断。

(二) 简约决策法

简约决策法是指应急指挥者在决策时间有限、来不及展开讨论和咨询的情况下,凭借自己的直觉以及应急管理方面的经验和专业知识,在小范围内作出应急性决策的方法。应急指挥者采用简约决策法进行决策,需要注意的事项主要包括:一要有突发事件的相关信息。掌握可供应急决策的有关突发事件信息,以便对突发事件态势作出准确判断。二要有明确的应急决策目标。应急决策目标既不能过于保守,又不能脱离突发事件实际,要做到明晰、简洁,有一定的导向性。三要有备选的应急方案。在形成首选应急方案时,要针对可能的突发事件事态变化提出一套以上的备选应急方案,以便在首选应急方案的效果不理想或失效时,采取及时应变措施。四要有信息的沟通与反馈。要与应急决策实施者保持信息的及时沟通与反馈,以便了解掌握应急决策的科学性和有效性。

(三) 专家紧急咨询法

专家紧急咨询法也称智囊咨询决策法,是指利用专家学者的专业知识和经验,为应急决策提供信息和应对意见、建议的一种决策方法。在突发事件的紧急状态下,应急指挥者获取信息、处理信息的能力有限,应急决策质量会受到严重影响。高校在应对突发事件过程中,要充分利用应急管理相关领域的技术专家。例如,网络突发事件可以利用计算机网络领域专家,流行性疾病突发事件可以利用相关医学领域专家,群体性突发事件可以利用社会学、心理学等领域专家,暴力恐怖事件可以利用反恐领域专家。高校要充分利用地方应急管理专家库资源,建立与专家沟通交流制度,使专家对学校情况非常了解,不仅在突发事件发生后的应对工作中,在高校应急管理系统建设中引入应急管理专家,让专家为高校应急管理提供智力支持。

(四) 群体决策法

由多人参与决策分析,这些参与决策的人被称为决策群体,群体成员作出决策的整个过程被称为群体决策。群体决策方法是应急决策的一种有效方法,要求参与群体决策的成员面对面地接触,并独立地提出各自的意见和方案。在所有意见和方案提出来后,进行讨论和评价,最后通过投票产生最终应急决策。群体决策的质量主要取决于决策群体的成员结构、组织形式与组织结构,决策群体成员正确的价值观念、合理的应急专业知识结构、良好的应急处置能力等,能够有效确保群体决策的质量。群体决策提高了应急决策的民主性、科学性和可执行性。一方面,通过充分发扬民主,调动了决策群体成员的积极性,有利于应急决策的落实与执行;另一方面,通过集思广益,能够把决策群体成员的知识、经验融为一体,减少了应急决策的盲目性。

（五）智能决策法

高校有效应对所有突发事件,还需要建立计算机决策支持系统进行辅助决策,其子系统主要包括:(1)数据库子系统。包括基础、专项及历史事件数据库。基础数据库主要包括地理空间、人力资源、物资资源数据库等,根据突发事件分类设置专项数据库,历史事件数据库存储已经发生事件的统计数据。(2)预案库子系统。包括预案库及其管理系统。预案库存储应急预案,其管理系统负责应急预案的维护、更新和评估。(3)案例库子系统。包括案例库及其管理系统。案例库存储突发事件案例、经验及教训,其管理系统支持建立、维护和查找案例。(4)模型库子系统。包括模型库及其管理系统。模型库存放应急决策模型,其管理系统支持建立、维护应急决策模型。(5)方法库子系统。包括方法库及其管理系统。方法库存储层次分析法、综合模糊评价法等决策方法,其管理系统负责维护、增加方法以及方法的选择、应用。

第十三章　增强应急演练与预警实效

习近平总书记强调:"要健全风险防范化解机制,坚持从源头上防范化解重大安全风险,真正把问题解决在萌芽之时、成灾之前。要加强风险评估和监测预警……提升多灾种和灾害链综合监测、风险早期识别和预报预警能力。"①防范化解重大风险的基础性工作是应急准备。高校要做好预案、人力、物力、财力、装备、技术等方面的应急准备,加强应急演练,搞好预警管理,对重大安全风险做到早发现、早报告、早控制、早准备,将问题解决在萌芽之时、成灾之前,有效减轻重大安全风险威胁、降低突发事件影响后果。

第一节　高校突发事件的应急演练

《突发事件应对法》第二十九条第一款规定:"县级人民政府及其有关部门、乡级人民政府、街道办事处应当组织开展应急知识的宣传普及活动和必要的应急演练。"高校突发事件应急演练是指高校组织相关部门(单位)、人员,依据有关应急预案,模拟应对突发事件的活动。为保障师生员工的安全和权益,维护高校稳定,高校要在完善突发事件应急预案的基础上,经常开展

---

①　习近平:《充分发挥我国应急管理体系特色和优势　积极推进我国应急管理体系和能力现代化》,《人民日报》2019年12月1日。

应急演练,不断提高突发事件应急管理水平和处置能力。

一、高校突发事件应急演练的作用

《突发事件应急演练指南》明确了"检验预案、完善准备、锻炼队伍、磨合机制、科普宣教"的应急演练目的。应急演练可在突发事件发生前暴露应急预案的问题,发现应急资源的不足,提高应急人员的应急处置技能,进一步明确应急人员的岗位与职责,增强师生员工的应急意识,提高师生员工的应急反应能力。

（一）检验突发事件应急预案

突发事件应急演练可以对已编制好的突发事件应急预案进行检验,验证应急预案的各部分或整体能否有效实施,能否满足既定突发事件情形的应急需要。检验的内容主要包括:(1)在应急预案投入实战前,事先发现应急预案的方针、原则和程序的缺点;(2)在应急预案投入实战前,事先发现采用的应急技术及现场操作方法的错误和不当之处;(3)在应急预案投入实战前,辨识出缺乏的人力、物资、装备等资源;(4)在应急预案投入实战前,事先发现应急责任的空白、不清、脱节之处,查找协同应对的薄弱环节等。应急演练后,高校根据发现的问题,完善应急组织、程序和措施,补充人员、装备、物资等,不断提高应急预案的科学性、针对性和可操作性。

（二）提高应急人员能力素质

突发事件特别是重大突发事件发生后,应急人员只有反应迅速、处变不惊、从容应对,才能依照应急预案有序施救、高效救援,这就要求应急人员具备良好的心理素质和熟练的操作技能。高校应急人员提高心理素质和操作技能,主要靠日常的专业知识学习和经常的应急演练。高校通过开展应急演练,设置各种突发事件情境,使应急人员熟悉应急预案和工作职责,掌握应急处置的环节和流程,实现熟练操作、默契配合,确保战时反应迅速、处置有力。高校通过反复进行应急演练,能够使应急人员在复杂突发事件面前随机应变、灵活处置。

（三）促进应急管理系统建设

突发事件应急处置往往涉及高校相关部门（单位）、人员以及地方政府相关部门，要想使这些部门（单位）、人员切实发挥作用，最好的方法是开展应急演练。高校通过应急演练，明确工作职责，熟悉工作流程，掌握操作规程，增强部门（单位）之间、人员与人员之间的沟通协调。高校突发事件应急处置需要强有力的应急保障，如果应急保障不给力，应急处置工作就难以快速、高效地进行。高校通过开展应急演练，可以检验应急预案涉及的物资、装备、器材等应急保障情况，提高突发事件处置的应急保障能力。高校通过应急演练，还可以检验应急管理队伍的建设情况，验证应急管理队伍的编组、装备等可行性，检验应急管理队伍的警戒水平。

（四）增强师生员工应急意识

师生员工如果没有接触过突发事件情景，没有参与过应急演练，就会对突发事件缺乏感性认识，对突发事件应急处置缺少实践锻炼。高校通过组织师生员工参与应急演练，增加师生员工对突发事件情景的感性认识，训练师生员工在突发事件中的心理状态，使师生员工熟悉突发事件应急处置的环节和过程，能够在突发事件发生时保持冷静，提高面临突发事件的应急反应能力。师生员工通过参与应急演练，了解自己在突发事件应急处置中所处的位置和职责，明白应该做什么、怎么去做、如何做好。师生员工通过接受应急演练中的应急知识宣传教育，增加对预防和应对突发事件的认识，从而更好地做好自身安全防护，避免或减少突发事件对自己的侵害。

二、高校突发事件应急演练的类型及组织

《突发事件应急演练指南》明确了"桌面演练和实战演练（按组织形式划分），单项演练和综合演练（按内容划分），检验性演练、示范性演练和研究性演练（按目的与作用划分）"的应急演练分类，以及"演练领导小组、策划部、保障部、评估组、参演队伍和人员"的应急演练组织机构。高校要根据突发事件应急管理实际，划分应急演练的类型，成立应急演练的组织机构。

（一）应急演练的类型

1.桌面演练

桌面演练也称讨论演练,是由高校应急管理机构的代表或关键岗位人员参加的,按照应急预案及其标准工作程序,讨论突发事件发生时应采取应急行动的演练活动。桌面演练是对演练情景进行口头演练,一般在会议室举行,主要目的是解决职责划分、相互协作等问题,锻炼参演人员解决问题的能力。桌面演练的优点是参加演练人员少,对时间、成本及资源的要求低,主要为功能演练和综合演练做准备。缺点是缺少真实性,只能初步检验应急预案、应急处置程序和应急人员的能力,不能真正检验应急管理系统的能力。

2.功能演练

功能演练是针对某项或某些应急响应行动进行的演练活动。一方面,可针对突发事件应急预案中的某项科目进行演练,目的是熟练掌握某项应急处置技能。例如,师生员工的个人防护演练、应急指挥与控制演练、应急通信演练、现场应急医疗救护演练、应急装备及物资保障演练等。另一方面,可针对突发事件应急预案中的某个部门(单位)、某个部分的准备情况,以及所涉及应急部门(单位)之间的协调问题进行演练,目的是检查和改善应急部门(单位)之间及其与外部组织之间的相互协调性。

3.综合演练

综合演练是针对高校突发事件应急预案中多项或全部应急响应功能,检验、评价高校应急管理机构应急运行能力的演练活动。综合演练包括报警、指挥决策、应急响应、现场处置、善后恢复等多个环节,参演人员涉及应急预案中的全部或多个应急部门(单位)、人员,一般持续几个小时。综合演练是人员、设备及其他资源的实战性演练,需要调用更多的应急人员和应急资源。通过综合演练,检验应急管理领导小组的指挥调度能力、应急人员的处置能力及其配合情况、应急保障系统的完善情况、师生员工的逃生避险和自救互救能力等。综合演练的优点是现场真实感较强,缺点是成本相对较高。

（二）应急演练的组织

1.应急演练领导小组

根据应急演练方案要求,成立应急演练领导小组。应急演练领导小组组长一般由相关应急预案确定的应急领导小组组长担任,副组长一般由相关应急预案确定的承担应急处置任务的主要部门(单位)负责人担任。在演练实施阶段,演练领导小组组长、副组长通常分别担任演练总指挥、副总指挥。应急演练领导小组的职责主要包括:(1)负责应急演练的组织领导和指挥协调工作,审批决定应急演练的重大事项;(2)确定应急演练的类型、对象及目标,确定应急演练的范围,进行应急演练规划;(3)编制应急演练方案,协调应急资源的调配及参演各方关系,检查和指导应急演练的准备与实施,组织演练总结与评价。

2.应急演练工作小组

应急演练领导小组下设组织协调、抢险救护、疏散引导、后勤保障、宣传报道等若干工作小组,各工作小组设立负责人。(1)组织协调组。负责制定应急演练方案,负责演练过程中的协调和信息的上传下达等。(2)抢险救护组。负责第一时间进行应急处置,抢救遇险师生员工,视现场情况抢救重要财产等。将受伤师生员工运送到指定安全区域,在医护人员到达前,对受伤师生员工进行临时救治。(3)疏散引导组。负责引导、组织参演师生员工安全有序疏散,疏散完成后协助其他各组工作。(4)后勤保障组。准备通信、标识、广播、救助等演练所需物资装备。负责布设演练场地,拉响演练警报,进行演练现场警戒,维护演练秩序。(5)宣传报道组。负责应急演练前的宣传教育,应急演练中的解说、拍照、录像等,演练结束后的新闻报道。

三、高校突发事件应急演练的准备

《突发事件应急演练指南》明确了"制订演练计划、设计演练方案、演练动员与培训、应急演练保障"的应急演练准备内容。高校要做好应急演练方案的制订、应急演练物资的购置、应急演练场景道具的设计制作、参演人员的培训等准备工作,并进行必要检查,确保应急演练活动的安全、有序进行。

（一）编制演练方案

一是确定应急预案应用背景。应急预案应用背景主要包括:(1)辨识高校存在的各种可能引发突发事件的场所、部位、空间、区域、岗位、设备及其位置,对可能引发的突发事件进行预测;(2)对可能发生突发事件的类型进行确定,针对可能发生突发事件的类型,进行相应应急预案的制定;(3)针对可能发生突发事件的危害程度,对可能发生突发事件的级别进行确定,并进行相应演练内容的设计。二是编制应急演练脚本。应急演练脚本主要包括应急演练计划书、演练情景事件清单、演练情景说明书等。应急演练计划书的内容主要包括演练目的、演练任务、演练背景、演练场景设计、演练组织、演练时间、演练地点、参演部门(单位)和人员、演练实施步骤、演练要求等。

（二）准备演练物资

为确保应急演练活动的顺利进行,演练组织者要根据演练工作需要,进行处置、防护、通信、救护等相关物资的准备工作。例如,开展化学实验室事故应急演练,就需要准备防毒面具、防化服、防酸碱工作靴、浸塑手套、消防器材、担架、急救医药箱等物品;开展反恐防暴演练,就需要在演练现场事先安装校园110紧急报警按钮,给参演安保人员配备防暴器械安全箱,准备无线话筒若干个、对讲机若干部,在食堂等演练现场布置菜刀、煤气罐等危险物品,安排人员摄影、摄像等;开展消防演练,就需要准备一定数量的灭火器、应急照明设备、发烟饼或发烟罐、防毒面具、毛巾、绳子、手携式喇叭等物品。

（三）培训参演人员

应急演练领导小组召开演练预备会议,演练负责人介绍演练方案,进行演练工作分工,对演练方案实施的有关问题进行研究,高校相关领导作演练动员。组织参演人员进行应急预案和应急演练计划的培训学习,使他们掌握应急演练的目的、内容、程序、要求等。各演练工作小组根据分工做好演练前的各项准备工作,组织参演人员学习相关的业务知识和技能,特别是突发事件应急处置过程中所需要的专业知识和管理技能,并进行紧急疏散、灭火器材操作训练等。通过应急演练培训,使参演人员熟悉在演练过程中应该做什么、怎样去做、如何做好演练的配合协调等,确保应急演练工作能够取得实实在在的效果。

（四）进行演练检查

演练组织者组织演练工作小组组长、参演部门(单位)负责人观察演练现场,进行具体工作安排,并对演练准备工作进行认真的检查。应急演练检查的内容主要包括:(1)演练的目的是否明确;(2)演练内容是否具体、全面;(3)演练的主要项目是否清楚,有无具体的时间表;(4)演练所需的设备器材是否齐全,其使用是否安全可靠;(5)演练所使用的通信工具是否可靠;(6)演练可能涉及的部门(单位)是否事先做好有关准备;(7)有无地方政府部门和人员参与演练;(8)所有参加演练人员是否能得到相应的指示;(9)参与演练的观众是否能保证被识别,他们是否知道演练的过程,他们的安全能否得到保障等。

四、高校突发事件应急演练的设计

应急演练设计的主要任务是设计突发事件的初始场景和情景事件清单,初始场景和情景事件清单统称为演练脚本。应急演练组织者根据事先假设突发事件的发生和发展过程、突发事件的演变规律、应急演练的目标和要求,从突发事件发生的时间、地点、状态特征、周边环境、波及范围、演变进程、可能的后果等方面,进行演练情景描述。

（一）应急演练场景设计

应急演练场景是应急演练所要处置的假设情景。根据演练需要,有的演练只有一个初始场景,即假设突发事件某一时间、节点上的情况;有的演练还要设计一系列动态情景,即假设突发事件不断发展的情况。为增强演练的针对性和实效性,调动参演人员的积极性,通常选择高校容易发生的突发事件。演练场景内容的设计要体现突发事件的危害性、发展变化的不确定性、应急处置的紧迫氛围;要在需要演练的环节和能力上设置挑战性的问题与冲突,让参演人员体会到适度的紧张和压力;要设置反映应急决策的价值观冲突、应急资源供需的矛盾、不同利益主体冲突等场景;要高度浓缩时间、地点、人物、情节等,但可以有针对性地将一个细节展开或者将一个真实的时段延长;要尽量使突发事件的发生、发展过程贴近高校和大学生实际,符合现实情况和逻辑;要尽量考虑场景的实际可操作性,避免出现无关的人物、道具等。

（二）应急演练情景设计

应急演练情景设计就是勾画应急演练的事件体系和预期行动。一是设计应急演练事件体系。要以某一初始突发事件为起点,针对假想突发事件的发生、发展过程,设计一系列有逻辑进程关系的次生、衍生事件,所有次生、衍生事件要围绕初始场景展开。参演人员的应急决策与应急行动,主要针对假想突发事件及其变化而产生。通过引入这些突发事件,引导演练活动不断深入,全面检验应急演练目标任务的实现情况。二是设计应急演练预期行动。针对每一个具体事件,根据法律法规、应急预案等的要求,设计参演人员处置本事件时应当采取的行动。预期行动的类型主要包括:(1)求证。收集有关问题的更多信息,与有关部门(单位)、人员核实相关信息。(2)研讨。推敲问题,包括与演练领导小组讨论分析有关问题、与相关人员进行谈判、向有关法律顾问或专家咨询问题等。(3)推迟。延缓应急处置行动。(4)决定。部署应急处置行动、拒绝相关部门(单位)的支援等。

（三）应急演练场景信息表述

应急演练的事件体系和预期行动确定后,就需要以准确的文字表述演练场景信息。演练场景信息表述的内容主要包括:一是初始场景信息。初始场景信息是对设定的突发事件时空环境、突发事件本身及发生后的初步情况所进行的叙述性说明,也是参演人员最先面对的突发事件情况信息。初始场景预防了突发事件的发生,营造了应急演练的氛围,抓住了参演人员的注意力,使参演人员将精力投入演练。初始场景是应急处置的起点,为次生、衍生情况设置了开端,引导后续场景信息和参演人员的行动。二是场景信息清单。场景信息清单由场景信息单元构成。场景信息单元是预先设计的、供演练指挥人员使用的、发送给参演人员的信息。信息内容都是依据某些实际突发事件的内容进行设计的,是由初始场景中叙述的突发事件所衍生出的状况。每条信息都是为了促使参演人员开展一个或多个预期应急处置行动。

五、高校突发事件应急演练的实施与总结

《突发事件应急演练指南》明确了"演练启动、演练执行、演练结束与终止"的应急演练实施内容,以及"演练评估、演练总结"的应急演练评估与总结内容。高校应急演练组织者要抓好应急演练的启动、执行、结束、总结等环节的工作,确保应急演练按计划、高标准进行,防止应急演练工作摆花架子、走过场。

(一)应急演练的启动

高校突发事件应急演练首先需要有启动环节,或者由应急演练指挥人员进行导入性介绍。如果是有通知的应急演练,则要有正式或非正式的启动仪式,由应急演练总指挥宣布应急演练开始,并启动应急演练活动。如果是没有通知的应急演练,则要有警报或突发事件启动程序。

(二)应急演练的执行

高校突发事件应急演练执行是按照应急演练计划组织演练实施的过程,其中既包括按计划的脚本实施,也包括临时的局部调整。

1.演练指挥与行动

演练领导小组按照应急演练方案要求,指挥参演人员开展各项应急演练活动,完成对模拟突发事件的应急处置行动。演练总指挥负责应急演练实施过程的指挥调度。演练控制人员按照应急演练方案明确的演练内容,适时发出控制信息和指令,协调参演人员完成各项应急演练任务。参演人员根据演练控制人员发出的控制消息和指令,按照应急演练方案明确的处置程序开展应急处置行动。演练模拟人员按照应急演练方案要求,模拟未参加演练的部门(单位)、人员的行动。

2.实战演练过程控制

演练领导小组按照应急演练方案发出控制消息,控制消息既可以通过特

定的标志、声音、视频等呈现,也可以通过电话、对讲机、手机等方式传递。演练控制人员及时将演练领导小组发出的控制消息传递给参演人员和演练模拟人员,并随时掌握演练进展情况,及时将演练过程中出现的问题向演练领导小组报告。参演人员和演练模拟人员根据演练控制人员发来的控制信息,按照发生真实突发事件时的应急处置程序,采取相应的应急处置行动。

3.演练解说与记录

演练组织者视情安排解说员对应急演练过程进行解说,解说的内容主要包括演练背景描述、模拟事件介绍、演练进程讲解、现场环境渲染等。对于有演练脚本的应急演练,解说员可按照演练脚本中的解说词进行解说。演练组织者要安排人员对应急演练过程进行记录,记录的手段主要包括拍照、录像、文字等。拍照、录像记录要尽量全方位反映应急演练实施的过程,由宣传人员和专业人员在演练的不同现场、不同角度实施;文字记录的内容主要包括演练开始与结束时间、参演人员的表现、演练过程控制情况、意外情况及处置等。

（三）应急演练的结束

应急演练完毕,由演练总指挥宣布应急演练结束。如果应急演练实施过程中出现下列情况,经演练领导小组研究决定,由演练总指挥宣布演练终止:(1)在演练过程中出现了意外情况,在短时间内不能有效解决或妥善处理的,要及时终止应急演练;(2)在演练过程中发生了真实突发事件,需要参演人员参与应急处置的,要及时终止应急演练。参演人员迅速回归工作岗位,履行应急职责。演练总指挥宣布应急演练结束后,参演人员停止演练活动,按照预定方案集合,进行现场总结讲评。演练场地的清理和恢复工作由后勤保障组负责。

（四）应急演练的总结

应急演练领导小组召开各工作组组长、参演人员代表参加的演练总结会议。总结的内容主要包括:(1)应急预案的科学性与可操作性;(2)应急演练计划的执行情况;(3)应急指挥调度和应急联动情况;(4)应急演练所用设备装备的适用性;(5)参演人员的应急处置情况;(6)对应急机制、应急预案、应急准备、应急措施等方面的意见和建议等。演练领导小组形成应急演练总结报告,总结报告的内容主要包括:(1)应急演练的背景信息;(2)应急演练方案概要;(3)参演部门(单位)、人员;(4)取得的成绩和经验;(5)存在的问题与原因;(6)整改措施及演练结论评价等。高校应急管理机构根据应急演练报告提出的意见和建议,采取相应的措施,改正应急演练暴露出来的问题。

第二节　高校突发事件的预警管理

《突发事件应对法》第四十二条规定:"国家建立健全突发事件预警制度。可以预警的自然灾害、事故灾难和公共卫生事件的预警级别,按照突发事件发生的紧急程度、发展势态和可能造成的危害程度分为一级、二级、三级和四级,分别用红色、橙色、黄色和蓝色标示,一级为最高级别。"预警是突发事件应急处置的首要阶段,也是应对突发事件的基础,其目的是有效地避免或缓解突发事件的发生。根据国家法律规定,高校建立和完善突发事件预警机制,加强突发事件预警管理,实现从被动应对突发事件向主动防范突发事件的转变。

一、高校突发事件预警管理的作用

通过加强高校突发事件预警管理,把引发高校突发事件的因素消灭在萌芽状态,针对可能发生的突发事件提前做好应急准备,选择一个最佳的应对方案,最大限度地减轻突发事件给高校和师生员工造成的危害。

（一）　阻止或者避免突发事件的发生

将危险消除或解决在萌芽状态是突发事件预警的首要任务和主要功能。高校突发事件预警机制能够及时迅速地将可能引发、潜在引发突发事件的不稳定因素信息收集起来,并将收集的信息加以汇总、分析,及时掌握突发事件的第一手资料,预先发出警报信息,促使潜在受影响部门(单位)、师生员工及时采取避险和应对措施,可以阻止或者避免突发事件的发生。大多数突发事件在爆发前往往会出现某些征兆,高校通过建立预警系统,将应急管理关口前移、重心下沉,将工作重心从事中的应急处置环节转向事前、事发的预测预警环节,捕捉和跟踪突发事件征兆,大大缩短识别突发事件的时间。预警系统的建立利用应急管理专家的知识、经验和思维判断水平,具有较强的权威性,这就弥补了高校应急管理者由于经验欠缺所导致的对突发事件不敏感的问题,有助于师生员工统一认识、及早应对。

（二）减轻突发事件带来的损失和影响

高校突发事件往往是在较短的时间内突然发生,一旦发生就会对师生员工的生命财产安全、高校正常秩序等方面造成损失。在突发事件不可避免的情况下,高校通过预警系统及时发现各种危险要素及其征兆,尽早发出预警信息,为高校自身、师生员工赢得宝贵的缓冲时间。高校紧急转移资产和财物,临时关闭运行中的设备,师生员工采取避险逃生措施,提前做好防御工作,可以挽救人的生命,减少物质损失,从而达到减缓突发事件负面影响的目的。突发事件爆发初期,高校秩序往往陷入一定程度的混乱状态,社会公众和媒体舆论对高校突发事件的关注度高,容易滋生小道消息和谣言,造成师生员工焦虑或恐慌心理。如果能提前发布预警,使师生员工及时获知突发事件的相关信息,可以缓解师生员工的恐惧心理,减少突发事件对师生员工心理的伤害。

（三）提高突发事件的预警能力

任何事物的发展都不可能突然凭空而生,总是有着其自身的逻辑性和前因后果,其哲学上的依据就是事物发展变化总是具有一定的因果关系。基于此,高校突发事件的发生是具有一定因果关系的,这些因果关系是高校应急管理机构进行预先估计的依据。科学合理地预测事物发展的原因,使高校应急管理机构能够对突发事件进行预测,从而事先采取一定的措施进行应对,尽可能地减少突发事件带来的损害和负面影响。对突发事件的征兆能否捕捉和观察到,是衡量高校应急管理机构预警能力大小的关键。高校应急管理机构能够预见突发事件的发生,在第一时间发布预警警报,提醒各部门(单位)、师生员工注意并迅速行动起来。因此,高校建立突发事件预警机制,并确保预警机制的有效运行,达到预期的预警目的,实现事先的预防和准备,有效应对突发事件的发生。

(四) 提升突发事件应对与处置效果

在确认高校突发事件即将发生的基础上,高校应急管理机构通过预警系统对可能引发、潜在引发突发事件不稳定因素的收集与分析,对突发事件的类型、涉及范围、造成的损失做出估计,以便及时向相关部门(单位)、人员发出预警信号。相关部门(单位)、人员根据预警信号提供的信息,可以从思想上、心理上、物质上、行为上做好应对突发事件的准备,加强预测预警环节与应急处置环节的衔接,避免事件发生时因惊慌失措、手忙脚乱而作出不当的决策和不当的行动。在突发事件应急处置过程中,高校应急管理机构通过预警系统对突发事件发展态势的信息收集与分析,判断突发事件的演化方向和发展趋势,以便应急指挥者及时掌握突发事件的发展动向,调整处置措施,防止突发事件的扩大和升级,最大限度地减少突发事件造成的损失。

二、高校突发事件预警系统的建立

《国家突发公共事件总体应急预案》明确:"各地区、各部门要针对各种可能发生的突发公共事件,完善预测预警机制,建立预测预警系统,开展风险分析,做到早发现、早报告、早处置。"高校要建立能够感应突发事件来临的预警系统,尽早发现可能发生突发事件的迹象,及时规避、转移风险,或者迅速采取措施,使突发事件损失降到最低程度。突发事件预警系统主要由预警收集系统、预警分析系统、预警决策系统三个子系统构成。

(一) 预警收集系统

高校突发事件预警收集系统是通过严密观察高校突发事件的诱因、征兆,收集整理来自高校内外等不同渠道,并且能够反映突发事件迹象的各种信息、信号。高校在考虑收集范围时,要认真分析突发事件风险源的分布情况,保证信息搜集的全面性,使预警系统能够对高校突发事件进行有效预警。一是对于校园内部信息,主要通过高校信息反馈机制收集信息,由机关部门、院(系)的信息员将相关信息搜集汇总,通过信息网络将信息反馈给高校应急管理机构,并保证信息搜集的准确性、完整性和及时性。二是对于其他高校信息,主要以高校与高校之间建立的沟通渠道搜集信息,重点是通过同一地区高校之间突发事件信息的迅速传递,预防由某一高校大学生带头所引发的连锁反应式突发事件。三是对于高校外部信息,主要以网络作为信息集散地,同时也要注意电视、广播、报纸等其他媒介所传播的消息,尽可能详尽地收集与高校相关的信息。

(二)预警分析系统

高校突发事件预警分析系统收到信息后,要对信息进行整理、归类,然后对信息进行识别,排除干扰信息和虚假信息,找出一些较为全面、真实、有用的信息,并对未来可能发生的突发事件类型及危害程度做出分析。高校应急管理机构对于来自不同渠道的信息进行整理、归类,比照学校的实际情况,找出临近突发事件阈值的信息,并报告学校相关领导。对以下两种情况要特别关注:一是有一定潜在危险或是受大环境影响有发展趋势的事件。例如,某一社会敏感问题已在本地区其他高校有所反应,虽然在本校还没有反映,但一定要给予高度关注。二是与师生员工切身利益相关的问题。例如,教职工的晋职晋级、绩效分配等问题,学生的住宿条件、就餐问题,学生宿舍安全,实验室安全等问题。尽管个别信息不带有普遍性,但往往会导致不可挽回的损失和影响,因此对于部分关键信息要进行信息跟踪和提前介入。

(三)预警决策系统

高校突发事件预警决策系统是根据预警分析系统提供的结果,决定是否发出预警警报和预警级别的系统。果断有力的决策系统是突发事件预警系统的核心。预警决策要最大限度地减少随意性,尽可能从已经发生的突发事件中寻找普遍规律。预警决策系统可分为高校领导者决策、应急管理专家决策和高校应急领导小组决策。高校领导者决策是指高校应急管理机构将其制定的决策方案上报学校相关领导,由学校领导确定最终方案并宣布执行;应急管理专家决策是指由应急专业人员组成的专家团队作出解决问题的一个或多个初步实施方案,并作为建议方案报告高校应急领导小组备选;应急领导小组决策是指高校应急领导小组对应急管理专家作出的初步实施方案进行筛选和进一步优化,确定可以实施的方案。

三、高校突发事件风险评估与治理

风险是指损失发生的可能性。风险评估是对高校或师生员工可能面临的威胁、存在的弱点以及由此带来不利影响的可能性进行评估。突发事件风险评估是高校常态管理与应急管理转换的基本依据,是高校应急管理的重要组成部分,能够使高校应急管理者更全面、更准确地预测和治理突发事件带来的风险,为突发事件的预防和应对提供决策依据。

(一) 突发事件风险识别

高校应急管理机构要定期对学校可能存在的突发事件风险进行识别,确定突发事件可能的影响范围。风险识别的方法主要包括:(1)基于经验识别法。通过对高校自身以及其他高校发生的事件统计,整理出高校可能出现的风险。例如,整理学校以前发生的学生宿舍火灾,推断学校存在发生学生宿舍火灾的风险。(2)基于安全技术识别法。利用科学理论知识和方法识别存在的风险。例如,对建筑物所在位置以及结构等的专业分析,发现建筑物存在的风险。(3)现场检查法。通过对现场的实地观察,发现可能存在的风险。例如,巡查高校校园交通环境,发现存在交通事故的风险。(4)问卷调查法。设计调查问卷,对相关师生员工填写的问卷进行统计分析,整理出高校可能存在的风险。(5)情景分析法。设想未来可能出现的不同情景,分析高校可能遭遇的损失或不良影响。例如,假设实验室发生火灾,分析可能造成的损失或不良后果。其他还有检查表法、流程图法、综合推断法等识别方法。高校在实际风险识别时,往往同时使用以上几种方法。

(二) 突发事件风险评估

高校应急管理机构在对突发事件风险进行识别的基础之上,要对突发事件发生的可能性和后果的严重性进行评估,为采取应对措施提供依据。突发事件风险的大小一般可通过两个维度进行评估:(1)风险事件发生的概率。风险事件发生的概率越大,风险越大。(2)风险事件发生后造成的损失及负面影响。损失或者负面影响越大,风险越大。结合高校对突发事件风险的承受能力,可将突发事件风险划分为三个等级:(1)可接受风险。基本不会对高校造成安全威胁,需要预警系统持续监测。(2)可容忍风险。高校会受到一定程度的影响,但可以依靠自身的能力加以修补和矫正。(3)不可容忍风险。高校会受到严重影响,需要采取特别手段进行紧急处置,在这种情况下,预警系统就要作出决策、发布警报。

（三）突发事件风险治理

高校突发事件风险治理是指以风险等级为依据,明确对不同类型风险进行管理、控制的过程。风险治理的方法主要包括:一是风险规避。风险规避是指放弃某些可能导致风险的行为,降低风险发生的可能性或后果的严重性。二是风险减缓。风险减缓是指采取预防措施,防止或减少损失的发生。例如,对高校老旧建筑物进行加固维修,降低因建筑物倒塌造成损失的可能性;搞好消防安全日常巡查和定期检查,降低火灾损失等。三是风险转移。风险转移是指通过法律、协议、保险或其他途径向他人部分或全部转移损失。例如,高校为某些建筑物购买火灾险;为师生员工购买人身意外伤害险;为防止有毒有害、易燃易爆等实验物品管理使用不当造成的风险,高校委托专业机构进行管理等。

四、高校突发事件预警发布与响应

根据《突发事件应对法》第四十三条规定,在自然灾害、事故灾难或者公共卫生事件即将发生或者发生的可能性增大时,高校向师生员工发布相应级别的警报。预警发布是高校突发事件预警管理工作的核心部分,高校突发事件预警管理最重要的任务是将突发事件监测预警信息迅速、广泛、有效地传递给师生员工。当前,在应急管理关口不断前移的趋势下,加强高校突发事

第十四章　强化突发事件处置与善后

习近平总书记强调:"年轻干部要提高应急处突能力……不断提高应急处突的见识和胆识,对可能发生的各种风险挑战,要做到心中有数、分类施策、精准拆弹,有效掌控局势、化解危机。"①高校在突发事件发生后的首要任务是进行有效处置、组织营救和救治受伤人员,防止事态扩大和次生、衍生事件的发生。在突发事件得到有效控制、应急响应宣布结束后,高校及时组织开展事后恢复重建工作,这对尽快恢复教育教学秩序、维护师生员工切身利益和高校稳定具有重要意义。

第一节　高校突发事件的应急处置

高校突发事件应急处置,是指高校突发事件管理团队对突发事件的突然发生采取应急措施,从而有效地制止事态的发展,降低危害程度,最终化危害为机遇的过程及其活动。突发事件应急处置是高校应急管理的核心环节。突发事件发生后,高校要根据突发事件的特点、性质和危害程度,及时组织应急人员,调动应急资源,对突发事件进行有效处置,最大限度地减少突发事件造成的损害。

---

① 《年轻干部要提高解决实际问题能力　想干事能干事干成事》,《人民日报》2020 年 10 月 11 日。

一、高校突发事件应急处置的主要原则

《国家突发公共事件总体应急预案》明确了"以人为本,减少危害;居安思危,预防为主;统一领导,分级负责;依法规范,加强管理;快速反应,协同应对;依靠科技,提高素质"的突发公共事件应对工作原则,结合《国家突发公共事件总体应急预案》要求和高校突发事件应急处置工作实际,高校突发事件应急处置的原则主要包括以下方面。

（一）以人为本、生命优先

高校一旦发生突发事件,一般会产生多种威胁,造成多种损失,而且具有扩散效应,应急处置会面临多重价值目标的选择。高校突发事件应急处置要坚持先救人后救物的原则,不仅要确保受灾和受害师生员工的生命安全,而且要最大限度地保护应急人员的生命安全,对引发或影响突发事件的因素进行监测,避免次生、衍生灾害的发生。师生员工既是高校突发事件的承受者,也是防范和处置突发事件的参与者。高校要通过各种方式广泛宣传应急法律法规和预防、避险、自救、互救、减灾等应急知识,提高师生员工的应急避险和自救互救能力。

（二）统一领导、协调联动

高校突发事件的发生,往往会涉及校内多个区域、多个部门(单位),应急处置工作需要跨部门(单位)调动资源,这就要求形成统一领导与指挥的应急指挥系统,实现资源整合,避免各自为政。应急处置涉及校内多个部门(单位),这些人员与力量需要统一领导开展工作,要做到统一号令、步调一致、令行禁止。高校突发事件涉及范围广、社会影响大,往往超出高校自身的掌控能力,需要借助应急管理、公安等地方政府部门的力量开展应急处置工作。高校应急人员和地方救援人员之间要建立良好的信息沟通和共享机制,实现协调联动,发挥应急处置的最大效能。

（三）快速反应、果断决策

突发事件的破坏性、危害性和负面影响对应急处置提出了快速、及时的

要求。高校突发事件发生后，应急处置的关键是控制事态发展，使其不扩大、不升级、不蔓延。高校要在最短时间内作出反应，了解事件原因及态势，制定最佳处置方案，以最快的速度、最高的效率救助受害人。快速反应不仅要求应急人员能够在最短时间内到达现场并投入应急处置工作，而且要求高校领导者也能反应迅速。突发事件来临时给予高校领导者的决策时间往往十分有限，任何犹豫不决、举棋不定、拖延决策都可能影响应急处置工作的成效。

（四）依靠预案、科学处置

突发事件应急预案是应急处置的重要依据。高校根据突发事件应急处置工作的需要，建立应急指挥系统，编制科学完整、简单实用、操作性强的应急预案，确保发生突发事件时的应急处置工作有序进行。由于应急预案的编制不可能穷尽一切事故灾难情形，在应急处置工作实践中还要进行灵活处置。高校突发事件应急处置往往是综合性的，应急处置必须尊重科学，充分利用专业知识、专业能力、专业装备实现专业处置，避免不顾科学的冒险蛮干。否则，突发事件的危害有可能进一步扩大，甚至危及应急人员的生命安全。

（五）掌握尺度、依法行动

高校应急人员无论是处置自然灾害，还是处置社会安全事件，都要有效甄别主要危害物，对现场情况进行科学评估，采取有效处置措施。例如，对于群体性事件的处置，要遵循争取多数、孤立少数的原则，区分不同情况，严格把握政策界限；在暴力事件的应急处置过程中，一般以制服对方、解除其抵抗能力为限度。为有效阻止突发事件危害的扩大，应急处置可以特事特办、简化程序，以便迅速控制事态、消除危险、减少损失。但应急处置必须尊重法律的权威，如果处置措施在法律上有明确规定，首先要遵照法律的规定实施。

二、高校突发事件应急处置的主要程序

《国家突发公共事件总体应急预案》明确了"信息报告、先期处置、应急响

应、应急结束"的应急处置流程,结合《国家突发公共事件总体应急预案》要求和高校突发事件应急处置工作实际,高校突发事件应急处置的程序主要包括以下方面。

（一）接警与初步研判

高校安全管理部门和校园 110 的值班人员在接到师生员工或社会人员的报警后,要详细询问、记录突发事件的有关情况,包括事件发生的时间、地点、性质、规模及人员伤亡或财产损失等情况。接警人员视事件的严重程度,及时向安全管理部门领导和学校有关领导报告。学校有关领导接到报告后,要尽快组织应急管理机构人员对突发事件进行初步研判,确定突发事件的类别和级别。如果突发事件超出学校管辖范围或应急处置能力范围时,应迅速向上级教育行政管理部门和地方政府应急管理部门报告。

（二）开展先期处置

高校突发事件发生地的部门（单位）既要及时上报,也要组织本部门、本单位人员进行先期处置。高校应急人员第一时间赶到事发现场后,及时观察、核实事件情况与发展态势,组织应急资源先期处置事件,防止事态的扩大升级。应急人员要边处置、边汇报,把最新进展情况传递给高校相关领导。在先期处置中,应急人员要注意先避险、后抢险,积极疏散人群,确保突发事件不会带来新的危害。如果突发事件涉及易燃易爆危险物品,要等待专业救援人员处置,切不可盲目蛮干,但要做好师生员工转移工作,维护好现场秩序。专业应急救援队伍到来后,要做好道路引导、秩序维护和后勤保障等工作。

（三）启动应急预案

突发事件的类别和级别被确定后,按照分类分级响应的原则,高校启动相应的突发事件应急预案,迅速调集相应的应急人员和应急物资。高校相关部门（单位）要全力保障应急人员和应急物资到达事发现场。成立突发事件应急处置现场指挥部,赋予其应急处置的完全管辖权,高校领导可对现场指挥提出建议。现场指挥部要履行对突发事件应急处置进行协调的职能,根据突发事件的现状和趋势,科学、合理、果断地确定处置方案。在突发事件继续扩大升级的情况下,高校所启动应急预案的级别要相应做出调整。

（四）开展应急处置

应急人员迅速进入突发事件的事发现场,开展应急处置行动。校医院或医务室派出医护人员奔赴现场,对受伤师生员工进行救助治疗。现场指挥部要对事件现场关键控制点进行有效把握,对现场事态进行有效控制,并注意对现场危险源进行监测,保护受困人员与应急人员的安全,防止次生及衍生灾害的发生。如果突发事件事态无法得到有效控制,现场指挥部要启动扩大应急机制,高校领导者要及时向上级教育行政管理部门和地方政府应急管理部门请求支援,加大应急人员、应急物资的投入力度,防止事态进一步恶化。

（五）维护现场秩序

现场秩序维护是在高校突发事件发生后,高校安保人员以最有效的方法,在最短的时间内封锁事件现场,维护事件现场秩序,保护事件现场不被破坏,保障现场应急处置工作顺利开展。高校安保人员要在事件现场周围建立警戒区域,实施交通管制,防止无关人员、车辆进入事件现场,保障应急人员、应急物资、人员疏散撤离等的交通畅通,避免发生不必要的损失或次生灾害。同时,高校安全管理部门还要加强校园治安秩序的维护。例如,高校公共卫生事件发生后,为了防止传染性疾病的传播,要加强门卫管理,禁止外来人员、师生员工出入等。

（六）信息沟通与信息发布

高校突发事件发生后,高校要将有关事件的信息、影响、处置工作的进展、人员伤亡等情况及时向上级教育行政管理部门报告,向师生员工、媒体公布。要让师生员工知道事件的真相,了解学校正在采取措施处置突发事件,避免谣言由内向外传播。公布学校突发事件处理联系电话,指定专人接听电话。指定新闻发言人,适时举行新闻发布会,准确发布事件的信息,做好社会舆论引导。随时监控媒体的报道,一旦发现有错误或不确实的消息,要立即反映,并要求更正。

（七）临时恢复与应急结束

应急人员完成突发事件应急处置行动后，要进行现场清理、人员清点、撤离、警戒解除等临时恢复工作。相关部门（单位）仍要对突发事件发生地及遭受影响的周边区域进行监测，以防止次生、衍生灾害的发生。突发事件应急处置现场指挥部撤销，应急预案关闭，应急处置行动结束。当突发事件的威胁和危害得到控制或消除后，高校负责组织应急处置工作的应急管理领导小组应当即刻停止已采取的应急处置措施。

三、高校突发事件应急处置的主要措施

《突发事件应对法》第四十八条规定："突发事件发生后，履行统一领导职责或者组织处置突发事件的人民政府应当针对其性质、特点和危害程度，立即组织有关部门，调动应急救援队伍和社会力量，依照本章的规定和有关法律、法规、规章的规定采取应急处置措施。"自然灾害、事故灾难、公共卫生事件与社会安全事件相比是两类不同类别的事件，其应急处置要依照国家相关法律规定依法处置。

（一）自然灾害、事故灾难与公共卫生事件的处置措施

一是救助性措施。高校突发事件应急处置要坚持以人为本的原则，将师生员工的生命安全放在首位。在突发事件即将发生或已经发生时，高校要有效地组织可能受到或受到突发事件影响的师生员工进行疏散、撤离，并予以妥善地安置。在突发事件的应急处置过程中，要坚持"先避险、后抢险，先救人、后救物"的原则，及时组织营救和救治受害人员。

二是控制性措施。高校突发事件发生后，安全管理部门要迅速派出安保人员对危险源、危险区域、危险场所、所划定的警戒区实施有效控制，同时进行校园内相关道路的交通管制，实施有效的动态控制，确保应急处置行动有一个比较有利的外部环境，突发事件的扩散和升级能够得到有效控制，学校应急人员、应急物资以及消防救援队等能够顺利地到达事发现场。

三是保障性措施。高校突发事件发生后，后勤管理部门应当及时组织人

员修复被灾害损毁的供水、供电、供气等公共设施,恢复学校正常的教学、科研、生活秩序,稳定师生员工的情绪,并为应急物资的保障提供有利条件。在应急处置过程中,后勤管理部门还要确保食品、饮用水、燃料等基本生活必需品的供应,使师生员工有水喝、有饭吃、有地方住、患病能及时得到医治等。

四是预防性措施。在应急处置过程中,应急人员不仅要着力减轻已经造成的损害结果,还要对有关设备、设施以及场所潜在的风险进行排查,并采取有效的预防性措施。人员的聚集和某些活动可能会加剧突发事件的影响或成为突发事件新的诱因,高校要视情取消、中止校内人员集体活动或停止某些活动。例如,火灾发生后,要及时断电、断气,限制用火用电;传染病发生后,为防止疫情传播,限制或停止集会,以及停课等。

五是动员性措施。高校突发事件应急处置需要强有力的人力、物力、财力保障,高校要视情启用应急资金和应急物资储备。必要时,可进行全校动员,紧急征用师生员工的物资、设备、设施、工具等。应急处置结束后,高校要给予被征用师生员工以适当的补偿。师生员工有义务参与突发事件应急处置工作,特别是有特定专长的师生员工,更要在应急处置工作中发挥自己应有的作用。

六是稳定性措施。高校突发事件发生后,校园的饮食、商品供应可能出现暂时性的短缺,还有一些不法分子可能利用突发事件造成的混乱局面进行违法犯罪活动,这些都会造成不必要的校园秩序混乱,干扰破坏应急处置工作的开展。高校安全管理部门要协助公安机关,采取有效的稳定性措施,严厉打击违法犯罪活动,维护校园治安秩序,为应急处置工作创造良好环境。

(二)社会安全事件的处置措施

一是强制隔离措施。社会安全事件发生后,高校应急人员按照事件性质与危害程度,依法果断采取措施,进行强制性干预,隔离冲突的双方,有效控制现场事态,尽快使校园秩序恢复正常。对使用器械进行相互对抗,或以暴力行为参与冲突的当事人,强制隔离可以妥善解决现场矛盾纠纷与争端,控制事态的发展。严重危害校园治安秩序的事件发生时,高校安全管理部门要及时请求公安机关派出警力,根据现场情况依法采取相应的强制性措施。

二是保护控制措施。社会安全事件发生后,高校应急人员要对校园特定区域内的建筑物、设备、设施以及学校供电、供水、供气的设备设施进行控制,因为这些设备、设施有可能会成为被破坏的对象,需要重点保护。高校安全管理部门要对学校重点要害部位进行必要的控制,予以安全保障,防止因社会安全事件的发生带来不必要的损害。

三是封锁限制措施。社会安全事件发生后,高校要及时启动相应应急预案,确保信息收集、情况报告、指挥调度、应急处置等环节的紧密衔接,在最短时间内控制事态。高校安全管理部门要派出安保人员,迅速开展事件现场管制,维持现场秩序,检查出入现场人员的证件、车辆和物品等,封锁有关场所、道路,限制相关公共场所的活动,避免新的社会安全事件发生。

四是重点保卫措施。高校办公楼、教学楼、图书馆、食堂、大门是易受社会安全事件冲击的关键部位。在社会安全事件应急处置过程中,高校安全管理部门要重点加强对办公楼、教学楼、图书馆、食堂、大门等部位的安全保卫工作,派出安保人员维护这些部位的正常秩序,安排监控中心值班人员对这些部位进行实时监控,必要时请求公安机关派出警力协助维护秩序,防止因社会安全事件给这些部位造成损害。

五是其他合法措施。由于社会安全事件千差万别,在必要的情况下,可依照法律、行政法规和国务院的规定,采取以上几种措施之外的其他措施。例如,对属于校园内部矛盾的安全事件,高校领导者要及时出面,认真倾听师生员工的意见,解答师生员工的问题,阐明学校的态度,可以消除误解和对立。综合运用法律、政策、经济等手段和教育、协商、调解等方法加以处置,做到动之以情、晓之以理、明之以法。

第二节　高校突发事件的恢复重建

高校突发事件恢复重建,是指在突发事件得到有效控制后,高校为了恢复正常的状态和秩序所进行的各种善后工作。突发事件的威胁和危害基本得到控制和消除后,高校要及时组织开展恢复和重建工作,以减轻突发事件造成的损失和影响,尽快恢复正常的教学、科研、生活秩序,妥善解决好应急处置过程中引发的矛盾和问题,认真进行总结评估,以改进今后的工作等。突发事件恢复重建工作做得如何,不仅可以消除突发事件产生的根源和带来的危害,关系到高校的稳定和发展,而且可以增强社会公众对高校的信任,重建高校的良好形象。

一、高校突发事件恢复重建机制的建立

突发事件应急处置结束后,应急管理进入恢复重建阶段。恢复重建时间的决定因素主要包括:破坏与损失的程度,完成恢复所必需的人力、物力、财力和技术的支持,以及天气、地形等其他因素。高校事先是否建立了恢复重建机制,往往对能否高效、快捷地进行恢复重建产生很大影响。

(一) 停止应急处置行动

《突发事件应对法》第五十八条规定:"突发事件的威胁和危害得到控制或者消除后,履行统一领导职责或者组织处置突发事件的人民政府应当停止执行依照本法规定采取的应急处置措施,同时采取或者继续实施必要措施,防止发生自然灾害、事故灾难、公共卫生事件的次生、衍生事件或者重新引发社会安全事件。"高校要根据突发事件的性质、特点和实际处置情况,确定停止执行应急处置措施的时间。如果时间选择不当,将会带来一系列严重后果。停止应急处置措施时间过早,突发事件有可能死灰复燃,或引发次生、衍生事件,或演变发展为更严重的事件;停止应急处置措施时间过迟,反应过度,则会浪费应急资源,提高应急成本。停止实施应急处置措施后,为了巩固应急处置的成果,高校还要根据实际情况采取必要的措施。

(二) 成立恢复重建小组

突发事件得到全面控制或顺利解决后,高校应将恢复重建工作提上日程,建立恢复重建小组,组织恢复重建工作,使学校和师生员工尽快回归正常

状态。恢复重建小组的任务是使高校从突发事件的不良影响中恢复过来,并保持可持续发展;应急管理领导小组的任务是控制和平息突发事件,减少突发事件对高校造成的损害和影响。恢复重建小组与应急管理领导小组在工作职能、人员组成等方面有很大区别,但同样可以建立在高校应急管理办公室的结构基础上,灵活安排安保、政工、医护、后勤、基建、教务、纪检等方面人员成立专项工作组。恢复重建小组与应急管理领导小组在恢复重建的早期可能会同时存在、协调运行,处于不同小组的人员要合理分工、密切配合,避免因工作交叉而产生混乱。随着应急处置工作的结束,部分应急人员要逐步过渡到恢复重建组织中来。

（三）确定恢复重建目标

恢复重建小组成立后,要调查突发事件危害程度和收集相关信息。信息收集过程中,要收集应急人员提供的信息,通过调查受害者掌握第一手资料,组织专业人员进入灾害现场调查评估破坏程度。综合几方面情况,做出详细的突发事件损失评估报告。恢复重建小组根据突发事件损失评估报告及受损情况,设定每个被毁损项目的恢复指标,确立恢复重建的整体目标。高校要恢复受损功能,使教育教学活动能够正常运行;重塑高校形象,恢复公信力。如果突发事件使高校受到了很大威胁,高校要以维持正常秩序为主要任务,恢复重建工作不能只为了恢复突发事件造成的损失,使高校恢复到突发事件之前的状态,要围绕那些对高校发展有重要价值的活动展开。

（四）制订恢复重建计划

恢复重建目标确立后,组织恢复重建小组成员、部分应急人员、各部门(单位)代表、利益相关者代表、相关专家等参加的会议,讨论确定恢复重建对象。恢复重建小组对恢复对象按其重要性进行排序,恢复对象越重要,对其投入的时间、人力、物力、财力就越多。恢复重建小组制订恢复重建计划,指导恢复重建工作的开展,明确对恢复对象的行动安排。恢复重建计划的内容主要包括:(1)恢复对象总论。恢复对象有哪些,恢复对象的重要性排序,选择这些恢复对象以及对其排序的理由等。(2)针对恢复对象分配资源。每种恢复对象可以得到的资源,如何进行资源调配,如何提供给恢复重建人员,资源供应的时间表等。(3)每种恢复对象的人员配置。每种恢复对象的负责人、主要负责人,主要负责人的职责等。(4)补偿和激励。恢复重建人员的激励政策、因额外付出和努力可以得到的补偿等。(5)危机恢复的预算。整个阶段恢复重建的预算,每种恢复对象的预算约束等。

二、高校突发事件恢复重建的实施

《突发事件应对法》第五十九条规定:"突发事件应急处置工作结束后,履行统一领导职责的人民政府应当立即组织对突发事件造成的损失进行评估,组织受影响地区尽快恢复生产、生活、工作和社会秩序。"结合《国家突发公共事件总体应急预案》的"根据受灾地区恢复重建计划组织实施恢复重建工作"的要求和高校突发事件恢复重建实际,高校突发事件恢复重建的实施主要包括以下方面。

（一） 物的重建

高校突发事件特别是破坏性突发事件发生后,学校的众多设施受到影响,或破坏、或受损、或改变原貌。设施的重建是恢复重建工作中比较重的任务,需要投入大量的人力、物力和财力。高校要及时组织检查相关教学设施和生活设施,要将学生的学习生活问题摆在首位。开展突发事件现场的清理、净化和美化,进行教学楼、实验室、图书馆、学生宿舍、食堂等建筑物的维修、重建,重新购置学校及师生员工的各种资产、各类教学设备,改进和重新配备消防和交通安全设施,畅通水、电、气供应和通信、网络设施等。校舍不能使用的,要搭建临时校舍,所有的场所、设备经安全检查后,确认安全了才能使用。在恢复正常的教学、科研、生活秩序前,还要对教室、实验室、图书馆、学生宿舍、食堂等场所进行彻底消毒。加强灾后学校的卫生防疫工作,特别是针对校园公共卫生事件,高校在终止突发事件应急措施时,必须得到地方政府卫生行政部门的认可。

（二） 人的恢复

高校突发事件可能会给一些师生员工的身体、心理带来不同程度的伤害和影响,高校要采取负责任的态度,积极帮助受到伤害的师生员工尽快恢复。一是做好身体上的恢复。对因突发事件而身体上受到伤害的师生员工,要及时送医疗机构进行恢复治疗,高校医护人员给予早期治疗和后期辅助。高校领导者要及时进行探望和慰问,安排家人或同学陪伴,使受伤师生员工积极配合治疗,争取早日康复。二是做好心理上的恢复。心理上的恢复不仅涉及受伤害师生员工,而且涉及亲历突发事件的师生员工、参与应急处置的人员等。高校通过对师生员工进行个别咨询辅导、谈心,帮助其减轻心理压力;通过思想教育和特别训练,鼓励其重新勇敢面对现实;通过提供实际的帮助、支持,让其感受到学校的温暖和生活的美好。邀请当事学生家长或教职工亲属一同参与心理恢复行动。对心理问题较为严重的师生员工,要及时请心理医生帮助治疗。

（三）高校形象的恢复

突发事件发生后,师生员工和社会各界往往会对高校的教学管理等方面提出指责和批评,有时会出现非议和责难。高校领导者要认真听取来自各方面的声音,并做好耐心细致的解释和说明工作,以自身形象和实际行动争取各方面的谅解。高校要对受伤害的师生员工表现出足够的热情和人道主义关怀,并提供力所能及的帮助。如果高校有责任,可以最大限度地得到受伤害师生员工及其亲属的谅解;如果高校没有责任,却还能够主动提供帮助,高校的形象和社会声誉会得到更好的维护。高校在向社会各界,包括学生家长、教职工家属、地方政府、新闻媒体等进行信息通报和发布时,要坚持实事求是,这将有助于社会各界认可学校积极的应对态度与行为,增加对学校的信任,减少学校的负面影响。

三、高校突发事件的评估

《突发事件应对法》第五十九条规定:"突发事件应急处置工作结束后,履行统一领导职责的人民政府应当立即组织对突发事件造成的损失进行评估。"在突发事件应急处置结束、恢复重建过程中,高校要组织人员对突发事件的控制和处理进行评估,对突发事件造成的损失和影响进行评估,以便总结经验教训,进一步提高预防、处置突发事件的能力,有效地消除突发事件带来的不利影响。

(一) 突发事件评估工作的要求

一要全面。高校突发事件评估应就突发事件应急管理各阶段进行评估,包括对突发事件识别、防范、确认、化解的评估以及对应急保障的评估等方面。在评估过程中注意资料的收集与整理,尽可能做到全面。二要客观。客观包括对事件性质、事件恢复重建效果、事件责任的客观评价等。评估的对象既包括高校领导者,也包括师生员工。评估的方面既要体现不足,也要看到优点。评估时要充分考虑突发事件发生的时间、地点、环境等客观因素。三要科学。评估要采取科学的手段,采用定量分析法、定性分析法等方法,注意数据的真实性、有效性和因果关系等。分析结果要得到相关专家的认可,并征求相关应急人员的意见。四要前瞻。高校要利用突发事件评估的结论,认识到在应急管理工作中存在的问题,从而有针对性地加以改进,使应急管理水平提升到一个更高的层次。

(二) 应急处置基础工作的评估内容

(1)应急处置过程中,校内沟通是否顺畅,出现了什么问题,这些问题对应急处置产生了什么影响,可以采取哪些措施予以纠正;(2)哪些外部沟通是有效的,哪些外部沟通是欠缺的,可以采取哪些改进措施;(3)校内沟通需要再配备或更新哪些设备,需要修理哪些设备;(4)与媒体的沟通是否存在冲突,如何改进与媒体的沟通;(5)是否有效地发挥了媒体在突发事件控制和处理的作用,如何更好地使用媒体;(6)对新闻的管理是否有效,如何在应急处置过程中做好对新闻记者的管理;(7)学校新闻发言人是否合格,还需要进行哪些能力方面的培训;(8)应急资源是否足够,相关部门(单位)对应急处置的配合是否到位,是否需要赋予应急指挥员更大的权力等。

(三) 应急处置实施工作的评估内容

(1)突发事件是否被迅速识别,如何加强对突发事件开始阶段的识别;

(2)开始阶段采取的措施是否合理、有效,如何改进突发事件开始阶段的应急反应;(3)突发事件发生后的应急反应是否迅速,如何使应急行动更加迅速;(4)是否出现突发事件的蔓延和连锁反应,如何避免出现蔓延和连锁反应;(5)突发事件中的哪些损失是可以避免的,如何改进应急行动以避免不必要的损失;(6)应急保障是否到位,如何改进应急保障;(7)信息收集是否全面,信息沟通是否顺畅,如何改进信息收集和信息沟通;(8)应急指挥中心、现场应急指挥部人员组成是否合理,是否充分发挥了指挥协调作用;(9)应急处置对象是否有遗漏,如何加强对应急处置对象的识别;(10)应急预案是否合理,对应急处置的作用有多大,如何提高制定应急预案的水平等。

（四）突发事件评估工作的实施

突发事件评估一般由高校应急管理机构按照学校领导的要求来实施。按照评估主体的不同,可分为上级教育主管部门、高校领导、高校二级单位、师生员工以及专家、社会的评估等。评估的具体做法包括:(1)突发事件结束后,高校向上级教育主管部门汇报情况,征求意见和指示;(2)高校应急管理机构制订评估指标体系和评估计划,报学校领导批准后实施;(3)高校二级单位评估由单位负责人召集有关人员,按照评估指标体系开展评估工作,并向学校应急管理机构上交评估报告;(4)召开由师生员工代表,事件当事人、目击者和事件处理参与者参加的座谈会,征求他们的意见与建议;(5)聘请校内外有关专家,通报突发事件情况,征求专家的意见与建议;(6)邀请地方政府部门、新闻媒体、周边社区居民、学生家长和教职工家属代表,通报突发事件情况,听取他们的意见与建议;(7)高校应急管理机构汇总意见与建议,作出初步评估结论,向学校领导报告,由学校领导对突发事件作出最终评估结论;(8)必要时,向师生员工和社会各界通报突发事件评估的情况与结论。

（五）突发事件评估结果的应用

高校只有将评估结果应用于高校应急管理实践,才能发挥评估工作的作用。突发事件评估结果的应用主要包括:(1)改进高校应急管理机构的设置;(2)改进预防、控制突发事件措施,使预防、控制更为有效;(3)改进突发事件预警系统,提高对突发事件的预警能力;(4)改进应急反应和恢复计划,使计划对应急反应和恢复有更强的指导作用;(5)改进应急资源储备和应急保障工作,确保在应急情况下能够及时、快速地给予供应;(6)改进沟通和媒体管理工作;(7)加强应急人员培训演练,提高应急人员的突发事件控制、处置能力;(8)加强对建筑物以及各种重要设施、设备的日常保养与维护工作等;(9)将评估结果作为安全知识内容,为大学生安全教育课教学所用;(10)用评估结果教育师生员工,提高师生员工的危机意识。

四、高校突发事件的总结

《突发事件应对法》第六十二条规定:"履行统一领导职责的人民政府应当及时查明突发事件的发生经过和原因,总结突发事件应急处置工作的经验教训,制定改进措施,并向上一级人民政府提出报告。"在突发事件恢复计划指导下,高校在全面展开恢复重建行动的同时,要对突发事件进行全面总结,对与突发事件相关的方面进行反思,以便改进应急管理工作,促进应急管理水平的进一步提高。

(一)突发事件的调查

高校突发事件应急处置完毕,高校要成立事件调查小组,对事件进行全面调查,调查的内容主要包括:(1)突发事件的基本情况,包括事件发生的时间、地点、原因和环境等;(2)突发事件应急处置情况,包括采取了什么应急措施、应急措施的实施情况等;(3)突发事件涉及的对象,包括直接受害者和间接受害者、与突发事件有关系的组织和个人;(4)突发事件造成的损失和影响,包括事件涉及的范围,人员伤亡情况,财产损坏的种类、数量及价值,事件在经济上、社会上甚至政治上带来的影响等;(5)提出处理及防止类似事件再次发生的意见建议等。调查小组在全面收集突发事件各方面资料的基础上,进行认真分析研究,形成突发事件调查报告,提交学校领导和相关职能部门,为处理突发事件提供依据。高校公布突发事件调查报告,让师生员工了解突发事件的真相。

（二）事件责任人的问责

高校突发事件发生后,在相关主体之间产生了一定的责任纠纷。高校要建立健全突发事件应急管理责任制,明确突发事件相关人员的职责分工,将责任落实到个人,为突发事件事后责任追究提供制度保障。高校在进行恢复重建的同时,要对突发事件的前因后果进行全面深入的调查,彻底查清突发事件发生的原因、突发事件的性质、损失情况和危害程度。对引发突发事件、在处置突发事件过程中失职和渎职、阻碍处置突发事件的责任人,要依法进行责任追究。情节轻微的,由高校按照校纪校规对责任人进行相应处分;情节严重的,要将责任人移交司法机关处理。对明显的、重要的责任人,可在应急处置过程中就给予必要的惩罚。对于表现积极,在发现、处置突发事件过程中做出突出贡献的单位和个人,要给予奖励和表扬。

（三）应急预案的完善

在对突发事件进行全面调查和总结反思的基础上,高校要根据突发事件中出现的具体情况、应急管理工作出现的新情况和新问题、原有应急预案存在的问题和不足,进行分析和研究,不断修订和完善突发事件应急预案,使其能够适应形势任务的变化,以便更好地指导今后的应急处置行动。应急预案修订需要关注的方面主要包括:(1)改进应急指挥调度系统的设置和相关人员配备,包括应急指挥者与相关部门(单位)的职责、部门(单位)之间的协作关系等;(2)改进突发事件应急处置所需的资源,包括物资、设备器材、资金的预算和储备等;(3)改进突发事件预警系统,提高突发事件的预警能力和准确度;(4)改进突发事件应急管理工作程序,并加以优化;(5)改进突发事件现场有关人、财、物的维护和转移顺序,并加以优化;(6)改进校内沟通和校外沟通机制,完善学校的媒体政策等。

（四）应急管理工作的改进

突发事件的发生暴露出高校在某些方面存在的不足,在高校正常的教学、科研、生活秩序恢复后,高校要将突发事件转变为加强应急管理工作的契机,积极总结经验教训。一是进行机制调整。要对原有的突发事件应急管理体系进行适当的调整,针对应急处置和恢复重建工作出现的问题,修订应急管理制度,完善突发事件预防、处置、恢复措施,使应急管理工作上一个台阶。二是进行机构调整。要全面查找应急管理机构在管理、技术和运作等方面的不足,针对新时期高校应急管理的新形势、新任务,提出改进应急管理机构建设的意见和措施。要检查应急管理机构存在的功能缺陷,并进行合理的改革。三是进行培训调整。要将学校发生的突发事件作为案例列入应急培训内容,提高应急培训的针对性、有效性。应急人员通过培训,搞好应急管理的知识和技能储备,丰富应急管理的经验,提高突发事件预防能力、处置能力和恢复能力。

第十五章　提高应急管理工作的水平

《关于制定国民经济和社会发展第十四个五年规划和二〇三五年远景目标的建议》中提出:"防范化解重大风险体制机制不断健全,突发公共事件应急处置能力显著增强,自然灾害防御水平明显提升,发展安全保障更加有力。"在新发展理念下,应急管理工作已经成为"统筹发展和安全,建设更高水平的平安中国"的核心内容之一。高校要在做好应急管理体系建设、应急演练与预警、应急处置与救援等基础上,充分发挥思想政治工作的作用,加强应急管理能力建设,重视突发事件舆论引导,提高应急管理工作的质量效益,建设更高水平的平安校园。

第一节　发挥高校思想政治工作作用

如何及时有效地防范和处置高校突发事件,事关高校的和谐稳定,也是高校思想政治工作亟待解决的难点问题。思想政治工作是应对高校突发事件的"柔性"手段,能够为防范与处置高校突发事件提供思想保证和动力支持。高校思想政治工作者要积极介入突发事件应急管理的全过程,发挥思想政治工作预防和控制突发事件的重要作用。

一、高校应急管理中思想政治工作的作用

高校思想政治工作能够引导师生员工积极预防突发事件,正确认识突发事件,科学应对突发事件,有效化解突发事件给高校造成的负面影响,促进高校突发事件应急管理工作。

（一）增强师生员工的政治敏锐性和鉴别力

高校通过思想政治工作,使师生员工能够辨别和选择正确的政治方向,增强政治敏锐性和政治鉴别力,从而积极预防、应对高校突发事件,尤其是群体性事件。一是加强马克思主义理论武装。使师生员工保持理论上的清醒与成熟、政治上的敏感和坚定,提高灵活运用马克思主义立场、观点、方法的能力,以及辩证思维、创新思维、底线思维等能力。二是强化社会主义核心价值观教育。引导师生员工自觉控制交往圈、净化生活圈、纯洁娱乐圈,经常查找自己在理想信念、价值追求、思想道德、行为方式等方面存在的问题,打造自己的精神高地,不断提高政治免疫力。三是加强对新媒体的管控。高校加强对各类新媒体的管控,是减少各种错误思潮、反动观点对师生员工侵蚀的重要手段。

（二）树立师生员工的正确价值取向

高校师生员工形成正确的价值取向,树立正确的价值观,处理好政治方向、思想认识、心理品质等不同层面的问题,是预防社会安全类突发事件的重要途径。现代科技的飞速发展和广泛应用,特别是进入新媒体普及的移动互联网时代,为师生员工获取海量信息提供了可能和便捷。同时,鱼龙混杂、良莠不齐的网络信息,也增加了师生员工辨别是非和进行行为选择的复杂性。个别师生员工价值观错位,价值取向出现偏差,道德观缺失,这是社会安全类突发事件产生的重要隐患。高校思想政治工作善于化消极因素为积极因素,挖掘教育资源,对师生员工开展思想政治教育,通过案例教育、警示教育等方式,把师生员工的价值取向引导到符合高校、社会发展需要的价值目标上,实现社会主义核心价值观在师生员工的价值观内化与升华。

（三）缓解高校的各种矛盾与冲突

高校思想政治工作与高校应急管理工作有机结合，可以使突发事件的事态得到有效控制，这也是积极预防、有效化解应急管理中各种矛盾和冲突的重要手段。高校在思想和心理层面上对师生员工开展思想引导、心理抚慰、信心重建等教育活动，能有效增加柔性应急管理程度，更好地缓解应急管理中产生的各种矛盾与冲突。高校突发事件的发生必然会产生许多负面影响，如果应急管理中的各种矛盾与冲突不能得到有效、及时的处理，高校突发事件所带来的负面影响将更加明显。高校通过加强师生员工的社会主义核心价值观、法律法规等宣传教育，减少应急管理中矛盾与冲突带来的负面影响。通过总结突发事件应急处置过程中的经验和教训，探寻应急管理中处理矛盾与冲突的规律，提高应急管理能力，为更科学、更完善地应对突发事件奠定良好基础。

（四）提高应急指挥者的科学决策能力

高校思想政治工作是提高应对高校突发事件决策能力的重要保障，高校应急指挥者的正确思想观念是作出科学决策的前提和基础。高校应急指挥者坚持理论联系实际，以习近平新时代中国特色社会主义思想为指导，这就为科学决策奠定了坚实的基础。高校思想政治工作在高校应急管理中的运用，为应急管理过程中获取丰富而准确的信息提供了有效途径。高校思想政治工作对象的广泛性，在一定程度上保证了高校应急管理中获取信息的全面性，使应急决策能够满足应对高校突发事件中各个层面的需求，保证应急指挥者获得信息的真实性和具体性，增强应急决策的针对性和有效性。高校思想政治工作注重沟通与交流，高校应急指挥者根据师生员工在突发事件应急处置过程中的思想变化和现实状况，及时调整应急决策，使应急决策适应事件变化的形势，做到有的放矢。

二、高校应急管理中思想政治工作的内容

在高校突发事件发展的不同阶段，突发事件呈现相应的阶段性特点。高

校思想政治工作要在突发事件发展的不同阶段,采取相应的措施,发挥不同的作用,及时察觉征兆,化解矛盾问题,动员师生员工,加强协调沟通,进行物质帮助,搞好信息重建,这样才有利于高校突发事件的妥善应对。

（一）突发事件预测预警阶段的内容

在突发事件预测预警阶段,引起或导致突发事件的因素表现得比较微弱、比较隐蔽,有时不易被人察觉。通过深入细致的思想政治工作,能够收集高校突发事件发生前的情报信息,化解诱发高校突发事件的矛盾和问题。这一阶段的思想政治工作主要通过信息管理、问题化解,避免或减少高校突发事件的发生。

1. 教育预测

教育预测是指高校思想政治工作者积极开展思想政治教育和思想动态预测,当突发事件来临时,使师生员工和应急人员能够做到心里有数、服从指挥、有序应对。一是开展危机意识教育。通过各种形式宣传党和政府关于应对突发事件的方针政策、突发事件发生的原因、突发事件来临时的应对方法和应急行动流程等,使师生员工增强应对灾害的能力和战胜灾害的信心。二是开展心理健康教育。在突发事件发生前,加强师生员工预防性心理教育训练,提高师生员工的心理素质,使师生员工能够沉着冷静、不慌不忙,及时正确应对突如其来的灾难。三是开展思想动态预测。通过对师生员工的工作、学习、生活和客观环境的变化进行调查研究,全面准确地掌握师生员工已经出现、可能出现的思想动态以及思想变化规律,及时纠正师生员工的错误思想和行为,将可能导致突发事件的不良思想动机消除在萌芽阶段。

2. 问题化解

问题化解是指在高校思想政治工作中对诱发突发事件的矛盾和问题及时进行消除。在一定意义上,高校突发事件是高校各种矛盾或问题的集合体。在预测预警阶段,这些矛盾和问题常常表现为小纠纷、小摩擦,当这些小矛盾、小问题累积到一定程度,就可能转化为大矛盾、大问题,进而导致突发事件的爆发。高校思想政治工作要重视对这些小矛盾、小问题的化解,只有将这些小问题、小矛盾遏制在萌芽状态,才能够更好地避免或控制突发事件的产生。在化解矛盾和问题过程中,高校思想政治工作者要善于同师生员工交朋友,深入工作、学习一线去解决矛盾和问题。要认真听取师生员工的意见和建议,摸清具体问题,掌握全面情况。要善于分析矛盾,找准症结,做到透过现象看本质,按照规律办事情。提出解决矛盾和问题的办法要切实可行,做到出实招、见实效。

（二）突发事件应急处置阶段的内容

高校突发事件进入应急处置阶段,将面对可能造成的财产损失和人员伤亡、校园正常秩序被打破、应急处置时间的紧迫性。高校思想政治工作在这一阶段要发挥在应急动员方面不可替代的作用,并通过有效信息沟通为从容应对突发事件赢得宝贵时间。

1. 应急动员

高校突发事件爆发后,师生员工的积极参与是高校应对突发事件不可缺少的重要环节。高校思想政治工作者通过应急宣传教育,把学校党委的声音和态度特别是应急之策讲清楚,把突发事件与师生员工的利害关系讲清楚,把师生员工该做的与不该做的讲明白。在突发事件发生时,高校思想政治工作者要以师生员工的基本权益不受损害为前提,通过思想政治教育引导,使师生员工尽快了解事件真相,消除恐惧心理,统一思想认识,对应对突发事件达成心理认同、产生动员效应。在突发事件发生初期,校园秩序的暂时混乱在所难免,师生员工的个体行为会对师生员工参与应对突发事件产生影响。高校思想政治工作者通过思想政治教育,激发师生员工参与应对突发事件的责任意识,引导师生员工积极参与突发事件应急处置。

2. 信息沟通

高校突发事件发生时,高校内部会出现各种事件信息,有时由于信息的不对称、不透明,致使应急处置工作难以顺利展开。高校思想政治工作是师生员工与高校之间沟通的桥梁和纽带,通过发挥思想政治工作的沟通作用,加强对突发事件的正面宣传引导,疏导师生员工的情绪,缓解校园的紧张气氛,协调高校内部各个组织,促使各个组织形成凝聚力和向心力,为稳定校园局面发挥积极的作用。一是要充分利用校内媒体的沟通功能。高校突发事件发生时,利用校园网、校园广播、校园 BBS 等及时发布突发事件的相关信息,让师生员工充分了解突发事件的处置动态和真实情况,增强师生员工战胜突发事件的信心。二是要充分发挥党团组织和党员干部的沟通功能。通过党团组织和党员干部,高校应急管理者可以及时准确地收集、发布突发事件信息,增加突发事件信息的透明度。

（三）突发事件恢复与重建阶段的内容

高校突发事件的恢复与重建是妥善处理和解决突发事件发生后遗留问题的过程。恢复与重建阶段的高校思想政治工作,主要通过物质帮助、信心重建等方式,尽可能地减少突发事件给当事人造成的损失和痛苦。

1.物质帮助

《关于进一步加强和改进大学生思想政治教育的意见》指出:"坚持解决思想问题与解决实际问题相结合。"解决实际问题能够为解决思想问题提供物质基础保证。高校突发事件爆发期间,当事人在物质上受到一定的损失是在所难免的。物质帮助对当事人是一种帮助和支持,可以抚慰当事人的思想情绪,缓解当事人的心理压力。发挥高校思想政治工作在突发事件恢复与重建中的作用,就是把思想政治工作与物质利益结合起来,给予突发事件当事人物品、资金等物质帮助,解决其实际生活问题,为恢复与重建工作扫清思想上的障碍。同时,对突发事件当事人的物质帮助,还有助于处理高校突发事件引发的各种矛盾,预防突发事件的次生灾害和突发事件的再次发生。

2.信心重建

高校突发事件的发生给当事人带来一定的心理冲击或伤害,当事人的自信心也会遭到严重挫折,可能表现出消极、悲观情绪。如果当事人的情绪得不到及时引导,就会导致其消极、颓废,影响其健康的人格品质和正常的学习生活。在突发事件的恢复重建阶段,高校思想政治工作者要对突发事件的当事人开展信心重建教育引导。要引导当事人做好突发事件的归因分析,使当事人理性面对客观事实,把握好在突然心理失衡的状态下自身定位与行为选择。要引导当事人的思想认识,使当事人注重自我修养,提高对潜在高校突发事件的认识能力。要引导当事人的自信重塑,使当事人树立自尊、自信、自立、自强精神,增强面对困难与挫折的信心,树立居安思危的忧患意识,提高临危不乱的处置能力。

三、高校应急管理中党组织和党员作用发挥

做好新时代高校应急管理工作,就要加强党对应急管理工作的集中统一领导,以习近平新时代中国特色社会主义思想为指导,充分发挥党总揽全局、协调各方的领导核心作用,在高校发展的全局中谋划和推动应急管理工作,同时要发挥高校各级党组织和党员干部在应急管理工作中的积极作用。

(一) 高校及高校二级单位党委的领导作用

《关于推进防灾减灾救灾体制机制改革的意见》指出:"坚持各级党委和政府在防灾减灾救灾工作中的领导和主导地位,发挥组织领导、统筹协调、提供保障等重要作用。"高校及高校二级单位党委要当好"指挥部""火车头",以高度的政治自觉做好应急管理工作。要始终胸怀两个大局、勇于担当作为,自觉在大局下思考和行动,善于把党中央重大决策部署、上级党委的指示精神转化为推进应急管理工作的具体措施,发扬斗争精神,狠抓工作落实。要提高党把方向、谋大局、定政策、促改革的能力和定力,始终坚持把党的领导贯彻和体现到应急管理的各个方面。要坚定政治方向,把旗帜鲜明讲政治的要求融入应急管理工作,在加强应急管理工作规划、防范化解风险、开展应急处置等方面向党的理论路线、方针政策看齐。要提高政治站位,紧密联系工作,把党的主张和师生员工利益紧密结合起来,把政治标准和政治要求体现在应急管理的全过程、各环节。

(二) 高校党的基层组织的战斗堡垒作用

高校应急管理工作能否战胜各类灾害事故、维护师生员工生命财产安全和高校稳定,关键在于高校各级党组织有没有坚强的战斗力。高校党的基层

组织要适应新时代应急管理工作要求,牢牢把握基层党组织的定位和属性,履行好党的政治责任,发挥政治引领作用,成为坚强战斗堡垒,把广大群众团结在党的周围。要贯彻执行党的应急管理方针、政策,执行上级教育主管部门和学校党委关于应急管理工作相关决策,领导本部门、本单位的应急管理工作。要组织党员认真学习上级关于应急管理的方针、政策,学习上级教育主管部门和学校的应急管理制度规定,学习应急理论知识和法律法规。要始终带头提高应急能力、防控突发事件,把广大党员群众动员起来,坚定站在突发事件应急管理第一线,做到哪里任务险重,哪里就有党组织坚强有力的工作。要严肃党的政治纪律和政治规矩,确保上级党组织的政令畅通、令行禁止,教育引导广大党员干部保持政治定力,对高校发生的突发事件不信谣、不传谣。

(三) 高校党员干部的先锋模范作用

近年来,我国许多灾害事故之所以能够得到及时妥善处置,很重要的一点就是在大灾大难面前,广大党员干部始终同人民群众同呼吸、共命运、心连心,吃苦在前、冲锋在前。高校党员干部要增强"四个意识"、坚定"四个自信"、做到"两个维护",提高政治站位,把准政治方向,坚定政治立场,明确政治态度,严守政治纪律,在突发事件发生时走在前、打头阵,冲锋在第一线、战斗在最前沿。要坚守初心、勇担使命,在高校和师生员工最需要的关头,在生与死的严峻考验面前,不畏艰险,逆向而行,确保在突发事件发生时拉得出、冲得上、打得赢。要发扬革命斗争精神,坚定革命斗志、提高斗争本领,勇于攻坚克难、善于化危为机,以实际行动践行初心使命、诠释对党忠诚。要带头践行社会主义核心价值观,牢记人民利益高于一切,在突发事件发生时带领其他师生员工做好应急处置工作。

四、高校应急管理文化建设的主要任务

高校应急管理文化是高校应急管理者和师生员工应急管理意识、观念等精神要素的具体体现。高校加强应急管理文化建设,使高校应急管理者和师

生员工树立正确的防灾减灾观念思想、行为准则,掌握应急管理知识理论、先进经验,增强参与应急管理的行动力,为防范化解、成功应对突发事件提供智力支撑。

（一）培养师生员工的忧患意识

习近平总书记指出:"我们要坚持底线思维、增强忧患意识,有效防范和化解前进道路上的各种风险。"[①]忧患意识是人们在生存过程中对客观环境变化趋势的感知和判断,高校思想政治工作者培养师生员工的忧患意识是现实的需要。我国各类事故隐患和安全风险交织叠加、易发多发,影响公共安全的因素日益增多。我国是世界上自然灾害最为严重的国家之一,灾害种类多,分布地域广,发生频率高。在各类突发事件频发的现实面前,高校要通过宣传教育、培训演练等应急管理文化方式,教育师生员工始终保持忧患意识,提高灾害风险防范能力。《突发事件应对法》第三十条第一款规定:"各级各类学校应当把应急知识教育纳入教学内容,对学生进行应急知识教育,培养学生的安全意识和自救与互救能力。"这一法律要求为高校将应急知识教育和安全意识培养纳入大学生思想政治教育教学提供了依据。高校思想政治工作者通过对高校应急管理进行干预,增强大学生的忧患意识。

（二）培养师生员工的法治观念

加强应急管理法治观念的培养,有助于提高师生员工对防灾避险、自救互救的重视程度。通过应急管理法律法规宣传教育,帮助师生员工形成应对突发事件的正确行为规范,规范高校应对突发事件的基本行为。当危害师生员工生命财产安全的突发事件发生时,法律对保障师生员工利益、保证高校科学应急处置不可或缺。突发事件爆发后,短时间内会造成校园秩序陷入混乱状态,甚至会导致高校全面失控,应急处置的展开需要法规制度的规范调节和强制约束。自然灾害、事故灾难、公共卫生等突发事件应急处置不是一个人的事情,也不只是学校的事情,而是全体师生员工的事情,师生员工在非

---

① 《习近平谈治国理政》第四卷,外文出版社 2022 年版,第 106 页。

常时期为学校分忧的最好方式是服从安排、遵纪守法。高校应急管理文化把思想教育的引导激励同法规制度的规范惩戒结合起来,强化师生员工法治观念和遵纪守法意识。

（三）构建师生员工的心理环境

在高校突发事件中,师生员工会受到不同程度的心理创伤。高校思想政治工作者要针对师生员工的各种心理活动和心理问题,运用各种教育资源,采取各种有效措施,使突发事件带来的心理伤害降到最低。要关注师生员工的心理状况,引导他们进行自我心理调适,克服应对突发事件的心理恐慌。要发挥心理健康教育机构的作用,及时对经历突发事件师生员工进行心理援助。必要时,聘请专业社会工作者和心理治疗人员介入,通过专家将心理学知识运用到应急处置过程中,从心理上弱化突发事件当事人的对立情绪,为应对突发事件创造良好的心理环境。在高校应急管理文化建设中,要加强师生员工的心理健康教育,开展心理健康教育实践活动。对教职工,建立心理状况定期检查和心理素质测查制度,让他们了解自己的心理健康状况,使他们能够有效地进行自我心理调适;对大学生,定期进行心理健康普查,建立大学生心理健康档案,对发现的高危人员定期进行心理辅导。

第二节　加强高校应急管理能力建设

习近平总书记强调:"我们既要有防范风险的先手,也要有应对和化解风险挑战的高招;既要打好防范和抵御风险的有准备之战,也要打好化险为夷、转危为机的战略主动战。"①对于高校领导者和高校应急管理者来说,防范突发事件风险、提高应急管理能力应是当前的重要任务。高校应急管理涉及师生员工的生命与健康和高校的安全与发展,特别是学生宿舍火灾、实验室爆炸燃烧、校园公共卫生事件等突发事件,往往伴随着较大的破坏性。高校领

---

① 《习近平谈治国理政》第三卷,外文出版社2020年版,第73页。

导者和高校应急管理者要把突发事件应急管理作为必须具备的基本能力,不断提高风险意识,提高应对灾害和预防事故的能力。

一、高校应急管理的一般能力要求

高校应急管理参与主体涉及高校领导者、应急人员、师生员工等多元因素。在参与主体中,高校领导者是核心,是整个应急管理机制的大脑和中枢。应急人员是关键,高校应急指挥者的决策如何实施,实施的效果如何,还需要应急人员将这些决策付诸实践。师生员工是保障,是突发事件的受害者或参与者,突发事件应急处置离不开师生员工的积极参与和大力协助。

（一）高校领导者的能力要求

一是应急决策。在高校发生突发事件的紧急情况下,高校领导者最需要的是做出正确的决策,以便使突发事件得到及时有效的处置。高校领导者应急决策能力强,突发事件就能得到及时妥善处置。二是应急动员。高校突发事件发生后,应急处置工作需要相应的人员、装备和物资,高校领导者在短时间内能够支配和调度的人员、装备和物资,就成为应对突发事件的关键所在。三是应急指挥。突发事件应急处置需要一个强有力的指挥系统,高校领导者指挥能力的强弱直接决定着突发事件应急处置的效果。四是资源整合。为有效应对突发事件,需要更多的资源和有效的手段。在紧急情况下,高校平时处于分散状态的资源就需要进行迅速整合,使这些资源在突发事件应急处置过程中发挥最大效用。五是应急协调。高校突发事件应急处置需要高校各部门、各单位和师生员工的参与,如何协调参与的部门（单位）和人员,使参与应急处置的部门（单位）和人员得到合理配置、发挥最大作用,这就需要高校领导者具有较强的应急协调能力。

（二）应急人员的能力要求

一是预案执行。在高校制定的应急预案中,对突发事件发生后都有相应的规程,应急人员对这些规程的执行能力非常关键。如果对这些规程熟练,执行有力,应急处置就会取得较好的效果。二是应急救援。突发事件必然会对人员、财产造成一定的损害,高校应急人员专业的、有力的救援有助于将损失和影响降到最低。三是应急控制。如果突发事件得不到有效控制,往往会给高校带来较大的损失和负面影响。高校突发事件发生后,应急人员要迅速控制事态的发展,防止事态进一步恶化和扩大。四是沟通配合。在突发事件应急处置过程中,参与主体之间需要有效的沟通配合。如果各工作小组互相配合得好,就可以大大提高应急处置工作的实效。五是心理防御。应急人员在面临突发事件造成的财产损失和人员伤亡的情况下,要有较好的心理素质才行。

(三) 师生员工的能力要求

一是安全防范。为了降低突发事件造成的损失和负面影响,要求师生员工具有一定的安全防范能力。在高校突发事件发生时,师生员工的安全防范能力越高,应对能力和水平必然也高,造成的损失就越少。二是自救互救。在突发事件发生和发展过程中,受到事件影响的师生员工是突发事件的经历者和参与者,他们的自救互救能力越高,受到的人身伤害就越少。三是志愿服务。高校突发事件发生后,需要大量的人力、物力,尤其是具有服务意识和一定服务水平的志愿者,能够壮大应急队伍,对突发事件应急处置有着重要作用。四是情绪安抚。高校突发事件的受害者往往在情绪上受到很大影响,需要外界给予有效的抚慰。此刻,其他师生员工的抚慰能够给受害者一个较好的心理弥补,有效减轻事件造成的伤害。五是自我教育。突发事件应急处置的参与者是需要一定的应急知识和应急能力的,参与者应急知识教育和应急能力培养很大程度上依靠自己平时的自我教育和提高。

二、高校应急管理者的特殊能力要求

高校突发事件的破坏性、无序性等特征,对应急管理者的能力和素质是一个严峻的挑战。一个优秀的应急管理者,应该在突发事件面前不退缩,全力以赴,不受制于外在因素,始终保持自信心和战斗力。结合应对突发事件工作对应急管理者的能力和素质的特殊要求,高校领导者、应急管理机构人员应该具有以下四个方面的特殊能力。

（一）捕捉第一信号

高校突发事件的产生与爆发不是偶然的,都有先兆、有端倪可察、有规律可循。高校应急管理者要关注突发事件发生前的第一信号,及时捕捉诱发突发事件的某些征兆,准确判明导致突发事件发生的种种苗头。社会燃烧理论指出:"社会系统从井然有序到杂乱无序,再到最终爆发重大突发性危机事件,其内在机理实质上是一个从量变到质变的过程,当形成危机的因素积累到一定程度,并在'导火线'的作用下,危机即会发生。"高校应急管理者要利用各种公开和秘密手段,建立一个灵敏畅通的信息收集网络,广辟信息来源,拓宽信息渠道,提高信息质量,防止获取信息不及时、不准确、不完全。要把握突发事件由潜伏到爆发、由弱到强的规律,将突发事件的诱因考虑全、分析透,确立导致突发事件发生的指标体系,排查突发事件的征兆和苗头,将存在的安全隐患消除在萌芽状态。

（二）区分事件性质

准确区分突发事件性质是采取科学应急措施、妥善处理问题的基础工作。根据突发事件的性质,确定相应的应急处置方法和策略。高校突发事件的当事人,有的是校内师生员工,有的是校外人员,有的甚至牵扯到外籍人员;事件诱因,有的是单一因素,有的是几类相互交织的因素;准备情况,有的是预谋性的,有的是激情性的;事件形态,有的是非暴力性的,有的是暴力性的;事件规模,有的是小规模,有的是中等规模,有的是大规模。应急管理者必须准确掌握突发事件情况和性质,根据突发事件的实际情况和特性本质,确定相应的应急处置方法和策略。例如,对双方利益冲突引发的突发事件,应急管理者要采取转移注意力的方法控制局面。通过对矛盾双方的隔离,并分别进行说服引导,把当事人的注意力引导到事件的严重后果上来,让他们认识到事件失控带来的严重后果。

（三）科学组织指挥

组织指挥关系着应急处置的协调运作和效能显现。组织指挥失利,不但不能实施有效处置,而且容易引起新的事端。高校应急管理者的组织指挥能力主要体现包括:一要精心组织。应急管理者要思想统一、头脑清醒、坚定有力,既不因局部的胜利而忘乎所以,又不因局部的失利而焦躁冲动,要稳住阵脚、指挥若定、审时度势,根据事态变化情况及时改变或采取相应的措施,或更换新的应急方案。二要多谋善断。有时应急决策没有固定程序可以遵循,应急管理者的主观因素、实践经验、心理因素、价值观念等都会对决策过程产生影响,这就要求应急管理者多谋善断、雷厉风行、敢冒风险、敢于担责。既要倾听不同专家、不同方面的意见,从而获得较多的备选方案,又要权衡得失、有所取舍、当机立断。三要稳定人心。高校突发事件发生后,学校主要领导要亲临第一线指挥,不但可以表明学校对突发事件的责任和重视,提高应急人员的信心,增强师生员工的信任感,而且在突发事件现场也便于调动组织校内外的各种资源和与各方的积极沟通,实施快速有效决策。

(四) 迅速控制事态

如果突发事件得不到及时控制,就可能迅速蔓延、扩大、升级。高校突发性事件发生后,应急管理者能否及时、迅速地控制事态,是应急处置成功与否的关键。一是不贻误时机,取得时间上的主动权。突发事件应急处置应该是越早、越快越好,抓住关键环节、重要部位果断处置。二是不惊慌失措,取得工作上的主动权。面对突发事件,应急管理者不能感情用事,要沉着应对,以良好的心理素质、过硬的应急技能,对突发事件实施有效处置。三是不激化矛盾,取得事态的控制权。有的突发事件当事人往往情绪激动,一触即发。如果应急处置的手段不合理、方法不科学,事态就可能出现逆转。在这种情况下,应急管理者切不可火上浇油、激化矛盾,以免引起突发事件的升级和恶化。

三、高校应急培训的组织实施

应急培训是立足高校应急管理工作需求而开展的,对包括高校领导者、高校应急管理机构和应急处置工作组人员、相关部门(单位)人员,以及师生员工进行的有针对性的培训。应急培训是高校应急管理重要的基础性工作，也是高校应急管理机构的职责之一。高校做好应急培训工作，建设高素质的应急管理队伍，是加强应急管理工作，提高应对突发事件的能力，保护师生员工生命财产安全和维护高校稳定的迫切要求，是推动高校应急管理能力建设的重要举措。

（一）应急人员培训

高校要对应急人员进行应急管理培训，增强应急人员的能力和素质，建设一支能应对各类突发事件的高素质、专业化的应急队伍。高校领导者应急培训的重点是增强应急管理意识，提高统筹常态管理与应急管理、指挥处置突发事件的水平。高校应急管理机构和应急处置工作组人员应急培训的重点是熟悉掌握应急准备与演练、监测与预警、应急处置与救援等相关工作制度、程序、要求，提高为高校领导者应急决策服务和组织开展应急管理工作的能力。相关部门单位人员应急培训的重点是熟悉并普及自然灾害、防灾减灾知识和技能，增强应急动员能力，提高第一时间应对突发事件的能力。

（二）师生员工应急宣传教育

高校开展应急知识宣传教育是一项基本职责，对师生员工进行应急知识宣传教育是高校应急管理工作的重要组成部分。自救和互救是突发事件发生后，事件当事人和现场师生员工的基本救助形式之一，具有减灾意识、减灾技能的事件当事人和现场师生员工往往能获得保护自我以及保护他人的良好效果。高校要采取灵活多样的形式，积极开展应急知识宣传教育，增强师生员工的风险防范意识，提高师生员工在突发事件中的应急避险和自救互救能力。

（三）后勤服务保障人员培训

《突发事件应对法》第二十八条第一款规定："生产经营单位应当对从业人员进行安全生产教育和培训，保证从业人员具备必要的安全生产知识，熟悉有关的安全生产规章制度和安全操作规程，掌握本岗位的安全操作技能，了解事故应急处理措施，知悉自身在安全生产方面的权利和义务。"根据国家法律规定,高校要对后勤服务保障人员开展安全教育与培训,使他们具备必要的应急知识,掌握一定的风险防范措施和应急处置技能。在高校从事后勤服务保障的外来暂住人员要自觉接受高校组织的安全教育与培训,掌握本职工作所需的安全知识,提高安全操作技能,增强事故预防和应急处理能力。

(四) 应急培训的组织实施

1.设置培训内容

高校在应急培训内容的设置上要坚持应急意识与应对技能并重。一是应急管理形势。当前,国家、高校应急管理的形势和任务在不断发展变化。要让应急人员对应急管理发展趋势有所了解,并掌握基本信息和发展动态。二是应急管理常识。设置如何识别危险、如何采取应急措施、如何安全疏散人群等基本操作内容。三是应急管理技能。结合应急管理法律法规和应急预案,设计突发事件应急管理仿真训练,使应急人员认清应急预案的作用,掌握应对突发事件的基本流程,提高应对突发事件的实际操作能力。

2.制订培训计划

《安全生产法》第二十一条规定生产经营单位的主要负责人要"组织制定并实施本单位安全生产教育和培训计划"。应急培训计划是实现应急培训目标的具体途径、步骤和方法。应急培训计划要根据应急培训目标任务,并在进行培训需求调研分析的基础上制定。高校应急管理机构制订应急培训计划的步骤主要包括:(1)培训需求分析。主要包括组织分析、任务分析、人员分析等。(2)制订培训计划。包括培训目的、培训目标、培训对象、培训内容、培训方法、培训时间、培训地点、考试与考核等。

3.专题培训与业余学习

高校定期举办应急管理专题培训,对高校领导者、高校应急管理机构和应急处置工作组人员、高校二级单位管理人员特别是主要负责人进行培训。邀请地方政府应急管理部门和应急救援等领导、专家授课,系统学习党中央、国务院关于加强应急管理工作的方针政策、突发事件应急处置、突发事件舆情管理等理论知识,学习制定应急预案、组织应急演练。通过案例教学、情景模拟、角色训练、拓展训练等方式,让培训人员创造性地运用知识,提高应急处置能力。师生员工通过多种形式和渠道开展自学,增强忧患意识,掌握应急管理常识和突发事件应对方法,提高处置初期突发事件和自救互救的能力。

第三节　重视高校突发事件舆论引导

高校突发事件舆论引导是指高校通过及时、准确地信息发布,与师生员工、社会公众进行沟通交流,影响他们对突发事件的关注与评价,把舆论引导到高校所需要的方向上去。舆论引导是高校突发事件应对工作的重要内容之一,特别是在全媒体时代,高校必须高度重视舆论引导工作,大力增强阵地意识,牢牢把握舆论引导的主动权、主导权,充分运用媒介的力量来降低乃至消除突发事件造成的影响,营造良好舆论氛围,维护高校与社会的和谐稳定。

一、高校突发事件舆论引导的作用

当今,信息的迅速传播使舆论的影响力更加广泛,舆论引导的重要性日益凸显。在应对突发事件过程中,高校对舆论引导恰当,可以平衡矛盾、消除冲突,起到"制衡器"和"减压阀"的作用。反之,高校对舆论引导出现问题,则会导致师生员工思想混乱、社会公众不满,使高校形象大大受损。

（一）有助于师生员工对高校的信任

由于突发事件事发突然,师生员工往往对事件茫然无知,出于对自身利益或对自己生命财产安全的担忧,会本能地对有关信息产生渴求。师生员工想知道突发事件发生的前因后果、现状如何、学校采取的应对措施、学校对事件的态度以及自己应该如何行动等。如果高校及时告诉师生员工发生了什么事情以及学校采取了什么措施,满足了师生员工的"信息饥渴",就容易赢得师生员工的信任。否则,如果高校保持沉默、封锁消息或者遮遮掩掩,就容易失去师生员工的信任。

（二）有助于遏制突发事件谣言

突发事件发生后,如果高校不及时发布信息,就会给社会公众以无限的想象空间,给媒体以无限的炒作空间,给谣言以无限的传播空间。突发事件发生后,师生员工往往表现出茫然不安或恐慌,而流言、小道消息的传播往往会令师生员工的这种恐慌不安加重。此时,高校及时主动地发布有关信息,让师生员工对突发事件进行比较全面的了解,就能缓和师生员工对突发事件的不安全感,减弱师生员工的恐慌心理和恐惧情绪。

（三）有助于突发事件的顺利处置

在应对突发事件过程中,舆论引导与现场处置、应急保障等应急措施相比,其影响更加广泛而深远。师生员工是应对突发事件的主体,高校将自己所掌握的、涉及师生员工生命安全的信息,及时告知师生员工,对于动员师生员工力量具有重大意义。高校通过媒体及时通报事态进展等信息,分析事件的来龙去脉,客观评价事件的影响,能在舆论引导中起到"压舱石"和"定海神针"的作用,有助于正确引导社会舆论和公众情绪,形成有利的舆论氛围,有利于突发事件的顺利处置。

（四）有利于动员社会力量参与

高校突发事件应急处置往往需要动员协调政府部门、社会组织、学生家长等社会力量的参与。高校通过舆论引导,能够取得地方政府、社会公众的支持与配合,共同应对突发事件。例如,应对自然灾害,高校所要动员的不只是师生员工,还包括公安机关、消防救援、医疗救护等部门和人员,还需要地方政府、社会组织支援必要的防灾用品、生活用品、药品等。要通过舆论的引导,动员协调相关部门、人员伸出援助之手。在舆论引导中,高校不要以告知的方式要求地方政府、社会公众采取什么措施,而是要用主流、正向舆论引导非主流、负向舆论,让地方政府、社会公众认识到他们的参与对应急处置的作用。

（五）有助于防范突发事件连锁反应

突发事件是各种矛盾激化的结果,牵一发而动全身。一个突发事件有时会导致另一个突发事件的发生,影响程度和范围不断扩散。特别是在师生员工无法获得有关事件的权威信息时,即使一个很小的事件也会引发恐慌,产生较大的心理波动。有的师生员工心理承受能力相对脆弱,行为也容易产生偏激。在这样的非常时期,即使是一点很小的变化或一些道听途说的信息,也有可能在师生员工心中产生涟漪效应,进而引发较大的波动和骚乱,这种波动和骚乱产生的危害甚至超过事件本身产生的负面影响。高校加强对舆论的引导,让师生员工知晓事件产生的原因和可能产生的影响,有助于防止出现突发事件的连锁反应。

（六）有助于完善突发事件防范机制

高校突发事件的发生对高校和师生员工的应急能力都是一次考验,但突发事件又不仅是一次考验,高校可以以此为契机,将应对经验转化为安全教育与管理资源,让师生员工经历突发事件后,增强安全防范意识,提高预防与应对突发事件的能力。高校突发事件舆论引导的意义,不仅体现在动员师生员工应对单一事件,还在于广泛宣传有关预防、避险、自救、互救、减灾等知识,在全校形成主动防范突发事件的氛围。突发事件处置完毕,高校要通过舆论引导,让师生员工学会用理性的眼光发现事件背后蕴藏的深层次问题,用发展的眼光审视事件处置完毕需要完善的问题,降低今后再次发生类似突发事件的风险。

二、高校突发事件舆论引导机制的构建

突发事件舆论引导工作任务紧迫、涉及面广,高校要建立学校党委统一领导、应急领导小组负责、宣传部门组织协调的突发事件舆论引导工作机制,从制度上保证突发事件发生后,舆论引导有专门人员负责、有工作方案可循,各项工作能有序顺利进行。

（一）建立突发事件舆论引导组织机制

高校突发事件舆论引导组织机制的建立,能够保证应急处置快速、高效进行。完善的组织机制包括成立宣传工作小组、明确相关职责、保障协调运作等。宣传工作小组由高校宣传部门负责人牵头,成员来自各相关处置部门（单位）。高校突发事件发生后,宣传工作小组在应急领导小组的领导下,及

时发布权威信息,消除师生员工恐慌,回应社会公众的关切,做到舆论引导与应急处置同步推进。宣传工作小组要明确新闻发言人、协调组织人、现场指挥人、稿件审核人以及具体审稿规定等,及时搜集应急处置工作相关舆情信息,加强与上级教育主管部门的联系,掌握报道方针和新闻纪律,对舆论引导提出建议和意见。宣传工作小组在日常工作中,要抓好预防、避险、减灾等方面的宣传教育,增强师生员工的忧患意识,形成突发事件预防为主、应急处置全员动员的良好局面。

(二)制定突发事件舆论引导工作方案

高校要根据国家有关突发事件新闻处置的总体要求,制定突发事件舆论引导工作方案。一是明确制定方案的目的、适用范围。突发事件舆论引导的目的是为妥善应对突发事件营造良好的舆论环境,适用范围包括高校发生的重大和较大突发事件的舆论引导。二是明确舆论引导的工作原则和要求。高校突发事件发生后,宣传工作小组要公布新闻联系电话,做好各类媒体采访接待工作,使舆论引导有利于事件的妥善处理,有利于维护师生员工的切身利益,有利于高校稳定和人心安定。通过各种方式解疑释惑、澄清事实、批驳谣言。未经授权或批准,任何部门(单位)不得擅自发布事件相关信息。三是明确处置工作的相关保障。突发事件舆论引导需要在经费、培训和场地设备等方面予以保障,经费可由应急专项资金予以保障,涉及的相关人员由高校宣传部门组织专门培训。

(三)建立突发事件舆情搜集、分析、研判机制

高校越早判断可能产生的舆论焦点、走向、规模,就越能做好突发事件舆论引导的准备。一是拓展舆情搜集渠道。高校要对容易引发舆论爆发的因素进行重点搜集、及早发现,并给予重视和积极应对。要在机关部门、院(系)设置信息员和信息直报点,建立校内舆情搜集渠道,并注意搜集网上突发事件前瞻性信息,及时洞察网上突发事件舆论苗头。二是畅通信息沟通渠道。加强突发事件应急处置相关部门(单位)之间的信息沟通和联系,搞好日常和应急状态下的突发事件舆情搜集和评估,为应急处置各阶段信息发布和舆论

引导提供依据。三是完善舆情研判机制。对搜集到的相关突发事件舆情信息,要组织力量对舆情信息进行归纳整理和分析研判,把握动态、深层次的舆情,与堵截有害信息、加强正面引导等处置手段有机结合,为应对突发事件提供信息支持和决策参考。

（四）建立增强高校领导者媒介素养机制

一是树立正确的舆论引导观念。要把舆论引导作为应对突发事件的有力抓手,善于引导,积极引导,有效引导。要克服"先处理后报道""只处理不报道"等错误观念,杜绝在舆论引导中"捂""瞒""堵"和失语失声等现象,防止出现舆论次生灾害。二是落实突发事件舆论引导责任。要把舆论引导与应急处置工作同步部署、同步推进,指导宣传工作小组及时准确发布权威信息,引导社会舆论,掌握舆论主导权。在应急处置的重要问题、关键节点上,高校党政主要领导要做好"第一发言人",表明立场态度,发出权威声音,回应社会关切。三是建立媒介素养教育培训机制。要将高校突发事件舆论引导纳入党委中心组理论学习内容,通过开展专题学习、理论研讨、案例剖析,不断提高突发事件舆论引导的能力。

三、高校突发事件舆论引导的方法

《国家突发公共事件总体应急预案》指出:"突发公共事件的信息发布应当及时、准确、客观、全面。事件发生的第一时间要向社会发布简要信息,随后发布初步核实情况、政府应对措施和公众防范措施等,并根据事件处置情况做好后续发布工作。"基于突发事件舆情传播和信息沟通,高校突发事件舆论引导的方法主要包括以下四种。

（一）第一时间发布权威信息

第一时间发布信息,就是在突发事件发生后迅速反应,通过传递和发布信息,达到杜绝谣言、避免恐慌、稳定人心的效果。突发事件是社会关注的热点、媒体报道的焦点,及时、准确发布信息是突发事件舆论引导的核心。随着信息来源和传播渠道日益多样、快速、便捷,封锁只能导致不必要的麻烦和更大的被动。因为一旦媒体和公众不能立即从正常渠道获得相关信息，就会给谣言滋生与传播创造更多的空间，结果也就会使负面影响扩大。面对突发事件发生后师生员工、社会公众的严重关切和诸多质疑，高校要增强舆论引导的主动性，掌握主动权、打好主动仗，在第一时间发布权威信息，把握舆论引导的主导权和话语权。要善于发挥主流媒体的引领作用，发布事实、设置议题、亮明观点、表达态度。要高度重视新媒体手段，使突发事件的信息发布与新媒体传播同步实施。

（二）坚持信息公开透明

高校要及时把握师生员工、媒体和社会公众的信息需求，最大限度地满足师生员工、社会公众的知情权，达到解疑释惑、消除误解、化解矛盾的效果。只要不是规定的保密范围内信息，高校都要根据相关法律法规和应对突发事件情况需要，以适当的方式进行公开。突发事件舆论引导的公开透明，不仅有利于师生员工、社会公众的理解、支持，而且有利于事件的妥善处置；不仅事关高校的声誉，而且事关整个突发事件应急处置的舆论压力与环境。高校突发事件信息公开透明的程度越高，应急处置工作就越顺畅，师生员工的情绪和心理就越稳定。如果信息公开透明的程度不足，其他非主流信息就会补充进来，各种信息就会鱼龙混杂，容易造成师生员工的心理恐慌，增加应急处置工作的困难。高校要随着应急处置工作的进展情况逐步公布信息，不要等应急处置完毕再统一公布信息。

（三）善于通过"第三方"发声

高校突发事件发生时，"第三方"由于其非利益相关者，容易赢得师生员工、社会公众的信任和理解。"第三方"可以是应急管理的权威部门或专家学者，也可以是与突发事件没有直接关系的媒体人士、意见领袖和公众代表。"第三方"信源的可信度越高，说服效果越大，越容易为社会公众所采信；"第三方"声音的规模与声势越大，所能取得的效果就越好，特别是应急管理专家和舆论领袖人物的意见往往更具有影响力。由高校突发事件导致的媒体危机发生后，来自媒体与社会公众的舆论压力会迅速上升，仅靠高校出面说明情况和澄清事实,往往是远远不够的。这个时候,想要获得更多的说服力,获取媒体与社会公众的信任,通常需要借助"第三方"的力量,有针对性地向媒体与社会公众尽快表态、澄清事实、驳斥谣言,防止突发事件舆论次生灾害的发生。

（四）把握舆论引导的尺度和节奏

突发事件发生的原因往往较为复杂,很难在短时间内得出权威的结论。突发事件往往是动态发展的,不可能马上对整个事件有一个客观的定论。高校在信息发布、舆论引导时,要按照"快讲事实、重讲态度,慎说原因、慎下结论"的要求,重点围绕事件演变情况和处置进展情况,向媒体和社会公众介绍发生了什么、做了什么、正在做什么、下一步要做什么,防止因过度承诺和急于置身事外而导致陷入舆论被动的窘境。对前期发布的有误信息要诚恳致歉和及时更正,对暂时不掌握的情况要耐心解释说明,对一时难有定论的信息要在权威结论出来后再发布。

四、高校突发事件网络舆情的管理

高校突发事件发生后,网民通过网络平台传播信息、互动讨论,迅速形成网络舆情,对突发事件的应急处置和舆论引导将带来一定的挑战。高校要按照中央提出的"营造清朗网络空间"的要求,管理好突发事件中所出现的各种网络舆情。

（一）把握网络舆情规律

一是全媒参与传播。高校突发事件发生后,事件信息通过新媒体与传统媒体、新媒体与新媒体之间的交融互动,舆情多渠道、多路径、全通道传播扩散,形成网民围观效应。二是负面舆情聚集。在日常上网过程中,网民一般会关注网上的负面信息。由于网络传播速度快,容易使高校突发事件生成负面网络舆情旋涡。三是关键节点放大。高校突发事件发生初期,网络舆情可能只在局部平台酝酿,但经过网络推手的跟风炒作,可能使关注度倍增,产生"放大镜效应"。四是网民共鸣效应。高校突发事件能否成为网络舆情热点,关键在于事件是否能够激发网民的共同心理感受,产生共鸣效应。一旦产生共鸣效应,网民就会结成暂时共同体,推动网络舆情不断发酵。五是次生舆情风险。高校往往在"封""堵""删"等思维的主导下,将自己置于阻碍网民知情的对立面,容易导致网络舆情升级。

(二) 做好网络舆情收集

高校对突发事件舆情信息的收集,要浏览新闻报道、相关评论、网络论坛等网络信息,然后从这些信息中提取与突发事件相关的舆情信息。如果不能及时准确获得最新信息,极有可能错失网络舆论引导的最佳时机。目前,高校主要通过两种手段实现对突发事件网络舆情信息的收集。一是人工搜索。人工搜索是网络舆情搜集的主要方法。高校要加强网络舆情管理队伍建设,实现网络舆情管理工作的科学化、制度化和规范化,不断提高网络舆情人工收集的效率。二是技术手段搜索。随着互联网技术、数字技术的发展,高校借助网络舆情搜集软件、关键词等技术就可以自动获取与突发事件网络舆情相关的网络信息。通过相关技术手段,借助网络舆情搜集软件,将被动检索转变为主动抓取和识别,能够及时掌握突发事件网络舆情动向。

(三) 开展网络舆情监测

高校突发事件是否会演变为网络舆情事件,在相当程度上取决于高校对事件和网络舆情的处置情况。高校通过网络舆情监测,判断社会公众对事件信息的掌握程度,筛选谣言,为事件处置和网络舆情引导提供支撑。网络舆情的监测方式主要包括:一是舆情信息员监测。依托舆情信息员监测是高校突发事件舆情监测的主要方式,可以发现非公开网络渠道信息、辨别使用本地语言和识别具有隐喻意义的舆情信息等。二是舆情监测系统监测。网络信息技术的发展使网络舆情监测技术也得到了有效发展。高校利用舆情监测系统,对突发事件网络舆情进行监测,能够快速抓取和推送相关舆情信息。三是舆情咨询机构监测。近年来,随着政府对智库建设的支持和对市场的开放,舆情咨询机构提供的舆情监测服务成为一种重要的网络舆情监测方式。高校借助专业舆情咨询机构,对突发事件网络舆情进行精准监测,不断提高网络舆情监测的质量。

（四）进行网络舆情研判

高校收集和监测网络舆情信息后,采取科学方法对网络舆情信息进行研判。一是甄别舆情真伪。核实信息发布者的身份,是否冒名发布,是否以虚拟身份发布等;查证信息发布途径,通过什么平台发布,是小众论坛还是主流媒体,并依据受众的 IP 地址判断舆情扩散程度;核实信息内容,事件时间、地点等是否与真实情况相吻合。二是判断舆情性质。对网络舆情信息从敏感程度、社会关注程度、危害程度等方面进行性质认定,分析其中包含的言论立场和民意诉求,从中发现关键性问题。三是预测舆情走势。从扩散程度、言论导向、表现形式三个维度研判网络舆情走势,掌握网络舆情发展的现状。扩散程度是指网络舆情传播的范围;言论导向是指现阶段正面、负面评论的比重;表现形式是指网络舆情是否已从线上动员发展到线下聚集。四是提出对策建议。提出对策和建议是网络舆情研判的重要环节,能够为高校领导者进行网络舆情引导决策提供参考依据。

（五）加强网络舆论引导

高校对突发事件网络舆论的引导,关键是引导网民理性发表见解、表达诉求。一是通过官方网站表明观点。高校通过官方网站向媒体和社会公众发布权威、正面的消息,能够集中解答媒体和社会公众关注的突发事件网络舆论问题,迅速纠正各种传闻和谣言。二是邀请应急管理专家发表意见。高校要邀请应急管理专家,针对师生员工、社会公众关心的问题,通过网上发帖等形式进行阐释说明。不回避问题,对网络舆论热点作出反应,对错误言论进行驳斥。三是依靠舆论领袖引导舆论。突发事件一旦在网上形成热评,高校要迅速组织相关人员积极参与讨论,强化主流言论,逐步实现网民意见的趋同。四是切实做好突发事件处置。高校对突发事件网络舆论的引导要与事件处置统筹协调、共同安排、同步推进,也只有突发事件稳妥有序处置,及时跟进披露信息,才能使网络舆情化解消除。

参 考 文 献

[1]《习近平谈治国理政》第一卷,外文出版社 2018 年版。

[2]《习近平谈治国理政》第二卷,外文出版社 2017 年版。

[3]《习近平谈治国理政》第三卷,外文出版社 2020 年版。

[4]《习近平谈治国理政》第四卷,外文出版社 2022 年版。

[5]习近平:《高举中国特色社会主义伟大旗帜 为全面建设社会主义现代化国家而团结奋斗——在中国共产党第二十次全国代表大会上的报告》,人民出版社 2022 年版。

[6]中共中央文献研究室编:《习近平关于社会主义社会建设论述摘编》,中央文献出版社 2017 年版。

[7]中共中央文献研究室编:《习近平关于青少年和共青团工作论述摘编》,中央文献出版社 2017 年版。

[8]中共中央党史和文献研究院编:《习近平关于总体国家安全观论述摘编》,中央文献出版社 2018 年版。

[9]中共中央党史和文献研究院编:《论党的宣传思想工作》,中央文献出版社 2020 年版。

[10]边和平:《高校思想政治理论课教育教学论》,中国矿业大学出版社 2014 年版。

[11]陈卫华主编:《实验室安全风险控制与管理》,化学工业出版社 2016 年版。

[12]董娅主编:《中国共产党加强和改进大学生思想政治教育研究》,人民出版社 2016 年版。

[13]法律出版社法规中心编:《新编中华人民共和国法律法规全书》,法律出版社 2018 年版。

[14]高芙蓉编著:《突发公共事件应急管理》,经济科学出版社 2014 年版。

[15]宫志刚、王占军主编:《治安勤务》,武汉大学出版社 2020 年版。

[16]黄志斌、赵应声主编:《高校实验室安全通用教程》,南京大学出版社 2021 年版。

[17]教育部思想政治工作司组编:《加强和改进大学生思想政治教育重要文献选编

（1978—2014）》，知识产权出版社 2015 年版。

　　［18］焦宇、胡泽辰主编:《生产安全事故隐患排查与治理》，中国劳动社会保障出版社 2018 年版。

　　［19］黎海红、袁磊、林浩主编:《实验室安全与管理》，化学工业出版社 2022 年版。

　　［20］李利勤、张广友主编:《道路交通安全管理》，人民交通出版社 2018 年版。

　　［21］李振宇:《高校思想政治理论课多媒体教学艺术研究》，天津人民出版社 2020 年版。

　　［22］马宝成主编:《应急管理体系和能力现代化》，国家行政学院出版社 2022 年版。

　　［23］马中飞、程卫民主编:《现代安全管理》，化学工业出版社 2022 年版。

　　［24］彭林权:《大学生思想政治教育主要任务研究》，中国社会科学出版社 2020 年版。

　　［25］孙小龙:《新时代大学生思想政治教育创新研究》，社会科学文献出版社 2020 年版。

　　［26］王义保主编:《公共安全管理》，中国矿业大学出版社 2019 年版。

　　［27］章忠民、魏华:《新时代思想政治教育论要》，人民出版社 2019 年版。

　　［28］张会芝主编:《安全防范技术应用》，中国人民公安大学出版社 2016 年版。

　　［29］张瑞新、樊建武主编:《新时代应急管理理论与实践》，应急管理出版社 2021 年版。

后　记

　　《高等学校安全教育与管理》一书,是我主持的教育部高校思想政治工作创新发展中心建设项目的最终研究成果。之所以把"高等学校安全教育与管理"作为研究对象,既源于目前维护高校安全稳定工作的现实性、重要性和紧迫性已成为高校乃至社会关注的一个热点和难点问题;也源于自己在高校不同岗位上的工作经历,见证了许多校园安全事件的发生,有了一些思考和总结;更源于多年来对高校思想政治工作和安全管理工作的学习实践。所以,我抱着理论联系实际和学以致用之目的,积极研究自己职业范围内亟待解决的实际问题。

　　本书分为安全教育、安全管理、应急管理等三篇共十五章,分别阐述了大学生安全教育的内容体系和课程建设、高校安全管理工作的主要内容和基本手段、高校应急管理工作的体系建设、高校突发事件应急处置等方面内容。本书贴合实际,内容全面、结构清晰、表述通俗易懂,既可以作为高校思想政治工作和安全管理工作干部、应急人员、学生干部培训和学习的教材,又可以作为大学生安全教育课教师的参考资料,还可以作为关心高校安全稳定的社会各界人士的读物。

　　在写作和出版过程中,有关领导和专家学者,以及多所高校从事思政教育、安全管理的同志和安全教育课教师都给予了热情鼓励和指导帮助。值得一提的是,本书的共同作者牛纪亮同志曾在部队服役二十多年,并长期从事高校安全保卫一线工作,他把人民军队思想政治工作和安全管理工作的好经验、好做法融入研究之中,拓宽了视野、丰富了内涵。可以说,本书能得以付梓,离不开对学界相关著作论文、研究成果的学习借鉴,离不开对众多高校实践经验和成功案例的广泛吸纳,也离不开相关单位的大力支持,教育部高校思想政治工作创新发展中心(湖南大学)给予了立项资助,人民出版社郑海燕编审为本书出版付出了辛勤的劳动,清华大学应急管理研究基地主任彭宗超教授对本书进行了审读,国际关系学院国家安全学院刘跃进教授为本书欣然作序。在此,一并向他们致以诚挚感谢!

　　限于作者水平,书中定有不妥之处,敬请批评指正。

曲阜师范大学党委书记

2023 年 11 月

策划编辑:郑海燕
责任编辑:张 蕾
封面设计:牛成成
封面设计:周晓东

图书在版编目(CIP)数据

高等学校安全教育与管理/邢光,牛纪亮 著. —北京:人民出版社,
　2023.12
ISBN 978－7－01－026070－9

I.①高… Ⅱ.①邢…②牛… Ⅲ.①高等学校-学校管理-安全
教育-研究 Ⅳ.①G647.4

中国国家版本馆 CIP 数据核字(2023)第 209102 号

高等学校安全教育与管理

GAODENG XUEXIAO ANQUAN JIAOYU YU GUANLI

邢 光 牛纪亮 著

人 民 出 版 社 出版发行
(100706 北京市东城区隆福寺街 99 号)

中煤(北京)印务有限公司印刷 新华书店经销

2023 年 12 月第 1 版 2023 年 12 月北京第 1 次印刷
开本:710 毫米×1000 毫米 1/16 印张:28.75
字数:400 千字

ISBN 978－7－01－026070－9 定价:145.00 元

邮购地址 100706 北京市东城区隆福寺街 99 号
人民东方图书销售中心 电话 (010)65250042 65289539